**权威·前沿·原创**

皮书系列为
“十二五”“十三五”国家重点图书出版规划项目

# 上海奉贤经济发展分析与研判（2018~2019）

ECONOMY OF SHANGHAI FENGXIAN: ANALYSIS AND FORECAST(2018-2019)

主　编／张兆安　朱平芳
副主编／张　淼　邱俊鹏

社会科学文献出版社
SOCIAL SCIENCES ACADEMIC PRESS (CHINA)

图书在版编目(CIP)数据

上海奉贤经济发展分析与研判. 2018 ~2019 / 张兆安，朱平芳主编. -- 北京：社会科学文献出版社，2018. 12

（上海蓝皮书）

ISBN 978 -7 -5097 -6377 -3

Ⅰ. ①上… Ⅱ. ①张… ②朱… Ⅲ. ①区域经济发展 - 经济分析 - 研究报告 - 奉贤区 -2019 ②区域经济发展 - 经济预测 - 研究报告 - 奉贤区 -2019 Ⅳ. ①F127. 513

中国版本图书馆 CIP 数据核字（2018）第 281190 号

上海蓝皮书
上海奉贤经济发展分析与研判（2018 ~2019）

主　　编 / 张兆安　朱平芳
副 主 编 / 张　淼　邸俊鹏

出 版 人 / 谢寿光
项目统筹 / 谢蕊芬
责任编辑 / 谢蕊芬　高欢欢 等

出　　版 / 社会科学文献出版社 · 社会学出版中心（010）59367159
地址：北京市北三环中路甲 29 号院华龙大厦　邮编：100029
网址：www. ssap. com. cn
发　　行 / 市场营销中心（010）59367081　59367083
印　　装 / 三河市龙林印务有限公司

规　　格 / 开 本：787mm × 1092mm　1/16
印 张：21. 75　字 数：328 千字
版　　次 / 2018 年 12 月第 1 版　2018 年 12 月第 1 次印刷
书　　号 / ISBN 978 -7 -5097 -6377 -3
定　　价 / 99. 00 元

皮书序列号 / PSN B -2018 -698 -8/8

# 上海蓝皮书·奉贤经济
## 编委会

# 主要编撰者简介

**张兆安** 男，1959年1月出生，汉族，博士学位，研究员。上海市人民政府发展研究中心咨询部主任、上海经济年鉴社主编、全国人大代表、民建中央委员、民建中央经济委员会副主任。现任上海社会科学院副院长。自1983年以来一直在上海社会科学院以及市政府决策咨询机构从事经济理论、决策咨询和新闻出版工作。主持或参与了市内外100余项的课题研究，撰写的研究报告有120余篇，并参与主编或主持了连续六年的《上海经济年鉴》，在上海乃至全国获得较高评价，而且也使主持者获得了较大的社会影响力。

**朱平芳** 男，1961年9月出生，汉族，博士学位，研究员。上海社会科学院研究生院院长，数量经济研究中心主任，享受政府特殊津贴，"上海市领军人物"。从事计量经济学的教学工作，研究方向为计量经济学理论与方法、宏观经济预测分析与政策评价等。目前，研究专长为计量经济学、宏观经济预测分析与政策评价、科技进步评价与分析。在《经济研究》、《统计研究》和 *Journal of Business & Economic Statistics* 等国内外经济学权威杂志上发表论文20多篇。多年主持上海市政府发展研究中心和上海市科学技术委员会软科学项目，对2007～2016年上海主要经济指标的预测与分析取得了较好的预测效果。

**张　淼** 女，1976年4月出生，汉族，硕士学位，副教授、会计师、经济师。中共上海市奉贤区委党校经济与区域发展研究中心副主任，长期从事经济领域的教学和科研工作，主要研究方向为区域经济学、金融学。先后在国家、省级刊物公开发表论文20余篇，参编教材、论著4部，20余万字；主持、参与多项省部级、市级科研课题，获不同层次奖励，并形成咨政成果。

**邸俊鹏** 女，1980年8月出生，汉族，博士学位，上海社会科学院数量经济研究中心助理研究员。曾主持国家自然科学基金青年项目、上海市哲学社会科学一般项目、上海市科学技术委员会软科学项目等，在《统计研究》《数量经济技术经济研究》《教育研究》等权威期刊上公开发表学术论文10余篇。

# 摘 要

2018年是中国改革开放40周年，是上海全面贯彻落实党的十九大精神的第一年，是“十三五”规划承上启下的关键之年，也是国际政治经济形势最复杂多变的一年。在上海市全力推进“四大品牌”建设、首届中国国际进口博览会成功举办等背景下，奉贤区坚持稳中求进工作总基调，紧紧围绕“奉贤美，奉贤强”的战略目标，实现了经济持续向高质量发展迈进。2018年前三季度，奉贤区经济运行保持总体平稳、稳中向好的发展态势，为此本书分别从农业、工业、服务业、固定资产投资、消费品市场、对外经济形势、财政形势、房地产发展形势等角度对奉贤经济进行深入解构。同时还对美丽健康产业、现代都市农业、文化产业等奉贤区特色产业，以及奉贤中小企业科技创新活力区建设情况、奉贤经济园区转型路径、奉贤十年城镇化发展情况等特色经济做了详尽的专题分析。全书共有总报告1篇、分析研判8篇、专题研究8篇，分别从不同角度对奉贤区经济运行情况进行了回顾与总结，并提出了相应的分析与研判。

首先，本报告对奉贤区2018年前三季度经济运行的总体情况进行了解读，发现2018年奉贤经济发展总体呈现三大特征：经济持续平稳增长，工业增长表现抢眼；需求增速放缓，投资增长动力足；收入水平稳步跃升，财税民生蓬勃向好。结合内外部经济形势，预判2019年奉贤区经济表现大概率维持中高速增长，增速水平与全市水平持平。而长期来看，随着贸易环境的逐渐改善，奉贤区经济增长速度有望达到快于全市的增速水平。

其次，本报告分别从生产、支出、收入的角度出发，对奉贤区的经济发展情况进行了分析与研判。研究表明：从生产的角度来看，2018年奉贤区三次产业结构仍以工业为主，体量和效益均有所提升，工业发展势头强劲，农业生产结构持续优化，但受2018年我国房地产市场和金融市场行情普遍不佳拖累，服务业比重略有下降；从支出的角度来看，固定资产投资的产业结构不断优化，消费品市场增速趋缓，消费结构正在转变，贸易结构持续优化，进口增速迅猛；从收入的角度来看，财税收入保持高速增长，土地财政依赖较为严重，财政支出进一步向民生领域倾斜，房地产投资依旧旺盛，但融资环境持续紧缩。

再次，本报告对奉贤区比较典型的经济发展亮点进行了详细的分析与总结。奉贤区最具特色的产业之一——美丽健康产业，在居民收入水平提升、消费观念转变，以及我国化妆品零售市场规模呈现持续稳定增长态势的背景下，对奉贤整体经济的引领作用初显；奉贤区的运动休闲特色小镇——海湾镇，以及现代都市农业的建设正在快速规划中；以"贤文化"为核心的奉贤文化品牌，正在借助奉贤新城多样、大型文化载体的建设，逐渐释放出其助力上海文化品牌建设的力量。

最后，本报告对奉贤区部分经济建设情况、产业转型情况进行了回顾与展望。从奉贤中小企业科技创新活力区建设情况来看，目前活力区建设已经取得了一定成效，科技创新资源正在不断集聚，但未来仍需精准定位，完善和优化现有科技创新制度环境。从奉贤经济园区转型情况来看，借助综合保税区正式批复的契机，围绕"1+1+X"的经济园区转型基调，奉贤经济园区的转型步伐开始逐渐加快。但转型过程中仍需注意尊重市场规律，积极挖掘市场的潜力。从奉贤十年城镇化的发展历程来看，以奉贤新城为核心的奉贤城镇化建设步伐越来越快。2018年"上海南部中心城市"和"长三角城市群中具有辐射带动作用的综合性节点城市"的新定位，对奉贤城镇化发展提出了更高的要求。从奉贤区生态建设情况来看，近几年"美丽街组、水天一色、和美宅基"等一系列建设，成效显著，为奉贤区打响生态品牌奠定了基础，为奉贤区的经济发展提供了保障。未来还可以从美丽乡村建设、实施特色文化传承保护行动等方面出发，进一步深化奉贤生态建设成效。

**关键词：** 奉贤经济　高质量发展　品牌建设

# 目 录

## Ⅰ 总报告


B.1 2019年上海奉贤经济形势分析与预测 ……… 朱平芳 邱俊鹏 / 001

一 2018年奉贤经济发展状况 ……………………………………… / 002

二 2019年奉贤经济运行展望 ……………………………………… / 008

三 对策建议 ……………………………………………………… / 015


## Ⅱ 分析研判篇


B.2 2018～2019年奉贤区农业经济形势分析与研判

……………………………………………………… 张鹏飞 陈 蓉 / 018

B.3 2018～2019年奉贤工业形势分析与研判 ……………… 王永水 / 032

B.4 2018～2019年奉贤服务业形势分析与研判 … 纪园园 梅 寒 / 054

B.5 2018～2019年奉贤固定资产投资形势分析与研判 …… 何雄就 / 079

B.6 2018～2019年奉贤消费品市场形势分析与研判

……………………………………………………… 邱俊鹏 宋敏兰 / 100

B.7 2018～2019年奉贤对外经济形势分析与研判

……………………………………………………… 李世奇 朱嘉梅 / 120

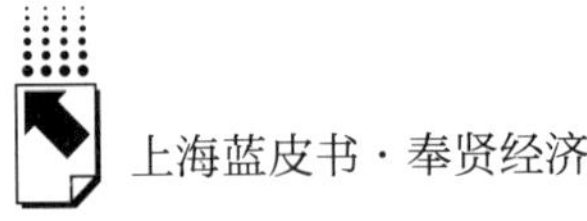


B.8　2018～2019 年奉贤财政形势分析与研判 ………………… 谢骏鸣 / 143

B.9　2018～2019 年奉贤房地产发展形势分析与研判 ……… 谢婼青 / 163

## Ⅲ　专题研究篇

B.10　奉贤中小企业科技创新活力区建设跟踪研究
……………………………………………… 王永水　杜学峰 / 187

B.11　奉贤美丽健康产业做大做强的思路和对策研究
…………………………………… 朱嘉梅　华晓玲　李世奇 / 206

B.12　奉贤经济园区转型路径的探索：以综合保税区为例
……………………………………………… 谢婼青　张　森 / 221

B.13　奉贤十年城镇化发展历程与展望 ……… 奉贤区委党校课题组 / 235

B.14　奉贤区海湾镇运动休闲特色小镇创建与发展研究
……………………………………………… 吴康军　伏开宝 / 251

B.15　奉贤现代都市农业未来发展路径研究 ……… 张鹏飞　陈　蓉 / 264

B.16　奉贤区生态建设发展研究 ………………… 纪园园　梅　寒 / 280

B.17　布局上海文化产业集群助力上海文化品牌建设
……………………………………………… 邵晓翀　朱嘉梅 / 296

Abstract ……………………………………………………………… / 317

Contents ……………………………………………………………… / 320

皮书数据库阅读使用指南

# 总 报 告

General Report

## B.1
# 2019年上海奉贤经济形势分析与预测

朱平芳　邱俊鹏*

**摘　要：** 2018年奉贤经济发展总体呈现三大特征：经济持续平稳增长，工业增长表现抢眼；需求增速放缓，投资增长动力足；收入水平稳步跃升，财税民生蓬勃向好。结合内外部经济形势，预计2019年奉贤区经济表现将大概率维持中高速增长，增速水平与全市水平持平。而长期来看，随着贸易环境的逐渐改善，奉贤区经济增长速度有望达到快于全市的增速水平。面对复杂多变的国际政治经济形势，奉贤需抓住产业能级提升、科技创新集聚、城市空间更新、文化产业发展等诸

* 朱平芳，上海社会科学院研究生院院长，研究员，博士生导师，主要研究方向为计量经济学、宏观经济预测分析与政策评价、科技进步评价与分析；邱俊鹏，经济学博士，上海社会科学院经济研究所、数量经济研究中心助理研究员，主要研究方向为计量经济学理论及其在政策评估中的应用研究。

多机遇，同时也要防范中美贸易摩擦升级、消费升级、土地财政依赖严重等方面的问题。为了实现经济的高质量发展，建议从积极对接进博会做起，加大对奉贤东方美谷、“贤文化”等的宣传；紧跟科技前沿，前瞻布局，加大对科技创新的支持力度；进一步优化营商环境，促进优质项目落户。

**关键词：** 奉贤经济　创新发展　东方美谷

## 一　2018年奉贤经济发展状况

2018 年前三季度，奉贤区经济在 2017 年年底的良好开局基础上实现了平稳增长。受逆全球化和贸易保护主义抬头、中美贸易摩擦不断升级等负面因素的影响，全球经济复苏面临巨大挑战。尽管我国国际贸易态势良好，进出口总额同比增长 9.9%，尤其是进口额增长 14.1%。但是，由于国际贸易保护主义抬头，中国的出口贸易仍将面临严峻挑战，而中美贸易战仍然存在不确定性因素。贸易战还将增加我国股市、汇市和债市资产价格的波动风险。在此背景下我国经济运行的外部不确定性增强，上海市全年经济增速下行压力概率偏大，由此导致奉贤区生产、出口下行压力增大，对经济增长的韧性提出考验。

### （一）经济持续平稳增长，工业增长表现抢眼

经济平稳增长，主要经济指标完成情况良好。2018 年前三季度，奉贤区三次产业增加值稳健增长，可比增长 6.6%（同比增长 9.0%），与全市增速持平；工业生产领域增长强劲，规模以上工业产值增速略有放缓但仍保持两位数增长，增幅达 11.9%，增速远高于全市平均水平；财政收入持续快速增长，同比增长 27.9%，区级地方财政收入同比增长 24.0%，增幅全市排名第二；消费市场保持稳定，实现社会消费品零售总额 429.26 亿元，同比

增长8.4%；固定资产投资保持较快增长，完成投资总额305.47亿元，同比增长21.6%，其中工业投资同比增长9.3%，较上年同期提高了6.8个百分点；实现全区居民人均可支配收入33293元，同比增长8.9%（见表1）。

**表1　奉贤区和上海市2018年前三季度主要经济指标对比**

| 指标 | 奉贤区 | | 上海市 | |
|---|---|---|---|---|
| | 1～9月累计 | 增长(%) | 1～9月累计 | 增长(%) |
| 增加值(亿元) | 610.78 | 6.6 | 23656.69 | 6.6 |
| 财政总收入(亿元) | 418.23 | 27.9 | — | — |
| 区级地方财政收入(亿元) | 126.79 | 24.0 | — | — |
| 全区工业总产值(亿元) | 1448.02 | 11.9 | 27079.72 | 2.2 |
| 规模以上工业总产值(亿元) | 1259.78 | 11.9 | 25729.72 | 2.2 |
| 固定资产投资总额(亿元) | 305.47 | 21.6 | 9244.01 | 7.9 |
| 工业投资(亿元) | 62.58 | 9.3 | — | 18.5 |
| 社会消费品零售总额(亿元) | 429.26 | 8.4 | 9244.01 | 7.9 |
| 全区居民人均可支配收入(元) | 33293.00 | 8.9 | 48339.00 | 9.0 |

注：增加值为可比增长。

资料来源：《奉贤区统计月报》，上海奉贤统计局网址，http：//www.stats-sh.gov.cn/html/sjfb/，最后访问时间：2018年12月6日。

第二产业持续占据经济发展主导地位。2018年上半年奉贤区三次产业实现增加值412.7亿元，可比增长7.3%（同比增长9.8%）（见图1）。其中，第一产业实现增加值2.9亿元，可比下降39.0%；第二产业实现增加值225.4亿元，可比增长9.9%，其中工业实现增加值207.0亿元，可比增长10.4%，比第二产业总体增加0.5个百分点；第三产业实现增加值184.4亿元，可比增长5.5%。三次产业增加值结构为0.7∶54.6∶44.7（见图2），其中第一产业比重比上年下降0.5个百分点，第二产业比重上升1.0个百分点，第三产业比重下降0.5个百分点。第一产业比重持续下降，第二产业比重有所回升，第三产业占比略有下降，经济增长仍持续依赖工业。

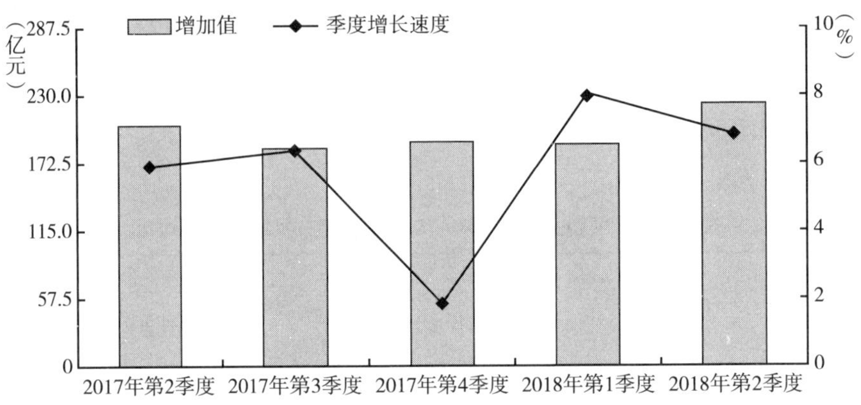


**图 1　奉贤区三次产业增加值和季度增长速度**

资料来源：《奉贤区统计月报》，上海奉贤统计局网址，http：//www. stats-sh. gov. cn/html/sjfb/，最后访问时间：2018 年 12 月 6 日。

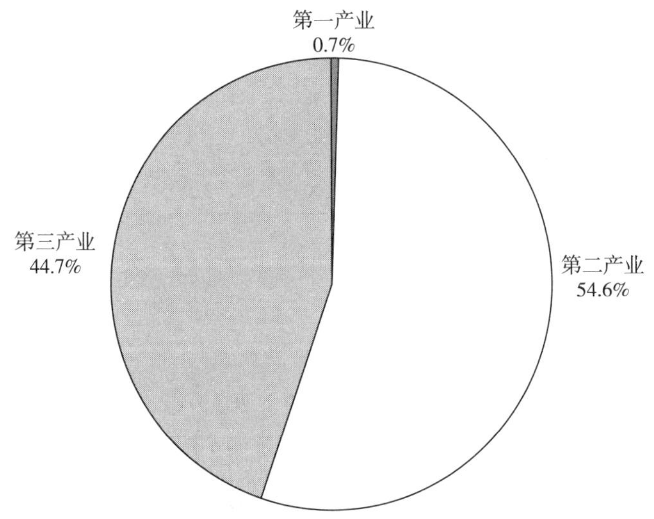


**图 2　2018 年上半年奉贤区三次产业增加值结构**

资料来源：《奉贤区统计月报》，上海奉贤统计局网址，http：//www. stats-sh. gov. cn/html/sjfb/，最后访问时间：2018 年 12 月 6 日。

尽管奉贤区整体的产业结构仍以工业为主导，但三次产业内部的结构调整与优化的步伐从未停止，具体表现如下。

一是农业结构合理化趋势得以延续。2018 年前三季度奉贤区实现农业总产值15.77亿元，下降27.5%。由于2017年奉贤畜牧业产值大幅度减少，传统种植业成为奉贤农业的主要组成部分，其占奉贤农业总产值比重的58.4%，而畜牧业和渔业占比分别为16.5%和17.2%。随着近年来奉贤区农业总产值持续下降，下降幅度增大趋势逐渐显现。如2017年奉贤农业总产值同比下降了18.8%，而2016年下降幅度仅为2.9%；传统种植业产值下降了3.7%，渔业产值下降了7.6%，仅林业产值增长了7.6%。种植业、林业、畜牧业、渔业、农林牧渔服务业产值比例为58.4∶4.2∶ 16.5∶17.2∶3.7。农林牧渔服务业产值占比持续增长，这表明奉贤农业结构正逐渐优化。

二是工业经济总量和效益齐升。2018年前三季度，奉贤区941家规模以上工业企业累计完成产值1259.78亿元，同比增长11.9%，增幅较上年同期提高了4.4个百分点，继续保持两位数快速增长。1~9月产值前100位的企业完成工业总产值729.85亿元，同比增长20.1%，增速高于全区8.2个百分点，总量占到全区规模产值的57.9%，工业经济继续保持平稳较快增长的良好态势；1~8月份，规模以上工业企业实现利润总额98.2亿元，同比增长9.4%；主营业务收入达到1183.1亿元，增长14.1%，较上年同期提高4.2个百分点；资产负债率为46.6%，同比下降4.0个百分点，工业企业效益持续提升。

三是服务业增加值持续增加，批发零售业持续占优。2018年，奉贤区服务业进一步发展。1~6月，服务业增加值为184.35亿元，同比增长5.5%；从服务业内部各细分行业来看，除住宿、餐饮业之外，均处于增长趋势。1~6月，批发零售业增加值为44.24亿元，同比增长8.1%，在服务业中占比24%，占比排名第一；金融保险业增加值为22.47亿元，同比增长0.1%，在服务业中占比12.19%，占比排名第二；信息传输、软件和信息技术服务业增加值为21.39亿元，同比增长5.9%，在服务业中所占比重为11.60%，占比排名第三；住宿、餐饮业增加值为7.03亿元，同比下降2.5%，占服务业比重为3.81%。

### （二）需求增速放缓，投资增长动力足

消费品市场增速放缓，表现优于全市。1~9月全区实现商品销售额

1257.3亿元，同比增长9.6%，增速比上年同期降低0.5个百分点；全市实现商品销售额9351.2亿元，同比增长6.6%，增速比上年同期下降6.8个百分点；全区累计实现社会消费品零售总额429.3亿元，同比增长8.4%，增速比上年同期下降1个百分点；全区社会消费品零售总额增速高于全市0.5个百分点，但与上年同期相比增速减少0.9个百分点；商品销售总额增速高于全市3.0个百分点，而上年同期全区商品销售总额增速低于全市3.3个百分点。

固定资产投资增速保持稳定，房地产仍是增长的核心力量。2018年1～9月，奉贤区全社会固定资产投资总量进一步扩大，投资额保持两位数增长，完成投资305.47亿元，同比增长21.6%。从投资领域看，工业投资完成73.22亿元，同比增长27.9%，增幅明显，但工业投资占全部社会固定资产投资总额的比例仅为24.0%；房地产投资177.92亿元，同比增长22.9%，占比高达58.2%；城市基础设施投资38.41亿元，同比上升8.7%，在高占比和高增速的共同作用下，房地产投资对奉贤区的固定资产投资产生了较大的拉动作用，是奉贤区固定资产投资增长的核心力量。

出口相对稳定，进口增长迅猛，贸易结构持续优化。2018年奉贤货物进出口贸易在2017年快速增长的基础上进一步加快，2018年前八个月奉贤进出口总值达到589.5亿元，同比增长21.4%，而上海进出口总值前八个月仅同比增长5.6%。分别来看，1～8月奉贤完成外贸进出口总额589.5亿元，同比增长21.4%，较上月下降0.3个百分点，较上年同期增加5.6个百分点；进口总值为259.9亿元，同比增长34.9%，在2017年前八个月19.5%的增速基础上又有了一个飞跃。从贸易结构来看，2018年前八个月奉贤一般贸易出口占比达到66.7%，高于2017年同期的61.2%，也高于2017年全年的62.7%，而前八个月加工贸易出口占比为28.2%，低于2017年同期的34.1%，也低于2017年全年的32.4%，奉贤一般贸易出口占比超过三分之二，而加工贸易出口占比低于30%，说明奉贤出口的贸易结构不断优化。

房地产市场有升有降，总体表现平稳。2018年1～9月，奉贤区房地产计划投资额为359.63亿元，同比增长9.3%，完成投资额177.92亿元，同比增长 22.9%，房地产开发投资增速实现两位数增长；现房销售面积 235416 平方米，同比增长 135.6%；期房销售面积 471119 平方米，同比增长 106.5%；现房销售额 23.06 亿元，期房销售额 142.56 亿元，同比分别增长 65%、222.3%，2018 年的商品房销售逐渐回暖；商品房施工面积为 1178.27 万平方米，比上年同期增长 13.4%。其中，新开工面积增长 91.9%、商品房竣工面积增长 62%，2018 年奉贤区房地产建设经营规模略有增长；2018 年上半年，奉贤区房地产项目到位资金 151.66 亿元，比上年同期增长 4.5%，其中国内贷款 47.30 亿元，同比下降 3.6%；自筹资金 49.73 亿元，同比下降 34.6%；其他资金 54.63 亿元，同比增长 172.8%。2018 年上半年的国内贷款和自筹资金同比有下降的趋势，2018 年的奉贤区房地产市场融资环境更加收紧。

综上所述，2018 年前三季度，奉贤固定资产投资持续高速增长，全社会固定资产投资总额达 305.47 亿元，其中房地产投资占比高达 58.2%；消费品市场增速放缓但表现优于全市，需求增速略显疲态，社会消费品零售总额达 429.3 亿元；对外贸易稳中有增，前八个月进出口总值为 589.5 亿元；房地产市场有升有降，开发投资额、销售额、建设经营规模均有不同程度的增长，仅融资环境有所收紧。由此可见，2018 年奉贤区需求增速略有放缓，但投资增长势头十足，外贸表现也优于全市。

### （三）收入水平稳步跃升，财税民生蓬勃向好

居民收入加快增长，社会保障不断完善。2018 年 1～9 月全区居民人均可支配收入为 33293 元，同比增长 8.9%，增速略低于全市。全区居民人均消费支出 19388 元，同比增长 8.6%；消费支出占收入的比重为 58.23%。近五年来奉贤区消费占收入的比重始终维持在 50% 以上；8 月末，奉贤区城镇登记失业人数为 4958 人，比上年同期减少 195 人。城乡居民养老保险和基本养老保险缴费人数均为 367539 人，较上年同期增加了 10311 人，失业保险缴费人数增加了 10895 人。城镇低保人数为 25548 人，农村低保人数为 7283 人，居民低保人数分别减少了 647 人和 417 人，人民生活水平得到进一步提升。

财税收入保持高速增长，土地财政依赖较为严重。2018 年 1 ~9 月，奉贤区实现财政总收入 418.2 亿元，同比增长 27.9%。其中，区级财政收入 126.8 亿元，同比增长 24.0%，增幅全市排名第二。三次产业实现税收总收入 398.3 亿元，同比增长 28.4%。分行业来看，第二产业实现税收 232.0 亿元，同比增长 33.3%，其中工业实现税收 214.5 亿元，同比增长 34.2%；第三产业实现税收 165.8 亿元，同比增长 22.0%，其中批发零售业和租赁商务服务业，分别实现税收 56.8 亿元和 31.7 亿元，增速分别达到 41.7% 和 28.4%。2017 年，政府土地出让总价款为 1380919 万元，占当年财政收入总额的 34.2%，奉贤区土地财政依赖情况较为严重。

财政支出进一步向民生领域倾斜。2017 年奉贤区科学技术、教育、文化体育与传媒、医疗卫生与计划生育、农林水、公共安全等财政支出分别增长 10.0%、13.3%、18.5%、17.5%、62.4%、14.2%。

住房保障工程力度逐渐加码。从住房租赁市场的情况来看，截至 2018 年 7 月底，已筹集租赁住房房源 3462 套，完成全年计划的 43%；从各类保障性住房情况来看，2018 年计划推进动迁安置房建设项目 28 个，319.74 万平方米，28555 套；动迁安置居民方面，2018 年计划安置 1662 户，截至 2018 年 9 月，已安置 797 户；从廉租住房的供给情况来看，截至 2018 年 9 月，奉贤区目前享受廉租住房租金补贴的有 1094 户，实物配租的有 99 户。由此可见，奉贤区不断发展成熟的住房租赁市场、各类保障性住房和廉租住房供给的增加，极大地丰富了保障房项目的供给，从而为奉贤区吸引区外先进人才和保障人民生活提供了基本的住房支持。

## 二 2019年奉贤经济运行展望

### （一）重要机遇

#### 1. 产业能级提升带来的综合拉动效应

美丽健康产业引领作用初显。随着国内经济的稳步增长、居民收入水平的提升以及消费观念的转变，我国化妆品零售市场规模呈现持续稳定增长态势。上海作为长三角发展的龙头，拥有长三角化妆品品牌企业的70%，化妆品销售额每年以两位数的速度增长，一线品牌销售额占市场份额的40%，而且有明显上升的趋势。这些都为奉贤发展美丽健康产业提供了优渥的土壤。2018 年 1 ~9 月份，东方美谷完成规模以上工业总产值 185.9 亿元，同比增长 20.0%，较上年同期提高了 12.7 个百分点，高于规模以上工业产值增速 8.1 个百分点，占全部规模以上工业总产值的比重为 14.8%。累计实现税收收入 32.5 亿元，同比增长 13.8%。1 ~9 月东方美谷商业完成销售额 46.8 亿元，同比增长 9.5%，美丽健康产业保持着良好增势。

战略新兴产业开始发力。2018 年，奉贤区继续努力打造上海先进制造业重要承载区，工业尤其是制造业发展稳步推进，战略性新兴产业增幅高于全市平均水平。具体表现为：2018 年前三季度奉贤区战略性新兴产业规模以上工业产值增速明显，增幅高于全市平均水平，在郊区中排名第二，仅次于嘉定区（见表2）。1 ~9 月完成战略性新兴产业规模以上工业总产值 309.2 亿元，可比增长 6.4%（同比增长 10.3%），高于全市 2.9 个百分点，占规模以上工业产值的比重为 24.5%（全市为 29.9%）（见图3）。其中生物医药、新材料和高端装备分别实现产值 124.6 亿元、94.7 亿元和 27.3 亿元，可比增长分别为 13.1%、14.6% 和 13.2%。

**表2　2018 年 1 ~9 月郊区战略性新兴产业（工业部分）情况**

| 上海市郊区 | 总产值(亿元) | 可比增速(%) | 占规模以上工业总产值的比重(%) |
|---|---|---|---|
| 闵行 | 862.20 | 0.4 | 35.6 |
| 宝山 | 381.61 | -2.9 | 22.6 |
| 嘉定 | 766.62 | 10.5 | 16.9 |
| 松江 | 682.06 | 1.3 | 25.4 |
| 金山 | 407.72 | 4.3 | 27.1 |
| 青浦 | 304.92 | 3.2 | 26.8 |
| 奉贤 | 309.22 | 6.4 | 24.5 |
| 崇明 | 171.71 | -4.1 | 63.4 |

资料来源：《奉贤区统计月报》，上海奉贤统计局网址，http：//www.stats-sh.gov.cn/html/sjfb/，最后访问时间：2018 年 12 月 6 日。

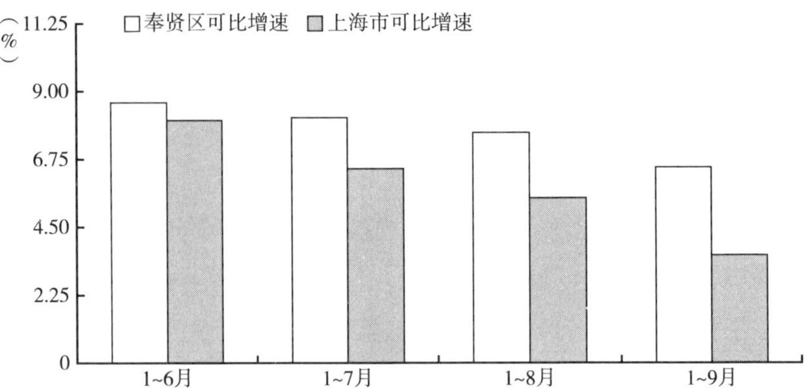


**图3 2018年奉贤区和上海市战略性新兴产业（工业部分）可比增速情况**

资料来源：《奉贤区统计月报》，上海奉贤统计局网址，http：//www.stats-sh.gov.cn/html/sjfb/，最后访问时间：2018年12月6日。

2. 科技创新集聚带来的转型发展机遇

良好的政策环境为科技创新集聚奠定了良好基础。奉贤区在服务上海、建设全球有影响力的科技创新中心方面，以中小企业富集的优势积极对接，竭力打造上海先进制造业的重要承载区，并为此付出了诸多努力，主要表现如下。（1）科技资源的整合。截至2017年，奉贤区内的11家众创空间已经培育出企业302家，吸引入驻企业达158家。（2）企业、高校和科研院所等方面的产学研合作。2017年华东理工大学生物研究院奉贤基地为海利生物、智城分析仪器等区内外40余家企业提供了技术服务支持，上海交通大学促进中心也为区内28家企业提供技术服务。（3）知识产权的创造和维权的强化。奉贤区出台政策对于在知识产权维权诉讼中胜诉的区内企业给予不超过其服务费50%的补贴。此外，奉贤区还成立了知识产权纠纷人民调解委员会以及东方美谷产业知识产权保护中心。截至2017年11月，全区专利授权量3647件，同比增长40%，其中有18家企业通过了国家贯标认证，总数位居全市前列。

综合保税区转型的溢出效应正逐步外溢。2018年4月18日，上海闵行出口加工区转型成为综合保税区，这满足了制造业转型升级和战略新兴产业的发展需求，也为奉贤区成为国际经济贸易的重要窗口、通道提供良好的支撑和平台。至2018年10月，经历五个多月，转型初见成效。（1）产业定位明确。联合外高桥企业发展中心制定完成奉贤综保区的功能定位和产业策划，确立了“一平台两中心”的产业载体。（2）招商效应显现。截至2018年10月，共计洽谈项目15个，已签约项目2个，继续跟踪的项目7个。（3）功能建设有进展。东方美谷专业跨境电商平台的搭建基本完成、保税展示交易中心项目落地、奉贤综保区将保税展示交易中心拓展至外区，在浦江国际珠宝中心设立国际珠宝首饰保税展示交易区。

3. 城镇化步伐加快带来的城市空间更新

以奉贤新城为核心的奉贤城镇化建设步伐加快。自2016年奉贤被列为第三批国家新型城镇化综合试点地区以来，城镇化建设步伐继续加快，城乡统筹水平进一步提升，以奉贤新城为核心的城镇化建设达到一个新的高度。奉贤新城自2008年建立至今，已经走过了十个年头。2018年1月，《上海市城市总体规划（2017～2035年）》将奉贤定位为上海南部中心城市和长三角城市群中具有辐射带动作用的综合性节点城市，为奉贤城镇化发展提出了更高的要求。在新型城镇化建设的新阶段，把握深化城乡统筹的步伐，有序推进城镇化建设计划，积极贯彻创新转型的重要路径，成为奉贤深入持续发展的新课题。2018年新城公司正式项目达52个，其中续建项目22个、新开工项目30个，今年要求完成约29亿元的投资额，其中涉及城市功能、生态景观、住房保障、民生综合开发以及重大交通基础设施等各种类型。

乘文化产业发展之东风，城市空间更新正在拉开帷幕。建设中的奉贤新城，以奉浦大道、“田字绿廊”、“十字水街”、“上海之鱼”、中央生态林地、“南桥源”城市更新、轨交站点开发七大项目为重点。2017年新城启动建设78个项目，其中重大项目20个，整个城市功能的能级自2017年起将有一个巨大的跨越和提升。目前，奉贤新城主要的生态项目“上海之鱼”主体工程已基本建设完成，九棵树（上海）未来艺术中心、奉贤城市博物馆、“传悦坊”等大型文化项目启动建设，美丽健康时尚产业加快推进，奉贤新的都市业态开始呈现。伴随地铁通车、大量文化建设、奉贤博物馆的带动，以及产业振兴带来的人口导入、国际城市规划初露端倪等多项利好汇聚于 2018 年，等待多年的转型升级战略机遇期正在拉开帷幕。

4. 打响四大品牌带来的文化产业契机

红色文化、江南文化、海派文化资源各有特色，标识度清晰。红色文化方面：奉贤留下了从国民革命时期到解放战争时期整个中国革命进程的发展印记。在新中国成立之后，奉贤地区对于上山下乡知青文化的记录、对于拓荒海滩农垦博物馆的见证都是一代人不可磨灭的红色记忆；江南文化方面：奉贤特有的“贤文化”独树一帜，此外还包括了良渚文化、海盐文化、桥乡文化等。奉贤区拥有国家级、市级、区级非物质文化遗产 30 余项，包括滚灯、华亭东石塘等，还有众多大师大贤所留下的书卷、墨宝、诗词、亭台楼阁乃至传说，都是奉贤为上海江南文化贡献的重要组成部分；海派文化方面：出身于奉城镇高桥村的现代著名画家、雕塑家滕白也，是西方现代绘画史中“仅有的被提及的中国三个指画家之一”。近期，奉贤梳理出百家文化名人工作室，其中不仅有当红的影视明星还有文化名人、工艺美术大师，其所带来的丰富海派文化资源，为奉贤区打造文创产业载体提供了一个丰富的艺术宝库。丰富的文化内涵为奉贤打响“四大品牌”奠定了丰厚的文化底蕴。

文化产业集群助力上海文化品牌建设。文创产业与打响上海四大品牌密切相关，“上海文化”品牌重在展现标识度，激发上海文化的创新创造活力，提升文化原创力和影响力，整合文化活动资源形成集束效应，集聚一批文化领军人才，高水平、高标准规划建设好城市文化地标。奉贤区作为有 4000 多年文明历史和文化传承的地方，拥有深厚的文化历史积淀。奉贤区于 2017 ~ 2018 年，出台了《上海市奉贤区文化创意产业三年行动计划》《关于加快奉贤区文化创意产业创新发展的实施意见》等系列文件。充分用好贤文化、红色文化、江南文化、海洋文化等文化资源，做强做大文创产业，建设南上海文创产业高地，促进文创产业高质量发展，是奉贤打造“南上海文化创意产业集聚区”的宗旨。随着奉贤城镇化的深入发展，以及多元文化载体的陆续落成运营，奉贤区文化创意产业将迎来快速发展的机遇期。

## （二）风险挑战

1. 中美贸易摩擦持续升级，出口下行压力大

美国政府自2018年7月开始对500亿美元的中国商品加征关税后，9月开始实施新一轮对2000亿美元中国商品的关税加征，同时表明拟在2019年年初将关税税率从10%上调至25%。中美贸易摩擦持续升级。

美国作为奉贤第一大出口目的地和第三大进口来源地，中美贸易摩擦对奉贤进出口贸易的影响将比其他地区更大，尤其是自2019年起，美国将把中国2000亿美元产品的关税从10%提升至20%，占据奉贤出口量40%的“电机、电气、音像设备”和“核反应堆、锅炉、机械器”，这两类商品正是美国加征关税的重点产品之一。从当前数据来看，中美贸易摩擦对奉贤区外贸总量的影响暂未显现，主要在于奉贤区对美出口企业在贸易摩擦清单实施前进行了提前交货并积极开拓新的销售渠道。但随着中美贸易摩擦持续升级、全球经济复苏势头减弱，外贸存在一定的下行压力。

2. 生态保护要求不断提高，企业面临结构性调整

近年来，奉贤区生态环境建设快速发展，推进“美丽街组、水天一色、和美宅基”等一系列项目建设，已经形成了基本格局，取得了较为显著的效果，着力加快了全区的环境建设，为奉贤区的经济发展提供了保障。据不完全统计，在“和美宅基”创建过程中，奉贤区累计拆除违建103492平方米，减少外来人口561人，整治河道65条，取缔违法经营小作坊110家，拆除旱厕300处、田间窝棚17处；在“和美楼组”自治管理工作落实过程中，累计拆除违建12136平方米，封闭破墙开门321扇、破墙开窗149扇，清运垃圾356吨，关闭无证棋牌室10间，整治房屋改性使用97处，整治违法违规经营38处，综合改造车库151间，修理楼道公共设施615处，增配消防设施34处。

随着环保要求的提高，很多中小企业面临关停整顿的处境，对奉贤区工业生产会产生直接影响和间接影响。直接影响是企业数量的减少或将在一定程度上减少工业总产值；间接影响是，有些中小企业是为规模以上工业企业

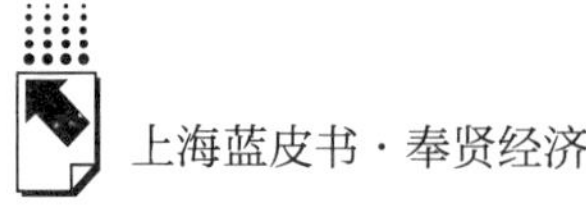



提供相关配套产品的，关停这些企业可能会造成规上工业企业使用同等产品的成本增加，生产利润降低，进而影响工业总产值和工业税收贡献率。

3. 房地产行业周期性下行，财政资金面临短缺风险

2017 年上海市认真执行中央的各项房地产调控政策，针对上海房地产市场的具体情况，加大了对土地市场、销售秩序和商住的调控力度。如 3 月 31 日出台土地出让新规，从根本上杜绝了类住宅产品的建设。在资金层面，坚持“房子是用来住的，不是用来炒的”的定位，继续实行差别化调控，抑制居民杠杆率，严控个人贷款违规流入房地产市场。继续遏制房地产泡沫化，严格查处违规房地产融资行为。奉贤区房地产市场的政策与上海房地产市场调控方向一致，限售、限价政策调控将持续一段时间，通过行政干预的手段防止一手房价格的大幅波动。房地产行业具有小周期的特点，随着 2015 ~ 2016 年奉贤房地产经历一轮增长后，房地产市场总体下行。

2018 年年初，就已经出现了土地交易市场冷淡、土地流拍的现象。假使土地出让金下滑 10%，那么按照其在财政总收入中的比重，将对财政收入造成 3. 5% 的冲击。而从实际走访的情形看，土地出让金的下跌幅度应该不止 10%。而在这两年内，奉贤区因为发展建设，财政收支上已经呈现赤字，如果未来土地出让金出现下滑，势必会对奉贤区的财政收入带来冲击。房地产市场下行与土地交易市场冷淡，会对土地财政依赖较为严重的奉贤财政带来较大压力，由此会直接影响政府投资行为进而影响奉贤区整体经济表现。

### （三）走势研判

农业生产方面，随着奉贤区城镇化步伐逐渐加快，可供农业生产的土地逐渐减少，整体上奉贤区农业增加值的占比逐渐降低的趋势在中长期难以改变。但从农业内部的生产结构来看，奉贤区农业结构正在逐步改善，传统农业向现代增效农业转型逐步深化，绿色、质量、效益农业将得到不断发展。

工业生产方面，受中美贸易摩擦升级的影响，短期来看中美贸易摩擦并

未对奉贤区工业产生较大负面影响，七、八月份规模以上工业产值仍然保持平稳增长，但从中长期来看，加征关税可能导致企业生产成本增加并影响企业家对市场的信心指数，增加了工业生产领域发展的不确定性。不过奉贤区美丽健康产业和战略性新兴产业持续较快的增长速度，也为奉贤区工业发展带来了利好消息。

服务业方面，尽管2018年前三季度奉贤区第三产业占比有所下降，尤其是住宿和餐饮行业的增速持续下降严重拖累了奉贤区服务业的增速。随着奉贤区生态保护行动深入推动，电商市场进入调整期，短期内餐饮、食品等批发零售行业仍将大概率下滑。但长期来看，随着奉贤区旅游业的不断发展，海湾镇运动休闲小镇等滨海与乡村休闲旅游特色影响力逐渐扩大，奉贤区第三产业仍将是未来经济增长动力的主要源泉。

综上可以看出，从生产层面来看，短期内奉贤区整体经济状况仍大概率延续稳中向好的趋势，但中美贸易冲击仍不容忽视。而从需求层面来看，短期内全区社会消费品零售总额增速放缓。但长期来看，随着消费结构的逐渐升级以及居民收入的不断增长，奉贤区消费需求大概率上行。投资方面，奉贤区工业投资在大项目支撑下仍将保持稳定增长，待入库的房地产项目依然较多，短中期内房地产投资呈向好态势。而奉贤区目前仍处于大力建设发展阶段，基础设施投资仍将持续加力。综合判断，2019年奉贤区经济表现为大概率维持中高速增长，增速水平与全市水平持平。而长期来看，随着贸易环境的逐渐改善，奉贤区经济增长有望实现高于全市的增速。

## 三　对策建议

2018年是中国改革开放40周年，是上海全面贯彻落实党的十九大精神的第一年，是“十三五”规划承上启下的关键之年，也是国际政治经济形势最复杂多变的一年。在上海市全力推荐“四大品牌”建设、首届中国国际进口博览会的成功举办等利好消息影响下，2018年，奉贤区经济总体表现延续了前期稳中有进、稳中向好的发展态势。2019年，上海仍然还面对着国际经济形势的复杂多变和国内经济的转型升级。在这个大背景下，我们建议着重从以下三个方面发力，促使奉贤经济更高速、高质量地发展。

### （一）积极对接进博会，进一步扩大影响力

积极对接上海市经信委、市商委，积极参与对外经贸合作交流，开展境外投资推介活动，努力在境外打响东方美谷品牌，不断扩大东方美谷知名度和影响力，吸引外资企业入驻。以举办中国国际进口博览会为契机，全面谋划好扩大进口的规模、领域等。借助主流媒体宣传平台，对进博会与东方美谷、“未来空间”和“一带一路”之间的故事进行宣传，为奉贤大步走出国门，进一步扩大对外开放增添光彩。通过东方美谷主题论坛、“走进奉贤”、小规模对接会等各种活动和方式积极宣传奉贤东方美谷，借助世界化妆品大会等高端活动扩大东方美谷品牌宣传能级，扩大品牌影响力。

### （二）紧跟科技前沿，加大对创新科技的支持力度

紧跟产业技术进步与科技前沿，对物联网、大数据、人工智能、云计算等新兴产业进行前瞻布局，推进数量向质量转变、制造向智造转变、产品向品牌转变。对掌握科技前沿技术的中小企业和核心团队以专项资金的形式进行资助，促进创新链与产业链深度融合。深耕双创生态系统，培育一批专业化、国际化、品牌化的众创空间。完善以企业为主体、以市场为导向、产学研紧密结合的技术创新体系，加大政府对研发活动和技术改造的支持力度，探索建立支撑企业研发设计引导基金，利用风险利益分摊机制，鼓励引导企业家加大研发设计投入，推进科技成果更快转化为现实生产力。

### （三）优化营商环境，促进项目落户

督促产业部门主动提供服务，促使优质项目落户。借鉴其他区县在统筹经济发展职能工作中的先进经验，进一步提高经济发展能级以及城市治理整体能力和精细化管理水平。出台多元激励机制，强化招商选资，打造特色产业，扩大固定资产投资规模。应动用全区可利用的资源，实施多元化招商，

鼓励政府其他部门公职人员和普通市民对招商选资牵线搭桥。实施精准招商选商政策，推动区投资促进局、各大开发区与市场化机构的合作，通过组建开发区招商联合体、组建海外招商联合体、组建并购招商联合体等方式，进行精准招商、集群招商、并购招商。提升政府服务能级，设立产业转型基金，尽快完善现有政策，推动政策落实，利用社会资源撬动企业加速转型发展；推进建设新型企业孵化器，引导小专精企业的入驻。在存量上，加快传统制造业腾笼换鸟，以工业园区转型为抓手，改变工业用地产出率低的现状，消除闲置，推动传统产业向高端化发展。

## 参考文献

奉贤区统计局：《经济运行稳中向好，部分领域不确定因素增强——2018 年四季度奉贤区经济运行走势预判》，奉贤统计信息网，http：//tj. fengxian. gov. cn/fxtj/tjfx/20181108/006_ 53b00248 - 7282 - 45b0 - aba9 - 3865cbc7bde3. htm，最后访问时间：2018 年 12 月 6 日。

《关于上海市 2018 年上半年国民经济和社会发展计划执行情况的报告》，http：//www. spcsc. sh. cn/n1939/n2440/n5554/u1ai178177. html，最后访问时间：2018 年 12 月 6 日。

奉贤区统计局：《奉贤区 2017 年经济社会运行简析》，http：//www. fengxian. gov. cn/shfx/Zfxxgk/20180223/005002003_ 59f27be4 - 2e91 - 4ee2 - bbe4 - 1f7e333841a2. htm，最后访问时间：2018 年 12 月 6 日。

奉贤区统计局：《2017 年上海市奉贤区国民经济和社会发展统计公报》，http：//www. fengxian. gov. cn/shfx/zfxxgk/20180522/005001_ 061e8052 - 954e - 4690 - b1ba - 64e80d1a3dec. htm，最后访问时间：2018 年 12 月 6 日。

宝山区统计局：《2017 年宝山区国民经济和社会发展统计公报》，http：//www. stats - sh. gov. cn/html/fxbg/201804/1001935. html，最后访问时间：2018 年 12 月 6 日。

奉贤区统计局：《企业“两化”融合积极性增强　互联网融合发展仍需推进》，http：//www. stats - sh. gov. cn/html/fxbg/201804/1001914. html，最后访问时间：2018 年 12 月 6 日。

上海市政府发展研究中心：《2017 ~ 2018 年上海各区经济形势分析报告》。

上海市质量技术监督局：《2017 年奉贤区质量状况分析报告》。

# 分析研判篇

**Aanlytical Study**

## B.2 2018~2019年奉贤区农业经济形势分析与研判

张鹏飞　陈　蓉*

**摘　要：** “三农”问题始终是全党工作的重中之重，十九大报告中也明确提出乡村振兴战略，结合“奉贤美、奉贤强”的战略目标，近年来奉贤农业结构持续优化，绿色、质量、效益农业不断得到发展；农民收入稳步增长，城乡收入差距增速减缓；农村劳动力文化程度整体上提高明显；农村生态建设和各项改革都进展顺利。2019年奉贤将会更加注重乡村振兴配套措施落地，更加注重农村一、二、三产业融合发展，更加注重农产品品牌建设，进一步深化“三块地”改革，强化农村集

---

* 张鹏飞，经济学博士，上海市人民政府发展研究中心、上海社会科学院世界经济研究所联合培养博士后，研究方向为区域经济学；陈蓉，中共上海市奉贤区委党校副教授，党建与文化研究中心主任，研究方向为两新组织党建。

体“三资”管理，做大做强“百村”模式，促进农民收入持续增长。

**关键词：** 奉贤农业　结构优化　收入增长　生态改善

十九大以来，奉贤认真贯彻落实习近平新时代中国特色社会主义思想，坚持以中央一号文件为指南，以新发展理念为引领，按照产业兴旺、生态宜居、乡风文明、治理有效、生活富裕的总要求，加快推进农业农村现代化，深化农村改革创新，扎实推进上海都市现代绿色农业发展，在“奉贤美、奉贤强”的战略和《乡村振兴五年规划（2018~2022年）》指引下，奉贤成立百村公司等，积极探索农业持续发展、农村面貌持续改善、农民收入持续增长的新路子，为上海乡村振兴不断做出新贡献。

## 一　农业结构持续优化，绿色、质量、效益农业不断发展

### （一）农业生产总体情况

2017年，由于奉贤畜牧业产值大幅度减少，同比下降54.2%，传统种植业成为奉贤农业的主要组成部分，其占奉贤农业总产值的比重为58.4%，而畜牧业和渔业占比分别为16.5%和17.2%。近年来，奉贤区农业总产值持续下降，并且下降幅度有增大趋势（见图1）。其中2017年奉贤农业总产值同比下降了18.8%，而2016年下降幅度仅为2.9%；2017年，奉贤传统种植业产值下降了3.7%，渔业产值下降了7.6%，仅林业产值增长了7.6%。2017年，奉贤种植业、林业、牧业、渔业、农林牧渔服务业产值比例为58.4∶4.2∶16.5∶17.2∶3.7，这表明奉贤农业结构持续得到优化，农业结构更趋合理。

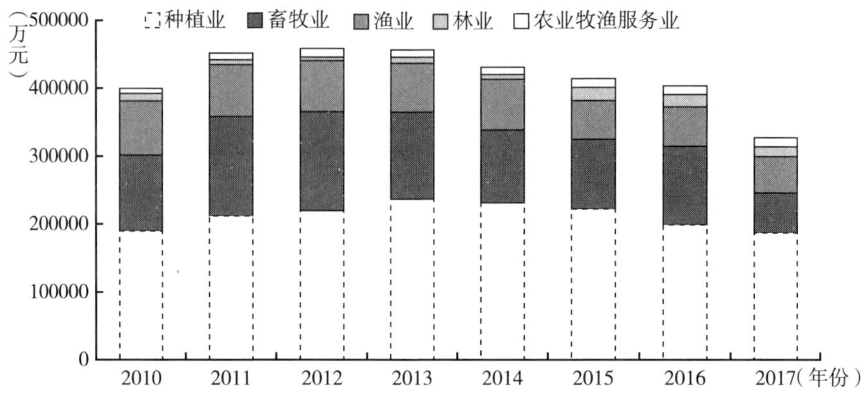


**图 1　2010～2017 年奉贤区农业生产总体情况**

资料来源：《奉贤统计年鉴 2018》，第 64 页。

## （二）传统种植业

2017 年，奉贤实施“藏粮于地”的战略，一方面，建立和完善耕地轮作轮休制度，注重用地、养地相结合，通过不断推广绿色生产技术，来提升奉贤农业土地的利用效率。2017 年奉贤减少夏熟复种指数、实行冬季休耕养地，农业轮作休耕实施面积为 10 万亩。确保奉贤传统种植业种植面积持续下降的同时，其粮食单产继续增加，从 7406 千克增加到 8045 千克（见表 1）。另一方面，提高农民保护耕地和生态环境的积极性。基于奉贤本地气候等

**表 1　2014～2017 年奉贤区种植业主要作物基本情况**

| 年份 | 粮食 | | | 夏熟谷物 | | |
|---|---|---|---|---|---|---|
| | 播种面积（公顷） | 单产（千克） | 总产量（吨） | 播种面积（公顷） | 单产（千克） | 总产量（吨） |
| 2014 年 | 15475.4 | 6786 | 105013 | 6355.8 | 3893 | 24742 |
| 2015 年 | 14612.3 | 7052 | 103039 | 5392.8 | 4042 | 21796 |
| 2016 年 | 12427.3 | 7406 | 92036 | 3141.8 | 3316 | 10418 |
| 2017 年 | 9967.7 | 8045 | 80192 | 968 | 3911 | 3787 |

续表

| 年份 | 小麦 | | | 单季稻 | | |
| --- | --- | --- | --- | --- | --- | --- |
| | 播种面积（公顷） | 单产（千克） | 总产量（吨） | 播种面积（公顷） | 单产（千克） | 总产量（吨） |
| 2014 年 | 5744. 1 | 3921 | 22525 | 9119. 6 | 8802 | 80271 |
| 2015 年 | 4990. 9 | 4066 | 20292 | 9219. 5 | 8812 | 81243 |
| 2016 年 | 2753. 4 | 3285 | 9046 | 9285. 5 | 8790 | 81618 |
| 2017 年 | 797. 9 | 3964 | 3163 | 8999. 4 | 8490 | 76405 |
| 年份 | 水果 | | 蔬菜 | | 西甜瓜 | |
| | 果园面积（公顷） | 总产量（吨） | 播种面积（公顷） | 上市量（吨） | 播种面积（公顷） | 总产量（吨） |
| 2014 年 | 3036. 8 | 55748 | 18393. 3 | 443601 | 1196. 5 | 38227 |
| 2015 年 | 2935. 4 | 53543 | 15794. 3 | 377731 | 1125. 5 | 35528 |
| 2016 年 | 2620. 2 | 40319 | 14900. 9 | 326031 | 894. 2 | 30761 |
| 2017 年 | 2240. 6 | 45739 | 12546. 5 | 331969 | 868. 6 | 28712 |

资料来源：《奉贤统计年鉴 2018》，第 67 ~71 页。

因素对农作物经济价值影响的考虑，奉贤逐渐取消麦子、油菜、玉米和棉花的生产性补贴。同时进一步加大对种植绿肥、深耕晒垡的补贴力度。此外，奉贤注重稻米品牌建设，推广“贤城美谷”大米品牌，提高大米附加值；拓展林果经济增收功能，建立 5. 5 万亩蔬菜生产保护区和 2 个特色农产品优势区（黄桃、蜜梨）。

## （三）畜牧业

2017 年奉贤区不断加大对不规范畜禽养殖的整治力度，全面推动畜禽养殖场退养关停拆除、复耕收尾工作，加强环境监管，不影响周边环境。通过“两手抓”，一手抓畜禽退养后续收尾，一手抓退养后长效监管，来杜绝畜禽养殖的“回潮”现象的发生。2017 年，奉贤区生猪出栏数量从 37. 2 万头减少到 17. 3 万头，减少了 53. 5%；家禽产量从 507 万羽减少到 292 万羽，减少了 42. 4%；鲜蛋从 9824 吨减少到 5539 吨，减少了 43. 6%；牛奶产量从 18899 万吨减到 7149 吨，减少了 62. 2%（见表 2）。

**表 2　2014～2017 年奉贤区畜牧业产量情况**

| 畜牧业 | 2014 年 | 2015 年 | 2016 年 | 2017 年 |
|---|---|---|---|---|
| 生猪出栏数(万头) | 49.6 | 40.3 | 37.2 | 17.3 |
| 家禽产量(万羽) | 270 | 282 | 507 | 292 |
| 鲜蛋(吨) | 10044 | 9618 | 9824 | 5539 |
| 牛奶产量(吨) | 17424 | 19696 | 18899 | 7149 |

资料来源：《奉贤统计年鉴 2018》，第 21 页。

## （四）水产养殖业和林业

为了保证水环境安全、水产品安全和水产养殖业的可持续发展，奉贤按照自愿原则继续推进“退渔还水”工作，积极开展清洁养殖，整个水产业逐步从数量型发展向质量型发展转变、从传统渔业向现代渔业转变。目前奉贤试点建设 1～2 个清洁养殖示范点，主要是通过循环养殖与池塘水质生态净化模式相结合，建立一体化的池塘低碳、节水、高效循环水生态养殖系统。此外，奉贤国家生态园林城区创建工作已经全面启动，2017 年奉贤着力挖掘造林空间，共完成造林 6525 亩，其中生态廊道 2855 亩，林地 3670 亩。

此外，奉贤通过加强农机与农艺的融合，不断提高粮食和蔬菜的机械化水平；加强农机基础设施建设，围绕现代农业发展项目，着力做好粮食烘干体系、农机库房、维修服务网点建设；进一步引导农民土地承包经营权规范流转，对 100 亩以上的土地经营权流转实施区级备案；对现有的 698 家合作社加强分类管理，培育壮大农业产业化龙头企业，培育新型职业农民。

奉贤继续做好“三品一标”的认证、监管及复查换证等相关工作，保持“三品一标”认证率在 70% 以上，重点推进绿色食品认证；不断强化农产品质量安全，增加绿色优质农产品的供给；进一步健全由镇、村和“三支队伍”人员组成的安全监管可追溯体系，农业档案追溯体系覆盖率保持在 90% 以上，强化奉贤农产品质量安全，增加奉贤绿色优质农产品的供给。

总之，近年来，奉贤区农业经济结构持续优化，加速传统农业向现代增效农业的转型，努力发展绿色、质量、效益农业。但是我们在调研走访中发现，奉贤农业中耕地资源紧缺以及农业从业人员老龄化（目前农业从业人员在60岁左右）将成为奉贤农业生产面临的最大问题，需要我们不断加强走访调研，探索上述问题的解决方案。

## 二　奉贤区农民收入持续稳步增长，城乡差距增速减缓

近年来，奉贤区农民人均可支配收入逐年增加，2011~2017年，从1.5万元增长到2.8万元，增长率为86.7%。近年来，奉贤加大村级转移支付力度，2017年奉贤农民转移性支付增长了17.6%。同时由于拆违建，以及政府对民宿的规范化整治，奉贤农民的财产性收入出现了些微的下降，同比下降1.8%。工资性收入仍然是农民收入的主要组成部分，占到农民收入的70%以上，保持着9.1%的增长幅度。奉贤家庭经营性收入变化不大（见表3）。

**表3　2011~2017年奉贤区农民可支配收入占比**

单位：%

| | 2011年 | 2012年 | 2013年 | 2014年 | 2015年 | 2016年 | 2017年 |
|---|---|---|---|---|---|---|---|
| 工资性收入 | 73.71 | 73.94 | 73.78 | 71.74 | 70.90 | 70.69 | 70.72 |
| 家庭经营性收入 | 8.44 | 6.74 | 6.87 | 11.51 | 12.23 | 11.80 | 10.82 |
| 财产性收入 | 6.80 | 7.64 | 7.33 | 2.48 | 2.17 | 2.38 | 2.14 |
| 转移性收入 | 11.06 | 11.68 | 12.02 | 14.27 | 14.70 | 15.13 | 16.31 |

资料来源：《奉贤统计年鉴2018》，第311页。

此外，2018年7月奉贤百村科技股份有限公司揭牌，将全区所有村级集体作为集体股东、将奉投集体作为国有资本参与投资并负责日常运营，以国集联动的创新方式推动村级集体经济发展。根据《上海市奉贤区农业委

员会关于百村公司分红使用比例调整及规范扶贫帮困基金使用的意见》（沪奉农委〔2018〕63号），将百村公司每年分红款项的50%用于建立村级扶贫帮困基金；款项的30%用于村经济合作社社员按现金分红。因此，奉贤农民未来的财产性收入将会明显增加。

在城乡居民可支配收入差距层面，2017年城乡人均收入差距为19981元，同比增长8.1%，但是增速小于2016年的10.6%。表明奉贤城乡人均收入水平尽管有差距，并且差距有扩大趋势，但是差距增长速度变缓，将有助于城乡一体化发展（见图2）。

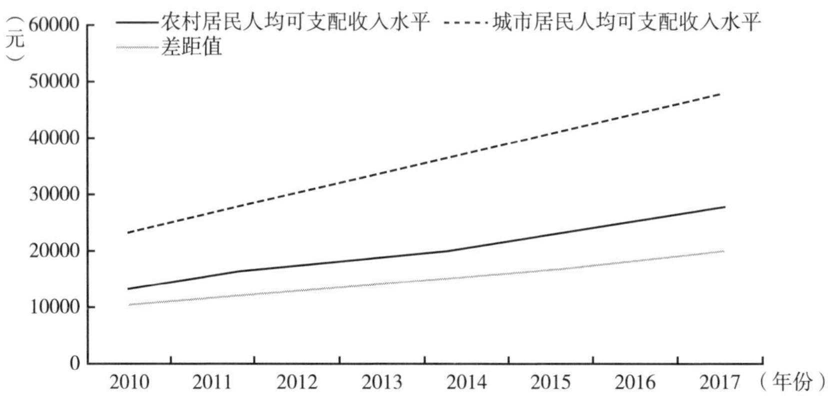


**图2　2010～2017年奉贤区城乡居民人均可支配收入差距**

资料来源：《奉贤统计年鉴2018》，第307、311页。

## 三　奉贤区农村外来人口减少，农民文化程度整体提高

截至2017年，奉贤区农村常住人口约为55.7万人，外来人口约为32.6万人，占常住人口总数的比重为58.6%。2017年奉贤区农村常住人口减少了9.5%；外来人口减少了10.1%，可以看到奉贤农村常住人口减少主要是因为外来人口减少（见表4）。

### （一）奉贤区农村劳动力情况

奉贤区外来人口的减少，使得其劳动力人口总数也在2017年迅速减少，减少幅度为12.6%。从奉贤农村三次产业的就业人口结构来看，劳动力减少主要聚焦于第二产业，2017年减少了约4.1万人，而第一产业减少了约0.9万人、第三产业减少了约0.6万人。从减少比重来看，第一产业减少幅度最大，同比减少了17.6%；第二产业和第三产业同比减少分别为12.2%和10.8%（见表4）。

**表4　2012～2017年奉贤农村人口现状**

单位：人

| 项目 | 2012年 | 2013年 | 2014年 | 2015年 | 2016年 | 2017年 |
|---|---|---|---|---|---|---|
| 农业总人口 | 658507 | 666207 | 644360 | 619515 | 615363 | 557167 |
| 外来人口 | 374240 | 401439 | 383619 | 370454 | 362989 | 326461 |
| 劳动力总数 | 481894 | 477305 | 463545 | 445753 | 440446 | 384962 |
| 第一产业劳动力 | 56849 | 55791 | 537765 | 49655 | 48697 | 40115 |
| 第二产业劳动力 | 348828 | 350376 | 345598 | 334834 | 332476 | 291969 |
| 第三产业劳动力 | 76217 | 71138 | 64182 | 61264 | 59273 | 52878 |

资料来源：《奉贤统计年鉴2018》，第20、54页。

### （二）奉贤区农民文化结构情况

2017年，根据奉贤区农村抽样调查结果，奉贤区农民文化结构更趋合理，具体表现为：初中及以下文化程度人数占比从77.21%下降到76.09%；高中及以上文化程度人数中，大专及以上文化程度人数占比增长比较明显，从2.45%增长到3.14%（见表5）。

此外，奉贤加大培育新型职业农民的力度，2017年完成新型职业农民培训556人，并在全市率先举办首届“十佳新型职业农业”评选活动。

**表 5 2011～2017 年奉贤区农民文化结构**

| | 2011 年 | 2012 年 | 2013 年 | 2014 年 | 2015 年 | 2016 年 | 2017 年 |
|---|---|---|---|---|---|---|---|
| 调查户数(户) | 700 | 700 | 700 | 700 | 200 | 200 | 200 |
| 总调查人数(人) | 1303 | 1249 | 1228 | 1418 | 385 | 408 | 414 |
| 文盲或者半文盲人数(%) | 4.07 | 4.48 | 3.26 | 5.15 | 0.00 | 3.43 | 2.66 |
| 小学文化程度人数(%) | 26.86 | 25.14 | 26.38 | 29.13 | 4.42 | 23.53 | 23.67 |
| 初中文化程度人数(%) | 48.35 | 49.24 | 51.63 | 47.81 | 30.65 | 50.25 | 49.76 |
| 高中文化程度人数(%) | 9.98 | 10.09 | 10.83 | 10.37 | 49.87 | 16.67 | 16.91 |
| 中专文化程度人数(%) | 4.30 | 4.80 | — | — | 11.69 | 3.68 | 3.86 |
| 大专及以上文化程度人数(%) | 6.45 | 6.24 | 7.90 | 7.55 | 3.38 | 2.45 | 3.14 |

资料来源：《奉贤统计年鉴 2018》，第 302 页。

## 四 奉贤区农村生态建设稳步推进

### （一）扎实开展美丽乡村村庄改造

2018 年，奉贤共有 8 个街镇，14 个行政村，8610 户农户实施村庄改造。截至 9 月底，除庄行镇外，其他各街镇均已开工建设，到月底完成总体建设进度的 20%，按照目前的推进速度，预计到年底可完成总体建设进度的 85%。

### （二）加大推进美丽乡村示范村建设

2018 年，奉贤计划创建区级美丽乡村示范村 13 个，其中力争市级示范村 2 个。各街镇共申报示范村候选村 24 个，其中 4 个为市级示范村候选村。各街镇按照制定的建设方案，正有序推进示范村创建工作。其中，创建 2018 年市级美丽乡村示范村的候选村，已进入工程收尾阶段。同时在做好 2018 年示范村创建工作的基础上，奉贤启动了 2019 年的美丽乡村示范村创建的遴选工作，从 32 个申报村中遴选出了 16 个创建村。同时，将在 10 月份对2020年度示范村创建村进行遴选并锁定2020年创建村名单，为下一步做好项目整合，提升美丽乡村建设水平打好基础。

### （三）强化农业面源污染控制

持续实施化肥和农药减量化行动。2018年奉贤实现粮食生产化肥亩均使用量29.8公斤、农药亩均使用量885克的减量目标。此外，奉贤持续推广使用测土配方施肥技术、商品有机肥和缓释肥，加快推广蔬菜、瓜果等经济作物水肥一体化技术，推广应用高效低毒低残留农药。奉贤还全面禁烧农作物秸秆，坚持农机、农艺结合，推进秸秆机械化还田，目前秸秆综合利用率达到了95%以上。另外，奉贤将田间窝棚整治、规范农业大棚工作与美丽乡村建设有机结合，采取“防”“控”“拆”三结合的方针，有效地遏制了田间窝棚和农业大棚白色污染现象，全面改善农村环境。

## 五　奉贤区农村改革进展顺利

### （一）推进镇级产权制度改革和土地经营权股份制改革

目前奉贤有改革任务的街镇、社区、开发区在完成资产清产、农龄核定、成员认定以及股权设置等关键环节的基础上，积极开展成员代表选举以及联合社筹建工作，目前已经完成联合社各项筹建工作；同时试点合作社根据实际情况已制定合作社章程并完成工商变更，经营运作土地股份制合作社。

### （二）深化“三块地”改革，加快农艺公园建设

奉贤积极推进农艺公园“打底色”工作。启动庄行镇“三纵一横”，西渡街道五宅村关五路、益北路、五宅路道路改造工程；完成浦秀村门户工程，完成金海路景观提升工程初步方案编制；基本消除4个村辖区范围内的

75个黑臭现象；推进浦秀村650户村宅“美丽乡村”招投标流程，关港、益民、北新村通过无违建村初验，18个“和美宅基”村组验收达标。集体建设用地方面：农艺公园区域内，可用于招商的点位共22个，其中5个点位已完成国资委备案。注册引进企业累计36家，1~8月（含8月）合计产税3330万元。宅基地方面：农艺公园区域内，先期6户村民已签订流转协议。已与4家企业、1家公园总部达成入驻意向，正在设计方案阶段。

### （三）推进农户承包地改革，探索建立区级统筹农村集体经济发展机制

首先，奉贤在坚持农村土地集体所有制不变的前提下，大胆实践农村土地所有权和经营权相分离，积极引进龙头企业拥有土地经营权。其次，奉贤在稳定土地承包权基础上，积极放活土地经营权，创新土地流转方式，减少土地流转成本，促进农村资源的市场化和资本化。最后，奉贤积极探索在“权属不变、程序规范、资产安全”的前提下，由区属国有公司对村级集体资金、资产实施统筹管理，借助安信保险支持，将村级非资源性资产打包变现，实现由资产到资金，发挥区级专业平台的资源、信息和技术优势，同时也为奉贤集体经济发展找到新的造血“机制”。

## 六　2019年奉贤区农业经济发展思路

### （一）注重规划引领，推动乡村振兴配套政策切实落地

在十九大报告提出乡村振兴战略后，国务院出台了《乡村振兴五年规划（2018~2022年）》，部署了一系列重大工程、重大计划和重大行动，是统筹推进和科学谋划乡村振兴战略的行动纲领。奉贤需要以五年规划为引领，结合本地乡村实际，进一步完善乡村振兴制度框架体系，在配套政策文件的指导下，加大工作力度、加快工作进度，确保制定的政策文件真正落地。比如推进农业“三区”建设，稳定规划成果；加快完成农业“三区”

数据录入、田块保护工作，建立8万亩粮食功能区、5.5万亩蔬菜保护区长效管理机制，进一步规范农业布局，加快设施建设。

## （二）加快农业转型升级，促进农村三级产业融合发展

奉贤农业现在面临转型升级的关键时期，奉贤应该抓住战略机遇期，促进农业规模化、机械化经营；加快农村承包地经营权规范流转，不断提升土地的利用效率；发展现代都市农业、多元化农业发展模式；实施化肥、农药减量化工程，发展绿色、质量和效益农业。比如依托“互联网+”培育农业新产业新业态，发展具有引领示范作用的休闲农业和乡村旅游项目，大力发展民宿经济，促进农村第一、二、三产业融合发展。

## （三）打响农产品品牌，推进农产品“三品一标”建设

奉贤目前已经有一些地方农业产品品牌，比如“庄行蜜梨”“奉贤黄桃”等农产品品牌。对黄桃、蜜梨等优势农产品，奉贤需要立足产业发展实际，通过品牌建设、项目设施投入、产销结合等系列精准提升政策扶持，确保特色农业丰收、农民增收。大力推广“贤城美谷”优质稻米品牌，提高全区稻米附加值，进一步推动奉贤稻米产业由“卖稻谷、卖大米”向“卖品牌、卖文化、卖情怀”转变，不断扩大市场占有率、竞争力和影响力。在现有的认证率基础上，以合作社自愿申报为原则进一步推进认证工作，“三品一标”认证率持续提高，重点是要开展绿色食品认证工作，不断提高食品的认证率。

## （四）深化“三块地”改革，推进“农艺公园·田园综合体”建设

“三块地”改革是奉贤实施乡村振兴计划的重要抓手，目前正在扎实推进相关工作。比如探索宅基地所有权、资格权、使用权“三权分置”，试点推进宅基地置换、流转、归并、腾挪、平移，实现城乡统筹联动发展。由农村集体经济组织租赁农民宅基地，引入工商资本发展总部、“民宿”等经济。以南桥镇六墩村、青村镇吴房村农民宅基地使用权流转和金汇镇申亚基

地宅基地动迁引入总部经济模式为基础，对集体建设用地进行统筹开发利用，吸引优质项目入驻宅基地，促进农村产业发展。奉贤需要把上述成绩尽快形成可复制、可推广的经验，便于其他各街镇吸取经验，变零星分散的土地资源为有效运营的集体建设用地资源，形成村级经济自我造血、产生效益的良好机制。同时也需要积极创新融合模式，以“农艺公园·田园综合体”创新乡村振兴载体，打通城市化与逆城市化的通道。坚持“守底线”，确保“建设用地只减不增、基本农田只增不减”“离房不失房、离地不失地”。坚持“打底色”，完善“农田水林路”的生态系统。坚持“重更新”，注重生态修复、城市修补，避免大拆大建。坚持“强功能”，引入生态庄园经济，建设生活驿站，提升乡村产业发展、现代服务能级，大力发展“三园（院）一总部”经济。

### （五）改善农村人居环境，推进乡村振兴示范村建设

随着人民收入水平不断提高，居民对人居环境提出更高的要求，奉贤需要在基本农田保护区、规划保留区继续推进村庄改造，对农户实施改造。同时也要探索农村住房风貌提升工作机制，试点推进农村住房风貌统一，计划建立一批创建市、区级美丽乡村示范村和乡村振兴示范村。通过示范村创建，可以打造一批美丽乡村建设的典型标杆，引领和带动全区美丽乡村建设迈上新台阶。

### （六）深化农村改革，强化农村集体“三资”管理

由于农民知识体系的限制，加强农村“三资”管理变得越来越重要。对于奉贤而言：一是要在全面完成镇级产权制度改革的基础上，挑选1～2个镇开展“政经分离、政社分账”试点工作，在理清镇联合社和镇政府各自承担的事务的基础上，实现分账管理。为下一步全面建立“政社”分账机制积累经验。二是要继续贯彻实施《集体资产监督管理条例》，在做好《条例》宣传的同时，严格按照《条例》赋予的职责开展集体“三资”依法检查工作，确保《条例》的要求在基层集体资产管理中得到真正实现。

### （七）壮大集体经济，做大做强“百村”模式

为了做大做强农业产业，切实提高农民收入，奉贤需要不断提升百村实业、百村科技经营管理的水平和能力，不断增强村级集体经济发展后劲，增加农民收入；贯彻市帮扶实施意见精神，组建完善帮扶工作体系；加强政策的宣传引导培训，增强基层帮扶工作的能力；积极联系协调好结对中心城区和集团公司，创新帮扶工作方法，拓展帮扶工作内涵。

### （八）持续促进农民增收，实施农民增收三年行动计划

农民增收问题依然是农村工作的重中之重。奉贤需要依托先进制造业承载区和东方美谷集聚区等优势，鼓励企业吸纳农民就业，增加非农就业岗位，同时在养老事业、河道保洁、绿化养护等领域，优先安排农民就业，增加政府购买服务岗位。着力实施《奉贤区促进农民增收三农行动计划（2018～2020）》与《促进农民就业的实施意见》，以工资性收入、财产性收入为重点，多渠道增加农民收入。

# B.3
# 2018 ~2019年奉贤工业形势分析与研判

王永水*

**摘　要：** 奉贤区继续着力打造上海先进制造业的承载区，工业发展势头强劲，多项结构性指标向好。奉贤工业总产值、工业增加值稳步攀升，工业缴纳增值税及主营业务利润等指标逐年走高，工业能源消费总量也大幅攀升，但在反映能耗效率方面的单位增加值能耗改进仍应继续跟踪关注。此外，作为上海大健康产业核心承载区，"中国化妆品之都"花落奉贤，东方美谷美丽健康产业在全区规模以上工业中所起作用日益凸显；战略性新兴产业取得良性发展，总体经济效益喜人。

**关键词：** 上海奉贤　工业经济　东方美谷

2017年是奉贤攻坚克难、砥砺奋进的一年。2018年，奉贤区继续努力打造上海先进制造业重要承载区，工业尤其是制造业发展稳步推进。奉贤区作为大健康产业核心承载区——东方美谷，产业发展取得新突破，全国唯一的"中国化妆品产业之都"在奉贤落地；战略性新兴产业制造业产值占规

* 王永水，经济学博士、法学博士后，华东政法大学商学院讲师、上海社会科学院数量经济学科创新团队成员，上海市软科学研究基地——科技统计与分析研究中心研究人员，主要研究领域包括人力资本、科技进步与经济增长，科技政策分析与评价。

模以上工业总产值比重显著提高，经济质量和效益进一步增强。奉贤区认真落实“中国制造2025”、上海市巩固提升实体经济能级“50条”，根据奉贤区自身制造业发展的特征，量身定制并实施奉贤区支持先进制造业发展“20条”配套政策，逐步形成了“4+1”的整体产业规划布局，以“1+1+X”为主导的产业能级不断提升，工业发展势头向好。

## 一 2018年以来奉贤工业经济主要指标表现

1～9月，奉贤全区实现规模以上工业总产值1259.78亿元，同比增长11.9%。其中，东方美谷美丽健康产业实现规模以上工业总产值185.95亿元，同比增长20.0%，相比同期的规模以上工业行业增速多8.1个百分点，总产值占全区规模以上工业总产值的比重为14.8%。其中，化妆品及其衍生品行业完成产值62.97亿元，同比增长29.2%。美丽健康产业1～9月固定资产投资累计完成13.21亿元，同比下降4.7%。东方美谷中规模以上工业企业实现税收32.53亿元，同比增长13.8%。[①] 从税收创造来看，工业税收仍然是奉贤区税收的主要来源，2018年以来，工业税收累计增长率高达35%有余（见图1）。

从上半年统计情况来看，全区完成规模以上工业总产值835.8亿元，同比增长14.0%，增幅位于全市前列，上半年已完成年度规上工业产值规划目标的51.3%。工业固定资产投资45.3亿元，同比增长19.8%。工业固定资产投资的快速增长将不断拓展奉贤区工业经济新的增长点。奉贤区规模以上工业企业综合能源消费量83.15万吨标煤，比上年同期上涨16.93%；万元产值能耗0.107吨标煤，增长1.89%。尤其值得关注的是，全区产值前100位的企业完成工业总产值490.0亿元，占到全区规模产值的58.6%，同比增长24.3%，高出全区规上工业总产值平均增幅10.3个百分点；东方美谷产业完成工业总产值126.5亿元，同比增长28.0%，高出全区规上工业

① 奉贤区统计局：《1～9月份东方美谷主要经济指标保持较快增长》，奉贤统计信息网，http：//tj. fengxian. gov. cn/fxtj//tjfx/，最后访问时间：2018年10月19日。

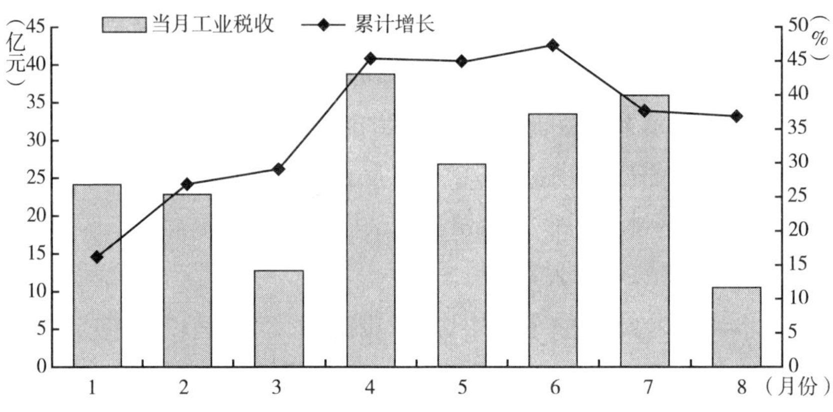


**图1　2018 年 1 ~8 月当月工业税收及其累计增长率**

资料来源：《奉贤区统计月报》，1 月份数据免报，各月详细数据可见 http：//www. fengxian. gov. cn/tjj/tjsj/004001/，最后访问时间：2018 年 12 月 5 日（下文中所使用的月度数据除特殊说明外，数据均来自《奉贤区统计月报》，在此做统一说明，不再赘述）。

总产值平均增幅 14 个百分点；东方美谷产值占全区规上工业总产值的比例达到 15% 以上，远高于其他各行业；战略性新兴产业工业总产值 208. 2 亿元，同比增长 13. 1% ，按照可比价计算得到的增幅达到 8. 6% ，高出全市战略性新兴产业总值可比增速 0. 5 个百分点。① 可以看到，奉贤区百强工业企业正逐渐实现“做大做强”，东方美谷美丽健康产业在全区工业中的重要性显著提升并将发挥引领作用，战略性新兴产业也保持快速增长势头。

从奉贤区工业销售产值及出口交货值来看（见图 2），2018 年以来工业销售产值维持稳步增长的态势，至 8 月份工业销售产值累计增长率仍维持在近 14% ，《奉贤区统计月报》数据显示，工业产品销售持续稳定在 98% 甚至更高，出口交货值累计增长率也持续高于 10% 。此外，主要工业城镇中奉城、庄行都实现主营业务收入累计增长高于 10% ，南桥和青村工业主营业务收入也有较大幅度增长（见图 3）。

① 《上半年奉贤区工业经济情况分析》，奉贤统计信息网，http：//tj. fengxian. gov. cn/fxtj/tjfx/20180731/006_ cae4ba16 －9891 －4fd7 － b3ff － 8ef4c71f9f3b. htm，最后访问时间：2018 年 7 月 31 日。

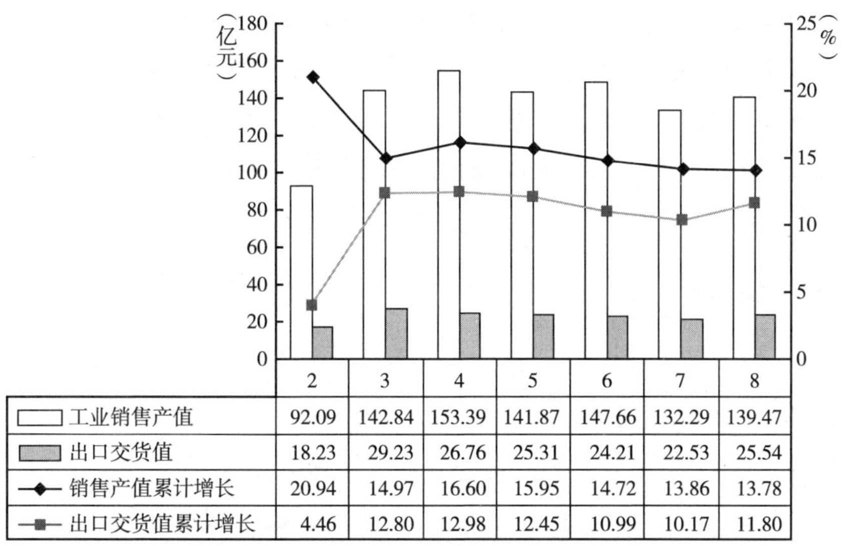


| | 2 | 3 | 4 | 5 | 6 | 7 | 8 |
|---|---|---|---|---|---|---|---|
| 工业销售产值 | 92.09 | 142.84 | 153.39 | 141.87 | 147.66 | 132.29 | 139.47 |
| 出口交货值 | 18.23 | 29.23 | 26.76 | 25.31 | 24.21 | 22.53 | 25.54 |
| 销售产值累计增长 | 20.94 | 14.97 | 16.60 | 15.95 | 14.72 | 13.86 | 13.78 |
| 出口交货值累计增长 | 4.46 | 12.80 | 12.98 | 12.45 | 10.99 | 10.17 | 11.80 |

**图2　2018 年 2～8 月奉贤区工业销售产值、出口交货值数量及累计增长率**

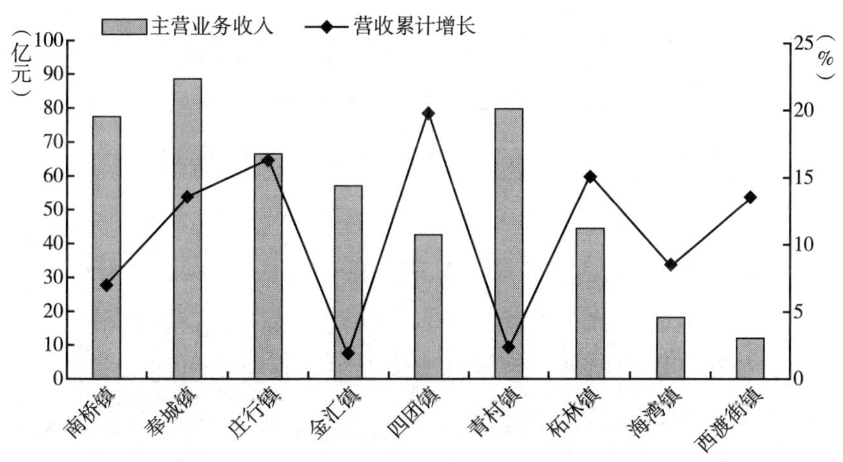


**图3　2018 年 1～7 月奉贤区各镇规模以上工业营收及累计增长率**

## 二　奉贤区各城镇规上工业企业发展情况

在奉贤区各城镇中，南桥是奉贤工业产出的首要力量，与 2016 年相比，2017 年南桥工业总产值出现较大幅度的下滑，需要特别说明的是从 2016 年开始，南桥规模以上工业总产值的下降是西渡街道挂牌成立后，西渡街道工业经济进行独立统计的结果。奉城、庄行、金汇以及四团四个镇的工业总产值均出现大幅增长，青村和柘林工业总产值也稳步提升（见图 4）。

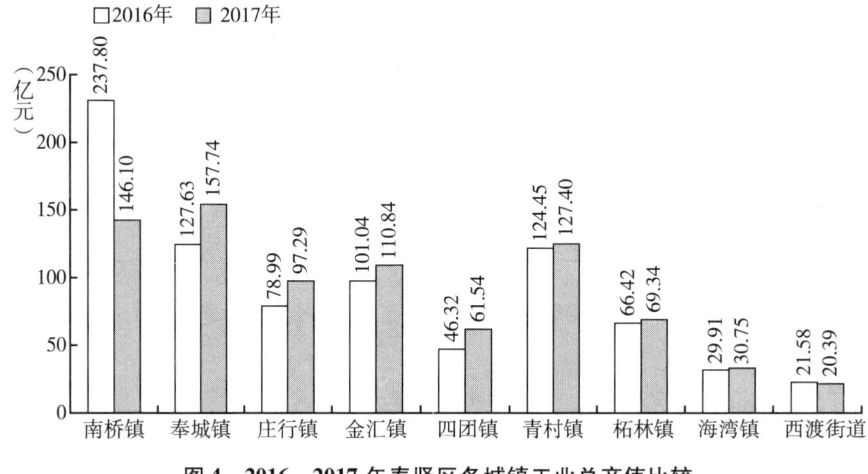


**图 4　2016、2017 年奉贤区各城镇工业总产值比较**

资料来源：历年《奉贤区统计年鉴》（下文除特别指出说明外，数据均来自《奉贤区统计年鉴》，因此不再赘述）。

从工业企业单位数量来看（见表 1），南桥、奉城、庄行、金汇和青村是奉贤工业主要分布地区。从工业城镇规上工业企业数量变化中可以看出，除柘林、四团外，多数城镇规上工业企业均出现不同程度的下滑。结合工业总产值变化数据特征可以得出，奉贤区工业企业正朝着“做大、做强”逐步迈进。当然，值得注意的是，奉贤区的工业在各个城镇分布得仍然相对较散，尚未形成显著集聚（见表 2），但奉城工业总产值占比稳步提升，未来是否能够成为奉贤区工业的集聚重镇仍然需要进一步跟踪和检验。

值得注意的是，2011 ~ 2017 年，南桥、奉城以及庄行镇规模以上工业企业亏损单位数均显著减少，而金汇、四团、青村三镇规上工业企业亏损数量虽有所下降也有所上升，柘林的规上工业企业亏损数在2015年达到最高峰，2016、2017年开始出现大幅下降（见表3）。

**表1　2011～2017年奉贤区各城镇规上工业企业单位数**

单位：个

| 城镇＼年份 | 2011 | 2012 | 2013 | 2014 | 2015 | 2016 | 2017 |
|---|---|---|---|---|---|---|---|
| 南桥 | 188 | 187 | 188 | 189 | 160 | 101 | 93 |
| 奉城 | 145 | 146 | 147 | 156 | 149 | 128 | 127 |
| 庄行 | 93 | 93 | 103 | 93 | 91 | 83 | 84 |
| 金汇 | 112 | 119 | 118 | 114 | 109 | 97 | 95 |
| 四团 | 41 | 50 | 66 | 63 | 54 | 50 | 51 |
| 青村 | 127 | 137 | 153 | 164 | 149 | 112 | 107 |
| 柘林 | 89 | 91 | 98 | 96 | 98 | 90 | 94 |
| 海湾 | 13 | 13 | 13 | 13 | 12 | 12 | 12 |
| 西渡街道 | | | | | | 31 | 22 |

**表2　2011～2017年奉贤区各城镇工业总产值占比分布**

单位：%

| 城镇＼年份 | 2011 | 2012 | 2013 | 2014 | 2015 | 2016 | 2017 |
|---|---|---|---|---|---|---|---|
| 南桥 | 27.43 | 28.50 | 20.43 | 25.82 | 29.69 | 28.51 | 17.79 |
| 奉城 | 10.46 | 10.88 | 12.98 | 13.54 | 14.90 | 15.30 | 19.20 |
| 庄行 | 8.76 | 9.03 | 9.54 | 8.87 | 9.31 | 9.47 | 11.84 |
| 金汇 | 14.13 | 13.90 | 15.41 | 12.62 | 11.04 | 12.11 | 13.49 |
| 四团 | 8.12 | 8.16 | 9.23 | 6.39 | 5.70 | 5.55 | 7.49 |
| 青村 | 17.96 | 16.23 | 18.21 | 18.35 | 16.58 | 14.92 | 15.51 |
| 柘林 | 10.05 | 9.84 | 10.33 | 10.17 | 8.89 | 7.96 | 8.44 |
| 海湾 | 3.09 | 3.47 | 3.88 | 4.25 | 3.88 | 3.59 | 3.74 |
| 西渡街道 | | | | | | 2.59 | 2.48 |

表3 2011～2017年奉贤区各城镇规上工业企业亏损单位数

单位：个

| 城镇＼年份 | 2011 | 2012 | 2013 | 2014 | 2015 | 2016 | 2017 |
|---|---|---|---|---|---|---|---|
| 南桥 | 21 | 30 | 38 | 33 | 28 | 13 | 12 |
| 奉城 | 26 | 22 | 17 | 17 | 25 | 11 | 9 |
| 庄行 | 16 | 14 | 13 | 12 | 15 | 11 | 7 |
| 金汇 | 22 | 24 | 26 | 19 | 19 | 13 | 22 |
| 四团 | 6 | 9 | 9 | 8 | 11 | 5 | 6 |
| 青村 | 10 | 12 | 17 | 16 | 22 | 17 | 13 |
| 柘林 | 7 | 10 | 16 | 15 | 25 | 14 | 11 |
| 海湾 | 2 | 1 | 1 | 2 | 3 | 2 | 3 |
| 西渡街道 |  |  |  |  |  | 2 | 3 |

我们按照“亏损覆盖面＝亏损单位数/规上工业企业数”计算了各镇规上工业企业亏损覆盖面后发现，奉贤区各城镇规上工业企业的亏损覆盖面表现不一。其中，奉城、庄行和四团亏损覆盖面稳步下降，而南桥、金汇、青村、柘林、海湾、西渡街道，其规上工业企业亏损覆盖面却仍呈现走高的趋势（见表4）。这反映出这些城镇未来在“淘汰落后产能”上还需要进一步发挥“壮士断腕”的决心。

表4 2011～2017年奉贤区各城镇规上工业企业亏损覆盖面

单位：%

| 城镇＼年份 | 2011 | 2012 | 2013 | 2014 | 2015 | 2016 | 2017 |
|---|---|---|---|---|---|---|---|
| 南桥 | 11.17 | 16.04 | 20.21 | 17.46 | 17.50 | 12.87 | 12.90 |
| 奉城 | 17.93 | 15.07 | 11.56 | 10.90 | 16.78 | 8.59 | 7.09 |
| 庄行 | 17.20 | 15.05 | 12.62 | 12.90 | 16.48 | 13.25 | 8.33 |
| 金汇 | 19.64 | 20.17 | 22.03 | 16.67 | 17.43 | 13.40 | 23.16 |
| 四团 | 14.63 | 18.00 | 13.64 | 12.70 | 20.37 | 10.00 | 11.76 |
| 青村 | 7.87 | 8.76 | 11.11 | 9.76 | 14.77 | 15.18 | 12.15 |
| 柘林 | 7.87 | 10.99 | 16.33 | 15.63 | 25.51 | 15.56 | 11.70 |
| 海湾 | 15.38 | 7.69 | 7.69 | 15.38 | 25.00 | 16.67 | 25.00 |
| 西渡街道 |  |  |  |  |  | 6.45 | 13.64 |

2017 年奉贤区各镇规上工业企业的经济效益指标（见图 5、图 6）显示，在营业利润创造方面，青村镇无论是在绝对数量上还是在营业利润率方面都遥遥领先，其营业利润总额为 14.17 亿元，营业利润率达到 9.71%。紧随其后的是南桥镇，其规上工业企业营业利润近 12 亿元，营业利润率为 7.93%。庄行镇规上工业企业营业利润总额和营业利润率均表现良好；但是，营业利润总额位居第四的奉城镇，其营业利润率相比青村镇、南桥镇仍有不小差距。在缴纳增值税方面，青村、奉城、庄行、金汇和南桥依次位居前五，但在盈利总额方面，南桥却居第二位。

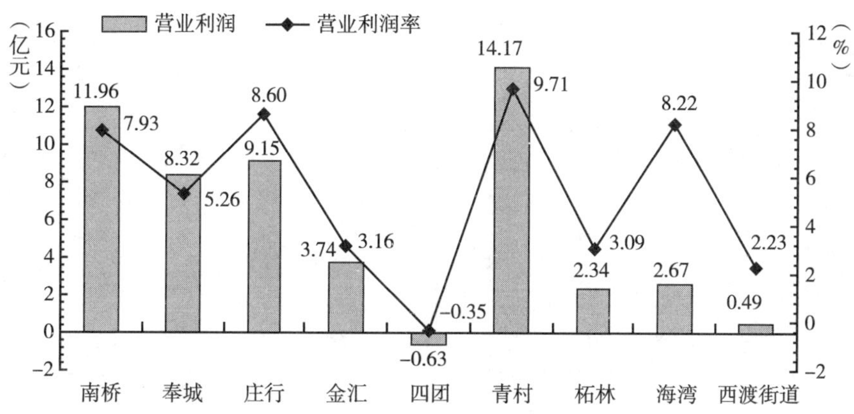


**图 5　2017 年奉贤区各城镇营业利润及主营利润率**

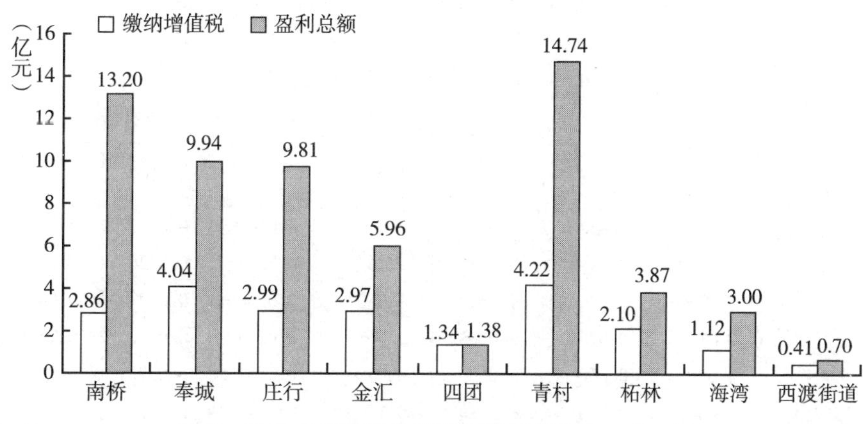


**图 6　2017 年奉贤区各城镇缴纳增值税及盈利总额**

各镇规上工业企业能源消费方面（见图7和表5），南桥、青村、奉城及四团是综合能源消费量最高的四个城镇，各城镇综合能源消费量的分布与工业总产值、工业增加值的分布基本一致。从万元产值能耗的变化趋势中可以看到，2011年至2016年多数城镇的万元产值能耗均有不同程度下降。但是，在2017年，南桥这一工业能耗大镇的万元产值能耗出现大幅提升，而绝大多数城镇的万元产值能耗仍然延续下降走势。从上述可以看到，奉贤区工业的结构性调整仍然有待继续推进，在经济增速下滑、宏观压力增大的背景下，重点能耗城镇工业的绿色环保要求仍不可放松。

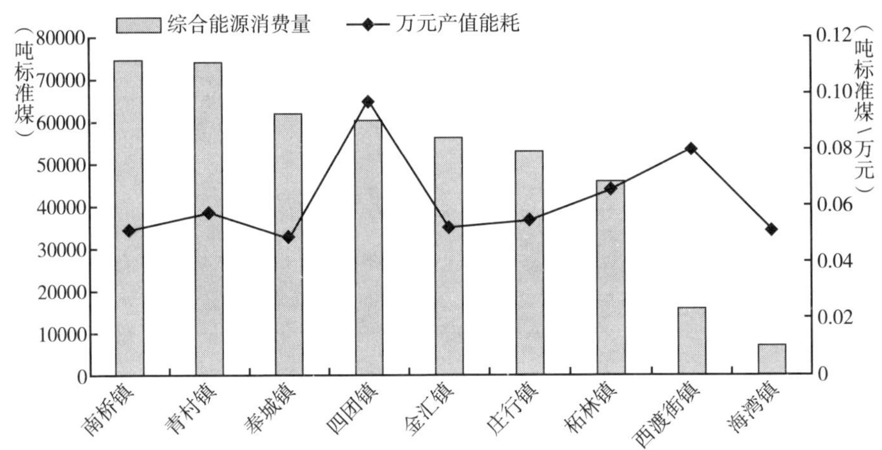


**图7　2017年奉贤区各镇综合能源消费量及万元产值能耗**

**表5　2011～2017年奉贤区各镇万元产值能耗**

单位：吨标准煤/万元

| 城镇 \ 年份 | 2011 | 2012 | 2013 | 2014 | 2015 | 2016 | 2017 |
|---|---|---|---|---|---|---|---|
| 各镇小计 | 0.0678 | 0.0580 | 0.0592 | 0.0565 | 0.0560 | 0.0547 | 0.0624 |
| 南桥镇 | 0.0457 | 0.0435 | 0.0576 | 0.0449 | 0.0393 | 0.0326 | 0.0513 |
| 奉城镇 | 0.0730 | 0.0749 | 0.0648 | 0.0602 | 0.0568 | 0.0503 | 0.0490 |
| 庄行镇 | 0.0859 | 0.0764 | 0.0683 | 0.0638 | 0.0615 | 0.0622 | 0.0548 |
| 金汇镇 | 0.0807 | 0.0606 | 0.0539 | 0.0554 | 0.0537 | 0.0572 | 0.0524 |
| 四团镇 | 0.1082 | 0.0651 | 0.0629 | 0.1049 | 0.1140 | 0.1233 | 0.0977 |

续表

| 城镇＼年份 | 2011 | 2012 | 2013 | 2014 | 2015 | 2016 | 2017 |
|---|---|---|---|---|---|---|---|
| 青村镇 | 0.0638 | 0.0566 | 0.0571 | 0.0535 | 0.0586 | 0.0584 | 0.0573 |
| 柘林镇 | 0.0645 | 0.0570 | 0.0559 | 0.0528 | 0.0693 | 0.0683 | 0.0661 |
| 海湾镇 | 0.0500 | 0.0553 | 0.0542 | 0.0463 | 0.0491 | 0.0563 | 0.0519 |
| 西渡街道 | | | | | | 0.0779 | 0.0812 |

## 三　奉贤区分行业规上工业企业发展情况

表6列出了2011～2017年主要年份中，按照2017年工业行业产值排序位于前十五名的工业总产值。从表中可以看到电气机械和器材制造业、化学原料和化学制品制造业是奉贤工业行业中的重中之重，但是2011～2017年，两个行业工业总产值都出现较大程度的下滑。交通运输设备制造业（尤其是汽车制造业）、医药制造业是奉贤区工业总产值中规模扩张的典型代表。尤其是医药制造业，2011～2017年翻了一番而有余，这得益于奉贤区抓住上海市发展大健康产业的机遇，竭力打造上海市大健康产业的核心承载区，并以东方美谷为载体大力发展医药制造业，目前集聚了上海莱士、上海凯宝药业等一批具有较强市场竞争力的医药制造企业。另外，奉贤区计算机、通信和其他电子设备制造业工业总产值出现了较大程度的萎缩，这主要受市场景气度的影响，短期之内仍可能继续下滑，该行业的发展需要将强劲的科技创新实力作为后盾，因此重新崛起将是一个漫长的过程。

表7和表8分别列出了按照2017年各行业缴纳增值税、营业利润排序位居前十五名的工业行业指标情况。从税收创造来看，2017年化学原料和化学制品制造业、医药制造业两个行业在缴纳增值税方面遥遥领先，而且这两个行业在2011～2017年缴纳增值税总体呈现上升趋势，尤其是医药制造业缴纳增值税稳步走高，在2015年至2016年间纳税额大幅提升，2017年相比2015年所缴纳增值税额足足翻了一番有余。另外，我们还可以看到，

专用设备制造业缴纳的增值税也大幅提高，从 2011 年的 0.14 亿元上升到 2017 年 2.66 亿元。尽管汽车制造业的工业总产值位居前列，其上缴增值税却相对有限，但缴纳税额总体保持平稳。与缴纳增值税的排序基本对应地，从各行业的营业利润比较可以看出，2017 年化学原料和化学制品制造业、医药制造业两个行业的营业利润位居前列，特别是医药制造业营业利润加速攀升，与此相类似的是专用设备制造业以及文教、工美、体育和娱乐用品制造业的营业利润也快速提升。此外，奉贤依托其自身便利、优质的农业资源，其农副食品加工业的营业利润也相当可观。

**表 6　2011～2017 年奉贤区主要年份工业总产值**

单位：亿元

| 类别 \ 年份 | 2011 | 2013 | 2015 | 2017 |
|---|---|---|---|---|
| 全区合计 | 1488.94 | 1612.76 | 1512.74 | 1597.53 |
| 电气机械和器材制造业 | 280.56 | 252.82 | 310.86 | 228.18 |
| 化学原料和化学制品制造业 | 261.07 | 247.26 | 185.11 | 204.69 |
| 交通运输设备制造业 | 90.77 | 125.56 | 127.26 | 159.35 |
| 汽车制造业 | 81.65 | 113.36 | 117.06 | 149.19 |
| 通用设备制造业 | 132.14 | 136.49 | 129.57 | 140.24 |
| 专用设备制造业 | 91.35 | 122.87 | 81.05 | 119.84 |
| 橡胶和塑料制品业 | 81.47 | 105.23 | 103.32 | 115.72 |
| 医药制造业 | 47.25 | 51.21 | 62.06 | 109.90 |
| 金属制品业 | 65.10 | 71.61 | 71.27 | 74.95 |
| 有色金属冶炼和压延加工业 | 42.20 | 65.88 | 38.95 | 51.90 |
| 食品制造业 | 45.40 | 64.46 | 52.54 | 44.57 |
| 农副食品加工业 | 14.51 | 34.54 | 37.62 | 44.02 |
| 计算机、通信和其他电子设备制造业 | 70.66 | 65.71 | 57.95 | 42.87 |
| 文教、工美、体育和娱乐用品制造业 | 31.87 | 34.79 | 38.19 | 36.31 |
| 纺织业 | 26.35 | 29.75 | 31.74 | 36.11 |

**表7　2011~2017年奉贤区工业行业主要年份缴纳增值税**

单位：亿元

| 类别＼年份 | 2011 | 2013 | 2015 | 2016 | 2017 |
|---|---|---|---|---|---|
| 全区合计 | 25.89 | 29.36 | 36.63 | 37.60 | 42.14 |
| 化学原料和化学制品制造业 | 4.37 | 4.64 | 7.61 | 6.56 | 7.79 |
| 医药制造业 | 1.55 | 2.73 | 3.00 | 5.75 | 6.26 |
| 电气机械和器材制造业 | 4.85 | 3.58 | 4.03 | 2.25 | 4.20 |
| 通用设备制造业 | 3.22 | 3.18 | 3.01 | 4.34 | 3.84 |
| 专用设备制造业 | 0.14 | 0.65 | 2.45 | 2.07 | 2.66 |
| 交通运输设备制造业 | 1.80 | 2.64 | 3.13 | 2.35 | 2.50 |
| 汽车制造业 | 1.68 | 2.52 | 3.00 | 2.19 | 2.36 |
| 橡胶和塑料制品业 | 1.23 | 0.77 | 2.41 | 2.16 | 2.08 |
| 文教、工美、体育和娱乐用品制造业 | 1.05 | 1.09 | 1.98 | 2.12 | 2.06 |
| 食品制造业 | 1.10 | 3.66 | 3.64 | 2.91 | 1.84 |
| 金属制品业 | 1.51 | 1.53 | 1.38 | 1.86 | 1.55 |
| 电力、热力生产和供应业 | 0.56 | 0.64 | 0.08 | -0.64 | 1.30 |
| 农副食品加工业 | 0.09 | 0.30 | 0.87 | 0.65 | 0.81 |
| 家具制造业 | 0.25 | 0.35 | 0.50 | 0.64 | 0.78 |
| 非金属矿物制品业 | 1.03 | 0.92 | 0.77 | 1.12 | 0.78 |

**表8　2011~2017年奉贤区工业行业主要年份营业利润**

单位：亿元

| 类别＼年份 | 2011 | 2013 | 2015 | 2016 | 2017 |
|---|---|---|---|---|---|
| 全区合计 | 70.05 | 55.99 | 91.24 | 110.23 | 144.43 |
| 化学原料和化学制品制造业 | 12.24 | 2.50 | 7.31 | 18.95 | 35.06 |
| 医药制造业 | 4.90 | 7.14 | 21.12 | 22.33 | 25.46 |
| 交通运输设备制造业 | 7.39 | 10.84 | 9.32 | 9.47 | 13.29 |
| 汽车制造业 | 6.89 | 10.61 | 9.19 | 9.09 | 12.58 |
| 专用设备制造业 | 1.79 | 7.12 | 3.17 | 7.07 | 12.17 |
| 电气机械和器材制造业 | 13.42 | 2.44 | 16.01 | 8.27 | 9.45 |
| 橡胶和塑料制品业 | 2.43 | 3.92 | 6.75 | 9.43 | 8.87 |
| 通用设备制造业 | 9.91 | 8.51 | 7.37 | 7.46 | 7.70 |
| 文教、工美、体育和娱乐用品制造业 | 2.89 | 3.67 | 5.25 | 6.08 | 7.44 |

续表

| 类别 \ 年份 | 2011 | 2013 | 2015 | 2016 | 2017 |
|---|---|---|---|---|---|
| 食品制造业 | 2.16 | 3.00 | 3.86 | 2.90 | 3.62 |
| 农副食品加工业 | 0.35 | 0.60 | 1.45 | 3.47 | 3.54 |
| 金属制品业 | 2.12 | 0.73 | 3.13 | 3.26 | 3.47 |
| 纺织业 | 1.26 | 1.00 | 1.03 | 1.87 | 3.06 |
| 电力、热力生产和供应业 | 0.90 | 1.21 | 1.23 | 1.59 | 1.78 |

奉贤区工业行业的营业利润方面，全区工业营业利润率稳步提升（见表9）。医药制造业及其他制造业营业利润率位居前列，文教、工美、体育和娱乐用品制造业营业利润也接近20%，制造业中的化学原料和化学制品制造业、专用设备制造业以及木材加工和木、竹、藤、棕、草制品业的营业利润率均高于9%，前述各行业的营业利润率在2011～2017年大体呈现加速提升的态势。2011～2017年，绝大多数工业行业的营业利润率有提高趋势，这反映了奉贤区工业经济的供给侧结构性改革取得了一定成效，工业行业效益稳步提升。

**表9　奉贤区工业行业主要年份营业利润率**

单位：%

| 类别 \ 年份 | 2011 | 2013 | 2015 | 2016 | 2017 |
|---|---|---|---|---|---|
| 全区合计 | 4.54 | 3.47 | 5.49 | 6.80 | 7.87 |
| 医药制造业 | 11.15 | 13.73 | 33.95 | 23.47 | 24.11 |
| 其他制造业 | 5.24 | 7.98 | 17.32 | 20.61 | 22.10 |
| 文教、工美、体育和娱乐用品制造业 | 9.37 | 11.54 | 13.50 | 16.64 | 19.23 |
| 电力、热力生产和供应业 | 12.82 | 16.82 | 16.94 | 13.45 | 13.43 |
| 燃气生产和供应业 | — | — | — | — | 13.01 |
| 化学原料和化学制品制造业 | 4.61 | 0.99 | 3.27 | 8.30 | 12.43 |
| 专用设备制造业 | 1.50 | 5.67 | 3.58 | 7.44 | 9.48 |
| 木材加工和木、竹、藤、棕、草制品业 | 4.24 | 5.24 | 7.72 | 9.34 | 9.36 |
| 仪器仪表制造业 | 12.66 | 7.91 | 4.90 | 0.91 | 8.51 |
| 汽车制造业 | 8.51 | 9.50 | 7.91 | 7.32 | 8.39 |
| 纺织业 | 4.16 | 3.00 | 3.29 | 5.92 | 8.38 |

续表

| 类别＼年份 | 2011 | 2013 | 2015 | 2016 | 2017 |
|---|---|---|---|---|---|
| 交通运输设备制造业 | 8.20 | 8.81 | 7.40 | 7.15 | 8.27 |
| 食品制造业 | 4.56 | 4.59 | 6.27 | 5.11 | 7.87 |
| 废弃资源综合利用业 | 6.09 | 8.97 | 13.67 | 9.82 | 7.40 |
| 橡胶和塑料制品业 | 3.02 | 3.77 | 6.51 | 8.94 | 7.33 |

在奉贤区各行业能源消费方面（见表10和表11），我们主要列出了制造业中综合能耗消费量居于前十的行业，从表中不难发现，传统的高耗能行业——化学原料和化学制品制造业仍是奉贤区工业能源消费大户，但其综合能耗总量稳步下降、万元产值能耗也有所下降，能耗效率显著提升。橡胶和塑料制品业的综合能耗总体上也稳步提升，其万元产值能耗保持相对稳定的水平。另外，2012年至2017年期间，奉贤区医药制造业、通用设备制造业的能耗总量和万元产值能耗均有明显提升，在工业行业万元产值能耗有所下降的总体趋势下，这两个行业能源消费效率的变化值得未来做持续跟踪研究。

**表10　奉贤区主要耗能行业主要年份综合能耗**

单位：吨标准煤

| 类别＼年份 | 2012 | 2014 | 2016 | 2017 |
|---|---|---|---|---|
| 工业合计 | 1792416.75 | 1765592.93 | 1666530.73 | 1524838.40 |
| 制造业 | 1781742.64 | 1754380.77 | 1644908.60 | 1501989.91 |
| 化学原料和化学制品制造业 | 997716.42 | 915960.29 | 845265.30 | 741979.00 |
| 橡胶和塑料制品业 | 79132.06 | 98886.34 | 96233.21 | 96986.95 |
| 医药制造业 | 32142.33 | 42014.96 | 88626.21 | 90413.58 |
| 通用设备制造业 | 48768.76 | 55495.47 | 63066.16 | 69236.85 |
| 电气机械和器材制造业 | 75888.92 | 78896.88 | 77647.41 | 67657.13 |
| 汽车制造业 | 46824.96 | 50239.43 | 66589.01 | 61842.60 |
| 非金属矿物制品业 | 85840.11 | 69568.32 | 49716.76 | 48810.24 |
| 金属制品业 | 40035.10 | 58613.34 | 52525.18 | 48734.86 |
| 有色金属冶炼和压延加工业 | 33102.63 | 43152.70 | 31506.47 | 37932.59 |
| 专用设备制造业 | 34664.04 | 41496.41 | 25989.28 | 29548.20 |

**表 11　奉贤区主要耗能行业主要年份万元产值能耗**

单位：吨标准煤/万元

| 类别 \ 年份 | 2012 | 2014 | 2016 | 2017 |
|---|---|---|---|---|
| 工业合计 | 0. 1217 | 0. 1168 | 0. 1145 | 0. 1050 |
| 制造业 | 0. 1215 | 0. 1166 | 0. 1140 | 0. 1045 |
| 化学原料和化学制品制造业 | 0. 4172 | 0. 4689 | 0. 4931 | 0. 3808 |
| 橡胶和塑料制品业 | 0. 1070 | 0. 1034 | 0. 1030 | 0. 0938 |
| 医药制造业 | 0. 0719 | 0. 0711 | 0. 1257 | 0. 1133 |
| 通用设备制造业 | 0. 0450 | 0. 0428 | 0. 0528 | 0. 0535 |
| 电气机械和器材制造业 | 0. 0282 | 0. 0267 | 0. 0252 | 0. 0353 |
| 汽车制造业 | 0. 0515 | 0. 0473 | 0. 0549 | 0. 0434 |
| 非金属矿物制品业 | 0. 2546 | 0. 2446 | 0. 1941 | 0. 1824 |
| 金属制品业 | 0. 0632 | 0. 0892 | 0. 0782 | 0. 0710 |
| 有色金属冶炼和压延加工业 | 0. 0586 | 0. 0996 | 0. 0906 | 0. 0746 |
| 专用设备制造业 | 0. 0312 | 0. 0421 | 0. 0292 | 0. 0253 |

## 四　分注册登记类型规上工业企业发展情况

表 12 和表 13 分别列示了 2011～2017 年奉贤区分注册登记类型的规上工业企业单位数量和工业总产值情况。从表中可以看到，私营企业在奉贤区规上工业企业中占据举足轻重的位置，其中 2017 年私营有限责任公司在全区规上工业企业数量中超过半数，私营股份有限公司也占据相当比重，但私营独资企业数量出现大幅下滑，到 2017 年奉贤区私营独资企业已经从 2011 年的 38 家下降到 8 家。外商独资企业也成为了奉贤区规模以上工业企业的重要组成部分，在奉贤区外商独资企业数量保持基本稳定，考虑到企业数量因素，外商独资企业的工业总产值与私营有限责任公司相比仍不逊色。

**表 12　奉贤区分注册类型规上工业企业单位数**

单位：个

| 类别＼年份 | 2011 | 2012 | 2013 | 2014 | 2015 | 2016 | 2017 |
|---|---|---|---|---|---|---|---|
| 全区合计 | 1031 | 1087 | 1147 | 1147 | 1075 | 947 | 939 |
| 私营有限责任公司 | 482 | 490 | 592 | 613 | 584 | 490 | 487 |
| 外商独资企业 | 169 | 182 | 187 | 174 | 163 | 155 | 148 |
| 其他有限责任公司 | 64 | 75 | 94 | 88 | 79 | 77 | 83 |
| 港澳台商独资 | 56 | 60 | 63 | 62 | 59 | 56 | 53 |
| 中外合资经营 | 72 | 73 | 68 | 57 | 54 | 48 | 44 |
| 私营股份有限公司 | 35 | 36 | 42 | 47 | 48 | 53 | 43 |
| 股份有限公司 | 17 | 16 | 18 | 20 | 16 | 17 | 23 |
| 合资经营(港或澳台资) | 19 | 19 | 16 | 21 | 25 | 20 | 23 |
| 私营独资 | 38 | 34 | 11 | 10 | 9 | 6 | 8 |
| 国有独资公司 | 3 | 3 | 7 | 7 | 8 | 6 | 5 |

**表 13　奉贤区分注册类型规上工业企业总产值**

单位：亿元

| 类别＼年份 | 2011 | 2012 | 2013 | 2014 | 2015 | 2016 | 2017 |
|---|---|---|---|---|---|---|---|
| 全区合计 | 1488.94 | 1594.96 | 1612.76 | 1623.30 | 1512.74 | 1421.83 | 1597.53 |
| 私营有限责任公司 | 477.94 | 494.72 | 544.41 | 545.47 | 472.01 | 418.09 | 480.62 |
| 外商独资企业 | 407.02 | 463.08 | 464.08 | 457.07 | 391.12 | 396.56 | 390.70 |
| 其他有限责任公司 | 119.12 | 154.90 | 183.73 | 160.12 | 126.99 | 157.48 | 171.59 |
| 中外合资经营 | 148.84 | 140.07 | 131.16 | 117.09 | 105.55 | 110.97 | 154.55 |
| 股份有限公司 | 40.17 | 48.79 | 53.51 | 52.08 | 47.22 | 109.32 | 144.08 |
| 合资经营(港或澳台资) | 55.67 | 49.07 | 73.26 | 60.41 | 97.93 | 58.13 | 78.22 |
| 港澳台商独资 | 48.70 | 52.41 | 53.27 | 62.34 | 66.19 | 71.53 | 78.20 |
| 私营股份有限公司 | 85.18 | 71.21 | 63.21 | 112.16 | 160.54 | 57.18 | 51.57 |
| 港澳台商投资股份有限公司 | 6.16 | 5.61 | 3.51 | 11.49 | 14.80 | 15.43 | 16.69 |
| 国有独资公司 | 5.24 | 4.85 | 10.43 | 8.13 | 8.72 | 8.73 | 9.94 |

工业企业的税收创造方面（见表 14），私营有限责任公司、股份有限公司所缴纳的增值税额遥遥领先，并且在 2011～2017 年，私营有限责任公司和股份有限公司缴纳增值税均持续稳步提升，尤其是股份有限公司缴纳增值税在 2016 年出现了大幅提升。其他有限责任公司、合资经营（港或澳台

资）所缴纳的增值税也提升明显。值得注意的是，外商独资企业上缴增值税在经历过2011～2015年的持续提升后，2016年、2017年开始逐步下滑，尤其是在2017年外商独资企业缴纳增值税出现较大程度的下滑。

**表14 奉贤区分注册类型规上工业企业缴纳增值税**

单位：亿元

| 类别＼年份 | 2011 | 2012 | 2013 | 2014 | 2015 | 2016 | 2017 |
|---|---|---|---|---|---|---|---|
| 全区合计 | 25.89 | 29.38 | 29.36 | 34.89 | 36.63 | 37.60 | 42.14 |
| 私营有限责任公司 | 7.92 | 8.64 | 7.45 | 8.88 | 9.10 | 9.96 | 11.82 |
| 股份有限公司 | 3.37 | 4.17 | 4.74 | 4.93 | 4.74 | 7.48 | 9.82 |
| 外商独资企业 | 4.89 | 5.50 | 6.44 | 7.71 | 8.22 | 7.34 | 5.10 |
| 其他有限责任公司 | 0.41 | 0.59 | 2.33 | 3.81 | 3.98 | 2.04 | 4.59 |
| 中外合资经营 | 2.25 | 3.46 | 3.01 | 2.91 | 1.62 | 2.34 | 3.70 |
| 合资经营(港或澳台资) | 0.96 | 1.12 | 1.24 | 1.74 | 1.59 | 3.06 | 3.32 |
| 港澳台商独资 | 1.56 | 1.22 | 1.01 | 1.17 | 1.71 | 1.50 | 1.65 |
| 私营股份有限公司 | 1.97 | 1.93 | 1.80 | 1.67 | 3.97 | 1.75 | 0.70 |
| 国有独资公司 | 0.15 | 0.21 | 0.38 | 0.48 | 0.38 | 0.46 | 0.57 |
| 港澳台商投资股份有限公司 | 0.04 | 0.10 | 0.08 | 0.47 | 0.44 | 0.89 | 0.33 |

奉贤区全区规上工业企业营业利润总体上呈现增长的态势，2017年相比2016年工业企业营业利润大幅攀升。不同注册登记类型的规上工业企业营业利润表现方面（见表15和表16），外商独资企业、股份有限公司和私营有限责任公司是奉贤区规上工业企业营业利润的主体，尤其是外商独资企业的营业利润在2017年达到了41.73亿元，较2011年的14.89亿元增长了近两倍。特别需要指出的是，奉贤区的股份有限公司工业利润从2011年的5.02亿元快速增长到2017年27.14亿元，私营有限责任公司的营业利润经历2011年至2015年的下滑后，2016年又开始稳步提升，并且在2017年呈现爆发式增长，营业利润达到了25.01亿元。营业利润率方面，2015年至2017年三年间港澳台商投资股份有限公司的营业利润率可谓一骑绝尘，股份有限公司、外商投资股份有限公司等营业利润率也稳步提升。国有独资公司的营业利润率前期持续处于负数水平，自2016年起转负为正，2017年开

始大幅提升。但是，私营企业的营业利润率却相对较低，说明奉贤区私营企业在产业中的定位仍处于相对低端，市场势力不强，私营企业仍然需要不断提升科技创新水平，苦练内功，增强造血功能。

**表 15　奉贤区分注册类型规上工业企业营业利润**

单位：亿元

| 类别＼年份 | 2011 | 2012 | 2013 | 2014 | 2015 | 2016 | 2017 |
|---|---|---|---|---|---|---|---|
| 全区合计 | 70.05 | 45.23 | 55.99 | 71.66 | 91.24 | 110.23 | 144.43 |
| 外商独资企业 | 14.89 | 7.98 | 16.30 | 19.09 | 18.72 | 32.20 | 41.73 |
| 股份有限公司 | 5.02 | 6.41 | 7.34 | 8.00 | 6.12 | 15.14 | 27.14 |
| 私营有限责任公司 | 18.93 | 13.37 | 14.37 | 12.88 | 12.70 | 16.48 | 25.01 |
| 中外合资经营 | 8.21 | 9.54 | 8.94 | 8.73 | 5.96 | 7.88 | 13.47 |
| 港澳台商独资 | 3.41 | 1.59 | 1.12 | 1.99 | 4.45 | 6.25 | 8.65 |
| 港澳台商投资股份有限公司 | 0.86 | 0.52 | 0.19 | 4.24 | 12.81 | 9.32 | 8.08 |
| 其他有限责任公司 | 2.47 | 2.87 | 8.06 | 8.47 | 7.43 | 7.88 | 6.78 |
| 合资经营(港或澳台资) | 4.19 | 3.08 | 2.54 | 3.47 | 6.56 | 8.59 | 5.77 |
| 私营股份有限公司 | 8.51 | -0.56 | -1.14 | 6.27 | 15.30 | 5.19 | 4.34 |
| 国有独资公司 | -2.01 | -1.50 | -3.25 | -3.14 | -0.34 | 0.23 | 2.16 |

**表 16　奉贤区分注册类型规上工业企业营业利润率**

单位：%

| 类别＼年份 | 2011 | 2012 | 2013 | 2014 | 2015 | 2016 | 2017 |
|---|---|---|---|---|---|---|---|
| 全区合计 | 4.54 | 2.88 | 3.47 | 4.32 | 5.49 | 6.80 | 7.87 |
| 港澳台商投资股份有限公司 | 14.18 | 9.05 | 5.41 | 34.70 | 89.19 | 60.41 | 73.61 |
| 股份有限公司 | 10.99 | 11.86 | 12.65 | 13.52 | 11.13 | 12.41 | 16.14 |
| 国有独资公司 | -31.36 | -26.09 | -25.69 | -29.28 | -3.18 | 2.18 | 15.63 |
| 外商投资股份有限公司 | 2.38 | 6.98 | 12.49 | 9.50 | 11.00 | 10.32 | 11.62 |
| 港澳台商独资 | 7.09 | 3.24 | 2.16 | 3.25 | 6.81 | 8.57 | 10.48 |
| 外商独资企业 | 3.60 | 1.74 | 3.39 | 4.05 | 4.44 | 7.37 | 9.29 |
| 中外合资经营 | 5.48 | 6.95 | 6.85 | 7.32 | 5.54 | 6.77 | 8.70 |
| 私营独资 | 7.55 | 3.98 | 10.70 | 6.95 | 6.01 | 4.98 | 7.76 |
| 私营股份有限公司 | 9.09 | -0.77 | -1.84 | 7.16 | 7.75 | 8.82 | 7.10 |
| 其他港澳台投资 | | | | | | | 6.79 |

## 五　奉贤工业转型升级与创新发展展望

2017 年奉贤区规模以上工业总产值达到 1565.34 亿元，增长率为 7.28%。从图 8 可以看到，2011～2017 年，奉贤区工业总产值经历了 2015 年大幅下滑后，2016 年和 2017 年又开始稳步上升。尤其值得关注的是，东方美谷美丽健康产业规模以上企业实现税收 33.9 亿元，同比增长 41.3%。战略性新兴产业制造业产值占规模以上工业总产值比重预计达到 28.8%。[①] 另外，从工业增加值的表现来看（见图 9），奉贤区工业增加值在 2017 年创下了近年的新高，规模以上工业增加值达到 384.05 亿元，比 2016 年实际增长了 3.73%。

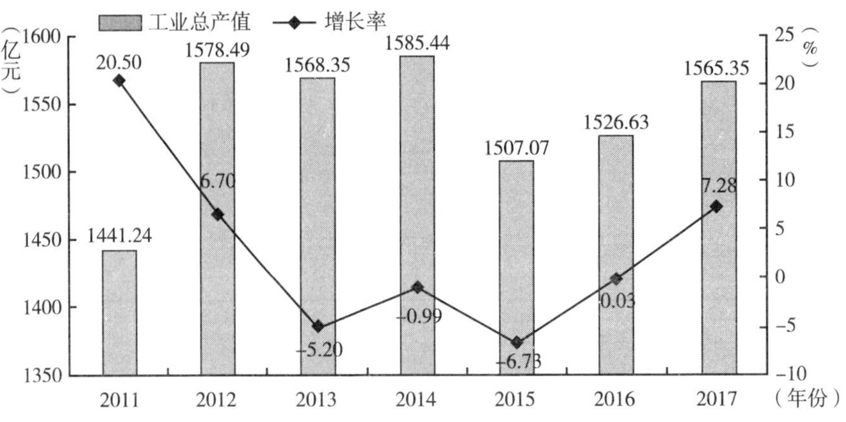


**图 8　2011～2017 年奉贤区工业总产值及增长率**

2017 年，全区规模以上工业企业实现营业收入 1834.4 亿元，较 2016 年的 1621.7 亿元提升了 13%；其中主营业务收入 1695.3 亿元，较 2016 年 1487.7 亿元提高了 14%。实现利润总额 151 亿元，较 2016 年 121.22 亿元

① 奉贤区第五届人民代表大会第三次会议文件（12）——《政府工作报告》，上海市奉贤区第五届人民代表大会第三次会议，2018 年 1 月 16 日。

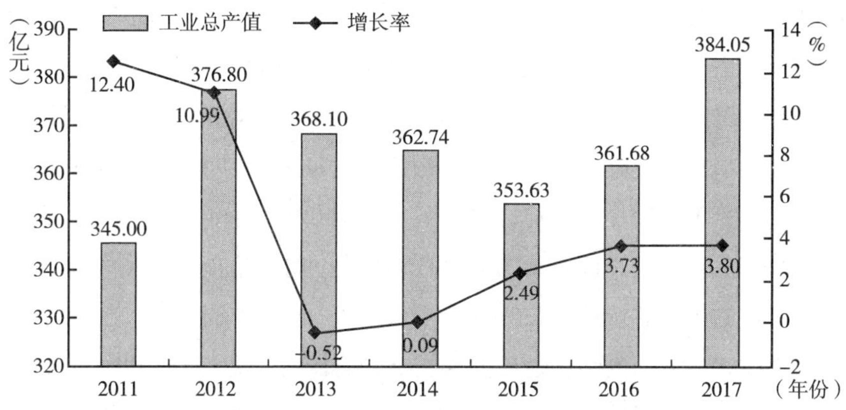


**图9　2011~2017年奉贤区工业增加值及其实际增长率**

增长了24.6%。当期盈利企业盈利总额达到164.8亿元，相比2016年的137.7亿元提升19.7%；亏损单位数132户（比2016年增加2户），亏损覆盖面14.1%（比2016年略有提升），亏损企业亏损总额13.8亿元，比2016年的16.4亿元下降了近16%。

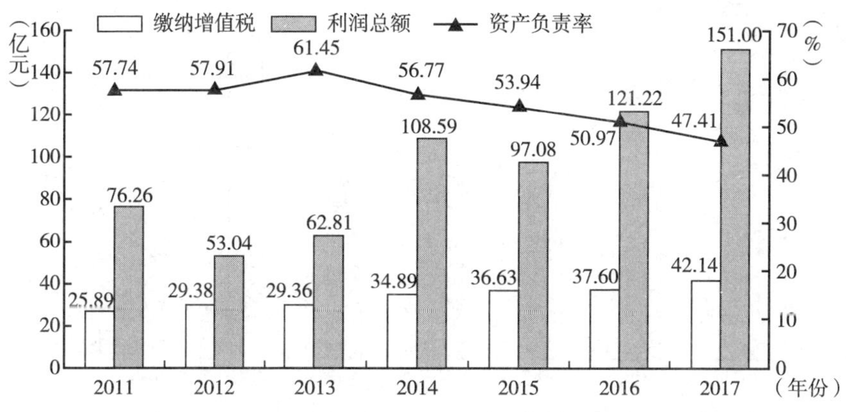


**图10　2011~2017年奉贤区工业利税及资产负债率情况**

从图10中我们可以看到，2011~2017年奉贤区工业缴纳增值税出现显著提升，2017年工业缴纳增值税为42.14亿元，相比2016年提高了12.1%；工业利润总额屡创新高，在2017年利润总额达到151亿元，比

2016 年提升了 24.6%。除此以外，规模以上工业行业资产负债率稳步降低，符合国家“去杠杆”的大势。工业总体效益提升显著。

需要指出的是，图 11 显示了 2016～2017 年全区规模以上工业消耗综合能源总量大幅提升，其中部分是由工业经济本身规模扩张所致，但同时规模以上工业企业单位增加值能耗也提高了，说明奉贤工业企业在绿色环保方面仍有待改进。当然，2017 年相较于 2016 年单位增加值能耗有所下降，但是否形成稳定趋势仍有待进一步观察。

综合前述各方面的结构性研究和指标动态跟踪，我们有相当的信心认为奉贤区 2018 年工业经济发展会延续 2017 年规模与效益双双提升的态势，在上海先进制造业承载区建设方面将进一步纵深推进，充分发挥奉贤区制造业的优势，为奉贤区做大、做强实体经济奠定坚实的基础。与此同时，在东方美谷的引领下，包括美妆、大健康、生物医药等工业制造业发展进一步集聚，充分凸显了“中国化妆品之都”的地位。战略性新兴产业在工业中的作用也将伴随着结构性调整的逐步推进而稳步提升。

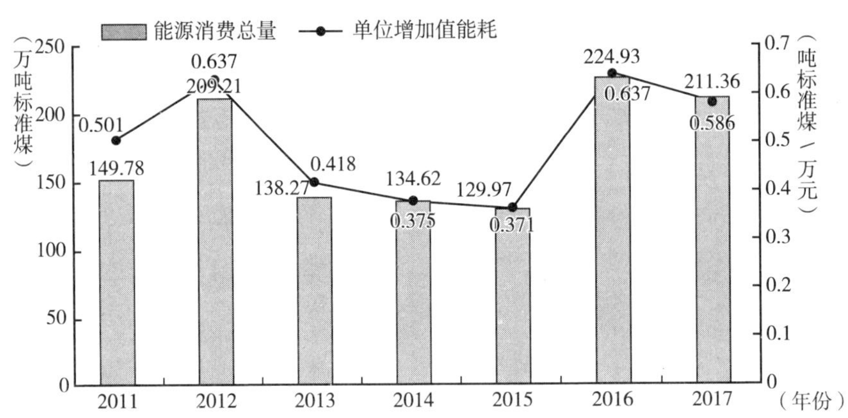


**图 11　2011～2017 年奉贤区规上工业能源消费总量及单位增加值能耗**

## 六　研究总结

本文重点梳理了奉贤区工业发展过程中的一些显著特征，根据统计数据展示了奉贤工业经济主要指标。从前述分析，结合课题组日前对区内工业的多次走访调研，可以看到奉贤区工业经济发展势头强劲，奉贤区继续着力打造上海先进制造业的承载区，在迎接“中国制造2025”与上海建设全球有影响力的科技创新中心过程中，奉贤区攻坚克难、砥砺奋进，多项工业指标显著改善，工业总产值、工业增加值稳步攀升，工业缴纳增值税及主营业务利润等指标逐年走高，工业能源消费总量也大幅攀升，但在反映能耗效率方面的单位增加值能耗改进仍应继续跟踪关注。此外，作为上海大健康产业核心承载区，“中国化妆品之都”花落奉贤，东方美谷美丽健康产业在全区规模以上工业中所起作用日益凸显；战略性新兴产业取得良性发展，总体经济效益喜人。

B.4

# 2018~2019年奉贤服务业形势分析与研判

纪园园　梅　寒*

**摘　要：** 2018年，奉贤区服务业增加值持续增加，经济体量迅速增大，经济质量持续向好，全力推动了奉贤区经济转型升级。2018年1~6月，服务业增加值为184.35亿元，同比增长5.5%，占全区增加值比重为44.70%，比2017年占比增加了0.2个百分点。1~8月，服务业实现税收收入154.48亿元，同比增长22.5%，占全产业比重为41.22%，占比较上年降低，这主要缘于房地产业税收的大幅下降；奉贤区服务业仍是固定资产投资的主要力量，为196.83亿元，同比增长14.8%，在全产业中占比超过五成，高达73.69%。从服务业细分行业来看，批发零售业稳步增长，房地产市场销量大幅缩水，证券市场交易额大幅下降。预计到2019年，奉贤区流通市场持续增长，房地产市场在经过调整之后逐步升温，金融市场持续走低。

**关键词：** 服务业　转型升级　批发零售业　房地产市场　金融市场

* 纪园园，经济学博士，上海社会科学院经济研究所、数量经济研究中心助理研究员，主要研究方向为计量经济学与大数据分析、计量经济理论；梅寒，硕士，中共上海市奉贤区委党校科研部教师，主要研究方向为社会治理。

2018 年，奉贤区主动适应和引领经济发展新常态，全力推进创新驱动发展，促进经济转型升级。服务业加快发展，仍是固定资产投资的主要力量，为全区经济的稳定运行发挥了重要的支撑作用。但是，奉贤区的服务业仍面临着一些瓶颈，转型升级任务艰巨。2019 年，奉贤区服务业发展面临的趋势依然严峻，稳定增长态势依然面临着考验。本文基于奉贤区的年度统计数据，分析了奉贤区服务业的总体概况和主要特点、奉贤区服务业面临的问题和挑战，并且预测了 2019 年服务业的发展趋势。最后，针对相关问题，提出政策建议。

## 一　奉贤区服务业总体概况

### （一）服务业增加值持续增加，经济体量迅速增大

2018 年，奉贤区服务业进一步发展。1～6 月，服务业增加值为 184.35 亿元，同比增长 5.5%，占全区生产值比重为 44.7%，与 2017 年基本持平，仅增加 0.2 个百分点。2017 年，奉贤区服务业增加值为 347.05 亿元，同比增长 7.20%，比 2016 年增速下降了 1 个百分点，而同期工业和农业的增加值增速均低于服务业，表明奉贤区服务业虽然处于下降趋势，然而相比农业、服务业，仍占据优势地位；服务业增加值比重为 44.5%，比 2016 年全年提升 1.14 个百分点，而同期工业和农业增加值比重均有不同程度的下降，工业下降了 0.3 个百分点，农业下降了 0.6 个百分点。从各产业的比重来看，奉贤区服务业占比呈上升状态，与工业增加值比重（49.3%）越来越近，工业和服务业“双轮驱动”经济增长的格局已基本形成。总体而言（见表 1 和图 1），2007～2017 年，服务业增加值一直处于上升状态，经济体量越来越大，已有赶超工业的趋势。

表 1　2007 ~ 2017 奉贤区服务业增加值情况

| | 增加值(亿元) | 同比(%) | 占总增加值比重比(%) | 比重增加(%) |
|---|---|---|---|---|
| 2007 年 | 97. 50 | 19. 91 | 30. 29 | — |
| 2008 年 | 118. 08 | 17. 43 | 31. 07 | 0. 78 |
| 2009 年 | 134. 49 | 14. 53 | 31. 34 | 0. 27 |
| 2010 年 | 157. 07 | 13. 24 | 31. 83 | 0. 48 |
| 2011 年 | 183. 50 | 12. 62 | 32. 05 | 0. 22 |
| 2012 年 | 201. 90 | 8. 27 | 32. 33 | 0. 28 |
| 2013 年 | 231. 18 | 11. 85 | 35. 85 | 3. 52 |
| 2014 年 | 253. 60 | 7. 21 | 37. 9 | 2. 09 |
| 2015 年 | 282. 67 | 9. 76 | 41. 2 | 3. 27 |
| 2016 年 | 316. 45 | 8. 19 | 43. 4 | 2. 17 |
| 2017 年 | 347. 05 | 7. 20 | 44. 5 | 1. 14 |

资料来源:《奉贤统计年鉴》。

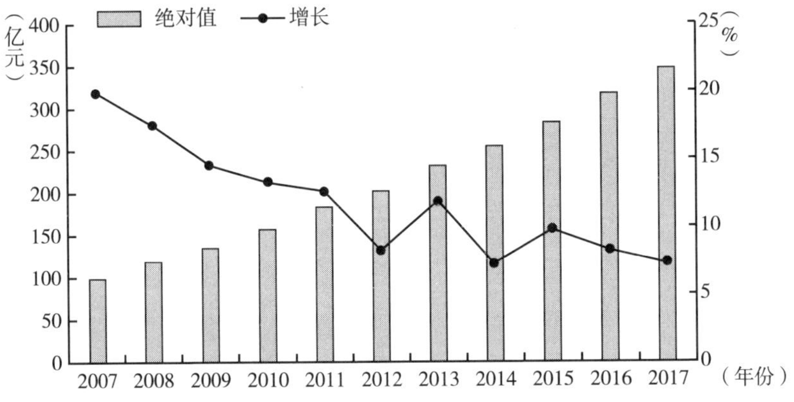


图 1　2007 ~ 2017 年奉贤区服务业增加值情况

资料来源:《奉贤统计年鉴》。

## (二)各门类服务业蓬勃发展,批发零售业持续占优

2018 年,服务业内部各细分行业除住宿、餐饮业之外,均处于增长趋势。1 ~ 6 月,批发零售业增加值为 44. 24 亿元,同比增长 8. 1% ,占服务业比重 24% ,占比排名第一;金融保险业增加值为 22. 47 亿元,同比增长

0.1%，在服务业中占比12.19%，占比排名第二；信息传输、软件和信息技术服务业增加值为21.39亿元，同比增长5.9%，在服务业中所占比重为11.60%，占比排名第三；房地产业增加值为18.54亿元，同比增长8.5%，占服务业比重为10.06%；住宿、餐饮业增加值比重为7.03亿元，同比下降2.5%，占服务业比重为3.81%。

2017年，除房地产业外，服务业各门类增加值均处于增长态势（见表2）。其中，运输邮电仓储业增长速度最快，比上年同期增长15.5%，其次是金融保险业，比上年同期增长9.6%，批发零售增长率为9.1%，在服务业中增速排名第三。住宿餐饮业增长幅度最大，由负转正，由－10.8%增加至6.3%。房地产业大幅下降，2016年在各门类服务业中增速居于首位，为18.6%，2017年则由正转负，为－20.0%，究其原因可能是政府为控制高房价，而采取的一系列房地产管制政策，使得房地产业不景气，这与整个上海房地产业发展的大环境有关。

从各门类服务业增加值分布占比来看（见表2和图2），2017年批发零售业增加值为91.07亿元，在服务业中所占比例最大，占比26.24%。金融保险业和房地产业增加值分别为45.36亿元和37.90亿元，占比分别为13.07%和10.92%。住宿餐饮业所占比例最小，增加值仅为11.96亿元，仅占服务业增加值的3.45%，然而其今年增长速度最快，表现出蓬勃的发展活力。

**表2　2017年奉贤区服务业发展总体状况**

| 行业 | 增加值(亿元) | 增长率(%) | 占总增加值比重(%) | 比重增加(%) |
|---|---|---|---|---|
| 服务业 | 347.05 | 7.2 | 44.5 | 1.14 |
| 运输邮电仓储业 | 25.74 | 15.5 | 3.3 | 0.25 |
| 信息传输、计算机服务和软件业 | 37.42 | 8.8 | 4.8 | 0.13 |
| 批发零售业 | 91.07 | 9.1 | 11.7 | 0.34 |
| 住宿和餐饮业 | 11.96 | 6.3 | 1.5 | 0.02 |
| 金融保险业 | 45.36 | 9.6 | 5.8 | 0.26 |
| 房地产业 | 37.90 | －20.0 | 4.9 | －1.10 |
| 其他服务业 | 97.61 | 15.8 | 12.5 | 1.25 |

资料来源：《奉贤统计年鉴》。

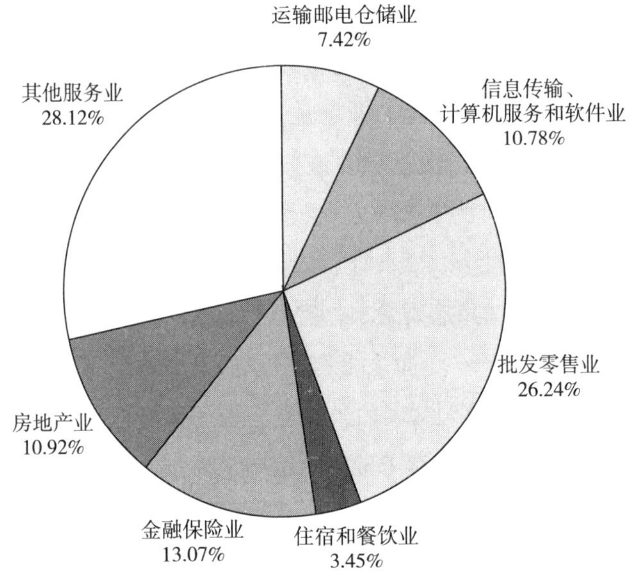


**图2　2017 年奉贤区服务业各门类分布**

资料来源：《奉贤统计年鉴》。

## （三）服务业固定资产投资持续增长，税收贡献率下降

奉贤区服务业仍是固定资产投资的主导力量，投资增长明显。2018 年1～8 月，奉贤区服务业固定资产投资为 196.83 亿元，同比增长 14.8%，在全产业中占比超过五成，高达 73.69%。同期，工业固定资产投资为 58.57 亿元，同比增长 18.9%，占比 21.93%；农业固定资产投资为 0.028 亿元，仍延续下降趋势，同比下降 32.6%，占比仅为 0.01%。从服务业细分行业来看，房地产开发投资为 153.47 亿元，占服务业比重的 77.97%，在服务业乃至全产业中均占据主导地位。

2017 年，奉贤区服务业完成固定资产投资 276.6 亿元，同比增长 28.4%，同期，农业投资 0.04 亿元，同比下降 85.5%，工业投资 88.9 亿元，同比增长 4.5%，均小于服务业的增长速度。从固定资产投资比重来看，服务业仍占主导趋势，在全产业中占比为 75.7%，比上年占比增加 4.1 个百分点，工业所占比重为 24.3%，比上年降低 4.0 个百分点，农业占比仍不到0.01%。从服务业内部结构来看，房地产业投资185.2亿元，同比增长20.4%。全年城市基础设施投资91.8亿元，同比增长162.1%。

随着服务业增长的加快，其对财政税收的贡献率有所下滑。2018年1~8月，服务业实现税收收入154.48亿元，同比增长22.5%，占全产业比重为41.22%，比2017年下降了3.29个百分点，低于同期的工业占比54.40%，这主要是缘于房地产业税收的下降。从细分行业来看，批发零售业税收52.36亿元，同比增长42.9%，占服务业税收比重最大，为33.89%，其对税收的支撑作用一直处于增长趋势；房地产业税收39.15亿元，同比下降6.9%，占服务业比重为25.35%，占比排名第二；租赁商务服务业税收29.71亿元，同比增长30.5%，占服务业比重为19.23%，占比排名第三。其他细分行业，如科学研究和技术服务业，运输邮政仓储业，居民服务、修理和其他服务业等则占比较小，均低于10%（见表3）。

**表3 2018年1~8月奉贤区服务业分行业税收状况**

| 行业 | 税收(亿元) | 增长率(%) | 占税收收入比重(%) |
|---|---|---|---|
| 批发零售业 | 52.36 | 42.9 | 33.89 |
| 运输邮政仓储业 | 6.91 | 34.9 | 4.47 |
| 住宿餐饮业 | 0.42 | -1.2 | 0.27 |
| 信息传输软件和信息技术服务业 | 3.29 | 87.5 | 2.13 |
| 金融业 | 2.26 | 18.3 | 1.46 |
| 房地产业 | 39.15 | -6.9 | 25.35 |
| 租赁商务服务业 | 29.71 | 30.5 | 19.23 |
| 科学研究和技术服务业 | 12.26 | 31.4 | 7.94 |
| 居民服务、修理和其他服务业 | 4.66 | 8.8 | 3.01 |

资料来源：《奉贤统计年鉴》。

2017年，服务业实现税收收入167.54亿元，比上年增长19.2%，占全产业比重为44.51%，比上年同期下降了5.31个百分点，低于同期工业占比（50.52%）。其中，批发和零售的税收收入为52.11亿元，同比增长7.30%，在服务业中所占比重最高，为30.74%；房地产业财政税收为50.33亿元，同比增长9.0%，在服务业中占比排名第二位，为29.69%；

租赁和商务服务业税收收入为32.01亿元，同比增长27.0%，在服务业中占比排名第三位，为18.88%。

## （四）服务业在城乡私营企业中占主导地位，批发零售业户数最多

从城乡私营企业户数来看（见表4和图3），服务业占比持续增长，其中批发零售业户数仍为首位。2017年奉贤区私营企业数为236411户，其中服务业私营企业数为189032户，占比高达79.95%，比上年提高1个百分点。其中，批发和零售业的户数最高（82523户），占奉贤区服务业总体的43.66%，其次是租赁和商务服务业（42202户），占比22.33%，排名第三的是科学研究、技术服务业（37894户），占比20.05%。卫生和社会工作、教育、金融业私营企业分别为35户、61户、255户，在城乡私营企业分布中体量很小。从城乡私营企业户数的增长速度来看，信息传输、软件和信息技术服务业的增长速度最快，同比增长高达125.15%；其次是房地产业，延续2016年的增长速度，同比增长75.13%；增长速度排名第三的是卫生和社会工作，同比增长40.00%，主要缘于其基数较小，仅为35户。

**表4　2017年奉贤区服务业城乡私营企业户数**

| 行业 | 户数 | 同比(%) | 占比(%) | 城镇(户) | 城镇占全区比例(%) |
|---|---|---|---|---|---|
| 批发和零售业 | 82523 | 15.28 | 43.66 | 28409 | 34.43 |
| 交通运输、仓储和邮政业 | 9030 | 18.75 | 4.78 | 2900 | 32.12 |
| 住宿和餐饮业 | 666 | 17.05 | 0.35 | 426 | 63.96 |
| 信息传输、软件和信息技术服务业 | 3080 | 125.15 | 1.63 | 1108 | 35.97 |
| 金融业 | 255 | -6.25 | 0.13 | 106 | 41.57 |
| 房地产业 | 4895 | 75.13 | 2.59 | 1776 | 36.28 |
| 租赁和商务服务业 | 42202 | 19.18 | 22.33 | 15866 | 37.60 |
| 科学研究、技术服务业 | 37894 | 17.90 | 20.05 | 13854 | 36.56 |
| 水利、环境和公共设施管理业 | 463 | 0.00 | 0.24 | 150 | 32.40 |
| 居民服务和其他服务业 | 2435 | 18.38 | 1.29 | 928 | 38.11 |
| 教育 | 61 | 17.31 | 0.03 | 29 | 47.54 |
| 卫生和社会工作 | 35 | 40.00 | 0.02 | 22 | 62.86 |
| 文化、体育和娱乐业 | 5492 | 34.25 | 2.91 | 2079 | 37.86 |
| 其他 | 1 | 0.00 | 0.00 | 0 | 0.00 |
| 合　计 | 189032 | 19.31 | 100.00 | 67653 | 35.79 |

资料来源：《奉贤统计年鉴》。

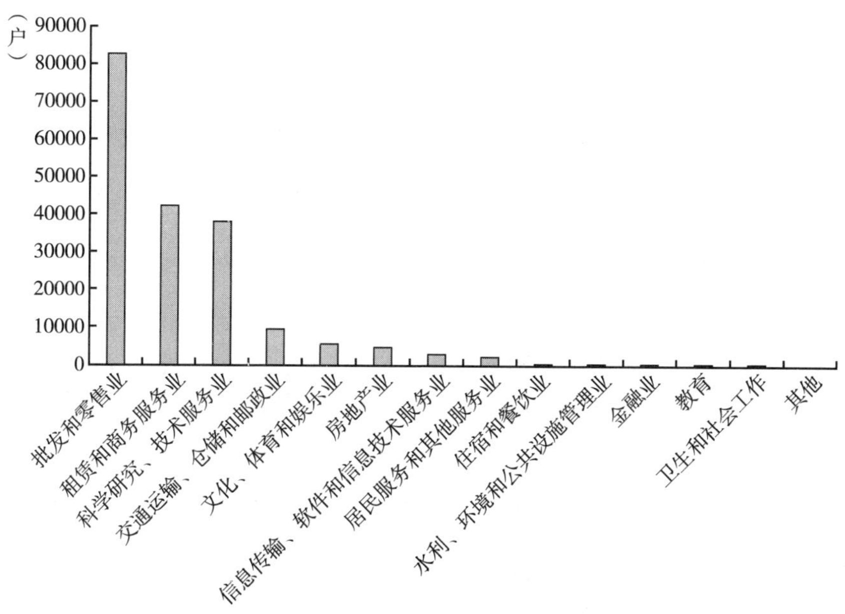


**图3　2017年奉贤区服务业各行业城乡企业户数**

资料来源：《奉贤统计年鉴》。

从城乡私营企业投资者人数来看（见表5和图4），批发和零售业投资者人数占比最高。2017年，奉贤区共有投资者人数为387692人，其中服务业投资者人数为310356人，占比80.05%。服务业投资者人数排名前三的行业分别是批发零售贸易（129940人），租赁和商务服务业（72501人），科学研究、技术服务和地质勘查业（65734人），占服务业总体投资人数比例分别为41.87%、23.36%、21.18%，合计占比高达86.41%，在奉贤服务业投资人数中占据主导地位。

从城乡私营企业吸纳就业的人数来看（见表6和图5），批发零售贸易吸纳的就业人数最多。2017年，奉贤私营企业共吸纳就业数1746837人，其中服务业为1372257人，占比78.56%，体现了奉贤区的服务业已经成为吸纳就业的主渠道。从服务业分行业来看，吸纳就业人数最多的行业是批发零售贸易，雇工人数为595183人，占比43.37%，接近五成；其次是租赁和商务服务业，雇工人数为305906人，占比22.29%；排名第三的行业是科学研究、技术服务和地质勘查业，雇工人数281370人，占比20.50%。

**表 5　2017 年奉贤区服务业城乡私营企业投资者人数**

| 行业 | 投资者人数(人) | 同比(%) | 占比(%) | 城镇(人) | 城镇占全区比例(%) |
|---|---|---|---|---|---|
| 交通运输、仓储和邮政业 | 14193 | 13.60 | 4.57 | 4481 | 31.57 |
| 信息传输、计算机服务和软件业 | 5365 | 53.12 | 1.73 | 1898 | 35.38 |
| 批发零售贸易 | 129940 | 11.47 | 41.87 | 44321 | 34.11 |
| 住宿和餐饮业 | 899 | 16.91 | 0.29 | 533 | 59.29 |
| 金融业 | 456 | -4.82 | 0.15 | 191 | 41.89 |
| 房地产业 | 7347 | 40.25 | 2.37 | 2597 | 35.35 |
| 租赁和商务服务业 | 72501 | 13.18 | 23.36 | 27511 | 37.95 |
| 科学研究、技术服务和地质勘查业 | 65734 | 14.04 | 21.18 | 24087 | 36.64 |
| 水利、环境和公共设施管理业 | 865 | -6.13 | 0.28 | 277 | 32.02 |
| 居民服务和其他服务业 | 3791 | 13.35 | 1.22 | 1387 | 36.59 |
| 教育 | 118 | 11.02 | 0.04 | 61 | 51.69 |
| 卫生、社会保障和社会福利业 | 50 | 28.00 | 0.02 | 30 | 60.00 |
| 文化、体育和娱乐业 | 9095 | 23.71 | 2.93 | 3482 | 38.28 |
| 其他 | 2 | 0.00 | 0.00 | 0 | 0.00 |
| 合计 | 310356 | 14.24 | 100.00 | 110856 | 35.72 |

资料来源：《奉贤统计年鉴》。

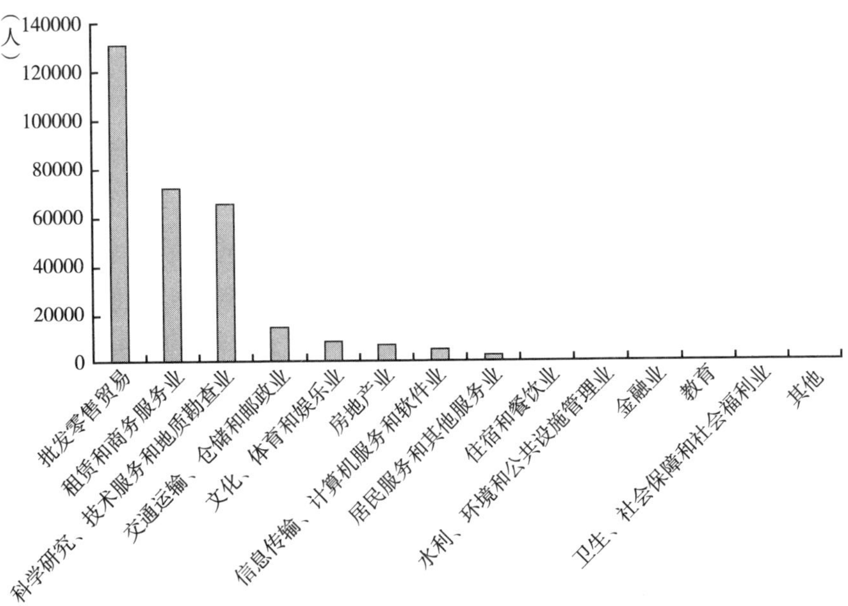


**图 4　2017 年奉贤区服务业城乡企业各行业投资者人数**

资料来源：《奉贤统计年鉴》。

**表 6　2017 年奉贤区服务业城乡私营企业雇工人数**

| 行业 | 雇工人数(人) | 同比(%) | 占比(%) | 城镇雇工人数(人) | 城镇占全区比例(%) |
|---|---|---|---|---|---|
| 交通运输、仓储和邮政业 | 65939 | 17.96 | 4.81 | 21315 | 32.33 |
| 信息传输、计算机服务和软件业 | 20943 | 126.85 | 1.53 | 7599 | 36.28 |
| 批发零售贸易 | 595183 | 14.90 | 43.37 | 209743 | 35.24 |
| 住宿和餐饮业 | 4245 | 17.33 | 0.31 | 2584 | 60.87 |
| 金融业 | 1701 | -8.60 | 0.12 | 662 | 38.92 |
| 房地产业 | 34589 | 71.23 | 2.52 | 12543 | 36.26 |
| 租赁和商务服务业 | 305906 | 18.13 | 22.29 | 116621 | 38.12 |
| 科学研究、技术服务和地质勘查业 | 281370 | 17.45 | 20.50 | 102953 | 36.59 |
| 水利、环境和公共设施管理业 | 3178 | -0.50 | 0.23 | 1025 | 32.25 |
| 居民服务和其他服务业 | 17748 | 17.68 | 1.29 | 6346 | 35.76 |
| 教育 | 412 | -3.74 | 0.03 | 228 | 55.34 |
| 卫生、社会保障和社会福利业 | 244 | 34.07 | 0.02 | 158 | 64.75 |
| 文化、体育和娱乐业 | 40791 | 33.36 | 2.97 | 15676 | 38.43 |
| 其他 | 8 | 0.00 | 0.00 | 0 | 0.00 |
| 合计 | 1372257 | 18.62 | 100.00 | 497453 | 36.25 |

资料来源：《奉贤统计年鉴》。

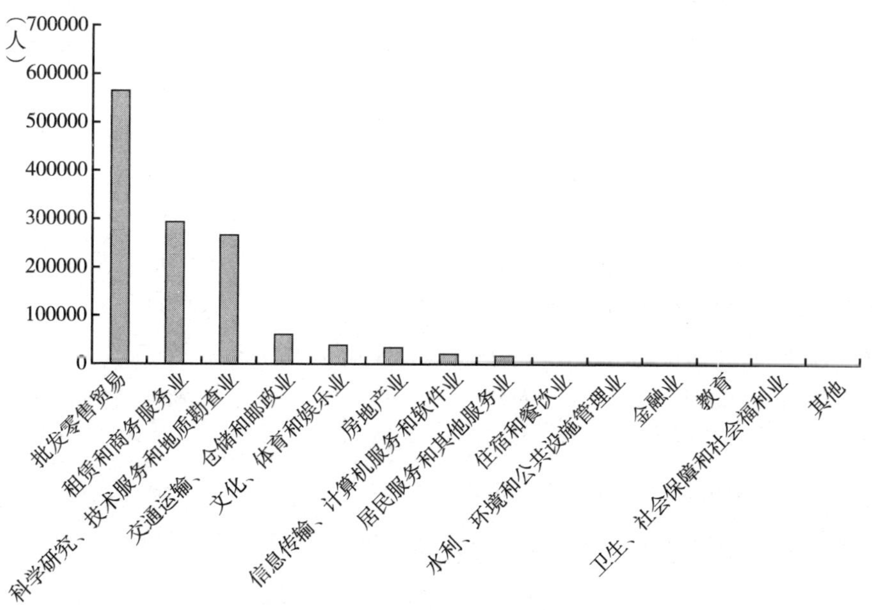


**图 5　2017 年奉贤区服务业城乡企业各行业雇工人数**

资料来源：《奉贤统计年鉴》。

从城乡私营企业注册资本来看（见表7和图6），租赁和商务服务业注册资本最多。2017年，奉贤区私营企业注册资本为89917631万元，其中服务业为73869379万元，占奉贤区比例为82.15%，体现了奉贤区的服务业已经成为吸纳资金的主要渠道。从服务业分行业来看，注册资本最多的行业是租赁和商务服务业，注册资本为24542416万元，占比33.22%；其次是批发零售贸易，注册资本为23223744万元，占比31.30%；排名第三的行业是科学研究、技术服务和地质勘查业，注册资本为14343771万元，占比19.42%。从城乡私营企业注册资本的地理分布来看，除卫生、社会保障和社会福利业在城镇分布的较多，占比均超过50%，其他行业注册资本则以乡村居多。

**表7　2017年奉贤区服务业城乡私营企业注册资本**

| 行业 | 注册资本（万元） | 同比（%） | 占比（%） | 城镇（万元） | 城镇占全区比例（%） |
|---|---|---|---|---|---|
| 交通运输、仓储和邮政业 | 3284154 | 30.82 | 4.45 | 1182725 | 36.01 |
| 信息传输、计算机服务和软件业 | 1092515 | 180.99 | 1.48 | 398108 | 36.44 |
| 批发零售贸易 | 23223744 | 31.30 | 31.44 | 8295790 | 35.72 |
| 住宿和餐饮业 | 131678 | 28.57 | 0.18 | 50426 | 38.29 |
| 金融业 | 858244 | 41.68 | 1.16 | 211906 | 24.69 |
| 房地产业 | 3933234 | 79.93 | 5.32 | 1368840 | 34.80 |
| 租赁和商务服务业 | 24542416 | 21.70 | 33.22 | 10538179 | 42.94 |
| 科学研究、技术服务和地质勘查业 | 14343771 | 35.16 | 19.42 | 5337283 | 37.21 |
| 水利、环境和公共设施管理业 | 170199 | 7.63 | 0.23 | 49999 | 29.38 |
| 居民服务和其他服务业 | 469573 | 45.73 | 0.64 | 148107 | 31.54 |
| 教育 | 8726 | 9.82 | 0.01 | 3910 | 44.81 |
| 卫生、社会保障和社会福利业 | 15553 | 56.89 | 0.02 | 9423 | 60.59 |
| 文化、体育和娱乐业 | 1795512 | 51.62 | 2.43 | 719546 | 40.07 |
| 其他 | 60 | 0.00 | 0.00 | 0 | 0.00 |
| 合　计 | 73869379 | 32.04 | 100.00 | 28314242 | 38.33 |

资料来源：《奉贤统计年鉴》。

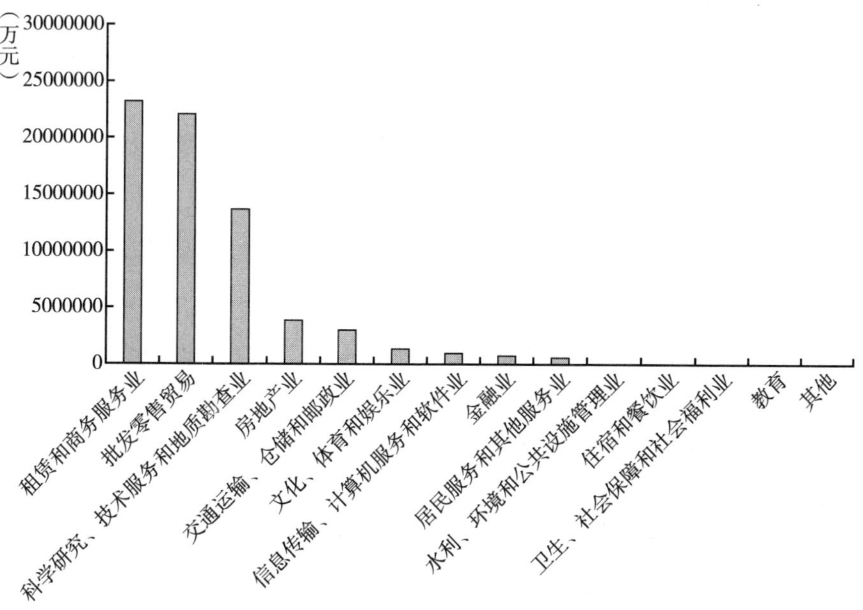


**图6　2017年奉贤区服务业城乡企业各行业注册资本**

资料来源：《奉贤统计年鉴》。

## 二　服务业主要行业发展特点

### （一）受消费品市场的影响，批发零售业增速回落

2018年1～6月，批发零售业持续保持良好发展态势，增加值为44.24亿元，同比增长8.1%，占服务业增加值的比重为24%，在服务业中居于首位，在奉贤区经济的稳定增长方面发挥了重要作用。2017年，奉贤区批发和零售业增加值为91.06亿元，同比增长9.1%，增速比2016年回落0.2个百分点，占服务业增加值的比重为26%。

从流通市场来看，2017年，奉贤区流通市场继续保持稳定增长趋势，奉贤区商业销售额为1660.07亿元，增速为10.2%，与2015年和2016年的增速基本持平。从消费品市场来看，2017年，奉贤区消费品市场增速下降。全年社会消费品零售总额为535.1亿元，比上年增长9.1%，增速较上年回落0.9个百分点。服装鞋帽纺织品类和汽车类商品作为奉贤区社会消费品零售额增长的主动力，累计实现商品零售额分别为15.7亿元和24.7亿元，同比增长24.6%和8.6%，分别占限额以上在地销售主要商品零售额的19.5%和30.6%，总计占比达50.1%。中西药品类零售额为1.4亿元，同比增长1.4%。其余类别商品零售额则均有不同程度下降，降幅较大的是烟酒类和文化办公用品类，零售额分别为2.8亿元和1.2亿元，同比分别下降了12.5%和51.1%。从销售途径来看，网络零售增速稳中有升。全区通过公共网络实现的累计商品零售额为16.1亿元，同比增长29.2%。限额以上批发和零售业网上零售额占全区限额以上批发和零售企业商品零售额的比重为13.6%，比上年减少2.1个百分点。

从总体趋势来看（见图7），自2015年以来，批发和零售业增速一直处于平稳状态，保持10%左右的增速。

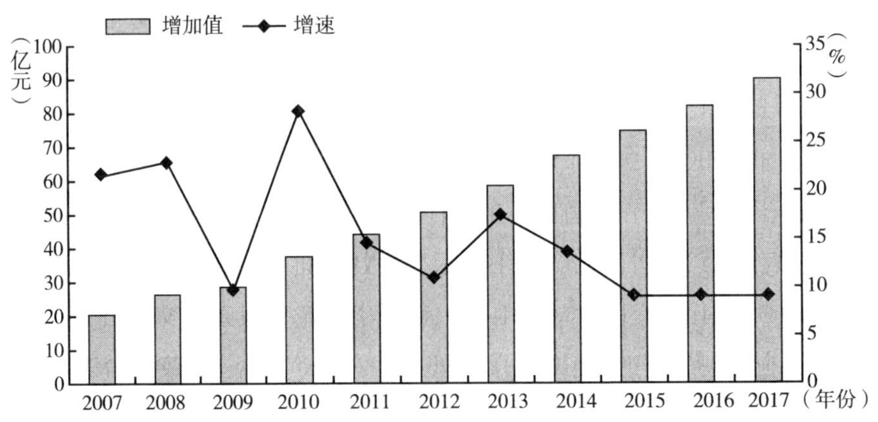


**图7　2007~2017年奉贤区批发零售业增加值和增速走势**

资料来源：《奉贤统计年鉴》。

## （二）房地产市场投资增长，销售缩量

2018年1~6月，房地产业增加值为18.54亿元，同比增长8.5%，相比2017年，增长由负转正，增速上涨，占服务业比重为10.06%。2017年，奉贤区房地产业增加值为37.9亿元，增速下降较大，比上年降低20%，占服务业增加值的比重为10.92%。

房地产市场开发投资继续增长。2017年，奉贤区房地产开发完成投资额185.17亿元，同比增长20.73%。从房地产市场投资的用途来看，增速最快的是住宅开发，其次是商业营业用房开发，办公楼开发投资完成额相对较慢。具体来看，住宅完成投资150.37亿元，同比增长64.89%；办公楼的开发投资为4.93亿元，同比增长17.59%；商业营业用房的开发投资为8.28亿元，同比增长44.07%。从房地产市场投资构成来看，建筑工程投资98.02亿元，同比增长26.66%，占房地产开发投资总额的52.94%；土地购置费76.20亿元，同比增长19.95%，占房地产开发投资总额的41.15%；安装工程费和设备购置费分别为2.23亿元和0.38亿元，占房地产开发投资总额的比重很小。

从施工面积来看，房屋施工面积为1061.25万平方米，同比增长12.28%，其中，新开工面积为159.3万平方米，同比下降54.5%；住宅新开工面积为119.16万平方米，同比下降52.22%。从竣工面积来看，房屋竣工面积为130.27万平方米，同比增长366.39%，其中住宅房屋竣工面积是98.81万平方米，同比增长429.06%。商品房销售面积和销售额均出现缩水。2017年，全区商品房销售面积为66.3万平方米，同比下降29.25%，其中，住宅销售面积为55.9万平方米，同比下降21.7%。全区商品房销售额为86.9亿元，同比下降46.9%，其中住宅商品房销售额为79.94亿元，同比下降36.81%。

从总体趋势来看（见图8），2014~2016年，房地产业增速一直处于稳步上升趋势，直至2017年由于国家对房地产出台的一系列管制政策，房地产市场发展不景气，出现大幅缩水，增速为负，经过一段时间的调整，2018年上半年，房地产市场逐步升温，增速上涨。

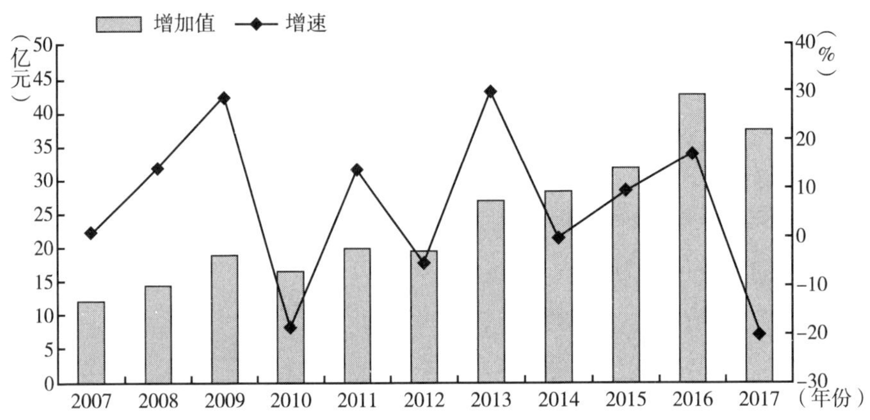


**图8　2007~2017年奉贤区房地产业增加值和增速走势**

资料来源:《奉贤统计年鉴》。

## (三)在证券市场交易降温的影响下,金融保险业增速持平

2018年1~6月,金融保险业增加值为22.47亿元,同比增长0.1%,在服务业中占比12.19%。2017年,奉贤区金融保险业实现增加值45.36亿元,比上年增长了9.6%,增速与上年基本趋平,占服务业增加值的比重为13%。

奉贤区货币信贷市场平稳运行,银行存贷款余额持续增长。2017年,银行存款余额1565.68亿元,同比增长14.21%,其中企业存款646.69亿元,同比增长21.25%,占全区银行存款余额的47.17%,居民储蓄存款724.16亿元,同比增长7.93%,占全区银行存款余额的52.83%。银行贷款余额1250.96亿元,同比增长20.24%。从贷款的对象来看,企业贷款817.66亿元,同比增长20.61%,占银行贷款余额的65.36%;个人贷款43.33亿元,同比增长19.54%,占银行贷款余额的34.64%。从贷款的期限来看,短期贷款275.05亿元,同比增长9.17%,占银行贷款余额的21.99%;中长期贷款975.90亿元,同比增长23.78%,占银行贷款余额的78.01%。从奉贤区各街镇存贷款余额的分布来看（见表8），南桥镇最多，各项存款余额为848.99亿元，占全区比重为54.22%，各项贷款余额988.33亿元，占全区比重为79.01%，均超过五成（见图9）。

**表8　2017年奉贤区各镇存贷款余额**

| | 网点数（个） | 各项存款余额(亿元) | 占全区比重（%） | 各项贷款余额(亿元) | 占全区比重（%） |
|---|---|---|---|---|---|
| 南桥镇 | 56 | 848.99 | 54.22 | 988.33 | 79.01 |
| 奉城镇 | 17 | 139.91 | 8.94 | 25.05 | 2.00 |
| 庄行镇 | 6 | 40.21 | 2.57 | 8.91 | 0.71 |
| 金汇镇 | 8 | 78.58 | 5.02 | 12.84 | 1.03 |
| 四团镇 | 7 | 65.78 | 4.20 | 13.95 | 1.12 |
| 青村镇 | 12 | 88.53 | 5.65 | 20.64 | 1.65 |
| 柘林镇 | 10 | 57.97 | 3.70 | 16.98 | 1.36 |
| 海湾镇 | 4 | 17.50 | 1.12 | 4.09 | 0.33 |
| 西渡街道 | 7 | 57.37 | 3.66 | 12.37 | 0.99 |
| 奉浦街道 | 12 | 137.63 | 8.79 | 128.17 | 10.25 |
| 海湾旅游区 | 2 | 8.25 | 0.53 | 0.04 | 0.00 |
| 杭州湾开发区 | 1 | 9.76 | 0.62 | 11.84 | 0.95 |
| 东方美谷集团 | 1 | 15.21 | 0.97 | 7.76 | 0.62 |
| 全区总计 | 143 | 1565.69 | 100 | 1250.96 | 100 |

资料来源：《奉贤统计年鉴》。

证券市场交易降温，除债券回购交易外，各类证券交易增速均下降，增速为负。2017年，奉贤区证券交易总额13120.40亿元，同比下降12.37%，其中基金交易额大幅度缩水，下降幅度超过五成。分类来看，2017年股票交易成交额9977.50亿元，同比下降16.69%，占证券市场交易总额的76.05%；基金交易125.69亿元，同比下降65.77%，下降幅度最大，而其在2016年增长速度最快，可以看出基金交易的波动较大，占证券市场交易

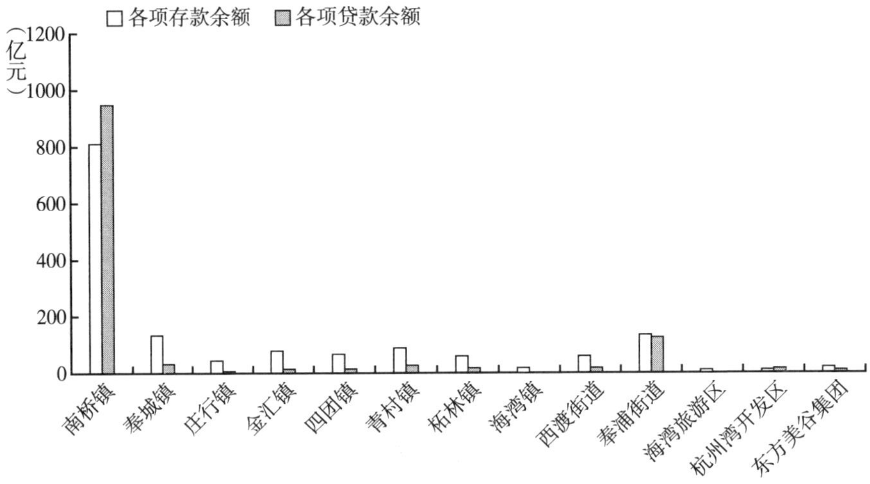


**图 9　2017 年奉贤区各镇存贷款余额分布**

资料来源：《奉贤统计年鉴》。

总额的 0.96%；债券交易 44.67 亿元，同比下降 1.29%，占证券市场交易总额的 0.34%；债券回购交易 2972.08 亿元，同比增长 15.11%，占证券市场交易总额的 22.65%（见表 9）。

**表 9　2016～2017 年奉贤区证券交易总额情况**

单位：亿元

| | 2017 年 | 2016 年 | 同比(%) | 占比(%) |
|---|---|---|---|---|
| 股票交易 | 9977.50 | 11976.60 | -16.69 | 76.05 |
| A 股 | 9951.29 | 11974.21 | -16.89 | 75.85 |
| B 股 | 1.98 | 2.39 | -17.40 | 0.02 |
| 基金交易 | 125.69 | 367.23 | -65.77 | 0.96 |
| 债券交易 | 44.67 | 45.25 | -1.29 | 0.34 |
| 债券回购交易 | 2972.08 | 2581.97 | 15.11 | 22.65 |
| 其他 | 0.45 | 1.17 | -61.12 | 0.00 |
| 合计 | 13120.40 | 14972.23 | -12.37 | 1 |

资料来源：《奉贤统计年鉴》。

从总体趋势看（见图10），金融业在2007年增速最快，2013～2017年中，除2015年呈现上升趋势，其他年份呈下降趋势，这主要缘于国家为防范金融风险，金融监管部门采取逐步紧缩的管制策略，使得金融业更多资金“脱虚向实”。

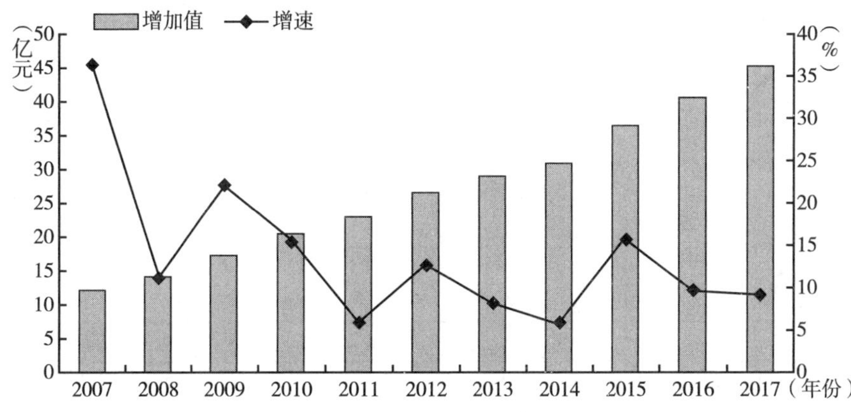


**图10　2007年以来奉贤区金融保险业增加值和增速走势**

资料来源：《奉贤统计年鉴》。

## （四）积极推进创新政策，信息传输、计算机服务和软件业保持较快增长

奉贤区积极构建“1＋2＋X”创新政策体系，为企业科技活动创新提供政策保障，信息传输、计算机服务和软件类保持较快增长。2018年1～6月，奉贤区信息传输、软件和信息技术服务业增加值为21.39亿元，同比增长5.9%，在服务业中所占比重为11.60%。2017年，信息传输、计算机服务和软件业实现增加值37.42亿元，同比增长8.8%，在服务业中所占比重为10.78%。奉贤区积极推进科技项目，有效推动区域自主创新能力进一步提升，年内获得市级以上科技项目立项231项，获得支持资金2160万元。11家企业被评为“上海市科技小巨人（培育）企业”。新认定的高新技术企业73家，年末累计数已达到488家。81个项目被列入上海市科技型中小

企业创新资金项目，获得资金支持930万元。

从信息传输、计算机服务和软件业发展的整体趋势来看（见图11），信息传输、计算机服务和软件业自2013年增速达到最低，随后稳步上升，趋于平稳。

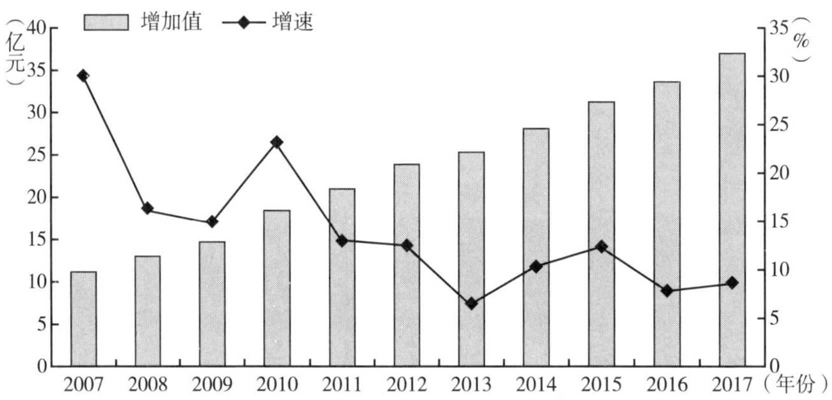


**图11　2007年以来奉贤区信息传输、计算机服务和软件业增加值和增速走势**

资料来源：《奉贤统计年鉴》。

## （五）受宏观经济大环境影响，运输邮电仓储业增速加快

2017年，奉贤区运输邮电仓储业实现增加值25.73亿元，同比增长15.5%，增速加快，增速比2016年上升13.3个百分点，占服务业增加值的比重为7.42%。2017年，快递业务量完成13723.6万件，同比增长38.5%；业务收入完成9.26亿元，同比增长37.9%。全年共计完成邮政业务总量1.90亿元，比上年增长12.4%。全年投送各类邮件3718万件，同比下降1.8%；投送各类报刊2447.4万件，同比增长4.2%。

从总体趋势来看（见图12），自2007年以来，运输邮电仓储业增速在2010年达到最大，之后开始回落，在2016年增速达到最低点（2.1%），2017年增速大幅度上升，达到近五年年增速的最高峰。

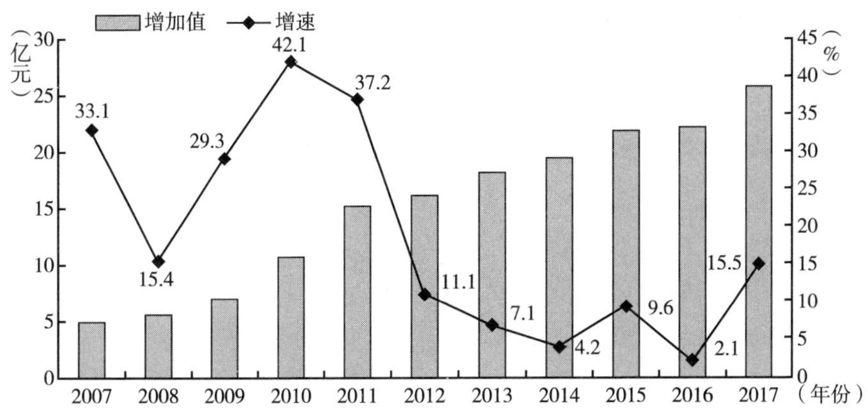


**图12　2007年以来奉贤区运输邮电仓储业增加值和增速走势**

资料来源：《奉贤统计年鉴》。

## （六）住宿和餐饮业经营额大幅缩水，增速下降

2018年1～6月，住宿、餐饮业增加值比重为7.03亿元，同比下降2.5%，占服务业比重为3.81%。2017年，奉贤区住宿和餐饮业实现增加值11.98亿元，比上年下降6.3%，占服务业增加值比重为3.44%。奉贤区住宿和餐饮业的快速发展主要得益于旅游业的发展。奉贤区着力打造“一核两带两区”的旅游空间战略布局，加快滨海与乡村休闲旅游特色建设，努力促进旅游产业转型升级。

2017年，全区限额以上住宿和餐饮企业的经营额与2016年相比大幅缩水。限额以上住宿和餐饮业经营额为9300万元，同比下降89.44%。其中，客房收入为1645万元，同比下降89.06%，餐费收入为6611万元，同比下降89.36%；商品销售额为507万元，同比下降90.24%；其他收入为538万元，同比下降90.58%。其中，通过公共网络实现的累计客房收入和餐费收入为83万元和43万元，同比分别下降86.49%和97.97%。

从总体趋势来看，住宿和餐饮业在2010年增速达到最大值之后，近些年来一直处于回落趋势，在2017年再度大幅度上升，增速由负转正（见图

13），然而这种趋势并没有一直保持下去，在2018 年上半年，住宿餐饮业增速大幅回落，由正转负。

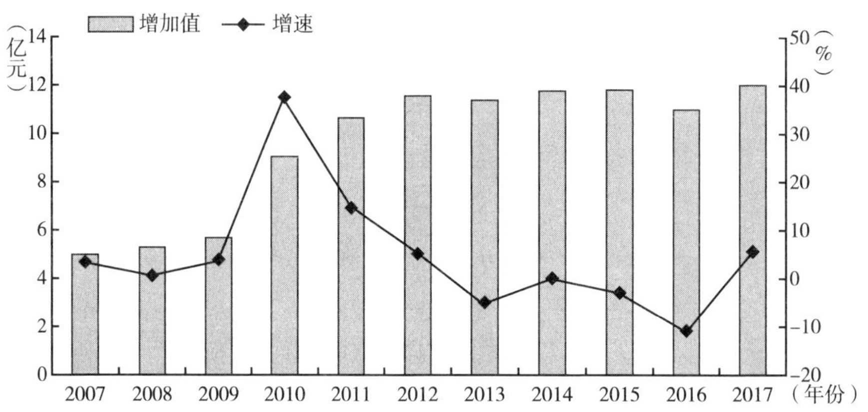


**图 13　2007 年以来奉贤区住宿和餐饮业增加值和增速走势**

资料来源：《奉贤统计年鉴》。

## 三　奉贤区服务业面临的问题和挑战

### （一）现代服务业功能区规划有待进一步完善

尽管目前服务业功能区数量不断扩大，但大多集聚于南桥周边，东部地区和南部地区的空白点较多，发展水平也较为滞后。而且部分功能区在产业定位、载体建设上存在交叉重叠，主导产业不明晰，产业特色不够鲜明的情况，无法凸显功能区产业特色和发展优势。

### （二）产业集聚度和能级有待提高

奉贤区服务业各业态大部分都还处于起步阶段，各类功能园区主题丰富，但缺乏专业招商团队，导致各集聚区产业普遍存在硬件建设推进较快、综合配套服务等方面滞后的问题，产业集聚度和规模能级有待进一步提升。

### （三）服务功能明显，但对周边区域带动和辐射作用有待提高

奉贤区部分现代服务业项目建成后在产业定位、招商、运营管理等方面还存在一系列缺陷，导致能级不高、辐射带动作用不强。南桥新城现代服务业发展较快，但其他新市镇发展相对滞后，对新型城镇化带动促进作用有限。

## 四　2019年奉贤区服务业发展趋势判断

### （一）流通市场持续增长

从流通市场看，受电子商务蓬勃发展的影响，传统批发市场的商品流转次数减少，成为影响商品销售额增速上升的重要因素之一。从消费品市场看，奉贤区在商业转型升级的推动下，网络零售房、平台经济等新兴商贸业蓬勃发展，促使消费品市场平稳运行。据数据统计，2018 年 1 ~8 月，商品销售额和社会消费品零售总额分别为 1093. 30 亿元和 381. 44 亿元，同比分别增长 9. 7% 和 8. 5% 。预计 2019 年，商品销售额和消费品零售总额仍处于增长状态，增速或较 2018 年有所回落。

### （二）房地产市场略有回暖

2017 年，奉贤区房地产市场销售大幅缩水，使得房地产业增加值出现负增长。然而 2018 年上半年，房地产业增加值由负转正，增速大幅上升。从房地产市场经营角度来看，虽然 2017 年，房地产经营面积大幅度缩水，然而，这一趋势并没有持续到 2018 年。2018 年上半年，奉贤区新建商品房销售面积 27. 01 万平方米，同比增长 12. 4% ，究其原因，主要是上海励治房地产开发有限公司奉贤区南桥新城的期房销售。初步判断，奉贤区房地产市场在经过理性调整期之后，2019 年房地产市场略有回暖。

### （三）金融市场继续走低

2017 年以来，证券交易市场持续降温，奉贤区证券交易总额 13120.40 亿元，同比下降 12.37%，并且这一下降趋势延续到 2018 年，2018 年上半年，证券交易总额 7346.41 亿元，同比下降 17.7%，在上一年的基础上继续回落近 5 个百分点。预计到 2019 年，证券交易市场回暖的概率很小，金融业增速继续回落，金融市场将持续低迷态势。

## 五　2019年加快奉贤区服务业发展的对策建议

### （一）促进制造业和服务业的融合，大力发展生产性服务业

奉贤要实现经济软硬结合，避免产业空心化，制造业依然是服务业的重要支撑，需进一步加强高附加值、高技术的制造业发展，同时大力发展生产性服务业。第一，推动生产性服务业重点领域发展。紧紧围绕“创新驱动发展、经济转型升级”总体战略，积极参与上海具有全球影响力科技创新中心建设，以产业转型升级需求为导向，着力发展总部经济、科技金融服务业、研发设计服务业、信息服务业和专业服务业，推动奉贤区先进制造业和现代服务业融合发展，加速推进产业结构调整。第二，优化生产性服务业功能布局。依托各镇、开发区产业基础和区位条件，结合新型工业化、新型城市化和新农村建设，形成与全区土地利用总体规划、城市总体规划和产业布局规划相统一的生产性服务业空间发展格局。第三，推动生产性服务业能级提升。鼓励和支持各类所有制企业根据市场需求，积极发展生产性服务业。以显著提升产业发展整体素质和产品附加值为重点，围绕全产业链的整合优化，充分发挥生产性服务业在研发设计、流程优化、市场营销、物流配送、节能降耗等方面的引领带动作用。

### （二）支持传统服务业转型升级，形成提质增效新引擎

随着经济的发展，居民的消费观念和消费方式逐渐发生转变，在消费品

市场进入“新常态”的形势下，要积极引领传统服务业转型升级，提升服务业质量和效率。第一，推动商圈功能转型。根据区镇两级商圈发展基础和特点，推动各商圈依据自身功能定位进行经营、业态、品牌的结构调整，提升发展南桥新城商业中心，加快新市镇商业中心建设，积极发展社区商业中心。第二，支持商业业态模式创新。鼓励传统商业综合体强化特色体验功能，增加体验型、服务型业态，建设满足体验化、时尚化、全生活消费服务的时尚生活中心。探索“互联网＋生活性服务业”新模式；支持有条件的社区打造“15分钟便民生活圈”，发展高品质、精细化的生活性服务业。第三，支持商业企业转型升级。支持区内有实力的大型流通企业整合商业网点资源，深入探索实施全方位的转型升级，提升竞争能力。鼓励商业企业扩大特色经营规模，发展主题服务、体验服务、定制服务，提高特色商品的经营比重，形成商圈之间、企业之间的特色化、差异化经营。推动企业经营渠道实现线上线下融合。

### （三）重点突破新兴贸易平台，争创、赶超、发展新优势

加快大宗商品交易平台建设。在煤炭、石油化工、危险化学品等大宗商品交易领域，加快发展形成一批整合资源、集成服务、辐射全国、连接国际的大宗商品交易和资源配置平台。加快上海煤炭交易中心、上海石油化工交易中心、杭州湾危化品交易平台等项目的建设和功能完善，打造具有行业影响力的大宗商品交易集聚区。推动农产品电子商务交易平台建设。推进供销合作总社农产品电子商务平台、奉供农副产品配送及流通网络平台、上海农业要素交易中心、上海辉展果蔬国际水果交易平台建设，不断丰富和充实平台功能，提高农产品商贸领域市场化运行品质和水平。推动其他领域电子商务平台发展。发挥水星电子商务平台、上海泰昌健康科技电子商务平台、晨光文具全国性文具营销贸易网络平台、智汇乐源母婴供应链集成服务平台等集聚优势，加快发展面向消费者的第三方电子商务平台。鼓励上海奉贤建材市场等以商品交易和贸易为主导，配套完善信息服务、研发设计、物流服务、专业培训等功能，推动奉贤区专业市场能级提升。支持上海志远电子商

务有限公司等完善电子商务运营、物流供应链和资金解决一体化方案等的专业服务，打造专业化的电子商务服务平台。

## 参考文献

奉贤区经济委员会：《2018 年 9 月奉贤区消费市场运行综合分析》，奉贤区统计信息网，http：//www. fengxian. gov. cn/shfx/Zfxxgk/20181030/005002004_ 15307748 - 9599 - 470b - b95f - f0d03f2fcd88. htm，最后访问时间：2018 年 10 月。

王敏：《经济运行稳中向好，部分领域不确定因素增强——2018 年四季度奉贤区经济运行走势预判》，奉贤区统计信息网，http：//tj. fengxian. gov. cn/fxtj/tjfx/20181108/006_ 53b00248 - 7282 - 45b0 - aba9 - 3865cbc7bde3. htm，最后访问时间：2018 年 10 月。

# B.5 2018 ~2019年奉贤固定资产投资形势分析与研判

何雄就*

**摘　要：** 本文以奉贤区固定资产投资为主要研究对象，从增速、结构和与上海郊区（县）的对比等方面着手分析，研究了该区2007 ~2017 年固定资产投资的发展历程，发现该时期奉贤区固定资产投资的产业结构虽不断优化但不够完善，存在投资过度依赖房地产和工业投资较为薄弱等问题。本文进一步讨论了2018 年1 ~9 月奉贤区固定资产投资形势，利用结构分析、横向比较等方法，从多个角度呈现了该区固定资产投资现状。经过综合研判，本文认为基于经济结构优化调整的需求，以及重点项目开发的有力支撑，预期奉贤区固定资产投资将保持平稳增长，该区基础设施状况将得到进一步改善，从而支撑经济更高质量地发展。

**关键词：** 固定资产投资　产业结构　重大项目

2017 年是奉贤区加快实施“十三五”规划的重要一年。奉贤区全区上下坚持稳中求进的工作总基调，紧紧围绕“奉贤美、奉贤强”的战略目标，牢牢把握“五个一流”主要任务，统筹推进落实稳增长、促转

* 何雄就，经济学博士，上海交通大学安泰经济与管理学院博士后，研究方向为创新、城市经济与经济增长。

型、补短板、惠民生、防风险等各项政策措施，全区全年经济保持平稳健康发展态势，城乡一体化发展开创新局面，美丽“贤城”面貌持续改善，社会事业和保障水平持续改善，人民群众获得感不断增强。2018年，国内宏观经济形势不确定性更大，国外贸易保护主义抬头等因素存在让经济健康运行蒙上了阴影。在此背景下，奉贤区更需要挖掘内生增长动力，努力促进国内消费需求。经济的稳定发展和转型升级均离不开投资的直接驱动。在奉贤区委区政府的正确领导下，奉贤区全力推进固定资产投资项目建设，优化投资结构，1～9月全区固定资产投资保持较快增长态势，工业投资呈现持续回暖迹象，为2019年经济稳定增长奠定了坚实的基础。

## 一 2007～2017年奉贤区固定资产投资分析

本部分主要从固定资产投资总量、增长速度、分产业固定资产投资占比和增长速度等几个方面对奉贤区2007～2017年固定资产投资情况进行研究，简要分析奉贤区固定资产投资变化趋势。

### （一）2007～2017年奉贤区固定资产投资总量和增速

2007～2017年，上海市奉贤区固定资产投资完成额从总量上看基本保持稳定增长的趋势，投资规模持续扩大，但是增长速度在2011年与2012年出现大幅下降，2013年和2014年连续两年出现负增长，2015年和2016年缓慢回升（见图1），但仍处于比较低的增长水平，2017年出现较大幅度增加。通过对奉贤区固定资产投资和上海市全社会固定资产增长速度进行比较（见图2），奉贤区固定资产投资增速在2013年大幅度下降为负，2014～2016年保持缓慢增长，但增速一直低于上海市的总体增长速度，2017年奉贤区固定资产投资迅速增加，全年增速高达21.6%，比上海市总体增速高出14.3个百分点。

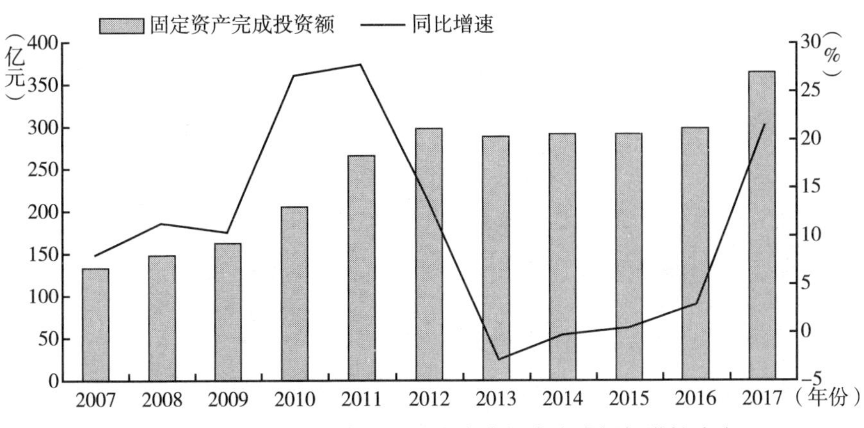


**图1　2007～2017年奉贤区固定资产投资完成额与增长速度**

资料来源：奉贤区统计局。

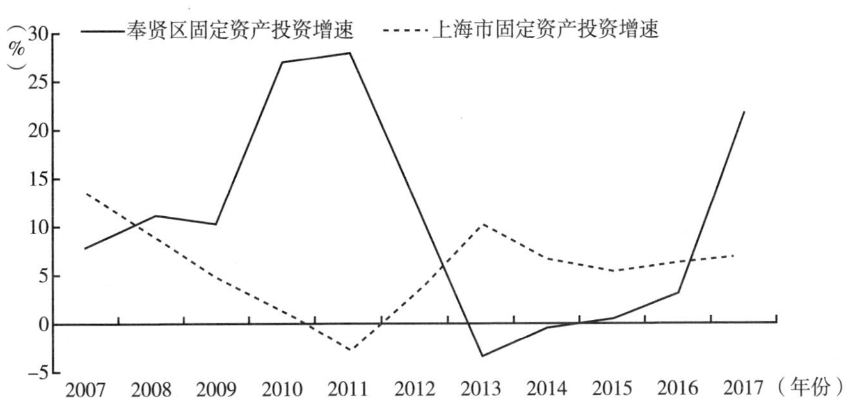


**图2　2007～2017年奉贤区与上海市固定资产投资增速**

资料来源：上海市统计局、奉贤区统计局。

## （二）2007～2017年奉贤区固定资产投资产业结构

固定资产投资额的产业结构状况决定着经济结构的发展状态。产业结构优化是指通过产业调整，使各产业实现协调发展，并在满足社会不断增长的需求的过程中合理化和高级化的需求。2008～2017年，奉贤区固定资产投资的产业结构发生了较大的转变，产业结构进一步优化。从图3中可以发现，2007年至2017年第一产业固定资产投资占比一直低于百分之一，第三产业固定资产投资占比逐年上升，第二产业占比逐年下降，2011 年奉贤区第三产业固定资产投资总额首次超过第二产业固定资产投资；2017 年第三产业固定资产投资占比更是达到 75.67%，第二产业固定资产占比则下降为 24.31%。其中，房地产固定资产投资占奉贤区总固定资产投资的比重在 2008 ~2016 年逐年上升，2017 年较 2016 年出现了小幅下降，但占比依然达到 50.7%，表明奉贤区固定资产投资对于房地产投资依赖较重。

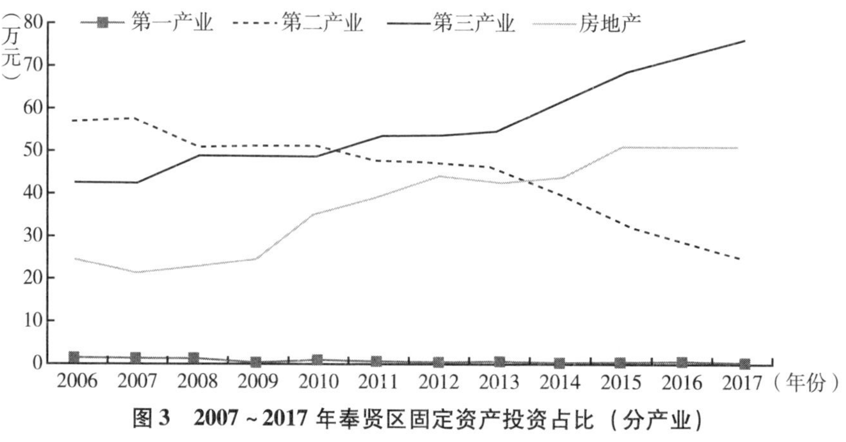


**图 3　2007 ~2017 年奉贤区固定资产投资占比（分产业）**

资料来源：奉贤区统计局。

从固定资产投资分产业的增长速度看（见图 4），奉贤区第三产业的固定资产投资增速高于奉贤区的总体增速。第二产业固定资产投资增长速度在 2010 ~2015 年表现为逐年下降的趋势，从 2013 年开始更是出现了负增长，2015 年到达阶段低谷，随后下降幅度收窄，2017 年出现 4.5% 的正增长，表明奉贤区工业固定资产投资形势在 2017 年出现了一定的好转迹象。

2007 年奉贤区房地产开发投资额仅 26.94 亿元，2017 年房地产投资完成额达到了 185.17 亿元（图 5），在十年间增长近 7 倍，并且仍具有一定的上升趋势和上涨空间。从增长幅度看，2012 年前，房地产开发投资增速波动较大，2010 年增长幅度最大，增长了 87.1 个百分点。2012 年以后，尽管房地产开发投资增速相比以往几年逐渐放缓，但是房地产投资依旧是拉动全社会固定资产投资增长的主要动力，2017 年增速出现较大幅度增加，达到 20.4%。

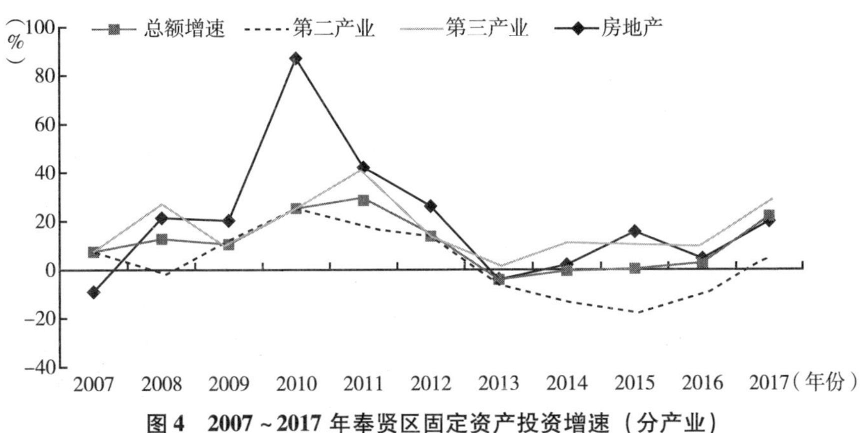


**图4　2007～2017年奉贤区固定资产投资增速（分产业）**

资料来源：奉贤区统计局。

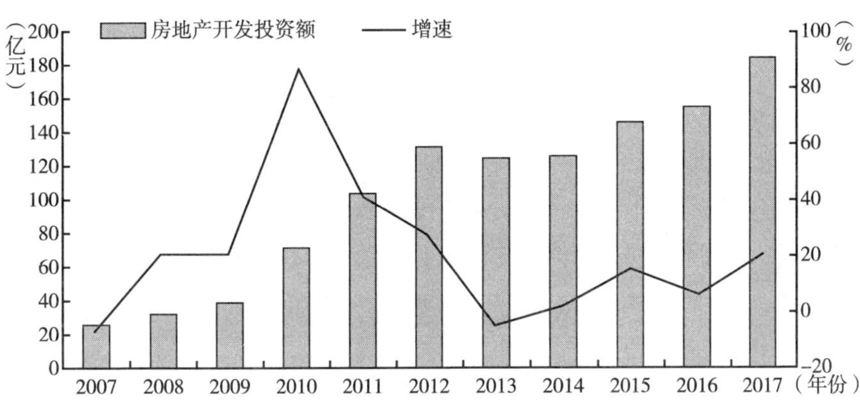


**图5　2007～2017年奉贤区房地产投资变化趋势**

资料来源：奉贤区统计局。

## （三）2007～2017年上海市部分郊区固定资产投资比较

上海各郊区（县）在政策背景、经济水平和社会文化等方面有一定的相似性，以郊区（县）作为样本进行比较，能够更好地观察奉贤区固定资产的发展历史、现状和趋势。从图6可以看到，2007～2017年奉贤区固定资产投资快速增长，平均增长速度为10.36%，增速排在上海市各郊区（县）的前列，仅次于崇明区和青浦区。

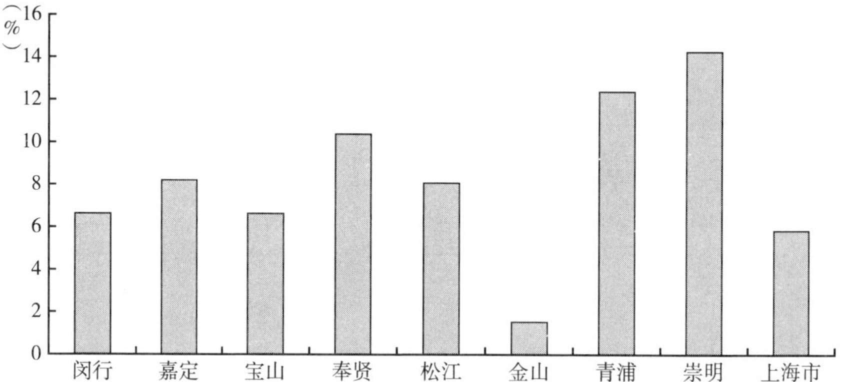


**图6 2007~2017年上海市部分郊区（县）固定资产投资平均增速**

资料来源：上海市统计局，相关区（县）统计局。

除闵行区、松江区、崇明区等经济体量过大或过小的区（县）外，对嘉定区、宝山区、金山区、青浦区和奉贤区等郊区做进一步分析，可以发现奉贤区2007~2017年的固定资产投资平均增速为10.36%，仅次于青浦区的12.42%。从图7中可以看到，2007年嘉定区、宝山区、金山区、青浦区和奉贤区的固定资产投资年度数据比较接近，其中奉贤区的数值最小，仅123.62亿元。到了2017年，奉贤区的固定资产投资年度数据大幅增长至

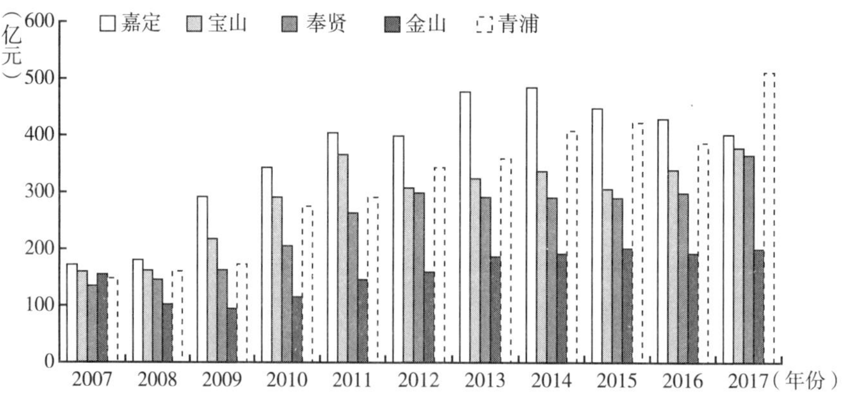


**图7 2007~2017年上海市部分郊区（县）固定资产投资**

资料来源：嘉定、宝山、奉贤、金山和青浦区统计局。

365.46亿元，远超金山区的199.04亿元。同时，与青浦区、宝山区和嘉定区相比较，奉贤区固定资产投资每年增长幅度较为平稳。宝山区的数据相对波动较大，嘉定区经历了先快速增长后下降的过程，青浦区则总体保持快速增长。从数据上看，可以发现在政府有力的政策促进下，奉贤区在2007～2017年固定投资得到了较快增长；总体较为平稳的数据则说明，奉贤区政府的相关政策和措施均保持了一定的持续性和有效性。

## 二　2018年1～9月份奉贤区固定资产投资分析

2018年1～9月，面对错综复杂的国内外环境，奉贤区坚持新发展理念，推进产业转型升级，提升质量效益，推动经济持续向高质量发展迈进。全区经济固定资产投资保持稳中向好的发展态势，工业投资快速增长，房地产投资增速仍然保持高位，为固定资产投资增长注入了强劲的动力。

### （一）奉贤区固定资产投资总体运行状况

2018年1～9月，奉贤区固定资产投资完成额为305.47亿元，同比增长21.6%，其中，市属项目完成投资13.53亿元；区属项目完成投资291.94亿元。施工项目个数为251个，同比增长1.2%；全部投产项目数为39个，同比增长－15.2%；新增固定资产为79.82亿元，同比增长35.6%；房屋建筑施工面积为2238.53万平方米，房屋建筑竣工面积为111.21万平方米，同比增长分别为71.7%和87.2%。

从产业分类看，2018年1～9月第一产业投资完成0.028亿元，同比减少32.6%；第二产业投资完成62.58亿元，同比增长9.3%；第三产业投资完成229.33亿元，同比增长18.3%，其中，房地产投资完成额为177.92亿元，同比增长22.9%。房地产投资占比远高于工业投资占比。

从构成看，建筑工程投资额为176.38亿元，同比增长26.9%；安装工程投资完成4.17亿元，同比下降19.3%；设备、工具、器具购置投资完成20.51亿元，同比增长63.7%；其他费用90.88亿元，同比下降3.8%。

从投资领域看，工业投资62.58亿元，同比上升9.3%；房地产投资177.92亿元，同比增长22.9%。两大投资领域占全社会固定资产投资比重仍较为稳定，推动本区全社会固定资产投资总量增长的动力主要是房地产投资（占比达58.2%），工业投资占比仅为20.5%。

## （二）各镇、区固定资产投资情况

在奉贤区所辖2个街道、8个镇和5个开发区中，临港、奉贤新城、杭州湾以及上海市工业综合开发区固定资产投资额占比较高，分别为20.59亿元、15.87亿元、11.32亿元和10.31亿元（见图8），占固定资产完成投资额的18.06%、13.92%、9.93%和9.04%。全区街镇、园区中有5个街镇实现增长。从增速看，庄行镇、东方美谷集团、奉贤新城、临港奉贤分区投资额增长较快，增速分别达到156.9%、74.8%、57%和39.2%。

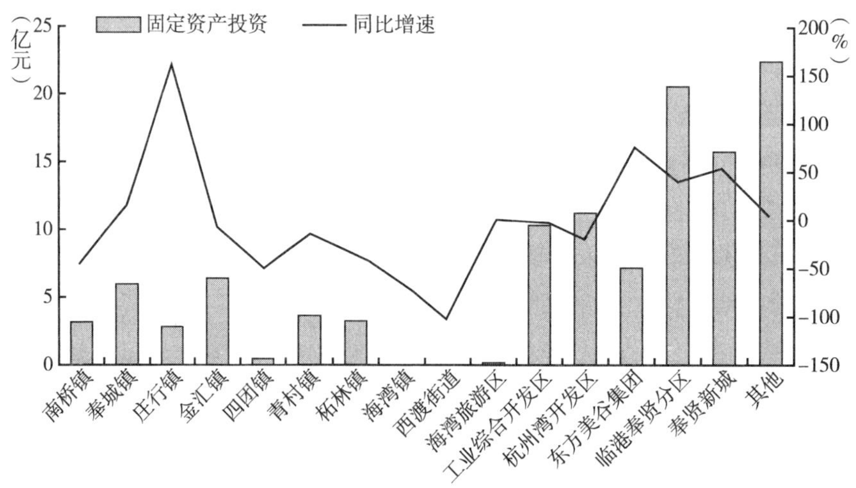


**图8　2018年1~9月奉贤区分镇（区）固定资产投资总额及增速**

资料来源：奉贤区统计局。

从工业投资来看，1～9月临港奉贤分区、杭州湾开发区和工业综合开发区工业投资占比较高，分别为16亿元、11.12亿元和9.91亿元，占工业投资比重分别为25.6%，17.8%和15.8%。临港奉贤分区的工业投资增速高达81.8%，工业综合开发区的增速为20%。此外，庄行镇工业投资增速约156.9%，青村镇约为31.3%（见图9）。上述地区工业投资的迅猛发展，加快了奉贤区工业投资从底部反弹的步伐。

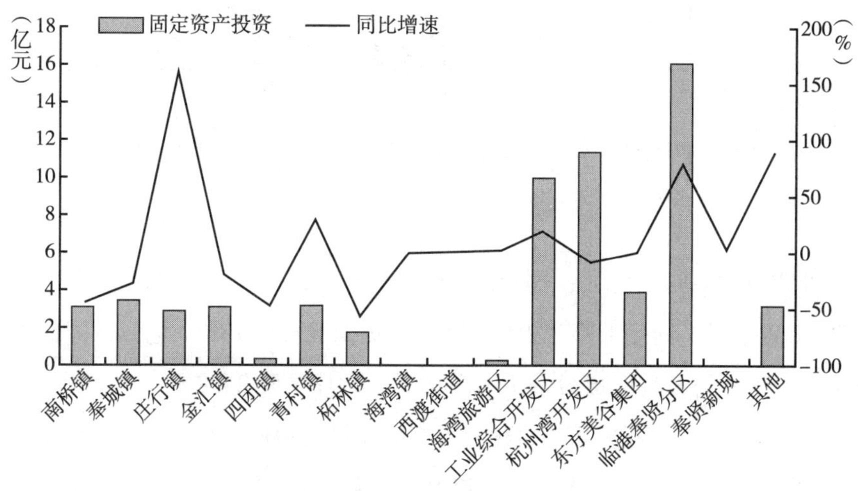


**图9　2018年1～9奉贤区分镇（区）工业投资总额及增速**

资料来源：奉贤区统计局。

## 三　2018年1～9月上海部分区县（郊区）固定资产投资比较

根据2008～2017年上海市部分区县（郊区）固定资产投资的表现，可以发现奉贤与嘉定、宝山、金山有相对较强的可比较性。因此，本部分着重对这些区域进行比较分析（见图10）。2018年1～9月，嘉定区、宝山区和金山区的固定资产投资概况如下。

嘉定区固定资产投资持续下降，主要投资领域表现各异。全区完成固定

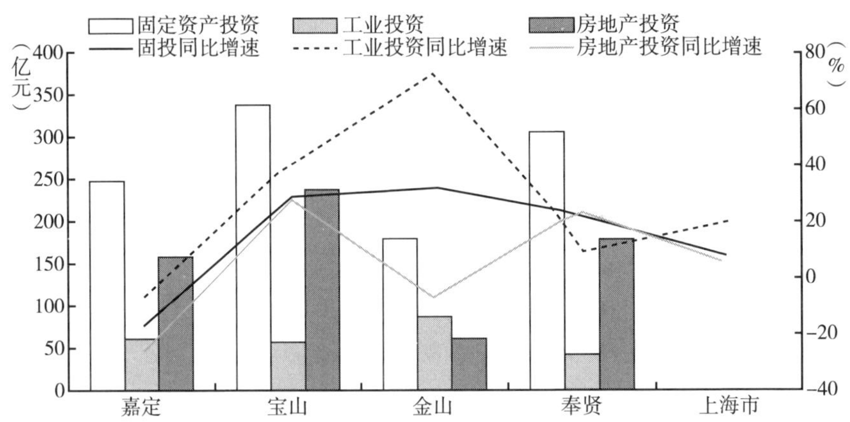


**图10　2018年1~9月上海市部分区县（郊区）固定资产投资情况**

资料来源：上海市统计局，嘉定区、宝山区、金山区和奉贤区统计局。

资产投资总额246.0亿元，同比下降16.1%。工业投资由升转降，完成投资额57.2亿元，同比下降7.2%；第三产业完成投资188.7亿元，同比下降18.4%，房地产开发完成投资156.0亿元，同比下降24.7%。

宝山区固定资产投资蓄势回升，第二产业投资增速持续加快。全区实现固定资产投资338.02亿元，同比增长27.9%。从产业投资情况看，第二产业实现固定资产投资55.27亿元，增长40.3%；第三产业实现固定资产投资282.75亿元，增长25.7%，其中房地产开发投资234.95亿元，增长27.3%。

金山区工业、基建投资迅猛增长，助推固定资产投资增长大幅上升。全区全社会固定资产投资累计完成178.83亿元，比上年同期增长31.6%。第二产业完成投资83.26亿元，比上年同期上升73.4%。第三产业完成投资95.43亿元，比上年同期增长8.9%，其中房地产完成投资56.98亿元，比上年同期下降7.4%，基础设施完成投资37.28亿元，同比增长41.7%。

与上述三个地区相比较，可以发现2018年1~9月奉贤区的固定资产投资总体表现更为平稳，但是本区工业投资仍较为薄弱，固定资产投资很大程度上依赖房地产投资，具体投资特点如下。

除嘉定区外，上述郊区的固定投资仍保持较高增速。从2018年1~9月固定投资总额来看，奉贤区的总投资305.47亿元，在这四个区域中排名第二，仅次于宝山区；总投资增速为21.6%，仅次于金山区的31.6%，以及宝山区的27.3%。嘉定区的固定资产投资增速表现最差，同比下降16.1%。除嘉定区外，其他三个郊区的固定资产投资增速均远超上海市平均水平。

相对其他地区，奉贤区的工业投资虽有所改善，但仍相对薄弱。1～9月，奉贤区的工业投资总额在四个地区当中排名最后，仅有40.04亿元，工业投资占固定资产投资比重为13.1%，低于嘉定的23.3%、宝山的16.4%和金山的46.6%，说明奉贤区的工业投资积极性相对较低，政府有待进一步采取措施，增加工业投资占比，改善投资结构，促进经济增长。不过也必须看到，奉贤区的工业投资积极性较前几年已有一定的改善，同比增长速度呈加快的趋势，相比嘉定区－7.2%的增速，奉贤区的工业投资正逐渐走出此前的低谷。

奉贤区房地产投资仍占主导地位，但依赖程度低于宝山区。1～9月，奉贤区的房地产投资为177.92亿元，同比增长22.9%，增速远高于嘉定的－24.7%和金山的－7.4%，略低于宝山的27.3%。从投资占比可以看到，房地产投资是嘉定、宝山和奉贤的固定资产投资的核心部分，占比分别为63.4%、69.5%和58.24%，而金山区的房地产投资仅占31.9%。嘉定区和宝山区1～9月的房地产投资同比增速均下降，嘉定区的下降幅度更高达24.7%。嘉定区的房地产增速下降严重拖累了固定资产投资增速，而金山区由于房地产投资占比较小，房地产增速下降的影响相对较弱。此外，嘉定区和金山区的房地产投资增速为负也反映了房地产投资在当前各种调控政策下面临巨大的压力。尽管宝山和奉贤区房地产投资仍比较活跃，但可以预期未来一段时间对其固定资产增速的拉动作用将有所减弱。

## 四　2018年1～9月奉贤区固定资产投资特点

2018年1～9月奉贤区全力推进投资项目建设，全社会固定资产投资同比大幅度增长，工业投资增幅明显（见图10），投资项目有序推进，表现出如下特点。

## （一）固定资产投资继续保持较好发展态势

2018 年 1 ~9 月，全区固定资产投资 305.47 亿元，同比增长 21.6%，增速较 2017 年同一时期加快 8.9 个百分点（见图 11）。投资额在 2 月份迅速下降，原因可能是 2018 年的春节在 2 月份，导致该月工作日较少，投资活动相对减少。3 ~6 月份投资额逐渐增加，6 月份到达阶段峰值 54.1 亿元，7 ~9 月份投资额重新回归到 1 月份的水平，较为平稳。总体上，奉贤区固定资产投资保持了近两年的良好增长态势。

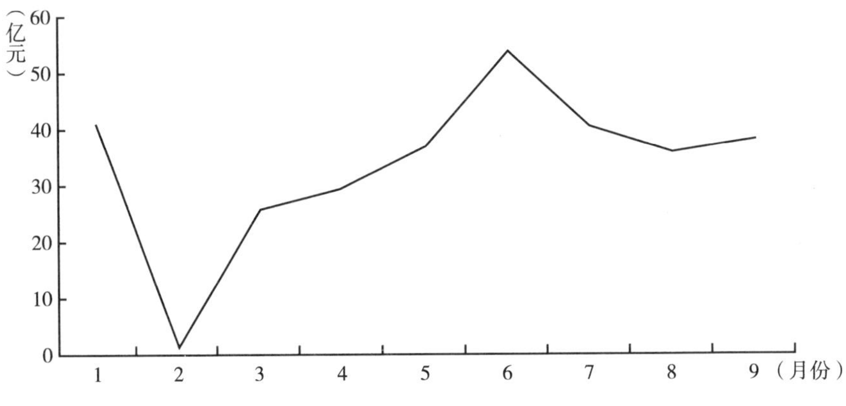


**图 11　2018 年 1 ~9 月奉贤区分月固定资产投资额**

资料来源：奉贤区统计局。

## （二）房地产仍是拉动固投的核心

1 ~9 月，推动全社会固定资产投资总量增长的动力主要是房地产投资，占比高达 58.2%，工业投资占比仅占 20.5%。奉贤房地产投资不仅占比大，而且增速快，本时期房地产开发投资 177.92 亿元，比上年同期增长 22.9%。在高占比和高增速的共同作用下，房地产投资对奉贤区的固定资产投资产生了较大的拉动作用，是本区固定资产投资增长的核心力量。

## （三）工业投资增幅扩大明显

2018 年 1～9 月，奉贤区工业投资表现良好，完成投资 62.58 亿元，同比增长 9.3%，比上年同期增幅扩大 6.8 个百分点。1～9 月工业投资增幅扩大的原因主要是 11 个大项目的拉动，上海申能热电工程项目、上海光大科技集团节能科技有限公司的光大智能化输配电设备及系统项目、上海临港华平经济发展有限公司的临港智造园六期项目、上海万泽精密铸造有限公司的航空及航改发动机关键高温合金部件熔模精密铸造研发生产基地新建项目和上海君实生物工程有限公司的君实生物科技产业化临港项目等 11 个项目带动了大量的工业投资。

## （四）技术改造投资快速增长

2018 年上半年，奉贤区工业企业技术改造项目完成投资 21.25 亿元，同比增长 61.5%，占工业投资额比重为 47.0%，同比增长 12.2 个百分点；工业企业技术改造项目 85 个，比上年同期增加 32 个。其中，上海万泽精密铸造有限公司的航空及航改发动机关键高温合金部件熔模精密铸造研发生产基地新建项目、上海奕茂环境科技有限公司危险废物综合利用处置项目等 5 个项目合计带动工业技改投资 7.98 亿元。

## （五）大项目有力拉动投资

2018 年奉贤区有多个在建计划总投资 1 亿元以上的工业投资项目，主要集中在电力热力生产和供应业、电气机械和器材制造业、医药制造业、汽车制造业，有效拉动了固定资产投资增长。已入库商品房项目投资拉动作用也十分显著，上海中铁京贤房地产有限公司的南桥镇 D－01－13 区域、上海励治房地产开发有限公司的奉贤区南桥新城 16 单元 32－04 地块、上海中海海煦房地产有限公司的奉城镇 57－05 区域地块、上海恒冉房地产开发有限公司的馨雅名邸、上海湾碧房地产开发有限公司的海湾碧桂园项目等 20 个项目投资均超过 2 亿元。

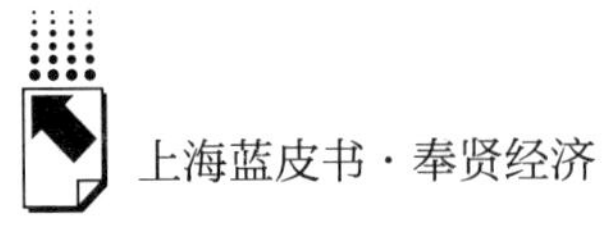


## 五　奉贤区固定资产投资有待优化之处

近年来，通过交通基础设施的不断完善，5 号线延伸段的规划和开建，虹桥南路高架和各个高速道路、桥梁的建设，奉贤实现了半小时覆盖区域核心圈层，融入了徐家汇商圈、虹桥商务区和迪士尼商圈，本区房地产开发投资受到越来越多投资者的青睐。但是，本区的固定资产投资存在工业投资愿望不强、投资结构有待改善和政府服务效能不足等问题。

### （一）短期工业经济存在下行隐忧

奉贤区的工业投资在 2013 ~ 2016 年一度出现负增长和低速增长，2017 年工业固定资产投资重新为正，同比增长 4.5%，2018 年 1 ~ 9 月增速更是达到了 9.3%。增速回升的主要原因一方面是本区工业投资积极性有所提升；另一方面是基数效应的作用，必须看到 2017 年奉贤区 88.87 亿元的工业投资总额，要低于 2015 年的 93.45 亿元，并且与 2012 年的 141.15 亿元的峰值仍有较大距离。同时，在内外经济压力加大、经济复苏缓慢、市场需求不足、产能过剩等因素叠加的影响下，短期来看工业经济依旧存在较大的下行压力。受土地资源紧缺以及上海的土地新政策的制约，企业利润空间缩小，工业投资意愿普遍不强。此外，企业融资成本居高不下，“融资难、融资贵”仍是经济运行和企业生产的突出问题，对民间投资意愿也造成了一定的负面影响。

### （二）投资结构需要进一步改善

从数据上看，第三产业投资对房地产开发投资的依赖度很高，金融、信息、电讯、社会保障等行业所占比重小，能获得较高收益的金融、旅游业、社会保险业和服务业发展缓慢，从奉贤区投资结构发展方式来看，总体上仍以外延型为主，发展结构仍未转变，固定资产投资结构仍然需要进一步优化。与此同时，奉贤区的产业服务系统不够完善，交通运输相对上海各区优势并不明显，甚至存在一定劣势，这些均阻碍了本区固定投资产业结构的进一步优化。此外，本区工业企业众多，产业分散，更缺乏有竞争力的产业，需要继续进行有效规划、合理投资，形成特色鲜明的核心产业。

### （三）政府服务效能有待提升

近年来，奉贤区新增工业用地明显减少，一些比较好的项目只能通过腾笼换鸟、结构调整等方式进入，但在实际操作中仍存在诸多困难，实业型招商引资的吸引力下降，新项目落地也存在一定难度。此外，在总体经济下行的背景和高质量增长的要求下，奉贤区服务主动性和营商环境需要提档升级，才能争取优质项目落户奉贤，必须认识到相对于上海其他区（县），乃至全国范围内的先进地区，奉贤区的政府服务效能仍存在可以改进的地方。

## 六　奉贤区固定资产投资优化建议

目前，中国处于经济转型的特殊时期，奉贤要有效利用发展的机遇，实现经济的转型升级，关键在于做好产业结构调整，打造“1＋1＋X”产业，引导企业技术革新，为本区的长远发展创造出新的增长动能。

### （一）优化营商环境，促进项目落户

督促产业部门主动提供服务，促使优质工业项目落户。通过借鉴其他区县在统筹经济发展职能工作中的先进经验，进一步提高经济发展能级以及城市治理整体能力和精细化管理水平。出台多元激励措施，强化招商选资，打造特色产业，扩大固定资产投资规模。应动用全区可利用的资源，实施多元化招商，鼓励政府其他部门公职人员和普通市民对招商选资进行牵线搭桥。提升政府服务能级，设立产业转型基金，尽快完善现有政策，推动政策落实，利用社会资源撬动企业加速转型发展；推进建设新型企业孵化器，引导小、专、精企业的入驻。在存量上，加快传统制造业腾笼换鸟，以工业园区转型为抓手，改变工业用地产出率低的现状，消除闲置，推动传统产业向高端化发展。

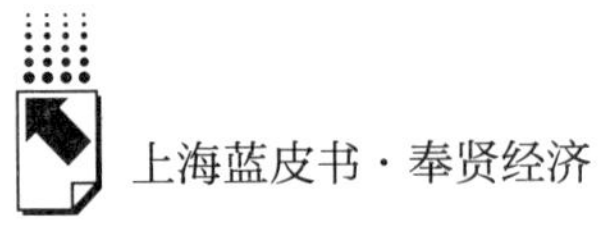


### （二）聚焦自身禀赋，优化产业结构

放宽对私营企业限制，制定合理的政策。对全社会多元投资主体的投资方向和投资范围进行调整与引导，加强对战略性产业的集中支持。同时还应调动各方面资金，大力发展第三产业，提升第三产业的竞争力。产业演进规律表明，工业经济发达阶段产业结构顺序应该是第三产业、第二产业、第一产业，所以发展第三产业对地方经济长远发展有重要作用。而对于奉贤区第三产业发展过度依赖房地产开发投资这一问题，政府应加大力度扶持除房地产投资以外的如金融、旅游等行业，有效地利用地理位置和旅游资源。旅游业投资少、见效快，利润也高，还可以带动和促进交通、信息、服务业的发展，潜能极大。

同时，利用好目前的经济换挡期，做好产业规划，发展重点产业，引导各镇开发区发展符合区域特色的核心产业。要注重新项目的引进，积极抢占经济发展的新滩头，为奉贤区下阶段的重新增长创造新的动力。

### （三）促进企业技术改造，实现产业提档升级

工业企业技术改造通过运用新工艺、新设备提高装备和工艺水平，企业围绕项目开展技术创新活动，开发新产品、提高产品质量等，从而开拓市场空间，提高销售收入和利润，而利润的增加又为企业后续的技术改造和技术创新提供了资金支持。最终通过项目的实施，提高了劳动生产率，增加了当前产出，形成了新的增量，成为经济持续增长的源泉。面对全市工业用地天花板，奉贤区已开始大力推进产业结构调整工作和减量化工作，企业已不能以外延型的思路来发展。需鼓励企业主动加大自身技术改造力度，充分借助区政府有关技术改造资金扶持政策，推动企业走集约型内涵式发展之路。针对技改项目投资额占比小、小项目多的问题，有必要对标行业龙头，做大做强，追求技术水平的提高、工艺水平的极致。

### （四）合理引导投资，发挥民间资本力量

落实推广基础设施及公共服务领域的PPP模式。创新融资机制，鼓励和吸引社会资本进入具有一定经济效益的基础设施及公共服务领域。政府通过投资补助、担保补贴等方式给予优先支持以鼓励社会资本以特许经营、参股控股等多种形式参与项目建设和运营，合理选择合作模式，发挥政府投资的引导和带动作用；充分发挥政策性金融机构的作用，为重大项目建设提供长期稳定、相对低成本的资金支持。加大政策扶持力度，支持本区企业赴资本市场融资。同时还应进一步完善投资中介服务体系，充分发挥中介结构在投资决策、建设实施的服务作用，为固定资产投资提供更加优良、专业的中介服务。

### （五）加快创新驱动，培育“四新”经济

尽快明确培育方向，寻求具有科技创新力强、成长性好、产业链集聚度高的龙头企业，持续投入，形成较为完整的高附加值产业链。美丽健康行业作为区委区政府重点培育的产业，有必要加快、加大项目的推进力度，整合全区优势资源，努力打造产业高地，同时积极紧盯产业发展方向，加快新产业布局，打造工业4.0。另外，积极加快东方美谷的功能性载体建设，扩大其影响力与辐射面，大力打造新名片，依托产业集群效益，加速奉贤区工业经济发展。新产业的高速发展将为奉贤区未来发展提供良好的模板，带领本区工业经济走上新的台阶。

### （六）加强跟踪监督，加快项目开工

加强跟踪，督促已签订土地出让合同但尚未开工的企业加快办理施工许可证；对已办理许可证的企业，督促其早日开工，加强跟踪，及时纳入统计。强化流程管理，聚焦“规划、征收、出让、开工”等关键环节，争取“早立项、早设计、早施工、早见效”。聚焦重点领域、重点区域、民生工程和生态基础设施建设，加快推进十字水街、田字绿廊、市民中心、中央公

园、东方美谷“园中园”、海国长城遗址公园等重点项目建设。建立完善“协调、反应、评价”等机制，做到“涉及市权的积极争取，涉及区权的创新突破”。

## 七　奉贤区固定资产投资形势展望

近年来，奉贤按照市委、市政府工作部署，大力实施创新驱动发展、经济转型升级，经济社会发展取得较大进步。通过交通基础设施的不断完善，地铁、高速的相继建成，奉贤实现了半小时覆盖区域核心圈层，融入了徐家汇商圈、虹桥商务区、迪士尼商圈。奉贤与市区的联系将更加紧密，本区的固定资产投资结构也不断优化，且有持续的投资需求。展望未来，奉贤区的固定资产投资将保持较快的增速，投资结构也将越来越健康。

从国家和地区的总体经济形势来看，近年来稳中求进工作总基调、推动高质量发展和有效控制宏观杠杆率，意味着全社会固定资产投资增长将呈现缓中趋稳、稳中向好态势。但是必须看到，目前全国各地固定资产投资增长面临着巨大压力，金融去杠杆、企业去杠杆、金融协调监管政策收紧等因素将影响固定资产投资的资金来源。融资平台公司的监管趋严，地方政府的融资能力被制约，基建投资受到一定影响。在房地产调控政策收紧的背景下，未来房地产开发投资增速可能放缓。环保力度的进一步趋严将对固定资产投资造成一定压力。

与此同时，机遇与挑战并存。在扶贫攻坚、环保治理等“补短板”效应凸显下，生态保护和环境治理、公共设施管理、道路运输业、水利管理业等领域的基础设施建设仍有快速增长的前景。经济的高质量发展需要投入高质量的固定资产，为地区固定资产的增长和质量优化展示了一个广阔的前景。

从奉贤区重大工程项目投资来看，本区现有46个重大项目，2018年计划完成投资145.2亿元；另有12个储备项目，2018年计划完成投资11.8亿元。剩余投资除了部分计划2021年完成外，绝大多数将在2020年前完成投资。也就是说，2019～2021 年仅计算现有正式和储备的重大项目投资，便有约 351 亿元投资需要完成，为未来奉贤区固定资产投资奠定平稳发展的基础。

### （一）交通基础重大项目

2018 年共有 20 个正式项目，1 个储备项目。其中正式项目 2018 年计划完成投资 47.9 亿元，2019～2020 年完成投资 111.8 亿元；储备项目 2018 年计划完成投资 2 亿元，2019～2020 年计划完成投资 6 亿元。随着轨交 5 号线南延伸工程、金海公路、浦卫公路、大叶公路等的竣工，奉贤区的交通网络将更为完善，为奉贤区吸引更高质量的固定资产投资打下良好的基础。

### （二）社会民生重大项目

2018 年共有 15 个正式项目，7 个储备项目。正式项目 2018 年计划完成投资 57.5 亿元，2019～2021 年完成投资 117.3 亿元；储备项目 2018 年计划完成投资 1.2 亿元，2019～2021 年计划完成投资 32.2 亿元。九棵树未来艺术中心将于 10 月开工，并计划于 2019 年 10 月竣工。“上海之鱼”、区牙病防治所及皮肤病防治所、区城市博物馆、动迁安置房和保障房等项目的完成，将进一步完善奉贤区的城市功能，提高外界投资的吸引力。

### （三）产业发展重大项目

2018 年共有 7 个正式项目，12 个储备项目。正式项目 2018 年计划完成投资 20.3 亿元，2019～2020 年完成投资 45.4 亿元；储备项目 2018 年计划完成投资 8.7 亿元，2019～2021 年计划完成投资 27.6 亿元。南桥新城文体 MALL、东方美谷论坛酒店、轨交奉浦站万达广场、药明康德研发生产基地、上美科技园等项目的陆续建成，将进一步优化奉贤区的固定资产结构，促进本区经济迈向更高质量发展。

从房地产投资看，2018 年中国房地产行业在较为严格的政策调控下，发展总体放缓，预期未来一到两年内房地产投资将持续面临较大压力。但相对于其他地区，奉贤区的房地产投资仍将保持较快的增速。一方面，从短期来看2018年下半年随着磐圣、磐臣、金闵（计划总投资均超过30亿元）等多家房地产公司的大型房产项目纳入统计，预计带动投资42亿元，为2018年房地产投资稳步增长提供有力保障；另一方面，从长期来看，按照上海在2040年的规划，奉贤新城被定位为上海市级副中心重点开发，除目前现有的一流配套，未来还将在商业、交通、生态等建设方面增加千亿级投资。随着地铁5号线南延伸的正式通车，将为奉贤区带来更多的购房需求，该部分需求将持续刺激房地产企业加大投资力度。

综合研判，在2018年下半年固定资产投资保持有序推进的前提下，奉贤区2018年固定资产投资增速将继续较快的增长速度，工业投资进一步回暖。展望2019年，在奉贤区重大工程项目的支撑下，固定资产投资仍将持续较快增长。房地产投资方面，受房地产调控影响，在相关政策不发生太大变化的前提下，预期房地产开发投资增速将小幅回落，但奉贤区房地产投资仍将保持其投资拉动的核心地位。

此外，社会民生、交通工程等重大项目的完成，也将有效提高奉贤区的投资吸引力。随着轨交5号线南延伸工程、区牙病防治所及皮肤病防治所、区城市博物馆等逐步建设完成，新的投资热点逐渐涌现并快速发展。可以预期奉贤区的旅游、文化、健康、养老等产业有较大的发展空间，将进一步拉动相关产业固定资产投资。奉贤区特色小镇建设也将带动市政设施建设需求。综上所述，2019年上海市奉贤区固定资产投资将保持较快增长，在内外经济形势、相关政策环境不发生重大改变的前提下，固定资产投资有望实现两位数以上的增长，为奉贤区经济社会的高质量发展提供有效支撑。

**参考文献**

上海市统计局：《上海统计年鉴》，中国经济出版社，2007～2018。

奉贤区政府：《关于印发〈2018 年奉贤区重大工程项目建设计划〉的通知》，上海奉贤网，http：//www. fengxian. gov. cn/shfx/Zfxxgk/20180313/005001_ 82ec868a - a546 - 4b5b - bcb0 - 2702166324b2. htm，最后访问时间：2018 年 12 月 6 日。

奉贤区统计局：《2018 年上半年奉贤区固定资产投资运行简析》，上海统计网，http：//www. stats - sh. gov. cn/html/fxbg/201807/1002348. html，最后访问时间：2018 年 12 月 6 日。

奉贤区政府：《应勇市长在上海市第十五届人民代表大会第一次会议的政府工作报告》，上海奉贤网，http：//www. fengxian. gov. cn/shfx/Zfxxgk/20180313/005001 _ 82ec868a - a546 - 4b5b - bcb0 - 2702166324b2. htm，最后访问时间：2018 年 12 月 6 日。

**B**.6

# 2018～2019年奉贤消费品市场形势分析与研判

邱俊鹏　宋敏兰*

**摘　要：** 基于对奉贤区消费品市场历史数据、市场环境和相关政策的分析，我们对2018～2019年奉贤消费品市场的结构、增速等做了定量分析，同时对消费品市场的服务和品质做了定性分析。此外我们分析了奉贤区网络销售、电商平台、新消费等新兴领域的重要发展。研究结果表明，社会消费呈现以下几个特点：零售业稳步增长，电商市场进入调整期，以网络为销售平台的销售方式发展速度放缓；汽车及石油制品类对消费的拉动作用显著；奉贤区消费结构正在从满足生活基本需求向追求舒适和个性化转变。

**关键词：** 消费品市场　消费结构　调整期

消费品市场是经济增长的终端市场，其活跃程度不仅可以反映经济增长的潜力，还能体现经济增长的成效。2018年前三季度，上海市社会消费品零售总额9244.01亿元，同比增长7.9%，增速比上半年提高0.2个百分点；商品销售总额86801.28亿元，比上年同期增长6.6%，增速比上半年回落

* 邱俊鹏，经济学博士，上海社会科学院经济研究所、数量经济研究中心助理研究员，主要研究方向为宏观经济形势分析、计量经济学理论及政策评估；宋敏兰，上海社会科学院硕士研究生，研究方向为宏观经济分析。

1.2 个百分点。在全市商贸业增幅稳步收窄的趋势下，有必要对奉贤消费品市场的现状和特征进行深入分析，并基于此为奉贤区商业发展寻求新契机。

## 一 2018年消费品市场的现状分析

### （一）商品销售额

2018 年前三季度奉贤地区的商品销售额呈现了一定的季节性趋势。2018 年 1～9 月全区实现商品销售额 1257.3 亿元，同比增长 9.6%，增速比上年同期降低 0.5 个百分点。从图 1 可以看出，由于受春节假期和暑假的影响，奉贤区商品销售额先扬后抑，从 1 月的 130.98 亿元下降到 2 月的 107.17 亿元，3 月数据有所回升。4～7 月连续四个月商品销售额持续扩张，在暑假旅游旺季的 7 月迎来高峰，达到了 179.57 亿元。9 月的商品销售额相比 7 月虽略有回落，但仍在高位。可以看出奉贤地区的商品销售情况在第一季度保持平稳，主要的发力时间段是第二季度，而第三季度则处于增长维持阶段。

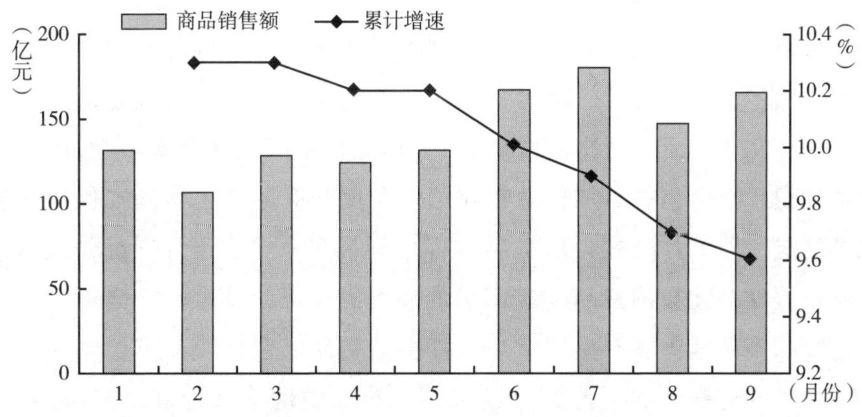


**图 1　2018 年前三季度奉贤地区商品销售额和累计增速**

资料来源：《奉贤区统计月报》。

从图1奉贤地区商品消费额的时间序列可以看出，消费市场在第二季度发力需要在第一季度的末期即3月进行一段时间的力量积累和调整。其间包括生产和销售厂商制定和实施一年的生产和销售计划、雇用劳动力和购买资本的阶段，这一阶段对于第二季度奉贤地区的商品销售额的增长和绝对值的影响是至关重要的。而在第三季度暑期到来时，在商家促销活动的吸引下，客流量增加带动了商品销售额的增长并得以在第三季度维持高位。这一阶段是对第二季度商家销售计划是否合理和储备是否充足有效的集中体现和反馈，对全年的商品销售额的表现影响重大。

此外，从图1中商品销售额累计增速来看，总体上前三季度奉贤区商品销售额累计增速是很平稳的，基本维持在10%上下。分阶段来看，2018年2~5月的奉贤区的商品销售额累计增速均维持在10%以上，为后续几个月商品销售额的增长埋下伏笔。6、7、9月这3个月随着商品销售额的上升，累计增速虽有所下降，但仍维持较高速度。由此可以看出奉贤地区商品销售情况是相对平稳的，各个产业面临的销售问题不大。

### （二）社会消费品零售总额

2018年前三季度奉贤地区社会消费品零售总额和商品销售额保持了一定的同步，也出现了一定的背离。1~9月全区累计实现社会消费品零售总额429.3亿元，同比增长8.4%，增速比上年同期放缓1个百分点。具体地说，社会消费品零售总额在第一季度和商品销售额基本保持了相同的趋势，即1月的社会消费品零售总额最多，然后逐月下降，这体现了春节假期对社会消费品零售市场的冲击。在第二季度，社会消费品零售总额和商品销售额产生了背离。社会消费品零售总额在第二季度呈现上下浮动的趋势，而不像商品销售额在第二季度呈现持续上涨的趋势。第三季度社会消费品零售总额总体上表现稳定，略有上升。这说明奉贤地区的社会消费品零售市场是平稳的，商品销售额的主要增长来自厂家的非零售业务（见图2）。

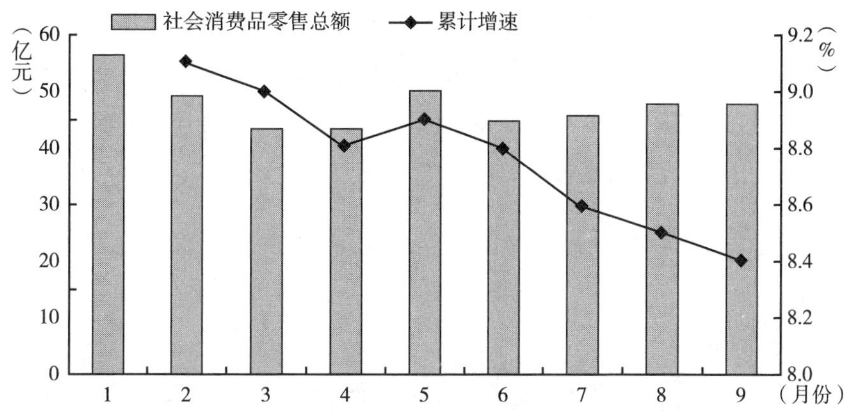


**图 2　2018 年前三季度奉贤地区社会消费品零售总额和累计增速**

资料来源：《奉贤区统计月报》。

从 2018 年前三季度奉贤地区社会消费品零售总额的变化趋势来看，春节假日的影响在 1 月达到最大，这种影响相较于对商品销售额的影响持续的时间更长。社会消费品零售总额在经历了连续三个月的下降后，5 月出现峰值，之后呈现持续稳定状态。

从社会消费品零售总额累计增速的变化趋势来看，除 5 月累计增速有所回升外，前三季度大致呈现逐月下降的趋势。此种现象包含的因素有两个。第一，节假日对社会消费品零售总额累计增速的影响是显著的，这造成了社会消费品零售的短期波动。比如在元旦、春节假日所在的 1、2 月，五一小长假所在的 5 月，社会消费品零售总额都呈现了受节假日的影响。第二，社会消费品零售总额呈现了一定的周期性，尤其是 2 ~9 月的社会消费品零售总额的周期性更显著。

## （三）限额以上社会消费品零售额

2018 年前三季度奉贤地区限额以上社会消费品零售额总体上呈现持续平稳的特征。1 ~9 月奉贤区累计实现限额以上社会消费品零售额 93. 3 亿元，同比增长 5. 5% 。尽管奉贤地区限额以上社会消费品零售额在春节假日的影响下，2 月相较 1 月有较大幅度的下降。2 ~7 月的 6 个月间的表现大体上呈现了基本稳定的态势，说明奉贤地区限额以上社会消费品零售额的供需基本上是保持平衡的，成交额背后供需双方的状态都比较稳定，受外部冲击的影响较小。经过了6个月的稳定过渡，9月数据表现回升，需求旺盛促进了限额以上社会消费品零售额的增长（见图3）。

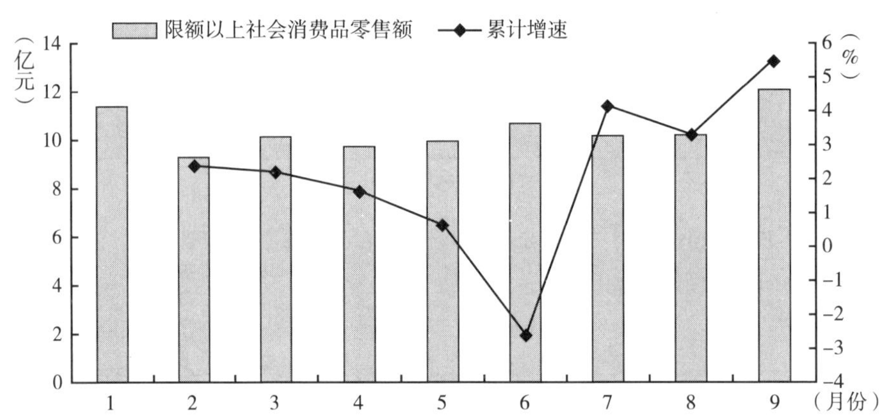


**图3　2018年前三季度奉贤地区限额以上社会消费品零售额和累计增速**

资料来源：《奉贤区统计月报》。

从图3中增长率的变化情况可以看出，前三季度奉贤地区限额以上社会消费品零售额累计增速经历了与“触底反弹”类似的波动。2～6月累计增速出现逐步下降的趋势，6月的限额以上社会消费品零售额累计增速甚至出现负增长。说明相较于上年同期，2018年6月的市场行情发生了较大的变化，但这种变化在7月已经有所缓解。累计增速在7月迅速回升，并在第三季度持续保持上升趋势。说明暑期的冲击所释放的消费需求在第三季度得以持续，推动着第三季度的累计增速和限额以上社会消费品零售额数据双双上行。

### （四）通过公共网络实现的商品零售额（限额以上）

2018年1～9月奉贤地区限额以上社会消费品零售额中，通过公共网络实现的商品零售额为10亿元，同比下降5.9%。在整体上，前三季度通过公共网络实现的月度商品零售额（限额以上）大致在0.7亿元至1.6亿元之间。在趋势上，2018年上半年奉贤地区通过公共网络实现的商品零售额（限额以上）呈现了较强的周期性，其波动周期大致是三个月。以2～4月为一个周期，以5～7月为一个周期，8月、9月已经初步呈现先增长后下降的周期性趋势，1月由于受到春节假期的特殊影响不纳入周期范围中。也就是说通过公共网络实现的商品零售额（限额以上）每三个月会经历一次波动循环。这体现了在通过公共网络实现的商品零售额（限额以上）背后，供求双方依照惯例达成了生产和需求上的共识，双方对经济周期形成惯性。

由图4可以看出，2018年前三季度奉贤地区通过公共网络实现的商品零售额（限额以上）累计增速的波动加大，周期性表现不强。从波动幅度来看，其从2月的3.8%下降到4月的－8.6%仅用了三个月的时间，总共下降了12.4个百分点。第二季度和第三季度累计增速虽有缓慢上升但仍在负增长区间。奉贤地区通过公共网络实现的商品零售额（限额以上）的累计增速呈现“非对称性”特征，即受负面情绪影响的反应程度较大，持续时间较短，而受正面情绪影响的反应较小。

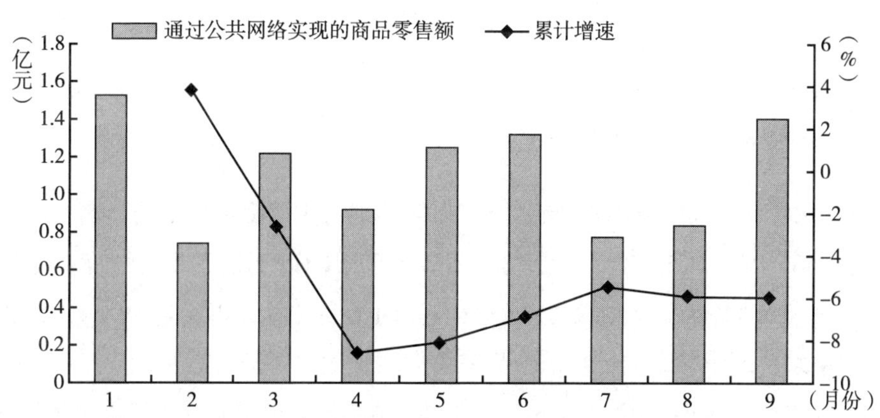


**图4　2018年前三季度奉贤地区通过公共网络实现的商品零售额（限额以上）和累计增速**

资料来源：《奉贤区统计月报》。

## （五）按主要商品分类限额以上社会消费品零售额分析

按主要商品类分，2018 年 1 ~9 月奉贤地区限额以上汽车类、石油及制品类、日用品类社会消费品零售额分别为 17.3 亿元、6.7 亿元、1.8 亿元，同比分别增长 1.1%、28.6%、6.9%。其他主要限额以上社会消费品零售额有不同程度的下降：中西药品类 1.0 亿元，同比下降 1.5%；家用电器和音响器材类 3.7 亿元，同比下降 19.1%；烟酒类 1.5 亿元，同比下降 36.3%；金银珠宝类 1.7 亿元，同比下降 10.4%；文化办公用品类 0.6 亿元，同比下降 44.6%；服装、鞋帽、针纺织品类 10.0 亿元，同比下降 0.5%；粮油、食品类 4.3 亿元，同比下降 7.2%（见图 5）。

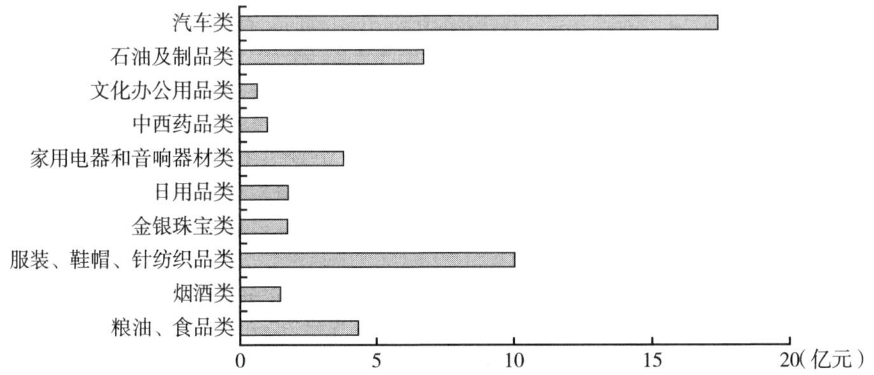


**图 5　2018 年前三季度奉贤地区按主要商品分类限额以上社会消费品零售额**

资料来源：《奉贤区统计月报》。

其中，汽车类、石油及制品类零售额分别占主要限额以上社会消费品零售额的 35.74% 和 13.80%，分别拉动奉贤区限额以上批发零售业商品零售额增长了 0.3 个百分点和 2.8 个百分点。两类商品总计占比达 49.54%，成为本季奉贤区限额以上社会消费品零售额增长的主要动力（见图 6）。

服装类消费仅次于汽车类消费，服装、食品、家电消费反映了该地区住户的衣食住行的需求，其中以服装消费为主要消费。服装消费这种对装饰性的消费品的需求不断提升，反映了该地区住户生活水平在不断提高。可见该地区住户的消费结构正在从满足生活基本需求结构向追求舒适和个性化的消费结构转变。

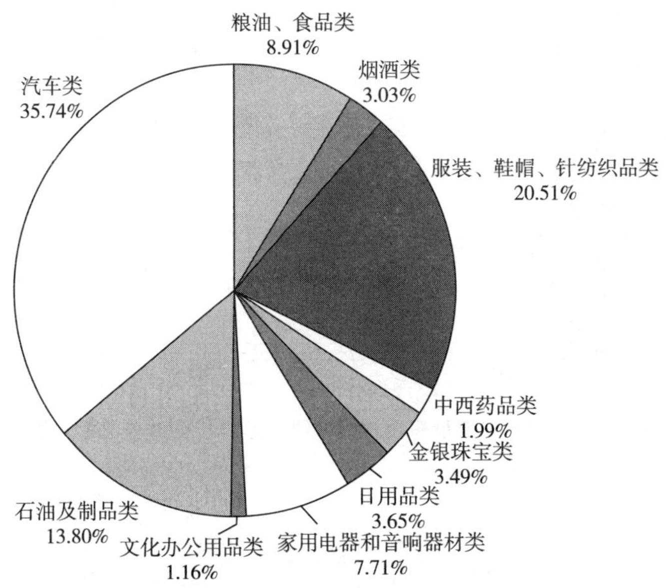


**图 6　2018 年前三季度奉贤地区按主要商品分类限额以上社会消费品零售额占比**

资料来源：《奉贤区统计月报》。

## （六）各镇（区）社会消费品零售总额

2018 年前三季度奉贤地区各镇（区）社会消费品零售总额呈现集聚特征，其中以南桥镇（111.59 亿元）、奉城镇（63.83 亿元）这两镇为主要集聚地区。工业园如工业综合开发区（13.89 亿元）、海湾旅游区（2.41 亿元）、东方美谷集团（2.77 亿元）、杭州湾开发区（0.98 亿元）的社会消费品零售总额的占比不大，其中工业综合开发区的社会消费品零售总额最大。可见，社会消费品零售总额的产生大多是在需求方集聚的生活区和商业区附近。

从图 7 可以看出，南桥镇和奉城镇的社会消费品零售总额远远超过其他镇和地区的社会消费品零售总额，主要的消费群体集中在这两个区域。以南桥镇、工业综合开发区、东方美谷集团，以及南方集团为主要载体的奉贤新城也体现了很高的消费水平，社会消费品零售总额达到了 211.74 亿元，远高于其他镇（区）。

从图 8 可以看出，南桥镇和奉城镇的社会消费品零售总额占比达到了 40.87%，而包含南桥镇等地区在内的奉贤新城的社会消费品零售总额占奉

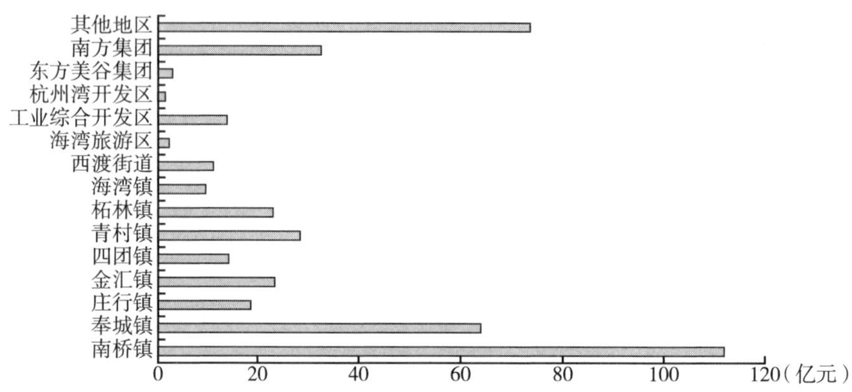


**图7 2018年前三季度奉贤地区各镇（区）社会消费品零售总额**

资料来源：《奉贤区统计月报》。

贤区整体的49.33%，工业园区如工业综合开发区、东方美谷、杭州湾开发区等占比相对较小。从图8中也可以看出奉贤地区主要的消费动力集中在南桥镇、奉城镇、南方集团、青村镇和金汇镇等地区。

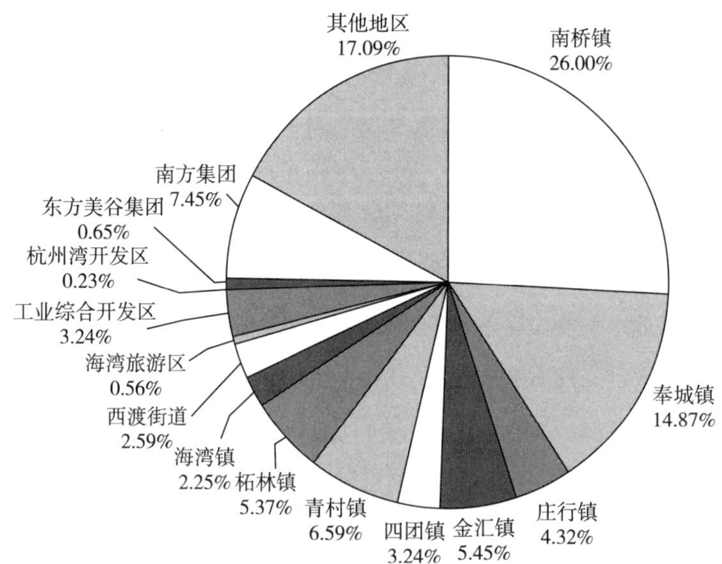


**图8 2018年前三季度奉贤地区各镇（区）社会消费品零售总额占比**

资料来源：《奉贤区统计月报》。

## 二 消费品市场运行主要特点

### （一）总体运行状况好于全市平均水平

借助全市打响“四大品牌”之势，奉贤区进一步优化营商环境，聚焦比较优势，对内搞活市场，对外引进新的市场主体，不断提升城市能级和核心竞争力，促进奉贤区消费品市场向好发展、向优提升。从图9中可以看出从商品销售总额累计增速角度来看，2018年奉贤区商品销售总额累计增速情况优于全市。不同于全市2018年的累计增速低于2017年，奉贤区2018年的累计增速与2017年基本持平。由此可以看出，2018年奉贤区商品销售总额累计增速短期内保持平稳，高于全市平均水平。

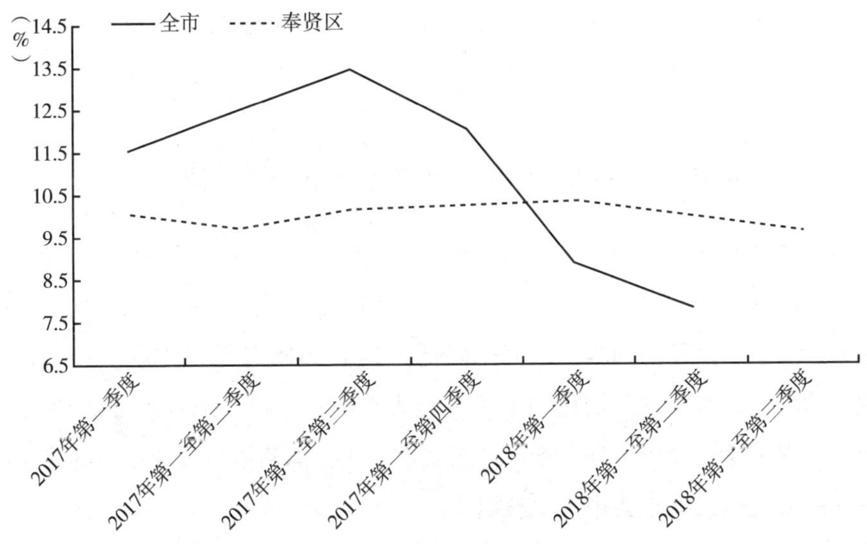


**图9 2017~2018年全市及奉贤区商品销售总额累计增速**

资料来源：上海市统计局；《奉贤区统计月报》。

从社会消费品零售总额累计增速的角度来看，近两年奉贤地区的累计增速表现均优于全市水平。从中长期看，奉贤地区社会消费品零售总额的累计增速波动较小，整体上呈逐步放缓态势（见图10）。主要原因在于消费增长已经由粗放型转向集约型，更多依靠消费结构升级推动。

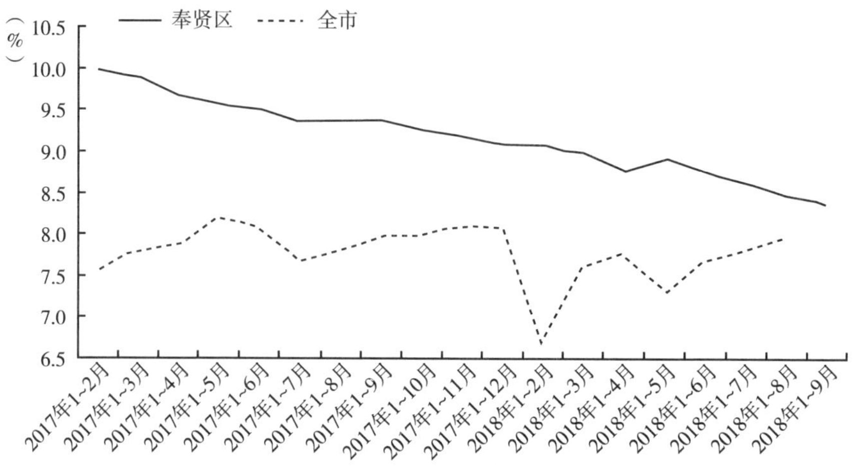


**图10　2017～2018年全市及奉贤区社会消费品零售总额累计增速**

资料来源：上海市统计局；《奉贤区统计月报》。

## （二）电商市场进入调整期，网络零售额增速下降

通过公共网络实现的商品零售额（限额以上）经历了2017年高速增长，2018年增速开始放缓，甚至出现了负增长。从图11中可以看出，2017年累计增速在5月达到峰值后开始降低。截至2018年第三季度，仅2月出现正的增速，其余月份增速均为负。且从增速变化趋势来看，与2017年的变化情况相悖。说明电商市场环境正发生变化，电商市场改变以往的快速爆发式的增长模式，正式进入调整期。

2018年奉贤区经济委员会对全区37家重点商业企业的抽样统计数据显示，样本企业的网络购物类销售额相比2017年业绩都有不同程度的下降。环比增速也为上下震荡式周期性增长模式（见图12）。在“双十一”“双十二”等电商购物节的刺激下，2018年奉贤区第四季度的网络购物类销售额表现有望有所提振。2018年受“流量红利结束，存量博弈开始，传统电商

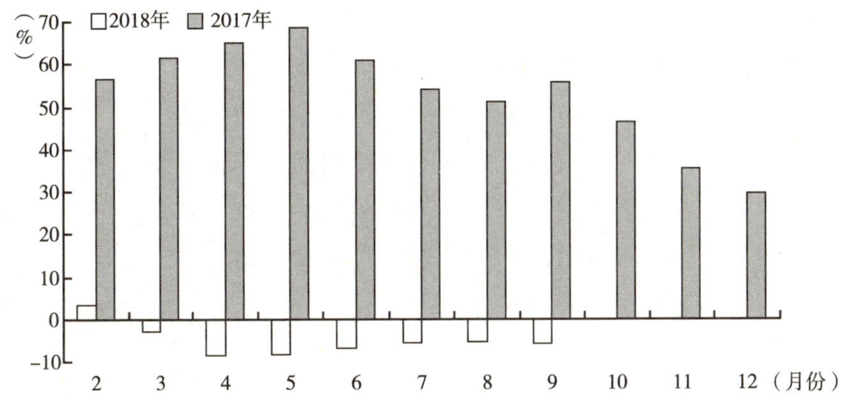


**图11　2017、2018年奉贤区通过公共网络实现的商品零售额（限额以上）累计增速**

资料来源：《奉贤区统计月报》。

品类增长渐近瓶颈”的市场环境影响，奉贤区网络零售额走势短期内将持续低迷，中长期随着新的消费热点的出现和消费黏度的提升，市场将逐步回温，迈入新增长期。

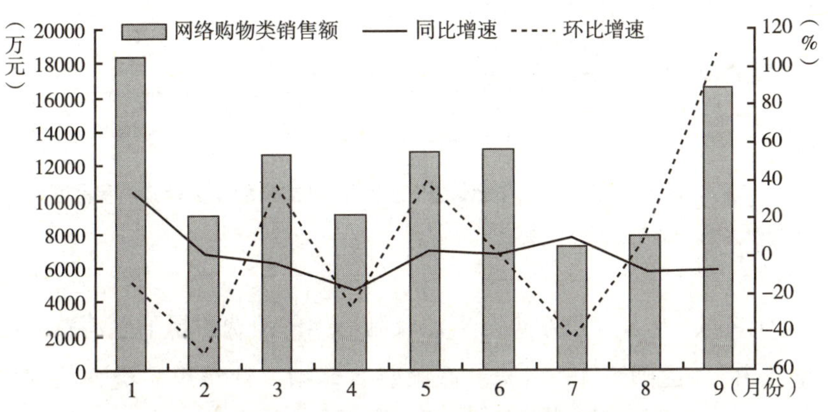


**图12　2018年前三季度奉贤区网络购物类销售额及其增速**

资料来源：奉贤区经济委员会。

## （三）汽车类和石油及制品类消费拉动作用明显

2017、2018年前三季度奉贤地区按主要商品分类限额以上社会消费品零售额如图 13 所示，两年均呈现了以汽车类消费，服装、鞋帽、针纺织品类消费，石油及制品类消费，粮油、食品类消费，家电电器和音响器材类消费领衔的消费结构。连续两年汽车消费均排名第一，石油及制品类消费排名第三，可见该地区对石油制品如燃油、塑料的消费占很大比例。汽车类消费在诸类消费中占据绝对的比例，石油及制品类消费额排名靠前，可以部分说明该地区居民出行需求量较大。由于奉贤区公共交通尚待完善，因而汽车类和与其互补的石油及制品类消费占据了居民消费较大的比例。

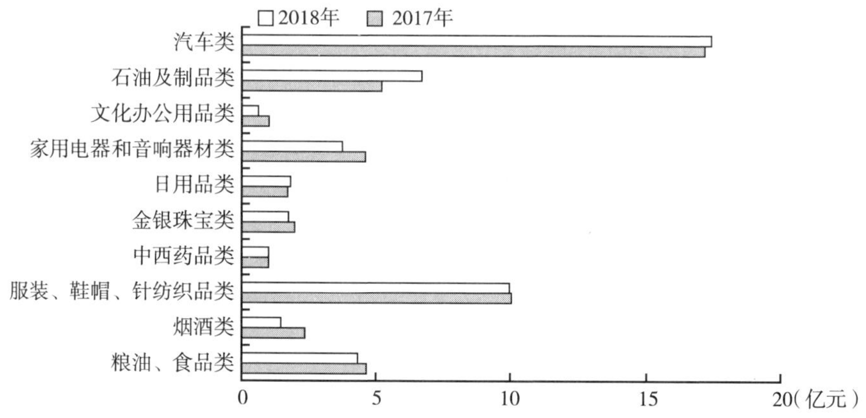


**图 13　2017、2018 年前三季度奉贤区按主要商品分类限额以上社会消费品零售额**

资料来源：《奉贤区统计月报》。

2018 年 1～9 月，汽车类、石油及制品类的消费占据了总消费额的近“半壁江山”，达到了 49.54%。而服装、鞋帽、针纺织品类，粮油、食品类以及家用电器和音响器材类的占比也达到 37.13%，可见该地区住户的生活水平已经显著提高，并且向更高的方向发展。从图 14 中也可以看出近十年奉贤区每百户居民家庭汽车拥有量总体攀升，增长势头迅猛。且从近三年的增势来看，农村居民家庭的汽车拥有量增速要高于城镇居民家庭。

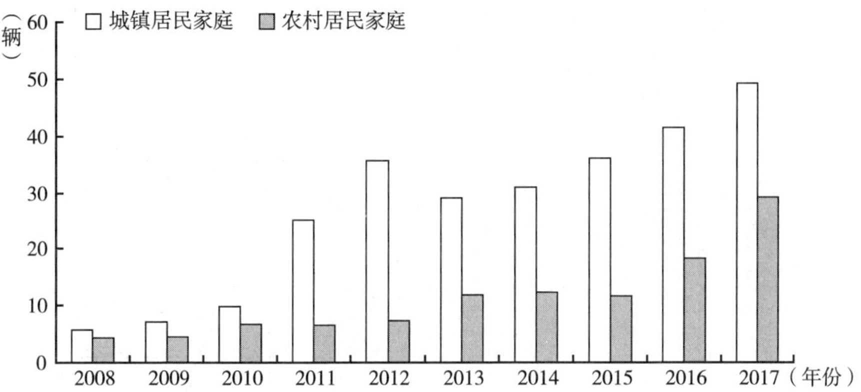


**图 14　2008～2017 年奉贤区每百户居民家庭年末汽车拥有情况**

资料来源：历年《奉贤统计年鉴》。

## （四）粮油、食品类商品销售呈下降趋势

2018 年以来，奉贤区粮油、食品类商品销售情况不佳。1～9 月，累计销售 4.32 亿元，同比下降 7.2%，虽在季节性消费的带动下降幅收窄，但下降趋势明显。而 2018 年奉贤区经济委员会对全区 37 家重点商业企业的抽样统计数据显示，农副产品批发类销售额除 6 月（1.90%）、9 月（2.6%），其余月份同比增长均为负增长（见图 15）。可见无论从零售还是从批发角度，粮油、食品类商品销售情况均不容乐观。

奉贤区统计局的调查显示：随着居民对网络购物的依赖程度的提高，更多年轻人选择手机端订购，天猫商城、1 号店、京东商城等成为年轻人替代超市的首选。奉贤区农工商、大润发、卜蜂莲花等几家大型超市销售额都有不同程度的下降。这些卖场也反映，超市折扣力度少、餐饮娱乐类配套服务项目较少，也是不能吸引顾客的原因。

如图 16 所示，36 家样本中，超市卖场类的销售额仅在春节所在的 2 月有不俗的表现，其他月份销售额同比仅有小幅增长（3、6、9 月），甚至有些月份同比出现较大幅度的负增长（1、4、5、7、8 月），超市卖场类销售额变化呈现较强周期性，周期为 3～4 个月。

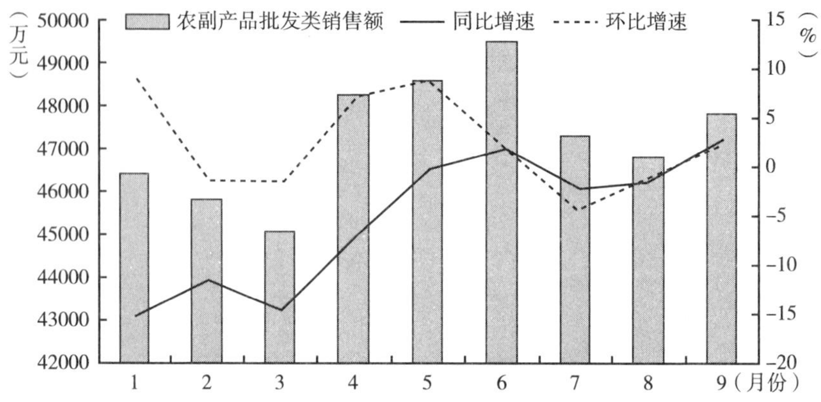


**图 15　2018 年前三季度奉贤区农副产品批发类销售额及其增速**

资料来源：奉贤区经济委员会。

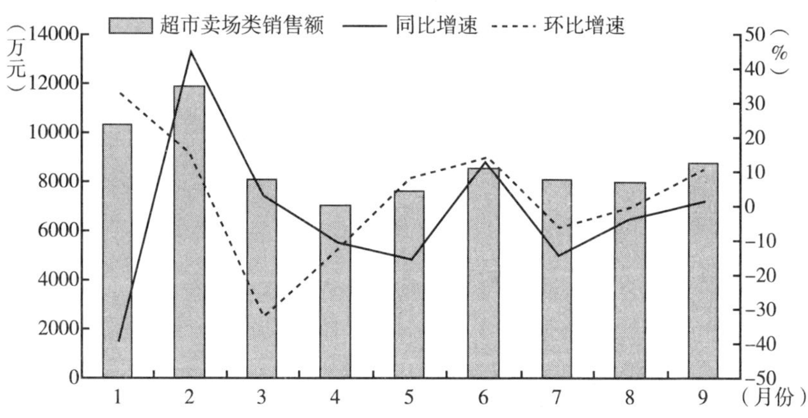


**图 16　2018 年前三季度奉贤区超市卖场类销售额及其增速**

资料来源：奉贤区经济委员会。

此外，奉贤区“五违四必”整治和“无违建村居”的创建成果显著，截至 2018 年 1 月，已关停 1700 多家散落在农村的小作坊和小企业；同时截至 2017 年年底，奉贤区常住人口 115. 53 万人，比上年下降 1. 0%，其中外来常住人口为 57. 94 万人，占常住人口的比重为 50. 2%，比上年下降 1. 3 个百分点，奉贤区外来常住人口数量明显减少。小企业和外来常住人口的减少直接降低了粮油、食品类商品销售额。从图 17 中可以看出 2018 年实有人口还将继续减少，且青村镇人口净流出情况最为显著，金海社区则有较高的人口净流入。

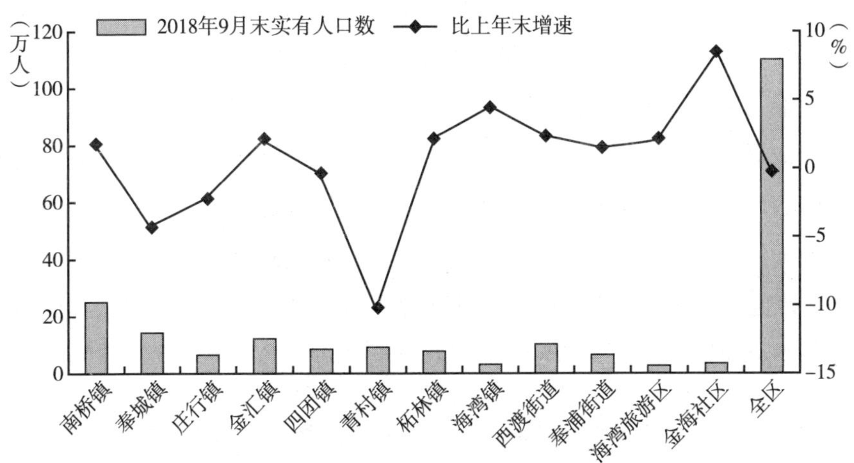


**图17　2018年9月末奉贤区及各镇（社区）实有人口情况**

资料来源：《奉贤区统计月报》。

## 三　2019年消费品市场研判

从短期来看，从图9～图11中可以看出，奉贤区的消费品市场表现要优于全市，且2018年上半年的社会消费品零售总额增速也比静安、黄浦等中心城区要高。“要购物，到上海；要休闲，到奉贤”，2018年上海购物节奉贤欢乐活动已于9月底在奉贤区宝龙广场正式拉开序幕。2018年第四季度，围绕打响“上海购物”品牌，对接首届“进口博览会”，顺应“消费升级”趋势，奉贤区商品销售将会迎来新的增长点。2018年前三季度奉贤区社会消费品零售总额保持稳定增长，而预计全年增速在8.4%左右。未来，一方面，消费品市场受电子商务进入市场调整期的影响，增速锐减的趋势还将持续。另一方面，电子商务对传统商业冲击进一步凸显，餐饮行业消费维持低速增长。加上人口调控因素导致奉贤区常住人口减少的趋势在短期内将得以持续，粮油、食品类消费不振，预计2019年奉贤区社会消费品零售总额增速将维持缓慢降低的趋势。

长期来看，伴随着奉贤区城镇化发展步伐加快，各类商业零售设施布局不断完善，城乡居民收入持续较快增长，消费需求增长仍然旺盛。2018年1~9月全区居民人均可支配收入为33293元，同比增长8.9%；全区居民人均消费支出为19388元，同比增长8.6%；消费支出占收入的比重为58.23%。从图18中可知，从奉贤区近十年人均可支配收入情况来看，奉贤区城镇居民的人均可支配收入增长较快，但绝对值和增速均略低于全市水平。奉贤区农村居民的收入情况与全市平均水平相当。随着奉贤区美丽健康等特色产业的持续扩张，奉贤区居民收入有望进一步提升。

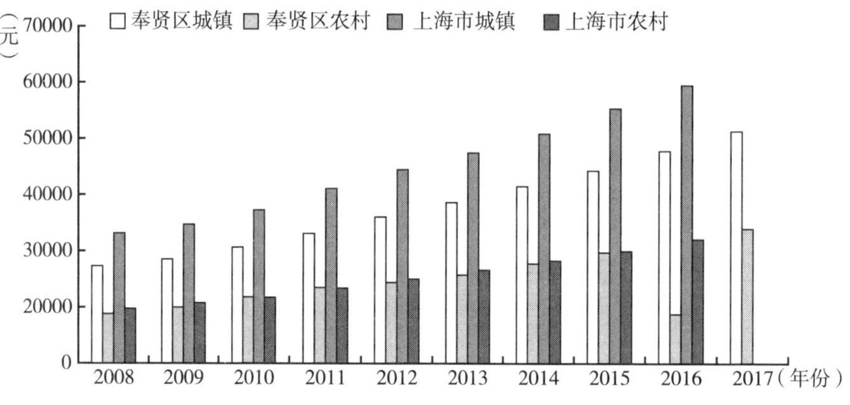


**图18　2008~2017年上海市和奉贤区人均可支配收入情况**

资料来源：历年《奉贤统计年鉴》。

从图19中近十年全市和奉贤区人均消费支出占人均可支配收入的比重情况来看，奉贤区居民的人均消费支出占人均可支配收入的比重在近十年间逐渐平稳，逐渐与全市水平靠拢。近几年人均消费支出占人均可支配收入的比重维持在60%以上。随着居民收入的增加，奉贤区居民的消费需求也在稳步扩大。长期来看消费支出将接近全市水平，进而促进奉贤区消费市场保持期扩张态势。

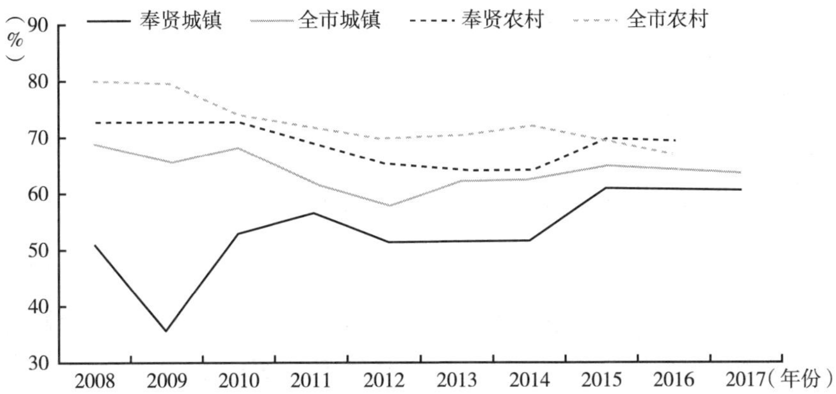


**图19　2008～2017年全市和奉贤区人均消费支出占人均可支配收入的比重**

资料来源：历年《奉贤统计年鉴》。

此外，南亭集序、东篱竹隐、李记民宿三家新型轻奢民宿的落成，为奉贤区带来了新型的商业模式，或将吸引部分消费流入。短期内，新型民宿对奉贤区消费不会有大的影响，若探索形成规模型产业链，从中长期来看，能够吸引旅游人口流入，推动商业发展升级。

## 四　促进消费品市场继续向好发展的建议

### （一）提高居民消费能力，引导居民消费预期

一方面，加大金融支持消费的力度，加快消费信贷管理模式和产品创新，进一步提升金融服务质量和效益；另一方面，联合上海梅花节、菜花节品牌宣传，整合奉贤区特色农副产品资源，拓宽居民劳动收入和财产性收入渠道，降低住房、教育、医疗、养老等生活成本，消除居民消费后顾之忧。

### （二）加快平台经济建设步伐

以奉贤区石油经济平台为例，聚焦大宗商品交易服务、第三方电子商务、专业市场转型升级等平台，鼓励和扶持一批重点平台类企业发展壮大，

努力给企业和消费者带来最大化便利。围绕平台经济、“一流的城乡统筹”建设，加速打造美丽健康绿色产业的销售平台，让奉贤美食走向大众，带动美丽乡村建设，促进农民增收。

### （三）积极把握新零售机遇

加快万达广场等商业中心项目建设，抓促苏宁小店、京东便利店等线下实体商业落成，抢占未来电商发展新零售市场先机。把握人工智能发展机遇，积极布局“新零售+人工智能”，实现实体门店从传统经营到数字化经营的转变，由此为奉贤商业发展添砖加瓦。

### （四）营造安全放心的消费环境

强化产品和服务标准体系，持续推进餐饮服务单位“明厨亮灶”建设，保障消费者的知情权和监督权。依托奉新苏宁云商消费维权联络站、金海社区首个“消费维权工作室”等消费维权工作试点，及时总结经验并加以全面推广，加大消费者个人信息保护力度。

### （五）进一步优化营商环境

借助奉贤区打响“四大品牌”之势，聚焦比较优势，对内搞活市场，对外引进新的市场主体，不断提升城市能级和核心竞争力，促进奉贤区消费品市场向好发展、向优提升。坚持“一体两翼”发展，继续做好商贸型招商工作，重点引进与“四新经济”相关的商贸型企业，把控引进企业的质量，助力奉贤经济发展更稳、结构更优、效益更好。

## 参考文献

奉贤区统计局：《奉贤区三季度社会消费品市场运行情况简析》，上海统计，http：//www. stats-sh. gov. cn/html/fxbg/201811/1002713. html，最后访问时间：2018 年 12

月 6 日。

奉贤区经济委员会：《2018 年 9 月奉贤区消费市场运行综合分析》，上海奉贤，http：//www. fengxian. gov. cn/shfx/Zfxxgk/20181030/005002004 _ 15307748 - 9599 - 470 b - b95f - f0d03f2fcd88. htm，最后访问时间：2018 年 12 月 6 日。

上海市统计局国家统计局上海调查总队：《2018 年前三季度上海市国民经济运行情况》，上海统计，http：//www. stats - sh. gov. cn/html/xwdt/201810/1002674. html，最后访问时间：2018 年 12 月 6 日。

奉贤区统计局：《2018 年四季度奉贤区经济运行走势预判》，上海统计，http：//www. stats-sh. gov. cn/html/fxbg/201811/1002721. html，最后访问时间：2018 年 12 月 6 日。

# B.7 2018～2019年奉贤对外经济形势分析与研判

李世奇　朱嘉梅*

**摘　要：** 2018年奉贤对外贸易表现亮眼，前8个月奉贤进出口总值为589.5亿元，同比增长21.4%，增幅比2017年有所提高，其中出口总值为329.6亿元，同比增长12.4%；进口总值为259.9亿元，同比增长34.9%，奉贤进出口总值占上海进出口总值的比例提高至2.67%。但奉贤在吸引外资和落实外资上均表现一般，2018年前三季度奉贤吸引外商直接投资的合同金额为6.0亿美元，同比下降6.1%，实际到位金额为1.9亿美元，同比下降2.7%。整体来看2018年奉贤对外经济形势喜忧参半，预计2019年奉贤对外经济发展仍面临较大的外部不确定性，但上海“东方美谷”建设的深化与中国国际进口博览会的成功举办将带来更大的机遇。

**关键词：** 对外经济　货物贸易　服务贸易　外商直接投资

2018年是中国改革开放40周年，习近平总书记指出中国开放的大门只会越开越大，在新时代，中国将继续扩大开放、加强合作，坚定不移地奉行互利共赢

* 李世奇，经济学博士，上海社会科学院数量经济研究中心助理研究员，主要研究方向为宏观经济增长与科技创新政策评估；朱嘉梅，讲师，上海市奉贤区委党校教学部副主任，主要研究方向为区域经济和公共管理。

的开放战略。首届中国国际进口博览会的成功举办说明中国正在进行从促进出口到扩大进口，从寻求自身发展到构建人类命运共同体的伟大历史实践。2018 年奉贤以进口总值同比增长 20% 以上的实际行动回应了习近平总书记“主动扩大进口”的要求，在奉贤区委、区政府的领导下，奉贤对外经济发展迈上了更高的台阶。

## 一 奉贤对外贸易的主要特点

### （一）出口相对稳定，进口迅猛增长

2018 年奉贤货物贸易在 2017 年快速增长的基础上进一步增加，2018 年前 8 个月奉贤进出口总值达到 589.5 亿元，同比增长 21.4%，而上海进出口总值前 8 个月仅仅同比增长 5.6%（见图 1）。2018 年奉贤在货物贸易上的活跃程度远远高于上海整体同期的表现，相比于 2017 年与上海相似的增速，奉贤在 2018 年成为上海进出口贸易最为亮眼的区域之一。

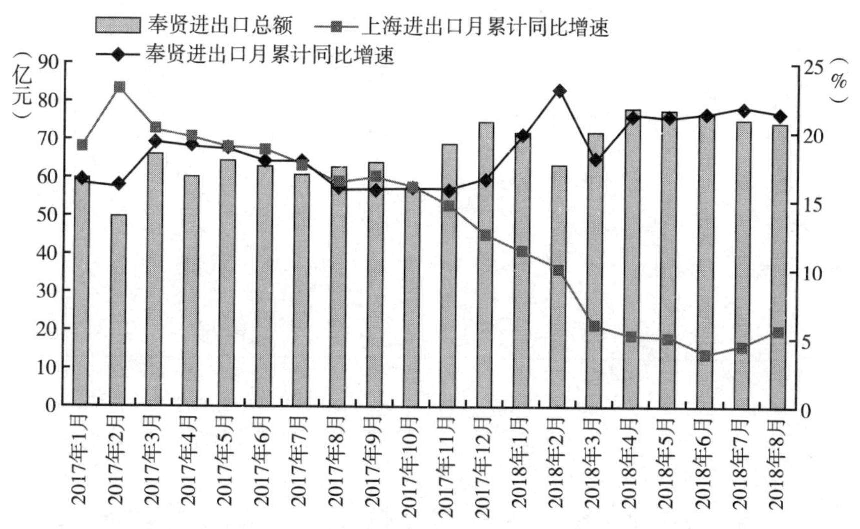


**图 1 2017 年 1 月～2018 年 8 月上海进出口月累计同比增速和奉贤进出口总额及月累计同比增速**

资料来源：《奉贤区统计月报》。

相对稳定的出口与增长迅猛的进口是奉贤2018年货物贸易最为主要的两个特点。2018年前8个月奉贤出口总值为329.6亿元，同比增长12.4%，尽管低于2017年前8个月13.5%的增速，但是仍然维持了与2017年相同的两位数的高增长率（见图2）。反观上海出口的整体表现，2018年前8个月增速仅为2.4%，与2017年前8个月10.5%的增速有非常明显的差距，集中体现了2018年逐步恶化的国际贸易条件与2017年高基数的双重不利因素，而在双重不利因素的影响下，奉贤出口能够保持稳定的增速更显得殊为不易。当然奉贤货物贸易之所以能够在2018年有更进一步的发展，主要是源于进口的突飞猛进，2018年前8个月奉贤进口总值为259.9亿元，同比增长34.9%（见图3），在2017年前8个月19.5%的增速基础上又有了一个飞跃，而上海的增速则从2017年前8个月21.8%大幅回落至2018年前8个月的7.8%。尽管如此，进口增速大于出口增速已经成为上海和奉贤货物贸易的共同特点。

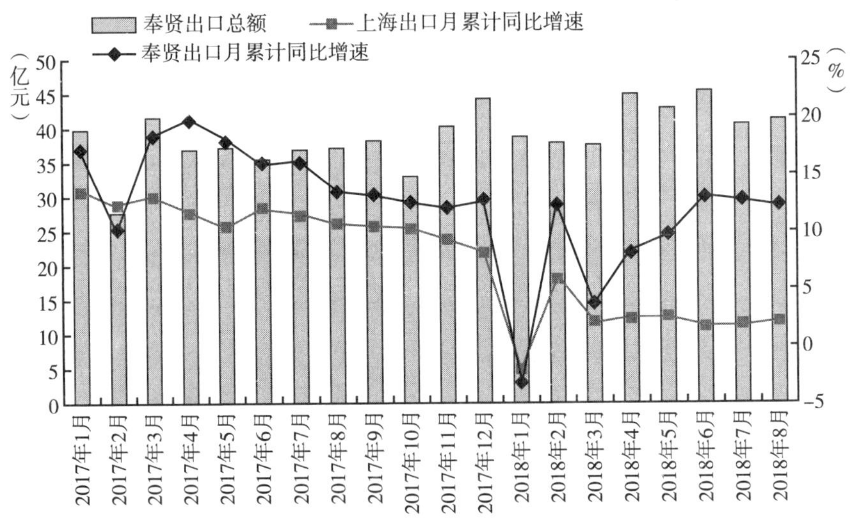


**图2　2017年1月~2018年8月上海出口月累计同比增速和奉贤出口总额及月累计同比增速**

资料来源：《奉贤区统计月报》。

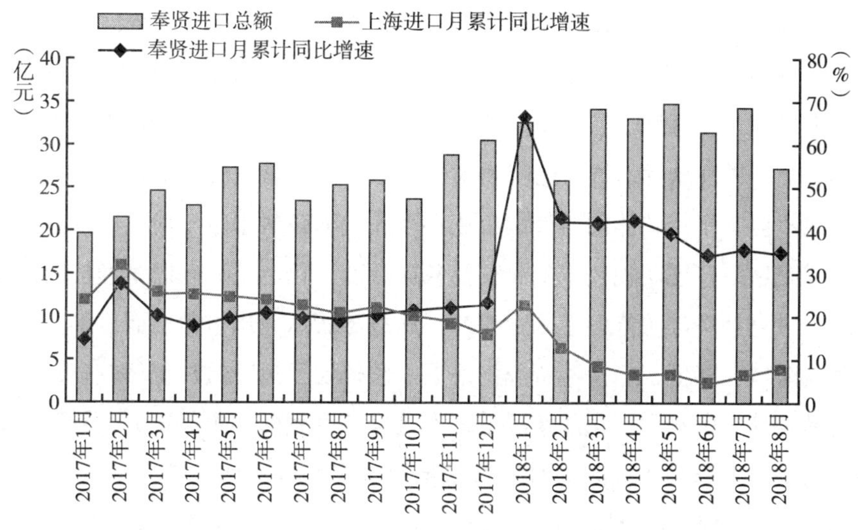


**图3　2017年1月～2018年8月上海进口月累计同比增速和奉贤进口总额及月累计同比增速**

资料来源：《奉贤区统计月报》。

从长期趋势来看，奉贤进口已经完全扭转了2012年以来低增长甚至负增长的趋势，有望连续两年维持在20%以上的增速水平，2018年进口增速大幅超过预期的表现值得重点关注。从净出口来看，2018年前8个月，奉贤净出口总值为69.69亿元，同比下降31.7%，占GDP比重为13.3%，与2017年前8个月的20.1%相比，占比进一步下降，2017年全年奉贤净出口占GDP比重为18.9%，连续四年下降，与2014年29.2%的占比峰值相比已有一定的距离。从2018年全年来看，基于季节因素与短期波动，出口增速有望在前8个月的基础上有所增加，达到15%左右，进口增速则有望与前8个月基本持平，达到30%左右，进出口总值同比增长23%左右，净出口占GDP比重在15%左右，奉贤贸易风险敞口不断降低使得奉贤经济增长对净出口的依赖程度进一步下降。

## （二）对外依存相对较高，风险敞口有待降低

通过比较2017年上海各区的货物贸易情况，我们发现奉贤无论是在货

物贸易的规模上还是在同比增速上的表现均中规中矩，在上海郊区中，2017年奉贤进出口总额显著低于松江、闵行和嘉定，与青浦、宝山和金山接近，而进出口同比增速则低于宝山、金山、崇明和松江，高于闵行、青浦和嘉定（见表1）。尽管从货物贸易的规模来看，奉贤并不是上海最主要的贸易活动发生地，但是奉贤整体的对外贸易依存度在上海各区中位于前三，仅次于松江和浦东新区，说明相较于上海其他各区，奉贤仍然是偏外向型经济的发展模式，自身经济严重依赖于国际贸易，所以尽管从净出口角度而言奉贤的贸易风险敞口在降低，但是奉贤经济发展的整体贸易风险敞口仍然较高，在国际贸易条件发生相同变化的情况下，奉贤经济受到的冲击会更大。特别需要注意的是，上海中心城区的对外贸易依存度平均在30%左右，明显低于郊区70%左右的平均水平，而且中心城区的进口总额均高于出口总额，而大部分郊区的情况则正好相反，中心城区货物贸易的发展现状说明随着经济社会的不断发展，产业结构的不断调整，人民生活水平的不断提高，奉贤的进口规模会逐步赶上或超过出口的规模，对外贸易依存度也会不断降低，但是如何能够平稳地过渡到更高能级的对外贸易阶段仍然是奉贤未来在宏观调控制造业和服务业占比上需要重点关注的问题。

**表1　2017年上海各区对外货物贸易主要指标分布**

单位：亿元，%

| 地区 | 进出口总额 | 进出口同比增速 | 对外贸易依存度 | 出口总额 | 出口同比增速 | 进口总额 | 进口同比增速 |
|---|---|---|---|---|---|---|---|
| 奉贤区 | 750.1 | 16.5 | 96.3 | 448.9 | 12.6 | 301.3 | 22.9 |
| 浦东新区 | 19565.0 | 11.2 | 202.7 | — | — | — | — |
| 黄浦区 | 695.4 | 6.7 | 33.0 | 200.4 | -5.6 | 495.0 | 12.7 |
| 徐汇区 | 838.1 | 16.2 | 53.2 | 285.6 | 11.8 | 552.5 | 18.6 |
| 长宁区 | 579.8 | -14.7 | 44.0 | 239.9 | 6.7 | 339.9 | -25.2 |
| 静安区 | 376.6 | 2.7 | 22.1 | 121.0 | -5.0 | 255.6 | 6.8 |
| 普陀区 | 263.7 | 10.1 | 28.2 | 124.9 | 3.3 | 138.8 | 17.2 |
| 虹口区 | 317.2 | 32.0 | 40.6 | 103.4 | 2.5 | 213.9 | 53.3 |
| 杨浦区 | — | — | — | — | — | — | — |
| 闵行区 | 1980.5 | 9.0 | 88.5 | 1033.4 | 6.7 | 947.1 | 11.7 |

续表

| 地区 | 进出口总额 | 进出口同比增速 | 对外贸易依存度 | 出口总额 | 出口同比增速 | 进口总额 | 进口同比增速 |
|---|---|---|---|---|---|---|---|
| 宝山区 | 722.6 | 37.8 | 63.0 | 264.5 | 20.0 | 458.1 | 50.7 |
| 嘉定区 | 1382.2 | 13.0 | 64.2 | 655.6 | 9.1 | 726.6 | 16.8 |
| 金山区 | 641.0 | 19.6 | 65.5 | 317.0 | 28.0 | 324.0 | 12.4 |
| 松江区 | 2785.8 | 17.1 | 248.5 | 1978.0 | 17.3 | 807.8 | 16.8 |
| 青浦区 | 759.7 | 5.8 | 75.3 | 422.7 | 3.7 | 337.0 | 8.6 |
| 崇明区 | 39.1 | 18.7 | 11.7 | 21.8 | -14.7 | 17.3 | 54.2 |

资料来源：上海各区2017年统计公报。

## （三）贸易结构持续优化，内资外资平分秋色

2018年前8个月奉贤一般贸易出口占比达到66.7%，高于2017年同期的61.2%，也高于2017年全年的62.7%，而2018年前8个月加工贸易出口占比为28.2%，低于2017年同期的34.1%，也低于2017年全年的32.4%，奉贤一般贸易出口占比超过2/3，而加工贸易出口占比低于30%，说明奉贤出口贸易结构不断优化（见图4）。从单独月份来看，2018年5月奉贤一般贸易出口占比最高，月占比第一次超过70%，达到了71.3%，而占比最低的3月也有61.6%，而在2017年月占比最高的8月仅有67.8%，月占比最低的4月则为56.3%，从一般贸易出口月占比的最高值和最低值也可以看出，奉贤出口的贸易结构也在持续升级。从月累计同比增速来看，2018年前8个月奉贤一般贸易出口累计同比增长22.9%，高于2017年同期的17.9%，也高于2017年全年的18.5%，而2018年前8个月加工贸易出口累计同比增长19.7%，高于2017年同期的15.9%，也高于2017年全年的12.7%，一般贸易和加工贸易的出口增速均高于2017年，而一般贸易的出口增速则持续高于加工贸易（见图5），说明一般贸易出口占比的提高是其本身更快的增速带来的，而不是加工贸易增速的下降所导致的，更加体现了在新旧动能转换的过程中，奉贤有效把握了“新”与“旧”的辩证统一关系，避免了旧动能的大幅滑坡所带来的负面效应，最大程度发挥了新动能的优势。

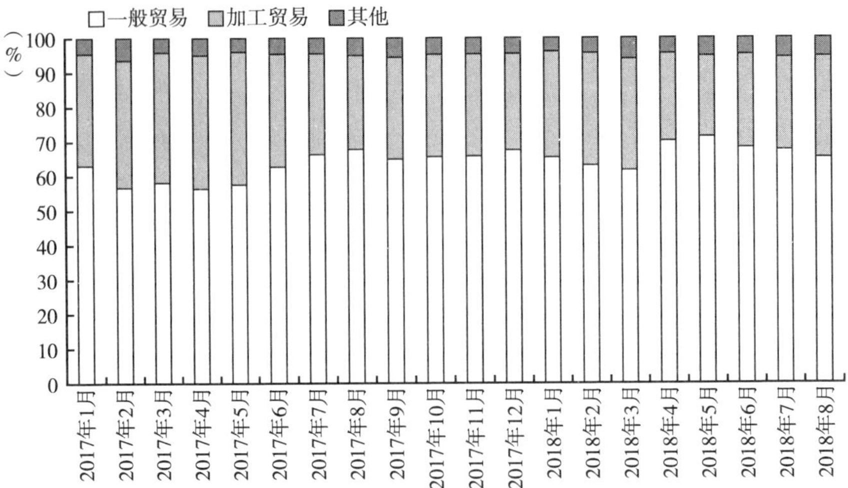


**图4　2017 年 1 月～2018 年 8 月奉贤按贸易方式分当月出口额占比**

资料来源：《奉贤区统计月报》。

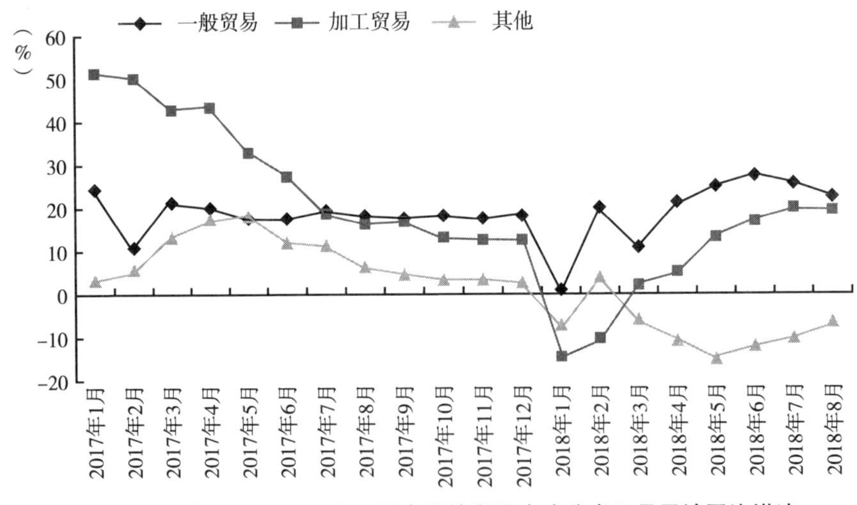


**图5　2017 年 1 月～2018 年 8 月奉贤按贸易方式分出口月累计同比增速**

资料来源：《奉贤区统计月报》。

2018 年前 8 个月奉贤内资企业出口占比达到 48.8%，高于 2017 年同期的 39.9%，也高于 2017 年全年的 41.6%，而前 8 个月外资企业出口占比为 51.2%，低于 2017 年同期的 60.1%，也低于 2017 年全年的 58.4%，奉贤内资企业出口占比在2018年迅猛增长，相比于2016年内资企业37.1%的出口占比更是有了质的飞跃，2018年内资企业和外资企业的出口已经达到了平分秋色的程度，标志着奉贤出口已经进入了内资企业和外资企业并重的新时代（见图6）。从单独月份来看，2018年4月奉贤内资企业出口占比最高，月占比第一次超过50%，达到了53.6%，而占比最低的3月也有42.0%，而在2017年月占比最高的12月为47.0%，月占比最低的5月则为34.9%，从内资企业月占比的最高值和最低值也可以看出奉贤出口的话语权也在向内资企业倾斜。从月累计同比增速来看，2018年前6个月奉贤内资企业出口累计同比增长41.6%，高于2017年同期的26.5%，也高于2017年全年的26.3%，而前6个月外资企业出口累计同比下降4.5%，低于2017年同期的增速，也低于2017年全年4.3%的增速，内资企业的出口增速高于2017年，而外资企业的出口增速则低于2017年（见图7），说明内资企业出口占比的提高既有其本身增速更快的原因，也有外资企业增速转负的原因，说明在全球贸易条件有所恶化的背景下，奉贤外资企业受到的冲击更大，而内资企业则体现了较好的抗风险能力，这对奉贤未来对外经济的可持续发展意义重大。

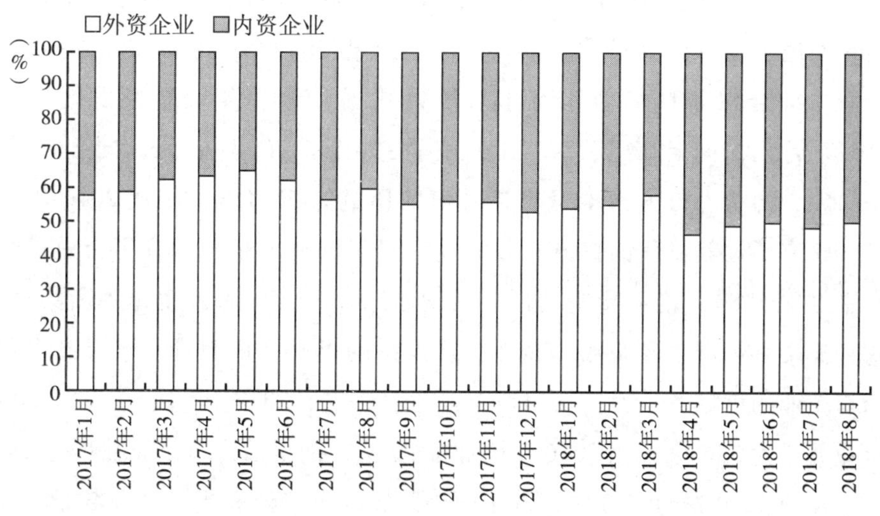


**图6　2017年1月～2018年8月奉贤按出口企业性质分当月出口额占比**

资料来源：《奉贤区统计月报》。

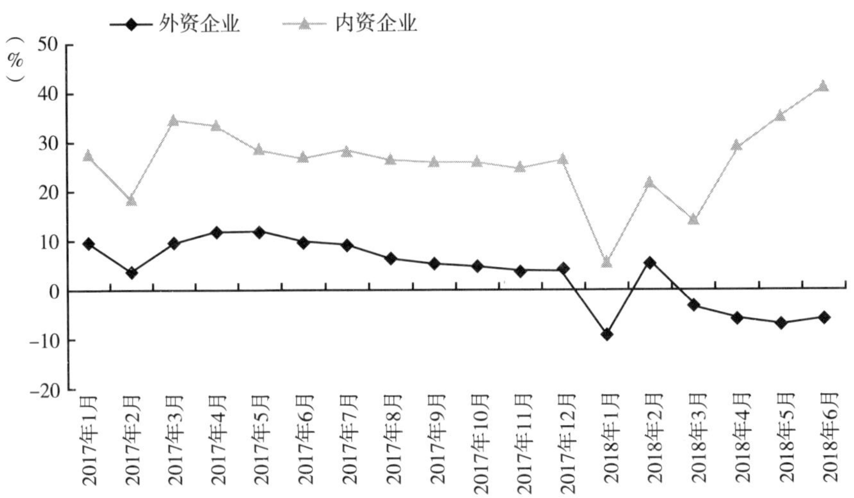


**图7　2017 年 1 月 ~2018 年 6 月奉贤按出口企业性质分月累计同比增长率**

资料来源：《奉贤区统计月报》。

## （四）贸易活动不断集聚，重点企业有所变化

从出口区域分布来看，2017 年综合开发区和南桥镇是奉贤出口最为活跃的地区，而在 2008 年至 2012 年排在奉贤出口第一名的出口加工区，升级为综合保税区后暂未有出口统计数据。2017 年综合开发区出口 154.7 亿元，同比增长 74.4%，南桥镇出口 70.3 亿元，同比增长 19.1%，两者出口值占奉贤出口总值的比重为 50.1%，相比 2016 年的 37.0%有了极其显著的提升，并且连续三年保持增长，达到了历史最高水平（见图 8），说明奉贤的出口活动向综合开发区和南桥镇不断集聚，这种集聚必将带来奉贤出口企业生产效率的提升，从而进一步提高奉贤出口企业的市场竞争力。从出口企业数量来看，2017 年综合开发区出口企业数量为 386 家，比 2016 年增加了 99 家，南桥镇出口企业数量为 423 家，比 2016 年减少了 3 家。基于两个区域的出口值和出口企业数量，我们可以计算出单位企业的出口值，2017 年综合开发区单位企业出口值为 0.4 亿元，同比增长 29.7%，南桥镇单位企业出口值为 0.17 亿元，同比

增长19.9%，综合开发区和南桥镇单位企业出口值的增长也反映了奉贤企业出口竞争力的提高。

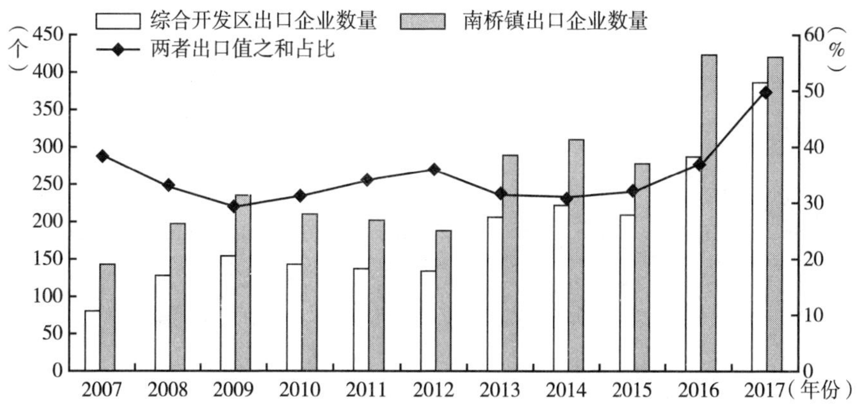


**图8　2007～2017年综合开发区和南桥镇出口企业数量及两者出口值之和占奉贤出口总值的比重**

资料来源：《奉贤区统计年鉴》。

从重点出口企业来看，2017年奉贤出口前十名的企业出口总值占奉贤地区出口值的比重达到34.9%，相比2016年30.7%的占比有一定程度的增加，从占比的长期变化趋势可以看出，出口前十名企业占比在2011年以后经历了连续三年的下降，2016年也略有下降，仅在2015年和2017年有所反弹（见图9），说明奉贤中小型出口企业近年来的发展速度较快，而随着奉贤产业结构调整，出口前十名企业的构成正在发生深刻的变化，这种变化导致奉贤重点大型出口企业面临着提质增效的考验。

具体来看，晶澳太阳能连续7年排在奉贤出口企业第一名，2017年，晶澳太阳能出口34.6亿元，同比增长25.6%，占奉贤出口总值的比重为7.7%，相比于2016年6.9%的占比略有提升；位于南桥镇，协鑫集成（由超日太阳能重组更名）出口26.8亿元，同比增长158.1%，排名从2016年的第六位上升至2017年的第二位；位于四团镇的海亮铜业出口17.0亿元，同比增长45.5%，排名从2016年的第五位上升至2017年的第三位；位于综合开发区的宜家分拨出口15.5亿元，同比增长7.0%，排名仍居第四位；

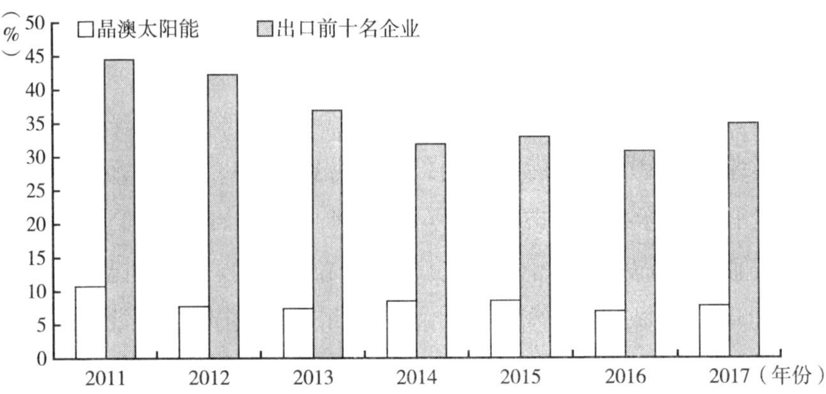


**图9 2011～2017年重点企业出口值占奉贤出口总值的比重**

资料来源：《奉贤区统计年鉴》。

位于四团镇的佩臻贸易出口14.5亿元，同比增长168.9%，排名从2016年的第九位上升至2017年的第五位；位于综合开发区的先锋高科技出口14.3亿元，同比下降31.5%，排名从2016年的第二位降至2017年的第六位；位于综合开发区的奥托立夫出口14.1亿元，同比下降3.4%，排名从2016年的第三位降至2017年的第七位；位于综合开发区的三一重工出口7.0亿元，同比增长26.6%，排名仍居第八位；纳图兹家具出口6.4亿元，同比下降13.9%，排名从2016年的第七位降至2017年的第九位；位于杭州湾开发区的空气化工产品系统出口6.3亿元，第一次登上奉贤出口企业前十名排行榜。从排名前十的企业可以看出，有6家企业的排名发生变动，有1家企业新上榜，有3家企业的出口值下降，集中体现了奉贤出口企业构成正在发生重大变化。

### （五）贸易对象保持稳定，贸易产品能级提升

2017年，奉贤向亚洲各国出口224.3亿元，同比增长22.3%，占奉贤出口总值的比重从2016年的46.0%增加至2017年的50.0%，从亚洲各国进口137.9亿元，同比增长17.6%，占比从2016年的47.8%降低至2017年的45.8%，亚洲仍然是奉贤第一大出口目的地和进口来源地。奉贤向北

美洲各国出口 88.2 亿元，同比增长 2.2%，占比从 2016 年的 21.6% 下降至 2017 年的 19.6%，从北美洲各国进口 28.0 亿元，同比增长 0.4%，占比从 2016 年的 11.4% 降低至 2017 年的 9.3%，北美洲仍然是奉贤第二大出口目的地和第三大进口来源地。奉贤向欧洲各国出口 73.0 亿元，同比增长 7.6%，占比从 2016 年的 17.2% 下降至 2017 年的 16.5%，从欧洲各国进口 102.7 亿元，同比增长 25.0%，占比从 2016 年的 33.5% 增加至 2017 年的 34.1%，欧洲仍然是奉贤第三大出口目的地和第二大进口来源地，奉贤连续两年对欧洲的出口小于进口，且对欧洲的贸易逆差进一步扩大。奉贤对非洲的进出口贸易尽管规模较小但发展势头迅猛，2017 年奉贤对非洲出口 11.5 亿元，同比增长 18.0%，从非洲进口 17.7 亿元，同比增长 113.5%，非洲必将成为奉贤货物贸易未来的重要增长点（见图 10 和图 11）。

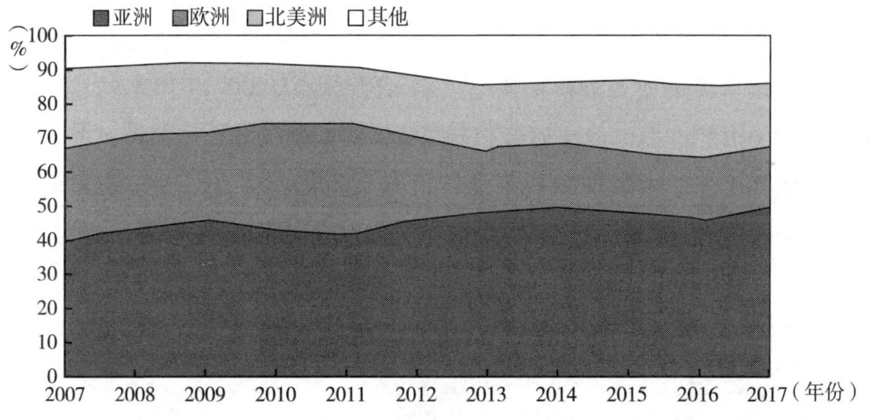


**图 10　2007～2017 年奉贤主要出口目的地的出口值占比**

资料来源：《奉贤统计年鉴》。

奉贤对北美洲的进口与出口占比均有所下降，这与 2017 年以来中美之间不断升级的贸易摩擦有密切的关系，并且美国自 2015 年以来连续三年成为对奉贤出口排名第一的国家，美国对华贸易政策的走向对奉贤货物贸易发展有较大的影响，所以有必要分析奉贤对美国的进出口情况。2017 年，奉贤对美国出口 78.6 亿元，同比增长 0.2%，占比从 2016 年的 19.7% 下降至

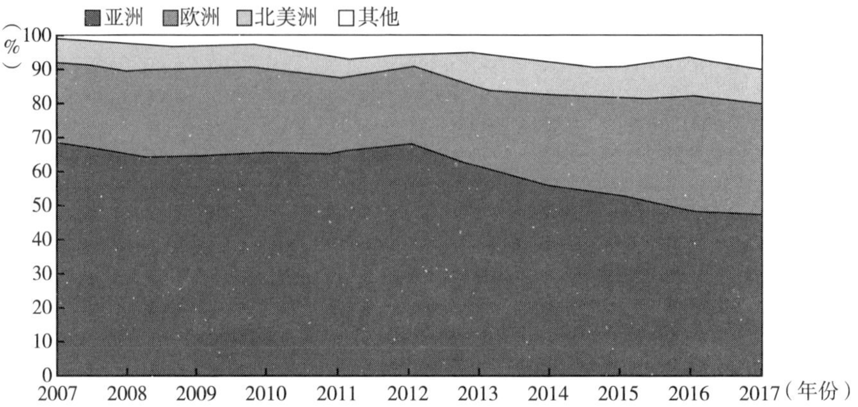


**图 11　2007～2017 年奉贤主要进口来源地进口值占比**

资料来源：《奉贤统计年鉴》。

2017 年的 17.5%，从美国进口 24.3 亿元，同比增长 0.13%，占比从 2016 年的 9.9% 下降至 2017 年的 8.1%，可以看出 2017 年奉贤对美国的货物贸易不论是出口增速还是进口增速都已陷入停滞，从 2007 年以来的发展趋势来看，对美国的进出口占比已经扭转了 2011 年以来的上升趋势，进入下降通道（见图 12）。2018 年随着中美贸易壁垒的实质性提升，尽管存在关税加征前突击进出口的可能性，但中期来看奉贤对美国的货物贸易发展并不乐观。

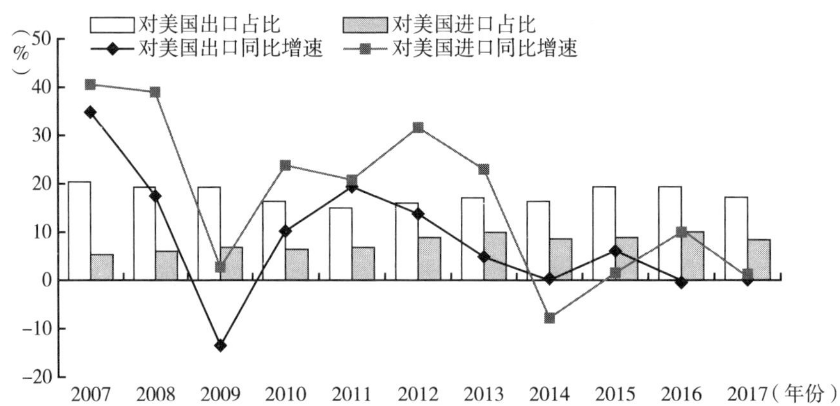


**图 12　2007～2017 年奉贤对美国进出口占比及同比增速**

资料来源：《奉贤统计年鉴》。

从出口产品来看，2017 年奉贤出口产品的集中度略有降低，排名前二十的产品出口值为 392.5 亿元，占比从 2016 年的 88.1% 下降至 87.4%。“电机、电气、音响设备”是奉贤出口值排名第一的产品，2017 年占奉贤出口总值的比重为 24.9%，“核反应堆、锅炉、机械器”排名第二，占比 17.4%。2017 年出口增速排名前五的产品分别是“精油及香膏、芳香料制品”“杂项化学产品”“铜及其制品”“核反应堆、锅炉、机械器”“其他纺织制品、成套物品”，其中“杂项化学产品”“铜及其制品”“其他纺织制品、成套物品”在 2016 年的增速为负，而“核反应堆、锅炉、机械器”则连续两年保持两位数的增长率。2017 年出口增速为负的主要产品有“家具、寝具等，灯具”“车辆及其零附件”“光学、照相、医疗等设备”“皮革制品、旅行箱包”，其中“家具、寝具等、灯具”和“车辆及其零附件”连续两年同比下降（见表 2）。主要出口产品的结构变动表明，产业结构升级使得轻工业加工品的出口值不断下降，高级化学制品的出口值快速提升，而全球经济企稳回升使得重工业初级制品的出口增速由负转正。

**表 2　2016～2017 年奉贤主要产品出口情况**

单位：亿元，%

| 产品分类 | 2017 年出口值 | 2017 年出口值同比增长 | 2016 年出口值 | 2016 年出口值同比增长 |
|---|---|---|---|---|
| 电机、电气、音响设备 | 111.7 | 14.2 | 97.8 | 1.4 |
| 核反应堆、锅炉、机械器 | 78.0 | 23.4 | 63.2 | 10.8 |
| 家具、寝具等，灯具 | 29.6 | -15.0 | 34.8 | -7.4 |
| 塑料及其制品 | 29.1 | 6.5 | 27.3 | -24.6 |
| 铜及其制品 | 17.5 | 43.2 | 12.2 | -8.6 |
| 钢铁制品 | 14.5 | 16.2 | 12.5 | -6.1 |
| 车辆及其零附件 | 13.5 | -7.4 | 14.5 | -9.4 |
| 有机化学品 | 13.1 | 19.6 | 11.0 | 2.0 |
| 光学、照相、医疗等设备 | 12.5 | -6.3 | 13.4 | 28.9 |

续表

| 产品分类 | 2017 年出口值 | 2017 年出口值同比增长 | 2016 年出口值 | 2016 年出口值同比增长 |
|---|---|---|---|---|
| 针织或钩编的服装及衣着 | 11.8 | 6.5 | 11.1 | -9.6 |
| 精油及香膏、芳香料制品 | 9.8 | 62.5 | 6.0 | 5.8 |
| 其他纺织制品、成套物品 | 8.3 | 20.3 | 6.9 | -2.1 |
| 非针织或非钩编的服装 | 8.3 | 11.3 | 7.5 | -6.3 |
| 杂项化学产品 | 7.4 | 52.5 | 4.9 | -13.0 |
| 皮革制品、旅行箱包 | 6.7 | -3.9 | 7.0 | 0.7 |
| 贱金属杂项制品 | 5.6 | 12.5 | 5.0 | 6.9 |
| 玻璃及其制品 | 4.6 | 2.0 | 4.5 | 6.1 |
| 杂项制品 | 3.7 | 1.5 | 3.6 | 6.4 |
| 玩具、游戏或运动用品 | 3.4 | 7.7 | 3.2 | -6.1 |
| 铝及其制品 | 3.2 | 14.1 | 2.8 | 18.0 |

资料来源：《奉贤统计年鉴》。

从进口产品来看，2017 年奉贤进口产品的集中度则有所提升，排名前二十的产品出口值为 241.6 亿元，占比从 2016 年的 78.6% 上升至 80.3%。“核反应堆、锅炉、机械器”是奉贤进口值排名第一的产品，2017 年占奉贤进口总值的比重为 13.4%，“塑料及其制品”排名第二，占比 12.4%。2017 年出口增速排名前五的产品分别是“肉及食用杂碎”“矿砂、矿渣及矿灰”“食用水果及坚果等”“无机化学品、贵金属等化合物”“饮料、酒及醋”，其中“矿砂、矿渣及矿灰”和“食用水果及坚果等”在 2016 年的增速为负，而“无机化学品、贵金属等化合物”和“饮料、酒及醋”则连续两年保持两位数的增长率。2017 年进口增速为个位数或为负的主要产品有“光学、照相、医疗等设备”“橡胶及其制品”“电机、电气、音响设备”，其中“电机、电气、音响设备”连续两年增速平平（见表 3）。主要进口产品的结构变动表明，奉贤对食品饮料的需求不断增加，但对初级化学制品和工业制品的需求在降低。

**表3　2016～2017年奉贤主要产品出口情况**

单位：亿元，%

| 产品分类 | 2017年进口值 | 同比增长 | 2016年进口值 | 同比增长 |
|---|---|---|---|---|
| 核反应堆、锅炉、机械器 | 40.2 | 25.0 | 32.2 | 17.1 |
| 塑料及其制品 | 37.4 | 15.2 | 32.4 | -27.6 |
| 电机、电气、音响设备 | 31.7 | -3.5 | 32.9 | 0.3 |
| 铜及其制品 | 15.0 | 58.6 | 9.5 | -57.0 |
| 有机化学品 | 11.9 | 11.0 | 10.7 | -30.3 |
| 矿砂、矿渣及矿灰 | 11.4 | 224.1 | 3.5 | -11.5 |
| 车辆及其零附件 | 10.1 | 19.5 | 8.5 | 9.7 |
| 家具、寝具等，灯具 | 9.7 | 10.3 | 8.8 | 3.6 |
| 钢铁制品 | 9.3 | 24.4 | 7.5 | 27.7 |
| 光学、照相、医疗等设备 | 9.1 | 2.8 | 8.9 | 31.0 |
| 杂项化学产品 | 7.5 | 17.6 | 6.4 | 19.4 |
| 矿物燃料、矿物油 | 6.5 | 56.5 | 4.1 | 152.0 |
| 饮料、酒及醋 | 5.8 | 59.0 | 3.7 | 46.9 |
| 肉及食用杂碎 | 5.8 | 3947.8 | 0.1 | 0.5 |
| 其他纺织制品、成套物品 | 5.5 | 24.7 | 4.4 | 0.4 |
| 食用水果及坚果等 | 5.3 | 95.1 | 2.7 | -16.5 |
| 鞣料、着色料、涂料、油 | 5.0 | 20.7 | 4.1 | 53.9 |
| 纸及纸板，纸浆、纸或纸 | 4.9 | 13.5 | 4.3 | 23.3 |
| 橡胶及其制品 | 4.8 | 0.4 | 4.8 | 18.8 |
| 无机化学品，贵金属等化合物 | 4.7 | 63.6 | 2.9 | 29.9 |

资料来源：《奉贤统计年鉴》。

## （六）服务贸易潜力巨大，海外接待效率提高

根据奉贤重点宾馆接待海外游客人数及海外游客人均住宿天数来衡量奉贤服务贸易的发展情况，2008年以来奉贤服务贸易的增速相对较为平缓，除去2011年和2015年接待海外游客人数有明显跳升外，基本保持平稳增长的态势，近两年的增长态势有所放缓，2017年重点宾馆接待海外游客1.92万人，同比增长1.4%。与接待海外游客人数的变化趋势相反，海外游客人均住宿天数除2012年和2013年以外呈逐年下滑态势，2017年降至1.85天，

为近十年的新低（见图13）。海外游客人均住宿天数的降低说明奉贤服务贸易发展正在进行深入的调整，未来发展的潜力巨大。

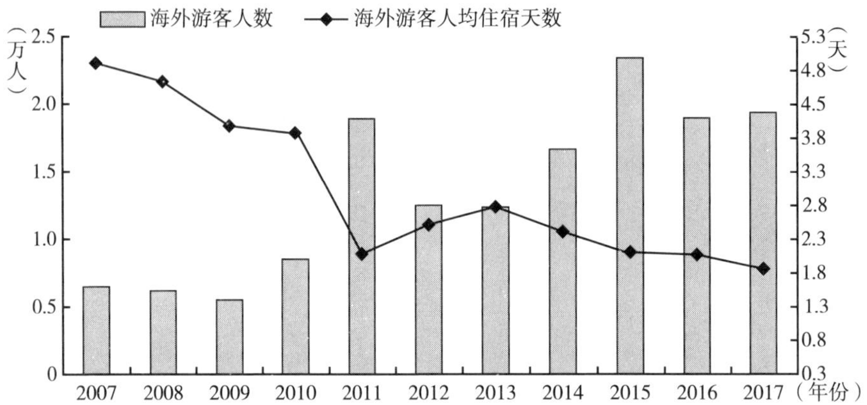


**图13　2007~2017年奉贤重点宾馆接待海外游客人数与海外游客人均住宿天数**

资料来源：《奉贤统计年鉴》。

从接待海外游客人数的分布来看，来到奉贤的海外游客主要选择圣淘沙、悦华、绿地逸东华和南郊宾馆四个宾馆。这四个宾馆自2013年以来就占据奉贤接待海外游客的前三名，圣淘沙在2007年、2008年、2009年和2017年排名第一，悦华在2010年和2012年排名第一，绿地逸东华在2011年、2013年至2016年排名第一，第四名与第五名相对并不稳定，古华山庄、锦奉旅馆均有上榜（见表4）。重点宾馆接待海外游客人数的缓慢增长、海外游客平均住宿天数的不断下滑以及相对固定的接待宾馆反映出奉贤星级宾馆建设仍有较大的发展空间。

**表4　2007~2017年奉贤重点宾馆接待海外游客人数排行前五名**

| 年份 | 第一名 | 第二名 | 第三名 | 第四名 | 第五名 |
|---|---|---|---|---|---|
| 2017年 | 圣淘沙 | 悦华 | 绿地逸东华 | 南郊宾馆 | 古华山庄 |
| 2016年 | 绿地逸东华 | 南郊宾馆 | 悦华 | 圣淘沙 | 锦奉旅馆 |
| 2015年 | 绿地逸东华 | 南郊宾馆 | 圣淘沙 | 悦华 | 古华山庄 |
| 2014年 | 绿地逸东华 | 圣淘沙 | 悦华 | 南郊宾馆 | 古华山庄 |

续表

| 年份 | 第一名 | 第二名 | 第三名 | 第四名 | 第五名 |
|---|---|---|---|---|---|
| 2013 年 | 绿地逸东华 | 悦华 | 圣淘沙 | 锦奉旅馆 | 南郊宾馆 |
| 2012 年 | 悦华 | 绿地逸东华 | 锦奉旅馆 | 南郊宾馆 | 圣淘沙 |
| 2011 年 | 绿地逸东华 | 悦华 | 圣淘沙 | 锦奉旅馆 | 南郊宾馆 |
| 2010 年 | 悦华 | 圣淘沙 | 南郊宾馆 | 古华山庄 | 坤明湖度假村 |
| 2009 年 | 圣淘沙 | 悦华 | 古华山庄 | 坤明湖度假村 | — |
| 2008 年 | 圣淘沙 | 悦华 | 古华山庄 | 坤明湖度假村 | 申光花园度假村 |
| 2007 年 | 圣淘沙 | 悦华 | 古华山庄 | 坤明湖度假村 | — |

资料来源：《奉贤统计年鉴》。

具体来看，在接待海外游客人数方面，圣淘沙 2017 年同比大幅增长 108.1%，扭转了 2016 年的下跌趋势，而悦华在 2017 年减少了 1.6%，绿地逸东华和南郊宾馆则连续两年下跌。当然，宾馆接待海外游客人数极易受到国际会议、论坛和主题节日等活动的影响，个别年份的显著变动不能代表长期的趋势。圣淘沙、悦华、绿地逸东华和南郊宾馆共接待海外游客人数占比自 2013 年以来总体提高，2017 年达到 88.53%，较高的集中度带来的是服务效率的提高（见图 14）。

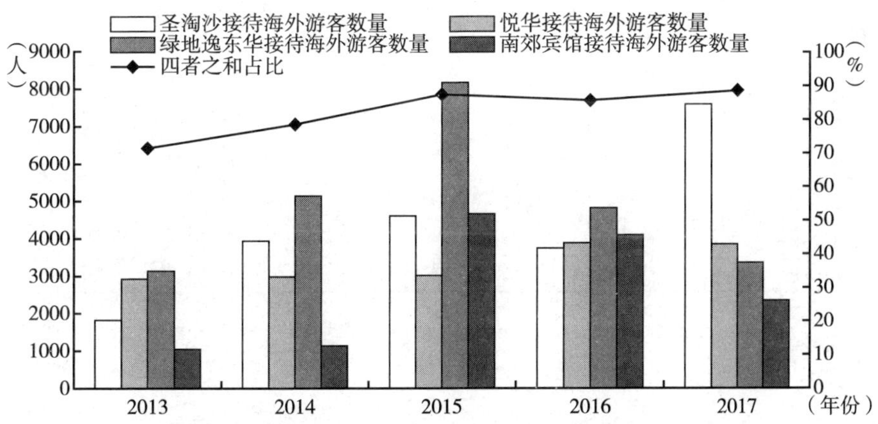


**图 14　2013～2017 年圣淘沙、悦华、绿地逸东华、南郊宾馆接待海外游客人数及其占总接待海外游客人数比重**

资料来源：《奉贤统计年鉴》。

## 二　奉贤外商直接投资主要特点

### （一）合同金额与到位金额双双回落

2018 年奉贤外商直接投资（FDI）合同金额在 2017 年略有回落的基础上继续下滑，2018 年前三季度奉贤外商直接投资合同金额为 6.0 亿美元，同比下降 6.1%，而上海外商直接投资合同金额前三季度同比增长 20.4%（见图 15）。2018 年奉贤在吸引外资投资的力度上低于上海整体同期的表现，相比于 2017 年在增速方面远远超过上海，奉贤在 2018 年外商直接投资合同金额方面表现一般。与外商直接投资合同金额的表现相似，2018 年奉贤外商直接投资到位金额 1.9 亿美元，同比下降 2.7%，而上海前三季度外商直接投资到位金额同比增长 2.1%，奉贤在落实外资的力度上也低于上海的平均水平（见图 16）。

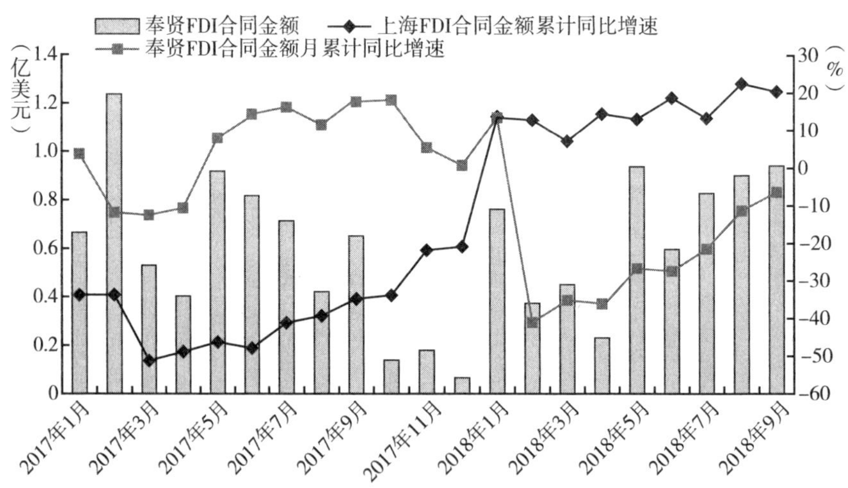


**图 15　2017 年 1 月～2018 年 9 月奉贤 FDI 合同金额及上海和奉贤 FDI 合同金额累计同比增速**

资料来源：《奉贤区统计月报》。

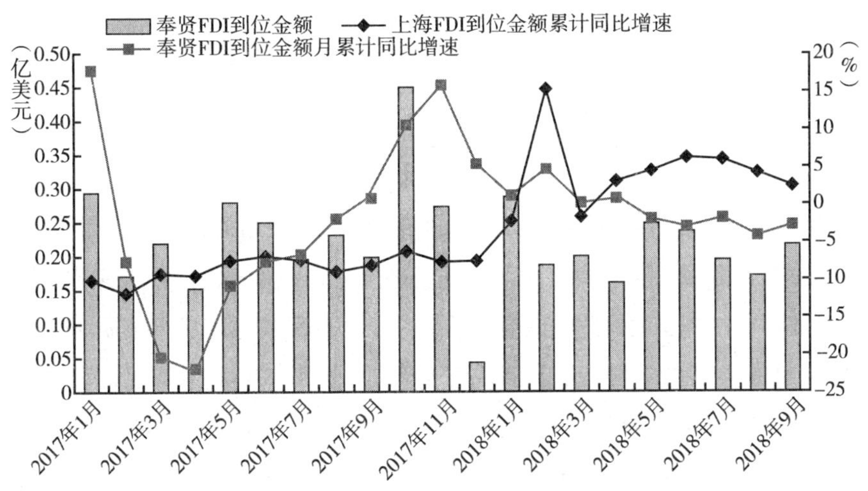


**图16　2017年1月～2018年9月奉贤FDI到位金额及上海和奉贤FDI到位金额累计同比增速**

资料来源：《奉贤区统计月报》。

吸引外资和落实外资均表现一般是奉贤2018年外商直接投资较为明显的特点。相比于2017年前三季度奉贤外商直接投资合同金额18.6%和到位金额0.7%的同比增速，2018年前三季度奉贤外商直接投资合同金额和到位金额的同比增速均有所降低。反观上海的整体表现，与2017年前三季度合同金额-34.9%和到位金额-8.4%的增速相比，2018年上海外商直接投资合同金额和到位金额同比增速有显著提升，在上海吸引外资和落实外资双增长的背景下奉贤的双下滑就格外需要注意。当然，2018年前三季度奉贤外商直接投资合同金额的同比降幅在逐月收窄，按照这样的发展趋势，同时参考2017年第四季度较低的基数水平，2018年全年奉贤外商直接投资合同金额有望持平或小幅增加，而奉贤外商直接投资到位金额的同比增速在前三季度基本保持在-5%至5.0%的区间内，2018年全年奉贤外商直接投资到位金额也大概率维持在这一区间内。

从长期趋势来看，奉贤外商直接投资合同金额基本稳定在每年6亿美元以上，2017年到位金额则扭转了自2015年起连续两年下降的趋势，但与2014年3.6亿美元的到位金额相比仍有一定差距，到位金额占GDP比重则进一步下降至0.36%，奉贤经济对外商直接投资依赖性的降低有助于降低外部环境的不确定性所带来的风险。

## （二）吸引外资和落实外资仍有空间

通过比较2017年上海各区的外商直接投资情况，我们发现奉贤无论是外商直接投资合同金额的同比增速还是外商直接投资到位金额的同比增速均处于上海中游水平。从外商直接投资规模来看，在上海郊区中，2017年奉贤FDI合同金额低于闵行、宝山、嘉定、青浦，高于金山、松江和崇明，FDI到位金额低于闵行、嘉定和青浦，高于宝山、金山、松江和崇明（见表5）。尽管从外商直接投资规模来看，奉贤并不是上海最主要的外商直接投资地区，但是奉贤的FDI到位金额占GDP比重在上海郊区中仅次于青浦，排名第二，奉贤仍然较为依赖外商直接投资，所以尽管对FDI的依赖性在降低，但是奉贤经济发展的外部风险仍然需要注意，在国际资本快速流动的背景下，奉贤经济受到的影响会更大。我们同时发现，上海中心城区的FDI到位金额占GDP比重大多数在0.6%以上，明显高于郊区0.3%左右的平均水平，说明在吸引外部投资和降低外部风险的权衡上，吸引和落地更多的FDI仍然是奉贤未来发展的最优选择。

**表5　2017年上海各区外商直接投资主要指标分布**

单位：个，亿美元，%

| 地区 | 新批FDI项目数 | FDI合同金额 | FDI合同金额同比增速 | FDI到位金额 | FDI到位金额同比增速 | FDI到位金额占GDP比重 |
|---|---|---|---|---|---|---|
| 奉贤区 | 429 | 6.8 | -0.2 | 2.8 | 5.0 | 0.36 |
| 浦东新区 | — | — | — | 78.3 | 11.2 | 0.81 |
| 黄浦区 | 158 | 14.6 | 0.6 | — | — | — |
| 徐汇区 | 209 | 11.6 | 2.4 | 7.5 | 0.6 | 0.48 |
| 长宁区 | 209 | 9.9 | 32.3 | 8.1 | 45.3 | 0.61 |
| 静安区 | 206 | 10.2 | 15.5 | — | — | — |
| 普陀区 | 184 | 17.5 | 2.7 | 8.6 | 470.0 | 0.92 |
| 虹口区 | 110 | 12.8 | 9.8 | 8.9 | 11.3 | 1.14 |
| 杨浦区 | 216 | 7.3 | 4.9 | — | — | — |
| 闵行区 | 485 | 19.3 | -3.8 | 6.8 | -28.7 | 0.31 |
| 宝山区 | 310 | 12.9 | 198.8 | 2.2 | -6.5 | 0.19 |

续表

| 地区 | 新批 FDI 项目数 | FDI 合同金额 | FDI 合同金额同比增速 | FDI 到位金额 | FDI 到位金额同比增速 | FDI 到位金额占 GDP 比重 |
|---|---|---|---|---|---|---|
| 嘉定区 | — | 15.5 | 30.3 | 5.4 | 7.3 | 0.25 |
| 金山区 | 180 | 3.2 | -5.4 | 2.1 | -23.0 | 0.21 |
| 松江区 | 197 | 4.2 | -5.9 | 1.7 | -2.7 | 0.15 |
| 青浦区 | 62 | 8.1 | 23.6 | 4.5 | 8.4 | 0.45 |
| 崇明区 | 151 | 3.1 | 19.8 | 1.0 | 243.8 | 0.29 |

资料来源：上海各区 2017 年统计公报。

从投资方式来看，2017 年外商独资项目数为 380 个，合同金额为 5.02 亿美元，同比增长 36.8%；中外合资项目数为 48 个，合同金额为 1.78 亿美元，同比下降 43.5%。从投资的产业结构来看，2017 年奉贤服务业共吸收外资 4.84 亿美元，同比下降 5.7%；奉贤工业吸收外资 1.97 亿美元，同比增长 16.6%。从投资的合同金额看，合同金额在 500 万美元以上的大型投资项目合同总额在 2017 年为 4.84 亿美元，同比增长 21.9%，合同金额在 500 万美元以下的中小型投资项目合同总额为 1.96 亿美元，同比下降 31.0%。从投资来源地来看，2017 年韩国以 83 个投资项目排名第一，中国香港和中国台湾紧随其后。从投资目的地来看，综合开发区、杭州湾开发区和东方美谷是奉贤吸引外资最为积极的区域。

## 三　奉贤对外经济未来发展的机遇与挑战

尽管 2018 年奉贤对外经济发展取得了不错的成绩，但 2019 年在外部环境变化加剧与内部产业结构调整的双重因素影响下，奉贤对外经济发展仍然不容乐观。相比上海其他地区，奉贤对外贸易依存度较高，偏外向型经济的发展模式使得奉贤的经济增长对国际贸易环境的敏感度较高，所以尽管奉贤净出口额占 GDP 比重在逐年下降，但是奉贤经济发展的对外贸易风险敞口仍处在较高的水平。

美国是奉贤第一大出口目的地和第三大进口来源地，中美贸易摩擦对奉贤进出口贸易的影响将比其他地区更大，尤其是自2019年起，美国将把中国2000亿美元产品的关税从10%提升至20%，出口额占据奉贤出口总值40%的“电机、电气、音响设备”和“核反应堆、锅炉、机械器”两类商品正是美国加征关税的重点产品。所以2018年奉贤进出口贸易的快速增长部分原因是企业在加征关税政策正式落地前的应急反应，随着中美贸易壁垒的实证性提升，奉贤对美贸易将面临严峻的挑战。

2019年奉贤进出口贸易同比增速的回落是大概率事件，2018年30%以上的进口同比增速以及大幅超过上海的进出口同比增速将很难维持，无论是出口同比增速还是进口同比增速都会向上海整体的平均同比增速回归。但是，奉贤降低经济增长对净出口依赖的趋势不会改变，进口增速高于出口增速将延续下去，奉贤货物贸易结构升级的趋势不会改变，一般贸易占比将进一步提升，奉贤内资企业对奉贤外贸贡献度增加的趋势不会改变，内资企业出口占比将历史性地超过外资企业。与进出口同比增速大概率回落不同，随着中国对外商直接投资领域的进一步开放以及负面清单的进一步简化，2019年奉贤外商直接投资合同金额和到位金额的同比增速预计均会有所提高，同样会向上海整体的平均同比增速回归，合同金额的同比增速将会快于到位金额的同比增速，服务业仍将是外商直接投资奉贤的重点。

上海东方美谷建设的持续推进将为奉贤对外经济发展带来更多的机遇。东方美谷建设所带来的奉贤产业能级的提升将为奉贤货物贸易结构和吸引外资结构的优化提供充足的动力，将为奉贤对外经济发展培育出新的动能，更大程度地激发奉贤服务贸易的潜力，充分发挥奉贤要素禀赋优势，打造全新的对外旅游品牌，为医疗游和美容游的发展打好基础，增强服务贸易在奉贤对外经济中的重要性。首届中国国际进口博览会在上海的成功举办也将成为奉贤对外经济发展能级提升的重要契机，新产品和新技术将带动奉贤产业结构转型，拓宽满足奉贤人民美好生活需要的渠道，为奉贤对外开放注入活力。

# B.8
# 2018～2019年奉贤财政形势分析与研判

谢骏鸣*

**摘　要：** 财政作为政府分配社会资源、调节经济活动的重要手段，是政府职能平稳发挥的关键保障，也是政府建设公共基础设施，发展科学、教育、文化以及卫生事业的重要资金来源，对促进人民生活水平的提高有着至关重要的作用。在经历了自改革开放以来的高速增长后，国内宏观经济逐渐步入"新常态"。加之2018年初爆发的并不断升级的中美贸易战对进出口乃至整体经济造成冲击，企业的生存发展遇冷，影响势必会通过税收传导至政府的财政收入，在总量以及稳定性上对奉贤未来的财政收入带来一定的冲击。本文将利用统计局公布的截至2018年9月的财政数据和数次实地调研考察，对奉贤区的财政现状和形势做细致的分析，并在此基础上探讨未来奉贤区财政改革措施和发展方向。

**关键词：** 奉贤　财政收入状况　财政支出状况　税收增长点

讨论财政离不开分析经济，脱离宏观经济的财政就好比无本之木、无源之水，无法对其深入分析。因为政府财政收入的一大来源就是税收，而税收与经济发展息息相关。

---

* 谢骏鸣，上海社会科学院经济研究所西方经济学博士研究生，主要研究领域包括计量经济建模与经济决策分析、科技统计、电力统计。

从全球来看，一方面，距上一次经济危机已经十年，世界经济处于缓慢复苏阶段，尤其是美国作为世界第一大经济体，其自身的经济发展给全球的经济贸易带来了一定的正向溢出效应；欧洲、日本这两大经济体也处于平稳发展阶段，世界整体的经济稳中有升。而在技术层面，人工智能、云计算、生物医药、新能源、信息技术等领域的变革和技术突破不断地为经济带来新的增长点，成为经济持续发展的动力和源泉。另一方面，特朗普政府上台之后的一系列政策，给整个国际社会带来了动荡和不稳定，尤其是2018年初中美贸易战爆发并持续升级，随后美日欧三方开启零关税贸易谈判以及最近三者共同签署贸易联合声明，这或许将给国际贸易规则带来重大的变革，我国的进出口贸易将受到严重冲击，进而影响我国的整体宏观经济发展。而美国提出的再工业化战略、德国的工业4.0计划则将直接与我国的“中国制造2025”计划形成竞争。“一带一路”的构想成为破局的关键。但“一带一路”倡议构想刚刚起步，还需要时间发展和成长，无法短时间内消化贸易冲击对我国经济造成的影响。因此从国际环境看，经济整体稳中向好，但是因国际经济政治的不确定性增强，我国将面临冲击和挑战也在所难免。

从国内看，国家进入“十三五”规划已经第三个年头，经济增长平稳，社会整体安定。国家适时地提出了“中国制造2025”计划以及“一带一路”倡议。对内用“中国制造2025”计划改变我国制造业领域生产技术落后、产品附加值低的局面，加速传统产业转型和升级。对外推广“一带一路”倡议，打开贸易的新格局。但是随着中国经济进入“新常态”，去库存、去产能、去杠杆已经成为现阶段发展的重要任务。虽然国家通过政策积极引导产业升级、鼓励改革创新，但随之而来的改革阵痛无法避免，经济增速减缓、在升级过程中大面积的旧有企业倒闭都是可能出现的情况。

## 一　奉贤区财政收入的现状和对奉贤区财政收入的分析

本节内容主要从两个维度对奉贤区财政收入现状做一个梳理。一方面，通过纵向的历年统计数据，对奉贤区财政收入总额做一个趋势的跟踪和评估。另一方面，在横向上，通过分析财政收入的构成以及各项所占比例，对奉贤区财政结构做一个剖析。最后结合分行业、分所有制以及分城镇的税收贡献数据，找到奉贤财政收入的主要增长点。

## （一）奉贤区历年财政收入概况

近十年来，奉贤区经济发展十分迅速，与之相伴的是财政收入的持续上涨。从图1可以看出，近十年，奉贤区财政收入一直呈逐年增长的趋势。财政总收入2009年突破100亿，2013年达到209亿元，2016年突破300亿元，2017年更是一举达到了403亿元。而区级财政收入也保持同步的增长，自2016年突破100亿大关后，于2017年达到了128亿元。从增长率上看，奉贤财政收入的增长率波动较大，但常年保持在10%以上。2011年财政总收入增长率和区级财政收入增长率双双达到峰值，分别为34.4%和30.7%，之后于2012年回落至10.2%和10.5%，之后又呈现稳步增长，到2017年，财政总收入的增长率达到了31.7%，而区级财政收入的增长率为22.2%。这一成绩主要得益于奉贤区经济的快速发展。

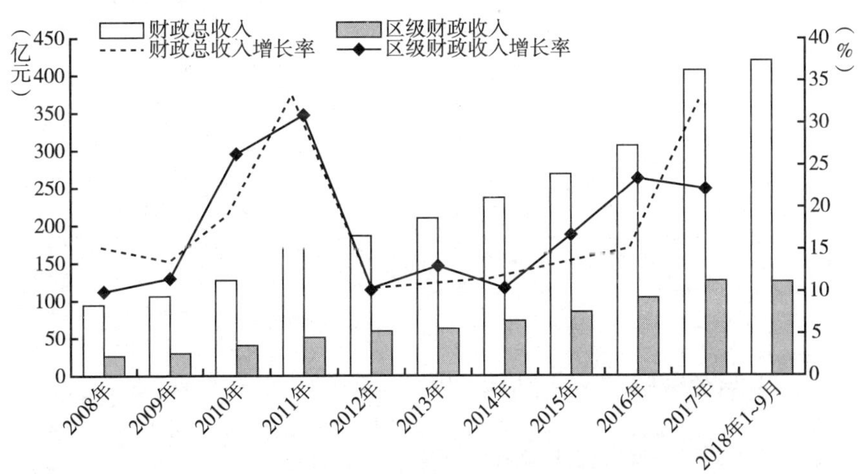


**图1　2008～2018年奉贤区财政收入变化趋势**

资料来源：历年《奉贤统计年鉴》、奉贤2018年统计月报。

虽然当前经济形势的下滑压力较大，中美贸易战对进出口贸易也形成了一定冲击，但从2018年月度来看，奉贤区的财政收入的增长惯性依旧存在。由表1可见，截至2018年9月，奉贤区财政总收入418亿元，已经超过2017年全年的财政总收入，其中区级财政收入126.8亿元，逼近2017年区级财政收入128亿元，照此趋势估计，至2018年底，区级财政收入超越2017年不会有太大悬念。但从增量上看，2018年前三季度的数据虽然已经超过或逼近了2017年全年的数据，但是增量不大。结合现实的整体经济形势，预计2018年至2019年，奉贤区财政收入依旧会保持增长态势，但增长率会出现较大幅度的下滑。

**表1　奉贤区历年财政收入**

单位：万元

| 年份 | 财政总收入 | 区级财政收入 |
|---|---|---|
| 2008 | 936012.35 | 285521.06 |
| 2009 | 1064601.31 | 319597.12 |
| 2010 | 1272333.36 | 404305.68 |
| 2011 | 1709627.26 | 528493.43 |
| 2012 | 1884388.91 | 584138.46 |
| 2013 | 2093885.05 | 660297.04 |
| 2014 | 2341770.75 | 729109.4 |
| 2015 | 2648847.18 | 848944.73 |
| 2016 | 3061338.78 | 1048128.83 |
| 2017 | 4031974 | 1281111 |
| 2018年9月 | 4182349 | 1267895 |

资料来源：历年《奉贤统计年鉴》、《奉贤2018年统计月报》。

## （二）奉贤区财政收入结构

从横向来看，奉贤区区级财政收入常年占财政总收入的三成左右，以2017年为例，奉贤区财政总收入403亿元，其中区级财政收入128亿元，占奉贤财政总收入的32%。图2显示了2017年奉贤区各级财政收入的占比。

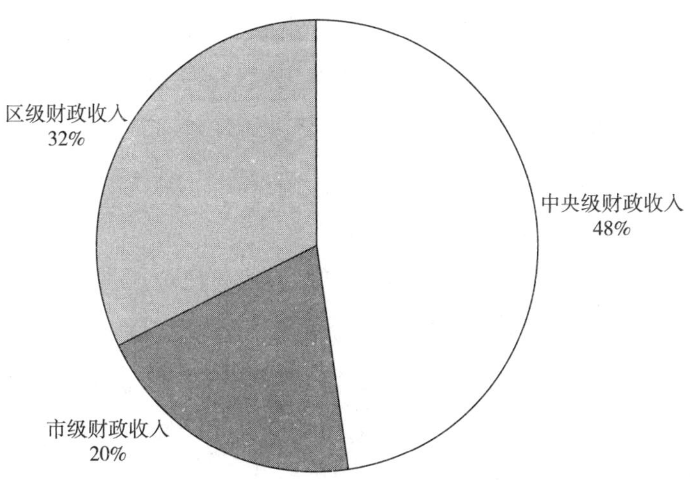


**图 2　2017 年奉贤区各级财政收入占比**

资料来源：2018 年《奉贤统计年鉴》，第 184 页。

而从财政收入的构成来看，奉贤区财政收入主要来自税收，以 2017 年为例，奉贤区财政总收入中，税收占 94.5%，在区级层面，税收收入占比也高达 92%。而税收中，占比最高的为增值税，其次为营业税和企业所得税，三者相加，几乎占地方税收总额的 3/4。表 2 显示了奉贤区地级税收中各税种所占比重。

**表 2　2013～2017 年地级税收各税种占比**

单位：%

| 税种 | 2013 年 | 2014 年 | 2015 年 | 2016 年 | 2017 年 |
|---|---|---|---|---|---|
| 增值税 | 29.68 | 31.94 | 33.34 | 42.53 | 56.67 |
| 营业税 | 28.54 | 26.52 | 27.27 | 16.84 | 0.10 |
| 企业所得税 | 14.98 | 14.81 | 13.05 | 12.57 | 17.42 |
| 个人所得税 | 6.22 | 6.52 | 7.28 | 7.83 | 7.44 |
| 城市维护建设税 | 1.56 | 1.53 | 1.53 | 1.46 | 1.41 |
| 房产税 | 0.82 | 0.92 | 0.96 | 1.04 | 1.18 |
| 印花税 | 2.42 | 2.59 | 2.37 | 2.08 | 2.24 |
| 土地增值税 | 4.72 | 5.15 | 5.85 | 5.92 | 4.72 |
| 契税 | 7.16 | 6.35 | 5.21 | 8.25 | 7.18 |
| 行政事业性收费收入 | 1.96 | 1.58 | 2.02 | 1.44 | 1.38 |

资料来源：历年《奉贤统计年鉴》。

通过表2可以看出，虽然增值税、营业税以及企业所得税的历年占比变化较大，但是其总和相对稳定，常年稳定在73%左右。由此可见，企业对地区税收的贡献极大，加上城市维护建设税（1.4%），企业直接贡献税收占地方税收的3/4。因此，有必要按照行业类别，细分不同企业对税收的贡献。

值得留意的是，奉贤区财政收入中，土地出让金所占比例较高。2017年，政府土地出让总价款为1380919万元，占财政总收入的34.2%。而由于国家的房地产调控政策，整个房地产行业遇冷，开发商拿地的动力下降。通过调研发现，在2018年初，奉贤区土地拍卖就已经遇冷，这势必影响到未来的财政收入。

## （三）分行业税收贡献情况

从整体看，奉贤区的税收以第二、第三产业为主。从表3看，2017年奉贤区第一产业总税收为3161万元，只占税收总收入的0.08%，而且相比2016年下降167.4万元，下降幅度达5%。第二产业贡献税收211亿元，占税收总收入的55.4%，相比于2016年增长68亿元，涨幅为47.5%。而其中工业的税收增加值达67亿元，占第二产业税收增加值的98.5%，建筑业税收贡献相比于上年同样有所增加，但涨幅较小。第三产业的税收贡献为169.5亿元，占税收总收入的44.5%，同比上涨27.2亿元，涨幅19.1%。而在第三产业中，税收贡献度从大到小依次为批发和零售业、房地产业、租赁和商务服务业以及科学研究和技术服务业，其占第三产业税收总收入的比重依次为30.7%、29.7%、18.9%和7.9%。而从税收变化的幅度看，2017年相比2016年，科学研究和技术服务业涨幅为45.4%，增长明显。批发和零售业以及租赁和商务服务业这两大传统服务业的税收增长也较大，涨幅均在27%，金融业，房地产业，信息传输、计算机服务和软件业以及交通运输、仓储及邮政业也有小幅度的增长，但住宿和餐饮业存在大幅回落，相比2016年，税收缩减1881.6万元，跌幅达22.9%。

**表 3　2013～2017 年奉贤区分行业税收**

单位：万元

| | 2013 年 | 2014 年 | 2015 年 | 2016 年 | 2017 年 |
|---|---|---|---|---|---|
| 税收总收入 | 2008391.1 | 2251207.0 | 2477173.0 | 2855608.8 | 3808843 |
| 第一产业 | 877.5 | 1180.5 | 2126.0 | 3328.4 | 3161 |
| 第二产业 | 1148245.0 | 1303260.9 | 1405234.2 | 1429559.5 | 2110225 |
| 工业 | 1012284.9 | 1146678.7 | 1246795.2 | 1252807.4 | 1924273 |
| 建筑业 | 135960.1 | 156582.2 | 158438.9 | 176752.1 | 185953 |
| 第三产业 | 859268.6 | 946765.6 | 1069812.9 | 1422720.8 | 1695456 |
| 交通运输、仓储及邮政业 | 42783.1 | 51912.3 | 67490.7 | 64979.5 | 74076 |
| 信息传输、计算机服务和软件业 | 11426.9 | 14543.1 | 19564.6 | 22936.5 | 24538 |
| 批发和零售业 | 265051.4 | 309083.7 | 350507.5 | 409244.1 | 521123 |
| 住宿和餐饮业 | 12793.8 | 12370.1 | 12469.8 | 8222.6 | 6341 |
| 金融业 | 17842.2 | 18920.8 | 24328.9 | 23818.6 | 25557 |
| 房地产业 | 260724.8 | 263955.4 | 290965.4 | 461705.6 | 503335 |
| 租赁和商务服务业 | 147992.2 | 179098.3 | 196643.6 | 252012.4 | 320171 |
| 科学研究和技术服务业 | 63899.6 | — | 45416.0 | 92279.0 | 134160 |
| 居民服务和其他服务业 | 2050.5 | 55226.8 | 50645.3 | 65366.9 | 57275 |
| 教育 | 66.9 | 2537.9 | 3045.7 | 6224.3 | 6219.0 |
| 卫生、社会保障和社会福利业 | 1396.0 | 78.3 | 123.1 | 239.4 | 2047.0 |
| 文化、体育和娱乐业 | 1532.2 | 1488.8 | 2317.5 | 5958.3 | 6105.0 |
| 公共管理和社会组织 | 2354.2 | 1225.7 | 1690.8 | 2396.5 | 4320.0 |
| 其他行业 | — | 2763.8 | 4604.2 | 7337.0 | 109.0 |

资料来源：历年《奉贤统计年鉴》。

通过表 4，我们可以进一步分析奉贤区工业企业中，不同行业的税收贡献情况。从表 4 中可以看出，八大重点行业中，对税收贡献较大的为生物医药、精细化工以及先进装备这三大行业。在 2017 年奉贤区规模以上企业中，生物医药累计缴纳营业税及增值税 77870 万元，占比 31.8%；精细化工累计缴纳 58620 万元，占比 24%；先进装备累计缴纳 37930 万元，占比 15.5%；智能电网、新材料以及汽车配件这三个行业的税收贡献（营业税及增值税）均在 25000 万元左右，占比 10%；而电子信息行业纳税总量较小，只占总体的 1.4%，新能源行业的税收贡献（增值税）则为负值。结合资产总计看，八大重点行业中，生物医药行业的资产规模最高，精细化工、新能源以及电子信息行业的资产规模较小。而从单位资产转化为税收的能力上看，精细化工的单位资产的税收贡献率远高于其他行业，达到6.7%，相当于每100元资产可以产生6.7元的税收（营业税及增值税），其次为生物医药，为2.1%。而电子信息行业的单位资产税收贡献率不足1%，新能源行业为负值，其他行业均介于1.5%和2%之间。而从利润总额看，生物医药、精细化工的利润总额较高，而企业利润的高低则会在很大程度上影响企业所得税的征缴数量。

**表4　2017年奉贤区八大重点行业规模以上企业指标**

单位：万元

| | 营业税金及附加 | 应交增值税 | 利润总额 | 资产总计 | 工业总产值 |
|---|---|---|---|---|---|
| 先进装备 | 2624 | 35306 | 134650 | 1976430 | 1374179 |
| 智能电网 | 1954 | 19991 | 44528 | 1297195 | 858216 |
| 精细化工 | 10030 | 48590 | 289889 | 879529 | 683472 |
| 生物医药 | 7892 | 69978 | 281025 | 3691142 | 1633781 |
| 新材料 | 3334 | 22288 | 68148 | 1390692 | 940615 |
| 汽车配件 | 2727 | 20249 | 145272 | 1447395 | 1402210 |
| 新能源 | 567 | -4267 | 4932 | 700270 | 544654 |
| 电子信息 | 497 | 2919 | 23458 | 398579 | 344343 |
| 合计 | 29624 | 215053 | 991901 | 11781231 | 786905 |

资料来源：历年《奉贤统计年鉴》。

通过进一步分析八大重点行业的工业总产值的变动趋势，结合表5和图3，我们发现新能源产业和电子信息产业有较为明显的下跌趋势。而企业税收与企业自身的经营情况息息相关，在整个行业下行的大趋势下，行业内企业的税收贡献应该也会有所下降，但由于新能源和电子信息这两大产业在奉贤区的税收贡献中本身所占比重就很小，所以对奉贤区未来的税收影响不会很大。而精细化工业，虽然跌幅没有前两者大，但依旧呈现略微的下滑趋势，由于精细化工的税收贡献所占比重较大，该行业的下滑或给未来的奉贤区工业产业税收带来一定的负向冲击。生物医药、先进装备、汽车配件以及新材料这几大行业都处于上涨趋势。因此未来奉贤区的工业税收从整体而言依旧会有所增长，但受制于整体经济形势，部分行业出现了经济下滑的态势，这在一定程度上会制约整体税收增长的幅度。

**表5　2014年至2018年5月八大重点行业规模以上企业工业总产值**

单位：万元

| | 2014年 | 2015年 | 2016年 | 2017年 | 2018年5月 |
|---|---|---|---|---|---|
| 先进装备 | 1335016.4 | 1064351.9 | 1097161.2 | 1374179 | 826874 |
| 智能电网 | 1267288.1 | 1032444.6 | 853447.6 | 858216 | 284747 |
| 精细化工 | 938738.3 | 811948.9 | 614178.6 | 683472 | 254637 |
| 生物医药 | 1410776.6 | 1161673.2 | 1170834.1 | 1633781 | 733589 |
| 新材料 | 1213094.26 | 672028.76 | 788904.96 | 940615 | 778387 |
| 汽车配件 | 1219615.6 | 1212010.3 | 1252159.1 | 1402210 | 642635 |
| 新能源 | 1131479.4 | 1507692.8 | 579262.9 | 544654 | 183696 |
| 电子信息 | 574323.4 | 539677.7 | 531938.9 | 344343 | 135533 |
| 合计 | 9090332.06 | 8001828.16 | 6887887.36 | 7781468 | 3840098 |

资料来源：历年《奉贤统计年鉴》。

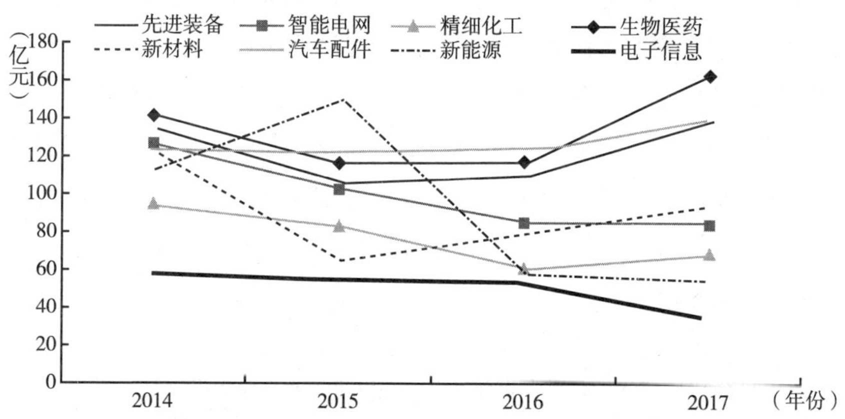


**图3　2014～2017年八大重点行业工业总产值变化趋势**

资料来源：历年《奉贤统计年鉴》。

## （四）分所有制以及分城镇税收贡献情况

对奉贤区规模以上的工业企业按注册登记类型进行分类，我们发现

2017 年纳税总额（营业税及增值税）最大的为私营合伙以及其他有限责任公司这两类企业，而如果考虑企业的平均纳税，那么纳税额度最高的为其他有限责任公司，平均每家公司缴纳营业税以及增值税总计 4597 万元，远超其他所有制企业的平均纳税额，排第二的是外商投资股份有限公司，纳税 1883 万元。其他内资、国有独资公司以及港澳台商独资这三类企业的平均纳税额度也超过了千万元，而私营独资以及中外合作经营这两类企业，纳税额度较低，平均纳税额不超过百万元。

从单位资产的税收转化率来看，奉贤区所有规模以上企业的均值为 2.3%，即每 100 元资产可以在年末产生 2.3 元营业税及增值税税收，而集体及私营股份有限公司的资产税收转化效率最高，在 8% 以上，其次为股份合作、国有、其他有限责任公司以及其他内资这四类公司，税收转化率分别为 6%、49%、44% 以及 41%。私营有限责任公司、中外合作经营以及港澳台商独资这三类公司的税收转化率最低，分别为 0.7%、0.7% 和 0.3%，中外合作经营类公司又与其他两类不同，通过比较平均纳税额度和利润总额，我们可以看到中外合作经营类公司处于亏损状态，其缴纳的营业税和增值税本身就不高，因此导致单位资产的税收贡献较低（见表 6）。而私营有限责任公司以及港澳台商独资这两类公司，其本身经营状况良好，企业平均税收贡献也不低，税收转化率较低的原因在于自身的资产总计规模太大，而这些资产未能充分投入生产经营活动中去产生利润，因此拉低了税收转化效率。

**表 6　2017 年分所有制规模以上工业企业指标**

单位：个，万元

| 名称 | 单位数 | 营业税金及附加 | 应交增值税 | 利润总额 | 资产总计 |
|---|---|---|---|---|---|
| 国有 | 2 | 37 | 472 | 96 | 10337 |
| 集体 | 3 | 35 | 479 | 257 | 5790 |
| 股份合作 | 1 | 13 | 145 | 83 | 2650 |
| 国有独资公司 | 5 | 584 | 5730 | 26164 | 500775 |

续表

| 名称 | 单位数 | 营业税金及附加 | 应交增值税 | 利润总额 | 资产总计 |
|---|---|---|---|---|---|
| 其他联营 | 83 | 6818 | 45869 | 78785 | 2709693 |
| 其他有限责任公司 | 23 | 7578 | 98159 | 276391 | 2379576 |
| 股份有限公司 | 8 | 111 | 1260 | 2724 | 89956 |
| 私营独资 | 3 | 38 | 230 | 486 | 13889 |
| 私营合伙 | 487 | 11930 | 118229 | 273646 | 5283918 |
| 私营有限责任公司 | 43 | 1713 | 7010 | 47190 | 1267563 |
| 私营股份有限公司 | 1 | 19 | 210 | 133 | 2827 |
| 其他内资 | 23 | 3260 | 33185 | 64475 | 893827 |
| 与港澳台商合资经营 | 3 | 12 | 645 | 422 | 20283 |
| 与港澳台商合作经营 | 53 | 2457 | 16528 | 87934 | 796729 |
| 港澳台商独资 | 3 | 412 | 3340 | 80900 | 1304444 |
| 港澳台商投资股份有限公司 | 1 | 16 | 189 | 297 | 6227 |
| 中外合资经营 | 44 | 4098 | 36982 | 136043 | 1581584 |
| 中外合作经营 | 4 | 51 | 235 | －313 | 42426 |
| 外资企业 | 148 | 13554 | 51039 | 424959 | 3959751 |
| 外商投资股份有限公司 | 1 | 374 | 1509 | 9343 | 97577 |
| 合计 | 939 | 53109 | 421445 | 1510017 | 20969823 |

资料来源：历年《奉贤统计年鉴》。

从2017年的分镇财政收入看，奉贤区财税贡献最大的为区直属，占财政总收入的32%，其次为工业综合开发区，占比为14.3%，之后则是南桥镇、杭州湾开发区、金汇镇以及青村镇，占比均在7%左右。东方美谷集团作为奉贤区的重点产业抓手还没发展成熟，集团整体对奉贤区的财政贡献不到财政总收入的5%，处于中间水平。而海湾旅游区以及临港经济园区的税收贡献最低，前者只有1%，后者只有1.3%。从各镇的财政收入增长率来看，临港经济园区财政总收入相比2016年增长120.4%，远超其他镇和园区，这主要是因为临港经济园区尚处在起步阶段，发展空间大。除去临港经济园区，奉贤区财政总收入增长率最高的是区直属，相比2016年增长45.6%，其次为杭州湾开发区以及东方美谷集团，两者的增长率均在30%以上。

表7　2017年奉贤区各镇（区）财政收入情况

单位：万元，%

| 地区 | 财政总收入 | | 地方财政收入 | |
|---|---|---|---|---|
| | 2017年 | 增长 | 2017年 | 增长 |
| 区直属 | 1294352 | 45.6 | 464762 | 26.7 |
| 南桥镇 | 311894 | 19.0 | 95765 | 13.5 |
| 奉城镇 | 186246 | 19.7 | 55586 | 15.4 |
| 庄行镇 | 159166 | 20.5 | 48371 | 19.3 |
| 金汇镇 | 274969 | 28.1 | 86453 | 18.5 |
| 四团镇 | 111141 | 23.5 | 33819 | 22.4 |
| 青村镇 | 251261 | 26.3 | 77955 | 30.1 |
| 柘林镇 | 186451 | 20.3 | 56169 | 24.5 |
| 海湾镇 | 90128 | 34.0 | 26802 | 39.2 |
| 海湾旅游区 | 41861 | 8.1 | 14138 | 15.8 |
| 工业综合开发区 | 575338 | 26.1 | 160718 | 25.8 |
| 杭州湾开发区 | 300446 | 32.3 | 89399 | 33.8 |
| 东方美谷集团 | 195052 | 30.0 | 56700 | 17.5 |
| 临港经济园区 | 53668 | 120.4 | 14472 | 108.6 |
| 总计 | 4031974 | 31.7 | 1281111 | 24.8 |

资料来源：历年《奉贤统计年鉴》。

## （五）财政收入小结

综合上述分析，我们认为奉贤区财政状况整体呈上升趋势，但受经济大环境的影响，未来的财政增幅会有所减小。从行业细分看，奉贤区的税收贡献主要来源于第二、第三产业。其中第二产业方面，生物医药和先进装备这两大行业将是税收增长的主要贡献者。精细化工行业体量较大，但整个行业的上涨形势不明，恐难以拉动税收的增长。而第三产业方面，传统的批发和零售行业、租赁和商务服务业是税收增长的主要贡献者。从企业注册种类划分，其他有限责任公司和外商投资股份有限公司，这两类企业的平均纳税额度较高，而私营独资以及中外合作经营这两类企业，纳税额度较低，平均纳税额不超过百万元。而从分镇财政收入看，区直属在纳税体量上，远超其他镇及园区，其次为工业综合开发区，占全区财政总收入的14.3%，杭州湾开发区以及东方美谷集团在财税体量上，处于中等水平，但是财政收入的增长率较高。而临港经济园区作为一个新兴园区，虽然财税规模较小，但是增长迅猛，会在未来成为奉贤区财政收入的重要增长来源。

## 二 奉贤区财政支出状况分析

### （一）奉贤区财政支出概况

2017年，奉贤区财政支出总计469亿元，相比2016年，增长33.6%。从图4看，近五年来，奉贤区财政支出保持持续上涨趋势，且近两年涨幅巨大，远超过财政收入的增长率。2016年奉贤财政支出相比2015年增长44.6%，同年奉贤区财政总收入的增长率为13.1%，区级财政收入的增长率为16.4%。2017年，奉贤区财政总收入的增长率只有15.6%，区级财政收入增长率为23.5%，远低于财政支出的增长率。财政支出的大幅增长超过了财政收入的承载能力，2016年，奉贤区财政赤字为450696万元，2017年，赤字进一步扩大至659588万元。

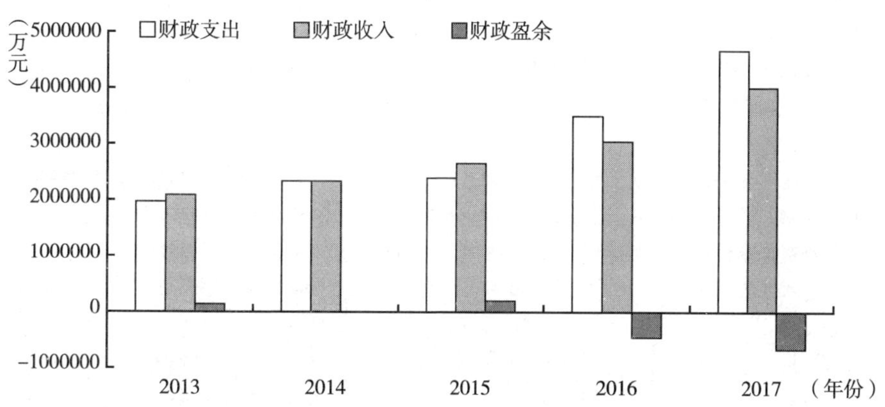


**图4 2013～2017年奉贤区财政支出、收入及盈余情况**

资料来源：历年《奉贤统计年鉴》。

从具体的支出细则看，2017 年奉贤区的财政支出主要用于改善交通运输，其支出占区财政支出的 35.3%，其次则是花费在农林水事务以及教育上，分别占比 14.3% 和 10%。医疗卫生支出则有所下降，占比从 2016 年的 9.2% 下降至 4.7%（见表 8）。

**表 8　2013～2017 年奉贤区财政支出状况**

单位：万元

| | 2013 年 | 2014 年 | 2015 年 | 2016 年 | 2017 年 |
|---|---|---|---|---|---|
| 一般预算支出合计 | 1303118 | 1518269 | 1681820 | 2125776 | 3127152 |
| 市专项支出数 | 360015.4 | 224975.7 | 328507.5 | 371754.7 | 1197312 |
| 区本级合计 | 952547.9 | 1155769 | 1229112 | 1604087 | 2508052 |
| 一般公共服务 | 49273.23 | 53770.87 | 52507.69 | 60896.57 | 64605 |
| 国防 | 3175.478 | 3896.38 | 2777.89 | 2493.57 | 3135 |
| 公共安全 | 59605.07 | 72673.99 | 81646.61 | 97067.6 | 108887 |
| 教育 | 228771 | 250557.2 | 226826 | 243549.4 | 251257 |
| 科学技术 | 18828.13 | 19442.72 | 21028.29 | 22515.4 | 29336 |
| 文化体育与传媒 | 12614.61 | 11937.58 | 11758.52 | 14922.07 | 18318 |
| 社会保障和就业 | 82957.78 | 96002.11 | 85424.48 | 238827.1 | 161395 |
| 医疗卫生 | 67095.11 | 77126.93 | 92230.45 | 147199.6 | 118705 |
| 节能环保 | 11592.63 | 15928.02 | 18436.02 | 22329.6 | 41903 |
| 城乡社区事务 | 216307.1 | 296936.3 | 401786 | 174674 | 221442 |
| 农林水事务 | 68784.24 | 76466.36 | 87823.73 | 197059.5 | 359756 |
| 交通运输 | 35660 | 35660 | 33634.72 | 183687 | 884457 |
| 资源勘探电力信息等事务 | 48403.82 | 99789.53 | 57858.67 | 74350.05 | 101048 |
| 商业服务业等事务 | 1003.589 | 949.33 | 1015.58 | 936.95 | 1402 |
| 金融监管等事务 | 15 | 30 | 40 | 0 | 0 |
| 国土海洋气象等服务 | 4663.987 | 4694.59 | 5748.35 | 4689.02 | 4322 |
| 住房保障 | 29978.29 | 19476.87 | 15997.96 | 53964.63 | 60433 |
| 粮油物资管理事务 | 2008.797 | 1869.39 | 5604.57 | 2798.49 | 3338 |
| 国债还本付息支出 | 4980 | 10942.5 | 19280.5 | 53907.26 | 74018 |
| 其他支出 | 6830 | 7618 | 7686.3 | 8219.23 | 296 |
| 转移性支出 | 350570 | 362500 | 452708 | 521689.5 | 619100 |
| 基金预算支出合计 | 661733.2 | 795001.4 | 732411.1 | 1381175 | 1539652 |
| 支出总计 | 1970260 | 2322087 | 2427902 | 3512035 | 4691562 |

资料来源：历年《奉贤统计年鉴》。

### （二）交通运输支出

2017 年奉贤区政府在交通运输方面支出 884457 万元，是 2016 年的 4.8 倍，占区级财政支出的 35.3%。从表 8 可以看到，奉贤区的交通运输支出在 2016 年以前，基本稳定在 35000 万元左右，而在 2016 年，交通支出陡然上涨，达到 183687 万元，是 2015 年的 5.4 倍，而 2017 年则又进一步上涨至 884457 万元。而这笔财政经费的用途，主要是公路建设。从奉贤区政府公开的一般公共预算支出决算情况表中我们可以看到，在 2017 年，奉贤区公路建设预算为 845475.5 万元，公路养护预算为 31068.13 万元。2016 年的公路建设开支为 147223.57 万元，养护开支为 28550 万元。

### （三）农林水事务支出

在农林水事务方面，奉贤区财政于 2017 年总支出为 359756 万元，相比 2016 年增长了 83%。其中农业支出相比 2016 年有着明显的缩减。2017 年奉贤在农业方面支出 61237.58 万元，比 2016 年缩减了 44%。值得一提的是，虽然奉贤区整体农业支出有所下滑，但是政府在病虫害防治以及农产品质量安全方面，支出大幅上涨，其中病虫害防治支出为 1356.36 万元，相比 2016 年增长 36.1%，在质量安全方面奉贤区政府开支为 714 万元，是 2016 年的 3 倍。在林业方面，财政支出为 19487.25 万元，是 2016 年的近 2.4 倍。水利方面，整体支出为 220623.37 万元，支出规模是 2016 年的 3.2 倍，其中水资源节约管理与保护、水文监测以及其他水利支出这三项，都有较大幅度的上涨。

### （四）教育支出

从表 8 的历年数据来看，奉贤区教育支出的变化幅度较小，2017 年略有提升，但涨幅不大。从具体的预算决策看，2017 年奉贤区整体教育支出为 251257 万元，其中普通教育支出为 172604.29 万元，占比 69%，相比 2016 年有所上涨，涨幅为 8.83%。而在普通教育开支中，初中教育开支最大，为 77225.81 万元，占普通教育开支的 44.7%，但是开支的增长幅度最小，只有 2%，而学前教育以及小学教育开支，虽然规模都只有初中教育的一半，但是增长幅度较大，相比 2016 年，学前教育开支增长 24.6%，而小学教育开支增长 11.5%。职业教育方面，财政支出 7050.73 万元，占整体教育支出的 2.8%，且相比 2016 年，缩减幅度达 10%。成人教育支出 2017 年相比 2016 年有所增加，但成人教育的整体规模较小，只有 1664 万元，对财政的影响程度不大。在进修培训方面，2017 年财政支出为 6887 万元，占教育总支出的 2.7%，但是相比 2016 年，涨幅达 80%。在校舍建设以及教学设备采买上，2017 年奉贤区对农村中小学共拨款 35980.2 万元，其中校舍建设支出为 19122.42 万元，教学设备采买支出为 16857.77 万元。

### （五）财政支出小结

经过上述分析，我们发现近年来奉贤区财政支出呈快速上涨趋势，并于 2016 年就超出了财政收入的负荷，财政出现赤字。而从具体财政支出的细则看，交通运输支出是近两年奉贤财政支出中比重最大的一块，而且是涨幅最大的一块内容。相比 2016 年，奉贤 2017 年区级财政总支出上涨了 903965 万元，而单是交通运输这一项，就增长了 700770 万元，占总财政增长的 77.5%。结合奉贤区 2017 年一般公共预算支出决算情况，可以看到，奉贤区近两年的交通运输支出的增长都是因为新建道路。因为道路建设本身是阶段性的，在新道路建设完成之后，除了会略微提高道路养护费用之外，并不会产生持续性开支，所以说，近两年的奉贤财政支出过快上涨，也是阶段性的，在当前建设周期结束后，奉贤区财政支出将会有所回落，赤字问题也将得到解决。

## 三　奉贤区财政可能面临的问题

### （一）土地财政依赖较为严重

土地出让金作为各地方政府的重要财政来源之一，是地方财政的重要组成部分。在奉贤区财政收入中，土地出让金占的比重较高。2017 年，政府土地出让总价款为 1380919 万元，占当年财政总收入的 34.2%。过高的占比使得政府财政收入极易受到土地拍卖市场波动的影响。2018 年经济形势下行压力逐步增大，中央政府稳定房价使整个地产行业遇冷，在这样的大背景下，企业资金收紧，拿地欲望降低，事实上，通过调研得知，在 2018 年年初，就已经出现了土地交易市场冷淡、土地流拍的现象。假使土地出让金下滑 10%，那么按照其在财政总收入中的比重，将造成财政收入 3.5% 的下降。而从实际走访的情形看，土地出让金的下跌幅度应该不止 10%。而这两年内，奉贤区因为发展、建设，财政已经出现赤字，如果未来土地出让金出现下滑，势必会给奉贤区的财政收入带来冲击。

### （二）财政收入的弹性与财政支出的刚性不匹配

奉贤区的财政收入主要来自税收，而且以第二产业和第三产业为主。而税收则在很大程度上取决于企业当期的盈利状况。因此，奉贤区的财政税收会受到企业盈利状况的影响，虽说奉贤区企业数量众多，每个企业的盈利状况都不一样，理论上波动可以相互抵消，但是企业不可能独立于宏观经济的运行状况，当宏观经济形势整体下行时，很少能有企业做到一枝独秀。事实上，从历年的分行业财政收入中就可以看出，很多行业呈现集体的下行趋势，所以说，财政收入会随整体经济形势变化而变化。而在财政支出上，政府购买、社会各项福利保障、医疗卫生和教育等基础设施建设等开支都具有一定的刚性，不会随着整体经济形势变化出现大幅波动。这就跟财政收入不匹配，当经济形势下行的时候，政府的财政收入下降，但是常规开支没办法在短时间内缩减，于是产生赤字。

### （三）部分企业活力没有完全释放

在前文的分析中，我们提到过，奉贤区部分企业资产税收转化率不高，究其原因，是企业持有的资产较多，而所持有的资产并未充分投入生产经营活动中从而创造利润。企业这么做的原因可能有：保存实力，等待更优秀的投资机会；企业入户早，在奉贤发展早期，以较低的价格拿到发展用地，建成自用的固定资产，土地价格水涨船高，早期企业都有着极大规模的净资产，但这类资产多是固定资产，流通变现能力较弱。总之企业的生产经营活动有着其自身的规划和考量，政府不便干预，但这类企业确实没有发挥出全部实力，如果这类企业能够充分释放产能，就能够进一步促进奉贤财政收入的增长。

## 四　未来奉贤财政改革发展的对策与可行措施

地方政府所追求的财政目标，应该是财政增长、收支平衡。为实现这一目标，我们从开源与节流两方面寻找抓手。

### （一）扩大税基，寻求新的税收增长点

在开源方面，就是尽可能地扩大税基，寻求新的财税增长点。一方面，通过前文的分析可知，临港经济园区作为新兴工业园区，潜力巨大，增长迅猛，是未来几年奉贤区财政收入的一个重要增长点，除却临港经济园区，区直属、工业综合开发区、东方美谷集团，也是奉贤财税贡献的主力。而在产业方面，八大重点行业中的生物医药、先进装备制造以及汽车配件上涨形势较好。这些具体地区和产业可以成为政府的重要抓手，让政府有的放矢。另一方面，针对那些持有大量资产，但税收贡献平平的企业，政府可以通过成立企业合作互助平台等方式，拉近与辖区内企业的关系，通过走访、约谈了解这类企业的实际状况，通过给予部分税收减免等政策优惠，鼓励引导企业进行投资。而针对那些主要持有固定资产、资金流动性较差的企业，通过融资租赁、回租、回售等举措，盘活资金之后再进行投资引导。

另外需要注意的是，为了尽可能避免前文提到的经济整体下行导致财税的整体下滑，我们需要企业所从事的领域尽可能地独立分散，从而最大限度地对抗系统性风险。但是过于松散的企业又会失去规模效应，变成一盘散沙。最合适的做法是独立发展几个行业，做好行业内集聚，行业间相互独立。

## （二）提前规划，收放有度

开源靠寻找新的税源，而节流却不是盲目地缩减财政开支。正如前文所述，对土地财政的过度依赖、收入弹性与支出刚性的不匹配是奉贤区财政收支可能遇到的问题。而土地大范围流拍会给财政收入带来显著的冲击。就以土地出让金下滑10%作为保守估计，按照土地出让金在财政收入中34.5%的占比，土地出让金下滑10%会使当年的财政收入直接下滑3.5%左右。如此大的缺口，靠带有刚性的财政支出通过削减自己的开支来填补，是不可能的。而通过寻找新税源来填补土地出让金下滑形成的财政亏空也是不现实的。而经济形势的好坏虽然受诸多随机因素影响，但其也遵循客观规律。土地拍卖行情亦是如此。而且无论是土地拍卖，还是整体经济形势的发展变化，都是有迹可循的。例如先行指数就能在大概率上判断未来短期内经济的变动方向。由此，政府可以通过咨询各相关专家学者为奉贤的经济把脉。通过对经济形势的预判，再结合历史趋势走势，估计未来一年的财政收入的可能范围。而后政府相关部门在此基础上安排财政支出预算，例如专家预测未来经济形势严峻，那么政府可以暂缓需要大额资金的基础设施建设计划，只提供必要的财政开支，等到经济形势改善之后，再上马大型工程项目。对于紧迫的项目，则可以预先通过金融贷款等方式去筹措资金，提前做好规划，做到收放有度。

## 参考文献

张兆安、朱平芳：《上海奉贤经济发展分析与研判（2017～2018）》，社会科学文献出版社，2018。

奉贤区统计局：《2018年前三季度奉贤区工业生产情况分析》，奉贤统计信息网，http：//tj.fengxian.gov.cn/fxtj/tjfx/20181108/006_83f9f106－8515－4ac1－b020－61e0b8784826.htm。

奉贤区统计局：《经济运行稳中向好，部分领域不确定因素增强——2018年四季度

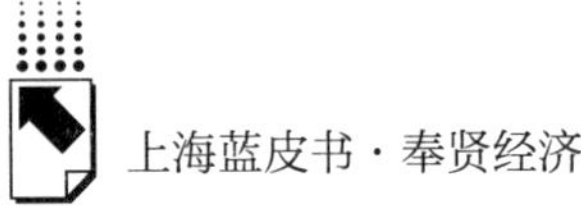



奉贤区经济运行走势预判》，奉贤统计信息网，http：//tj. fengxian. gov. cn/fxtj/tjfx/20181108/006_ 53b00248 –7282 –45b0 –aba9 –3865cbc7bde3. htm。

奉贤区统计局：《经济发展持续向高质量迈进》，奉贤统计信息网，http：//tj. fengxian. gov. cn/fxtj/tjfx/20180710/006_ 05f055af –ea93 –4c2b –a7f3 –375c1d2d2b06. htm。

**B**.9

# 2018 ~2019年奉贤房地产发展形势分析与研判

谢婼青*

**摘　要：** 2018年奉贤区房地产市场在“房子是用来住的，不是用来炒的”基调下严格执行宏观调控政策，继续加快建立多主体供给、多渠道保障、租购并举的住房制度体系，加快建立健全长效机制。2017～2018年奉贤区房地产开发投资持续增长，房地产建设经营规模略有增长；但是商品房销售面积缩窄，商品房销售额缩量继续扩大，尤其是非普通住房；并且，奉贤房地产市场融资环境继续缩紧，融资中的自筹资金占比最高，其次是国内贷款，个人按揭贷款降幅较大。可以预测，2019年奉贤房地产市场在“控风险”的大环境下，房地产融资环境持续缩紧，商品房销售在一段时间的减少后会有所增长，而房地产开发投资和经营建设稳步增长，从短期来看，奉贤区房地产市场仍处于一段理性调整期，但从长期来看，奉贤区的房地产市场总体上呈现增长的趋势。

**关键词：** 房地产市场　宏观调控　住房制度体系

---

* 谢婼青，上海社会科学院经济研究所西方经济学博士研究生，主要研究领域包括计量经济建模与经济决策分析、金融统计与风险管理、科技统计。

# 一 2018年奉贤区房地产市场总体概况

## （一）上海市房地产市场概况

2018 年 1 ~9 月上海市房地产开发投资为 2853.66 亿元，比上年同期增长 5.3%，占全社会固定资产投资的 56.8%，与上年同期相比稍有回暖。商品房施工面积为 13900.54 万平方米，同比下降 3.5%；其中，住宅施工面积为 7134.35 万平方米，同比下降 5.1%。商品房新开工面积为 1996.24 万平方米，同比增长 10.4%；其中，住宅新开工面积为 1117.31 万平方米，同比增长 14.9%。商品房竣工面积为 2194.22 万平方米，同比增长 0.7%；其中，住宅竣工面积为 1280.47 万平方米，同比增长 7.5%。商品房销售面积为 1310.37 万平方米，同比下降 0.3%；其中，住宅销售面积为 1055.58 万平方米，同比增长 1.1%（见表 1）。上海市的房屋建筑和销售面积与同期相比有下降的趋势。

**表 1 上海市 2018 年 1 ~8 月房地产开发、经营基本情况**

| 指标 | 1 ~9 月 | 比上年同期增长(%) |
|---|---|---|
| 房地产开发投资(亿元) | 2853.66 | 5.3 |
| 住宅 | 1575.52 | 3.3 |
| 办公楼 | 475.05 | 10.3 |
| 商业营业用房 | 337.91 | -9.5 |
| 房屋建筑、销售面积(万平方米) | | |
| 商品房施工面积 | 13900.54 | -3.5 |
| 住宅面积 | 7134.35 | -5.1 |
| 商品房新开工面积 | 1996.24 | 10.4 |
| 住宅面积面积 | 1117.31 | 14.9 |
| 商品房竣工面积 | 2194.22 | 0.7 |
| 住宅面积 | 1280.47 | 7.5 |
| 商品房销售面积 | 1310.37 | -0.3 |
| 住宅面积 | 1055.58 | 1.1 |

资料来源：上海市统计局网站。

表2为2016年上海各区县房地产经营基本情况，包含房屋施工面积和房屋竣工面积两个指标，从房屋施工面积来看，上海房屋施工面积较大的地区主要为浦东新区、闵行区、宝山区、虹口区、普陀区和长宁区，占上海房屋施工面积的比重均超过5%，奉贤区房屋施工面积以947.07万平方米位居上海16个区的第10位；房屋竣工面积较大的地区为浦东新区、虹口区、普陀区、宝山区、闵行区、长宁区和松江区，占上海房屋竣工面积的比重均超过5%，奉贤区房屋竣工面积以191.31万平方米排名第11位。浦东新区、普陀区、虹口区、闵行区和嘉定区的住宅房屋竣工面积位列上海市前五位，奉贤区的住宅房屋竣工面积以69.79万平方米排名第13位。总而言之，奉贤区的房地产经营基本情况处于上海各区县中等偏下的位置。

**表2　2016年上海市各区房地产经营基本情况**

单位：万平方米

| 地区 | 房屋施工面积 | 房屋竣工面积 | 住宅房屋竣工面积 |
|---|---|---|---|
| 浦东新区 | 12566.29 | 2148.27 | 922.22 |
| 黄浦区 | 371.57 | 103.53 | 69.67 |
| 徐汇区 | 682.92 | 269.20 | 234.26 |
| 长宁区 | 2282.86 | 521.50 | 269.56 |
| 静安区 | 1378.27 | 322.51 | 176.77 |
| 普陀区 | 2576.81 | 685.62 | 572.05 |
| 虹口区 | 3079.92 | 759.86 | 549.87 |
| 杨浦区 | 801.68 | 149.16 | 109.51 |
| 闵行区 | 5239.25 | 655.43 | 337.47 |
| 宝山区 | 3322.96 | 673.42 | 213.53 |
| 嘉定区 | 954.15 | 352.96 | 277.92 |
| 金山区 | 193.86 | 45.79 | 11.92 |
| 松江区 | 1036.05 | 423.75 | 148.27 |
| 青浦区 | 525.65 | 136.52 | 91.63 |
| 奉贤区 | 947.07 | 191.31 | 69.79 |
| 崇明区 | 60.41 | 42.33 | 14.36 |
| 总计 | 36019.72 | 7481.15 | 4068.83 |

资料来源：《上海市统计年鉴》。

表3为2016年上海各区县房屋征收情况，由于各区提供的数据有差异，表中仅有11个区的房屋征收情况。在房屋征收户数方面，静安区、黄浦区、虹口区、杨浦区和普陀区位列前五位；在房屋征收面积方面，静安区、青浦区、杨浦区、虹口区和黄浦区位列前五位。房屋征收是对居民百姓居住房屋的土地使用权的有偿回收，从奉贤区《政府工作报告》中可知，2017年全区完成5622户村庄改造。

**表3　2016年上海各区房屋征收情况**

单位：户，万平方米

| 地　区 | 房屋征收户数 | 房屋征收居民住宅户数 | 房屋征收面积 | 居民住宅面积 |
|---|---|---|---|---|
| 浦东新区 | 553 | 547 | 22462 | 21497 |
| 黄浦区 | 6675 | 6437 | 205297 | 196337 |
| 徐汇区 | 154 | 147 | 12299 | 8095 |
| 长宁区 | 498 | 495 | 22094 | 21968 |
| 静安区 | 7912 | 7484 | 357590 | 235249 |
| 普陀区 | 1316 | 1310 | 42252 | 42047 |
| 虹口区 | 6504 | 6206 | 213074 | 195681 |
| 杨浦区 | 4796 | 4434 | 227433 | 139015 |
| 闵行区 | 1 | — | 500 | — |
| 嘉定区 | 3 | 3 | 88 | 88 |
| 青浦区 | 14 | — | 261587 | — |
| 总计 | 28426 | 27063 | 1364676 | 859977 |

资料来源：《上海市统计年鉴》。

## （二）奉贤区房地产市场主要指标动态分析

2017年，奉贤区进一步完善住房保障体系，坚持“房子是用来住的、不是用来炒的”的定位，严格执行中央和上海市的宏观调控政策，促进房地产市场平稳健康发展。

在商品房市场，2017年房地产市场销售缩量。2017年全年实现房地产业增加值37.9亿元，同比下降20.0%（见图1），正如2018年奉贤经济蓝皮书预测，在2016年奉贤区房地产经历新一轮的增长后，在全国严控房价的背景下，奉贤区的房地产市场逐渐降温，2017 年便有效地进入降温期，房地产市场进入一段理性的调整期。

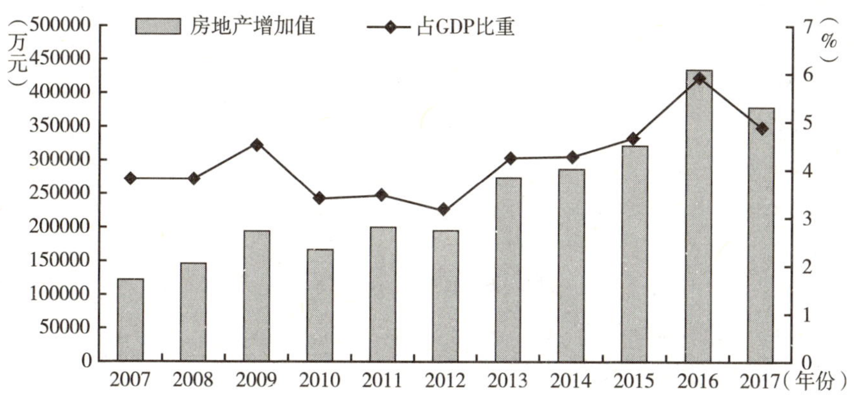


**图 1　2007～2017 年奉贤区房地产增加值及其占 GDP 比重**

资料来源：《奉贤区统计年鉴》。

2017 年房地产开发投资 185.2 亿元，比上年增长 20.4%（见图 2）；房地产开发计划投资 334.8 亿元，同比增长 38.63%；房屋施工面积为 1061.3 万平方米，同比增长 12.3%（见图 3）。这与房地产开发计划投资与房屋施工面积变化趋势基本一致的规律相符。

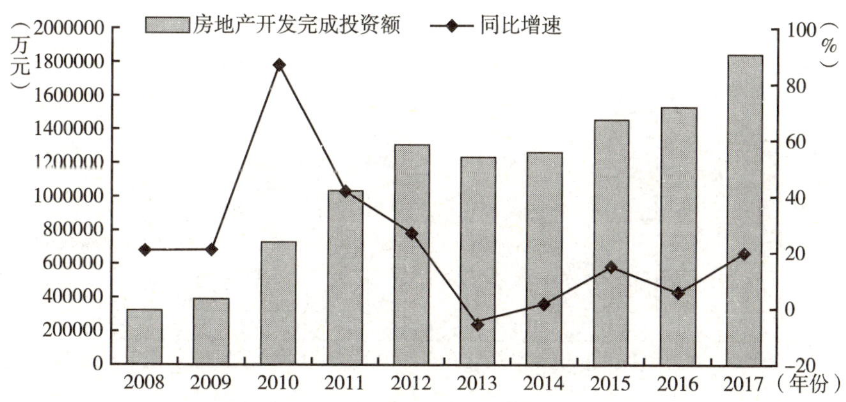


**图 2　2008～2017 年奉贤区房地产开发投资额及其同比增速**

资料来源：《奉贤区统计年鉴》。

从图2和图3中可以看到，2017年奉贤区的房地产开发投资额和房地产开发计划投资额都处于历史最高水平，可以推断未来2018～2019年奉贤房地产市场总体上仍处于增长的趋势。

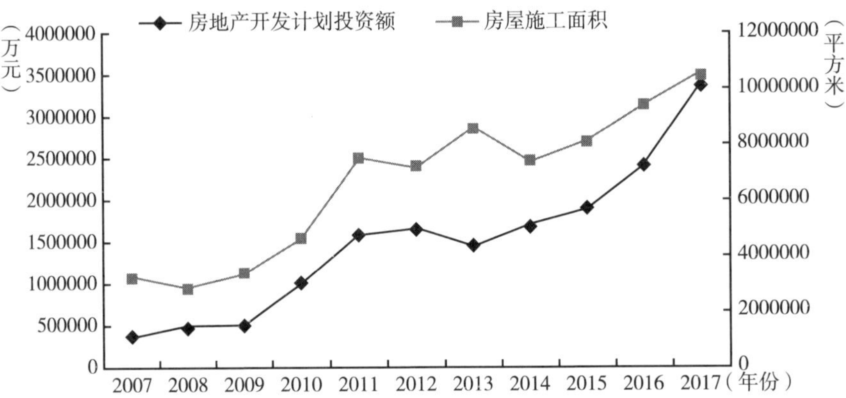


**图3　2007～2017年奉贤区房地产开发计划投资额及房屋施工面积**

资料来源：《奉贤区统计年鉴》。

2017年奉贤房屋竣工面积为130.3万平方米，同比增长366.4%；房地产开发新增固定资产55.83亿元，同比增长118.52%（见图4）。

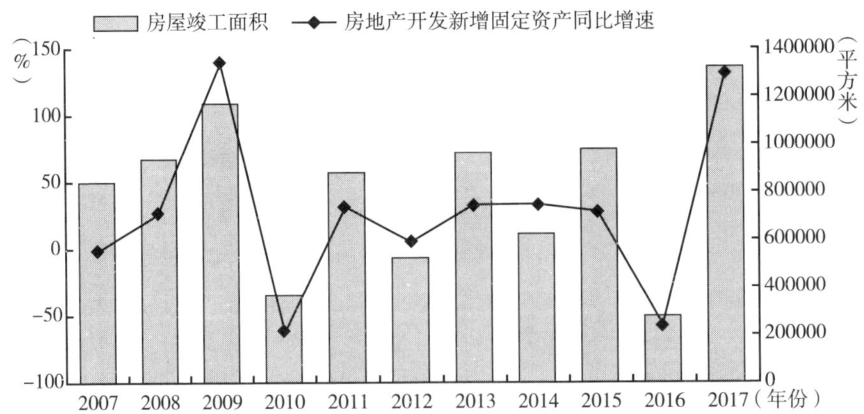


**图4　2007～2017年奉贤区房屋竣工面积及房地产开发新增固定资产同比增速**

资料来源：《奉贤区统计年鉴》。

图4中趋势基本符合房地产开发新增固定资产的变化与房屋竣工面积的变化一致的规律。尤其在2017年，房屋竣工面积达到历史新高，房地产开发新增固定资产的增幅也达到历史较大值，可以预判的是，未来奉贤的房地产市场在一轮降温后会迎接春天。

2017年全区商品房销售面积为66.3万平方米，同比下降29.2%，降幅比上年扩大24个百分点；全区商品房销售额为86.9亿元，同比下降46.9%。2017年奉贤区的商品房销售全面遇冷，主要原因系2016年奉贤区商品房竣工面积仅为27.93万平方米，可售商品房的供给较少。而2017年奉贤区新竣工商品房面积较2016年有极大的增长，预计2018年奉贤区商品房销售面积和销售金额都有较大的增长空间。

## （三）2018年1～9月奉贤区房地产交易市场主要指标

2018年1～9月，奉贤区房地产计划投资额为359.63亿元，同比增长9.3%，完成投资额为177.92亿元，同比增长22.9%（见表5），在销售缩量的情况下，奉贤区房地产市场的投资额依然呈现增长的趋势，本文将于第二节讨论奉贤区房地产市场开发热的原因。

**表4　2018年1～9月房地产开发情况**

| | 1～9月累计 | 增长(%) |
|---|---|---|
| 房地产开发企业(户) | 117 | — |
| 自开始建设累计完成投资(万元) | 7549186 | 25.6 |
| 计划投资(万元) | 3596342 | 9.3 |
| 完成投资(万元) | 1779200 | 22.9 |

2018年1～9月，奉贤区房地产房屋施工面积为11782741平方米，同比增长13.4%，其中新开工面积是2644728平方米，同比增长91.9%；房屋竣工面积为890103平方米，同比增长62%，其中住宅竣工面积为636386平方米，同比增长52.9%。值得注意的是，2018年1～9月，奉贤区现房销售面积为235416平方米，同比增长135.6%；期房销售面积为471119平方

米，同比增长106.5%；现房销售额为23.06亿元，期房销售额为142.56亿元，同比分别增长65%和222.3%（见表5）。相比于2017年商品房销售面积和销售额大幅度下降，2018年的商品房销售逐渐回暖。

**表5　2018年1~9月奉贤区房地产经营情况**

| | 1~9月累计 | 增长(%) |
|---|---|---|
| 房屋施工面积(平方米) | 11782741 | 13.4 |
| 新开工面积 | 2644728 | 91.9 |
| 房屋竣工面积(平方米) | 890103 | 62.0 |
| 住宅面积 | 636386 | 52.9 |
| 现房销售面积(平方米) | 235416 | 135.6 |
| 住宅面积 | 209368 | 338.0 |
| 期房销售面积(平方米) | 471119 | 106.5 |
| 住宅面积 | 469378 | 159.0 |
| 现房销售额(万元) | 230623 | 65.0 |
| 期房销售额(万元) | 1425554 | 222.3 |
| 商品房空置面积(平方米) | 967266 | 74.5 |

## （四）2018年奉贤区保障性住房主要指标

奉贤区加快建立多主体供给、多渠道保障、租购并举的住房制度，该住房制度从以下三个方面出发。

一是加快培育和发展住房租赁市场。2017年新增租赁房源8000套、代理经租房源4500套（间）。奉贤区计划至2018年年底完成的任务与2017年相同。截至2018年7月底，已筹集租赁住房房源3462套，完成全年计划的43%，其中，新增商品房开发商自持15%部分合计完成1683套，商品住房或公有住房转用作租赁住房118套，园区配套建设租赁住房719套，非居存量改建租赁住房430套，单位租赁房512套，积极增加租赁住房市场的供给。代理经租房源完成收储5538套（间），已完成计划目标的123%，其中5002套（间）已出租。2017年以来已出让10幅地块、1683套房源，计划2018年11月底前再出让3幅地块、约500套房源。海港开发区新建租赁住房项目，将所建房屋全部用于租赁，向临港奉贤园区企业等供应。

二是增加各类保障性住房。2017年全年新增各类保障性住房3991套，其中动迁安置房3387套，安置动迁户1299户，推进动迁安置房建设项目18个，完成141万平方米大居市属保障房建设。全面完成第一轮住宅小区综合治理三年行动计划，老旧小区综合改造31万平方米，完成57万平方米二次供水设施改造。稳妥实施“类住宅”项目清理整顿，促使房地产市场平稳健康运行。

2018年计划推进动迁安置房建设项目28个，319.74万平方米，28555套。截至2018年9月，计划新开工项目6个，已开工2个（14.73万平方米，997套）；计划竣工项目1个（27.4万平方米，1835套），该项目正处于装饰装修施工阶段，可按期竣工；计划交付使用项目8个，已交付4个项目（53万平方米，3842套）；推进结转在建项目3个，共37.32万平方米，2994套。除上述18个项目外，继续推进预备开工项目10个，共80.92万平方米，9583套，其中2个项目有望年内开工，1个项目正在办理开工手续。动迁安置居民方面，2018年计划安置1662户。截至2018年9月，已安置797户。全区目前尚有在外过渡动迁户2781户（集体土地动迁农户2401户，国有土地动迁居民380户）。

三是增加廉租住房的供给。2017年奉贤区廉租住房新增租金配租54户，对符合条件的廉租住房租金配租申请的家庭做到“应保尽保”。完成2017批次共有产权保障房申请、受理工作，218户家庭通过审核并公示。公共租赁住房竣工231套，完成率为90%。完成3.82万平方米老旧住房安全隐患处置和31.28万平方米旧住房综合改造工程。至2017年末，奉贤区累计已签约的商品房配建保障房项目为49个，合计3865套，29.65万平方米。

截至2018年9月，奉贤区享受廉租租金补贴的有1094户，实物配租有99户。共有91户家庭申请廉租住房，29户家庭通过审核已享受廉租补贴，准入标准调整后在保家庭补贴金额调整已完成67户。

加快培育和发展住房租赁市场、增加各类保障性住房和廉租住房的供给，极大地丰富了保障房项目的供给，从而为奉贤区吸引区外先进的人才和保障人民生活提供了基本的住房支持。

## 二　奉贤区房地产市场开发经营情况分析

### （一）2017～2018年房地产开发投资持续增长

2017年奉贤区房地产开发计划投资334.8亿元，完成投资185.17亿元，其中住宅完成投资150.37亿元，占总完成投资的81.21%，同比增长64.89%；住宅中90平方米及以下的完成投资88.70亿元，114平方米以上住宅的完成投资2.33亿元，别墅、高档公寓完成投资8.02亿元；办公楼完成投资4.93亿元，同比增长17.59%，占总完成投资的2.66%；商业营业用房完成投资8.28亿元，同比增长44.07%，占总完成投资的4.47%（见图5）。可以看到，2017年房地产开发完成投资额同比增长20.37%，其中增长最快的是住宅开发，其次是商业营业用房开发，办公楼开发完成投资额的增长速度较缓。

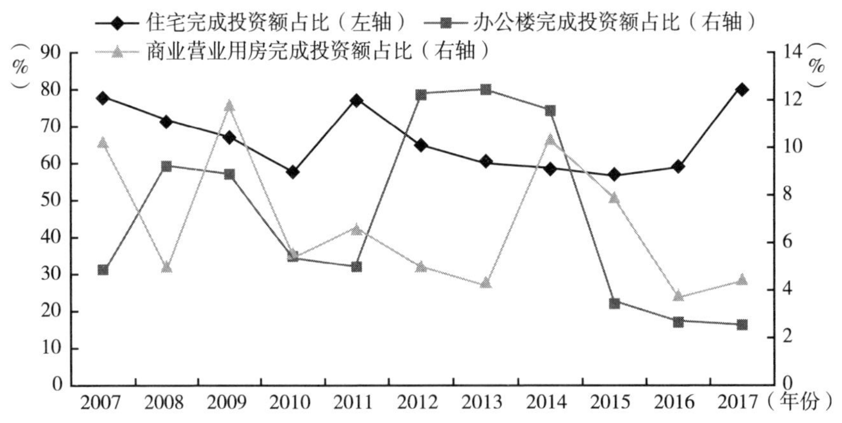


**图5　2007～2017年奉贤区房地产开发完成投资额占比**

资料来源：《奉贤区统计年鉴》。

从投资构成看，2017年房地产开发投资中建筑工程投资98.02亿元，比上年同期增长26.66%，占房地产开发投资总额的52.94%，占比同比上升2.63个百分点（见图6）。从图6中可知，建筑工程投资占房地产开发投资的比重最大，且有下降的趋势。

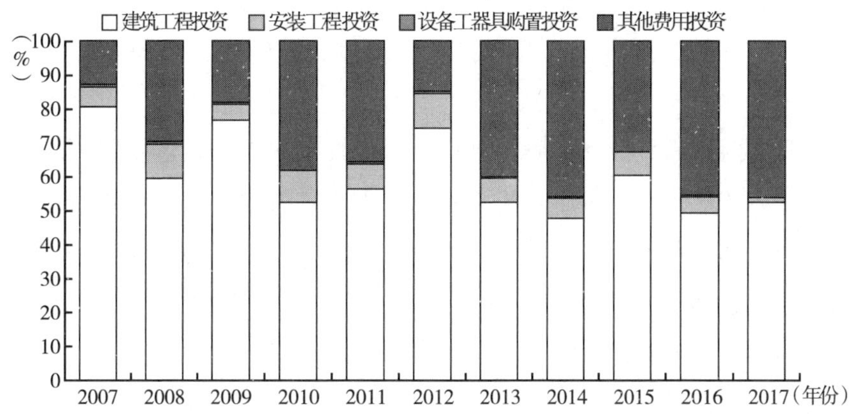


**图6　2007～2017年奉贤区房地产开发投资额构成比例**

资料来源：《奉贤区统计年鉴》。

2017年奉贤区房地产市场的土地购置费为76.20亿元，同比增长19.95%，占房地产开发投资总额的41.15%，占比同比下降0.15个百分点（见图7）。

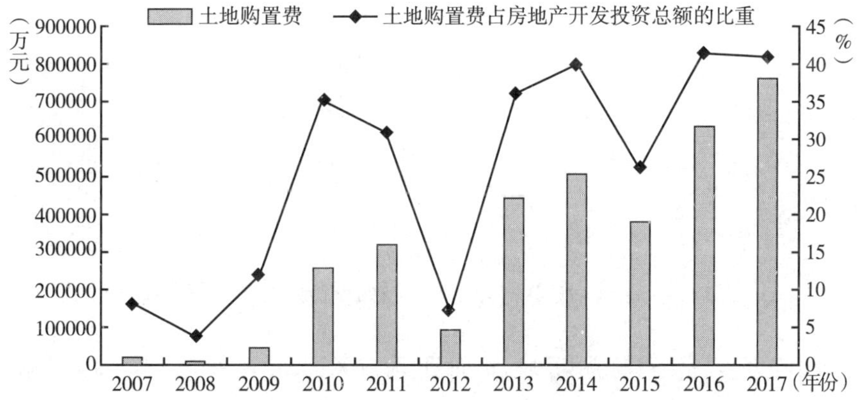


**图7　2007～2017年奉贤区房地产开发土地购置费及其占房地产开发投资总额的比重**

资料来源：《奉贤区统计年鉴》。

2018 年 1 ~9 月，奉贤区房地产开发投资额为 177.92 亿元，比上年同期增长 22.9%，增速同比上升 3 个百分点，占全社会固定资产投资的比重为 58.2%，同比提高 0.56 个百分点。因此，可以总结，奉贤区 2017 年至 2018 年的房地产开发投资持续增长，房地产市场的开发保持稳定增长。

从增长因素看，已入库的商品房大项目带动房地产市场投资的作用明显。例如，2018 年上半年，上海中铁京贤房地产有限公司（中铁房地产集团）的南桥镇 D－01－13 区域、上海励治房地产开发有限公司（碧桂园）的奉贤区南桥新城 16 单元 32－04 地块、上海中海海煦房地产有限公司（中海地产集团）的奉城镇 57－05 区域地块（6 月新增）、上海恒冉房地产开发有限公司（恒盛地产）的馨雅名邸、上海湾碧房地产开发有限公司（碧桂园）的海湾碧桂园项目（6 月新增）等 20 个项目投资额均超过 2 亿元，合计拉动投资 77.09 亿元，而 2017 年同期仅 17 个项目的投资额超过 2 亿元。

从房屋类型看，2018 年上半年，住宅投资 79.41 亿元，比上年同期增长 15.1%，占全部房地产开发投资的 74.6%；办公楼投资 1.70 亿元，同比下降 64.5%，比上年同期下降扩大 43.05 个百分点，持续的下降原因系工业、服务业企业的外迁；商业营业用房投资 8.47 亿元，同比增长 12.1%；其他房屋投资 16.94 亿元，同比增长 56.5%。

从投资构成看，土地购置费增幅略有增加。2018 年上半年，房地产开发投资中建筑工程投资 61.73 亿元，比上年同期增长 19.2%；土地购置费为 39.31 亿元，同比增长 16.7%，占全部房地产开发投资的 36.9%，占比同比下降 0.3 个百分点。

### （二）2017 ~2018年房地产建设经营规模略有扩大

2017 年奉贤区商品房施工面积为 1061.25 万平方米，同比增长 12.28%，其中新开工面积为 159.30 万平方米，同比下降 54.63%，住宅新开工面积是 119.16 万平方米，同比下降 52.22%，住宅新开工面积占本年新开工面积的 74.80%，占比同比增加 3.77 个百分点（见图 8）。

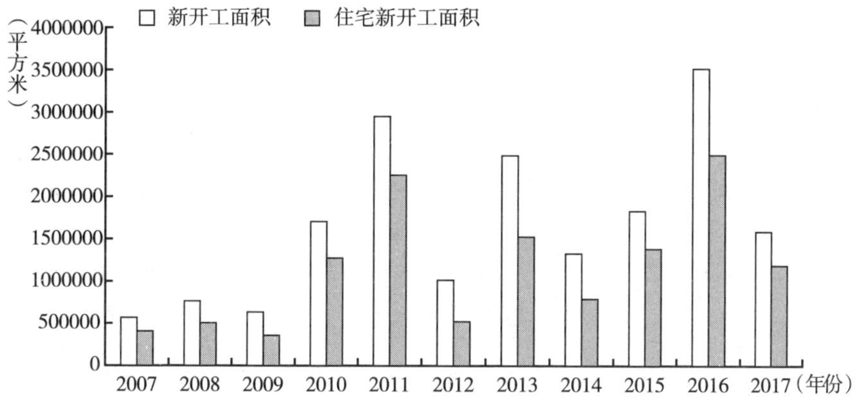


**图8　2007～2017年奉贤区房地产新开工面积和住宅新开工面积**

资料来源：《奉贤区统计年鉴》。

2017年奉贤区商品房竣工面积为130.27万平方米，同比增长366.39%，其中住宅房屋竣工面积是98.81万平方米，同比增长429.06%（见图9）。

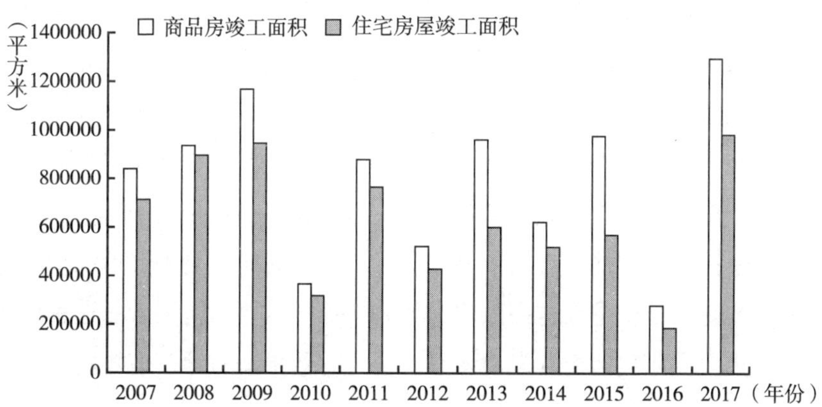


**图9　2007～2017年奉贤区商品房竣工面积和住宅房屋竣工面积**

资料来源：《奉贤区统计年鉴》。

2018年1～9月，奉贤区商品房施工面积为1178.27万平方米，比上年同期增长13.4%，其中，新开工面积为264.47万平方米，同比增长91.9%。商品房竣工面积为89.01万平方米，同比增长62%，其中，住宅房屋竣工面积为63.63万平方米，同比增长52.9%。可以看出，2017～2018年奉贤区房地产建设经营规模略有增长，主要原因是包含2017年结转项目的施工面积。

### （三）奉贤区房地产市场开发投资增长和建设经营规模扩大的原因

从地理位置因素分析，奉贤区位于上海市西南部，北倚黄浦江，南临杭州湾，东邻南汇区，西与金山区、松江区毗连，北与闵行区隔江相望。奉贤区处于上海市的远郊地段，承接上海市区的产业发展和人口压力。上海主城区的房地产开发趋于饱和，开发商逐渐转向周边区域进行商品房和商业的开发，其中奉贤区、松江区、嘉定区、青浦区都因为毗邻主城区，相比于崇明区、金山区离主城区较远的区域，其房地产开发收益较多、总量较大。从上海房地产市场的视角看，奉贤区处于中位水平，与其位置、人口、功能定位基本相符，随着上海市城镇化的逐步扩张，奉贤区房地产的开发投资和建设经营的潜力都较大。

从基础设施建设因素分析，2017～2018年奉贤人民盼望已久的轨交5号线南延伸段建成通车，全市首条BRT快速公交上线运营。运河北路－泽丰路下穿地道、金海中路（大叶公路－平庄公路）、浦卫北路等六个项目实现竣工，闵浦三桥、G228、大叶公路（城区段）、望园路南延伸等六个项目加快推进，S3、金海南路（G228以南）、秀南路北延伸等六个项目启动建设。交通便捷程度的提高有助于缩短居民的通勤时间，是更好地承接上海市人口的重要基础，也是促进商品房销售和增值的重要影响因素。这种改善有利于吸引更多优质房地产开发商入驻奉贤，有效推动房地产市场的开发投资增长。

从区域经济发展因素分析，奉贤区在2017年收获颇丰，尤其在引入优质企业上硕果累累。在全国唯一的“中国化妆品产业之都”落户奉贤之后，奉贤区成功引进了药明康德等龙头企业，上美一期、康美药业等9个项目建成，君实生物、百雀羚二期等13个项目开工。另外，奉贤区成功引进康达新材、万泽精密、术凯医疗等一批新材料、高端装备、人工智能领域项目。

区内增加了3家A股上市公司和2家跨国公司总部。优质企业与项目的流入，推动了人口和资源的流入，刺激了房地产的需求端增长。

## 三　2017年奉贤区房地产市场销售缩量

### （一）商品房销售面积缩窄，尤其是非普通住房

2017年全区商品房销售面积为66.3万平方米，同比下降29.25%，降幅比上年扩大24个百分点；其中，住宅商品房销售面积为55.9万平方米，同比下降21.71%，降幅比上年扩大2.1个百分点（见图10）。全区空置房面积为77.4万平方米，同比增长42.4%，住宅待售面积为46.33万平方米，同比增长85.63%。

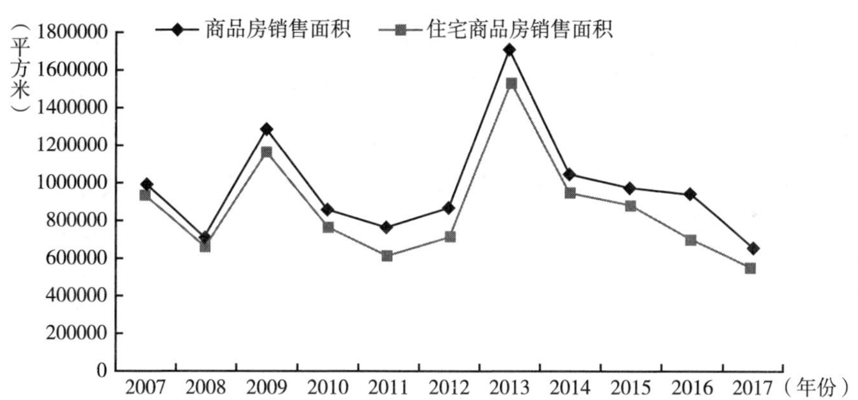


**图10　2007～2017年奉贤区商品房和住宅商品房销售面积**

资料来源：《奉贤区统计年鉴》。

就住宅商品房而言，2017年奉贤区90平方米及以下商品房销售面积为14.05万平方米，同比下降57.05%；而114平方米及以上商品房销售面积是0.84万平方米，同比下降92.88%。在住宅商品房销售面积下降的过程中，非普通住宅的下降幅度较普通住宅更大，尤其是别墅、高档公寓商品房销售面积为1.41万平方米，同比下降94.37%，与上年同期相比降幅扩大82.64个百分点（见图11）。

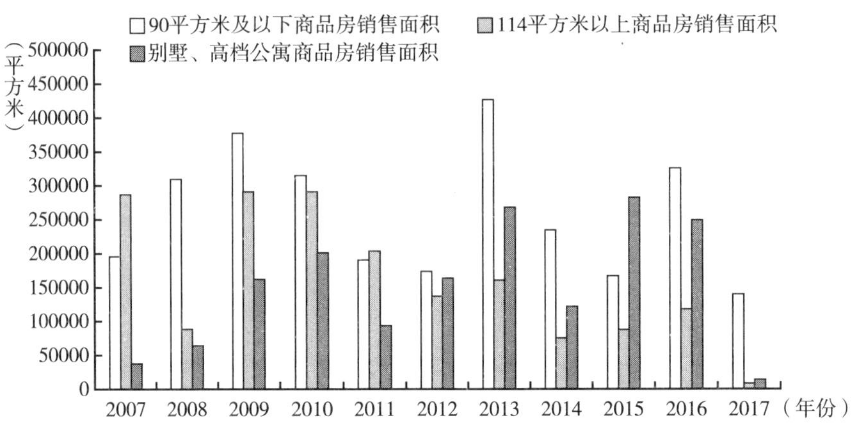


**图 11　2007～2017 年奉贤区住宅商品房销售面积情况**

资料来源：《奉贤区统计年鉴》。

从表 6 中可以发现，奉贤区房地产住宅待售面积的增长主要源于 2017 年的新竣工商品房，即待售 1 年以内的住宅面积共 30.71 万平方米，占 2017 年住宅待售面积的 66.28%。因为新竣工房屋的销售需要时间，所以待售面积随竣工面积的增长而增长属于正常现象。如果剔除新竣工房屋的影响，奉贤区商品房的去化情况良好，并没有出现大量商品房积压的情况。

**表 6　2017 年奉贤区房地产待售面积**

单位：平方米

| 指标 | 合计 | 住宅 | 办公楼 | 商业营业用房 | 其他 |
|---|---|---|---|---|---|
| 待售面积 | 774201 | 463389 | 157111 | 78469 | 75232 |
| 待售 1 年以内 | 447669 | 307114 | 74688 | 18428 | 47439 |
| 待售 1～3 年(含 1 年) | 167269 | 42240 | 73385 | 23851 | 27793 |
| 待售 3 年以上(含 3 年) | 159263 | 114035 | 9038 | 36190 | — |

奉贤区 2016 年新竣工房屋面积仅为 27.93 万平方米，商品房的供应不足也是造成 2017 年奉贤商品房的销售面积和销售金额双降的主要原因之一。

可以总结，受商品房供给较少和房地产紧缩政策影响，奉贤区2017年商品房销售面积和销售金额均有较大幅度的下降，但奉贤区商品房整体的去化能力并没有显著下降。随着2017～2018年商品房供给的较大增长，奉贤区未来商品房的销售有着良好的增长空间。

## （二）商品房销售额缩量继续上涨，尤其是非普通住房

2017年奉贤区商品房销售额为86.9亿元，同比下降46.9%，降幅比上年扩大47.96个百分点；其中住宅商品房销售额为79.94亿元，同比下降36.81%，降幅比上年扩大21.70个百分点；住宅商品房销售额占全区商品房销售额的92%，占比与上年同期相比增加14.76个百分点（见图12）。

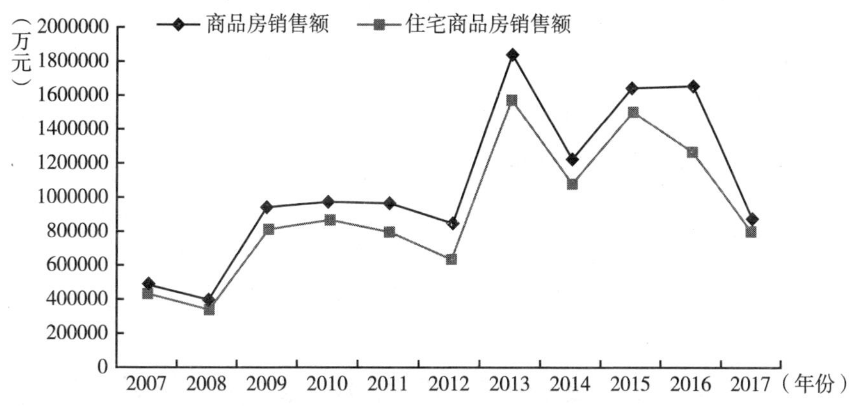


**图12　2007～2017年奉贤区商品房和住宅商品房销售额**

资料来源：《奉贤区统计年鉴》。

就住宅商品房而言，2017年奉贤区90平方米及以下商品房销售额为25.39亿元，同比下降47.21%；而114平方米及以上商品房销售额是2.10亿元，同比下降90.75%，可见非普通住宅的销售额下降较大，尤其是别墅、高档公寓商品房销售额为4.96亿元，同比下降88.73%，与上年同期相比降幅扩大68.79个百分点（见图13）。

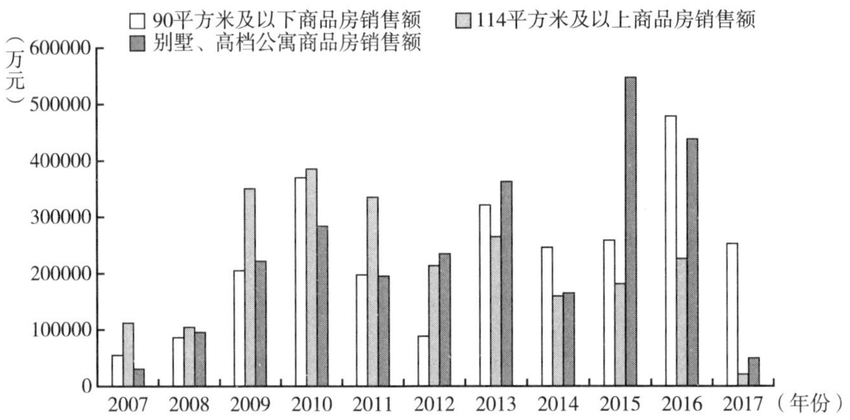


**图 13　2007～2017 年奉贤区各类住宅商品房销售额情况**

资料来源：《奉贤区统计年鉴》。

2017 年奉贤区待售面积是 77.42 万平方米，同比增长 42.40%，与上年同期相比增加 67.95 个百分点，其中住宅待售面积为 46.33 万平方米，同比增长 85.63%，与上年同期相比增加 126.21 个百分点，这增加了 2018～2019 年奉贤房地产市场的供给量。

## 四　奉贤区房地产市场融资的特点

### （一）房地产市场融资中自筹资金占比最高，其次是国内贷款

2017 年奉贤区各类资金来源的资金合计 237.11 亿元，同比增长 21.29%，其中国内贷款为 96.51 亿元，同比增长 79.21%，占各类资金来源的资金总额的 40.70%；自筹资金为 114.42 亿元，同比增长 27.95%，占各类资金来源的资金总额的 48.26%；其他资金来源为 26.18 亿元，同比下降 49.87%（见图 14）。

2018 年上半年，奉贤区房地产项目到位资金为 151.66 亿元，比上年同期增长 4.5%，其中国内贷款到位资金为 47.30 亿元，同比下降 3.6%；

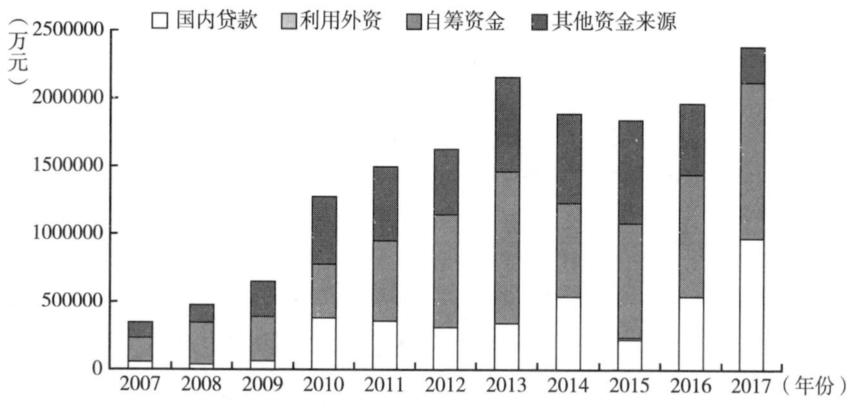


**图14　2007～2017年奉贤区房地产各类当期资金来源情况**

资料来源：《奉贤区统计年鉴》。

自筹资金到位资金为49.73亿元，同比下降34.6%；其他资金到位资金为54.63亿元，同比增长172.8%（见表7）。2018年上半年的国内贷款和自筹资金同比有下降的趋势，说明2018年的奉贤区房地产市场融资环境更加收紧。

**表7　2018年上半年奉贤区房地产开发企业到位资金情况**

单位：亿元，%

| 指标 | 到位资金 | 比上年同期增长 | 比重 |
|---|---|---|---|
| 本年到位资金 | 151.66 | 4.5 | 100.0 |
| 国内贷款 | 47.30 | -3.6 | 31.2 |
| 自筹资金 | 49.73 | -34.6 | 32.8 |
| 其他资金 | 54.63 | 172.8 | 36.0 |

## （二）个人按揭贷款降幅较大

2017年奉贤区各类资金来源的资金合计237.11亿元，在贷款方面，银行贷款为81.12亿元，同比增长57.50%，占资金总额的34.21%，与上年同期相比增加7.87个百分点；个人按揭贷款为9.45亿元，同比下降42.34%，占资金总额的3.98%，与上年同期相比减少4.40个百分点（见

图15），2017年的个人按揭贷款的降幅较大，主要原因系2017年奉贤区房屋销售金额下降较多。

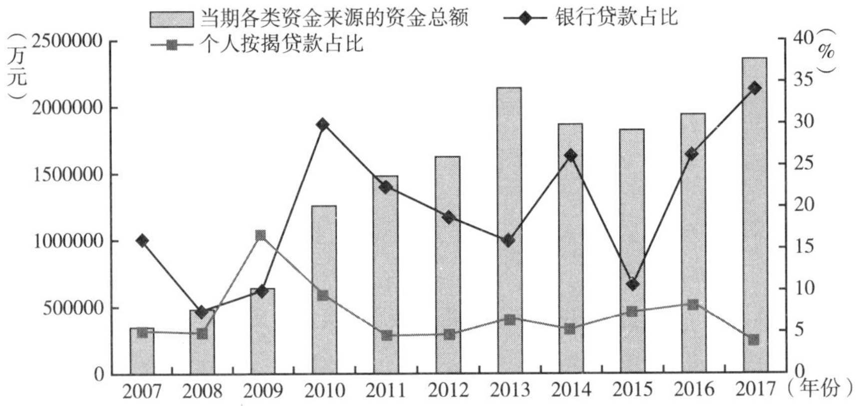


**图15　2007～2017年奉贤区房地产当期各类资金来源的资金总额和贷款占比趋势**

资料来源：《奉贤区统计年鉴》。

## 五　奉贤区房地产市场发展需要关注的问题和挑战

### （一）房地产市场以“控风险”为基调，限价调控政策将继续

2017年，上海市认真执行中央的各项房地产调控政策，针对上海房地产市场的具体情况，加强了对土地市场、销售秩序和商住的调控力度：3月31日出台“土地出让新规”，从根本上杜绝了类住宅产品的建设；5月3日，出台“商品住房预销售行为规范”，规范开发商的开盘销售行为；5月17日，出台“类住宅整顿意见”，停止审批公寓式办公项目。另外，上海加强对住房租赁市场的政策扶持力度。

奉贤区房地产市场的政策与上海房地产市场调控方向一致，限售、限价政策调控将继续一段时间，通过行政干预的手段防止一手房价格的大幅波动。限价定然会给开发商带来利润的挤压，从而影响房屋的交付质量和标准，在这个过程中需要平衡房地产限价调控与多主体供给、多渠道保障、租购并举的住房制度的关系；需要政府对房地产项目交付质量加强监管，从而保障居民在购买商品房过程中不因限价调控政策的良好初衷而遭遇房屋的质量问题，保护消费者的权益。

### （二）房地产市场总体下行，融资压力明显

在资金层面，坚持“房子是用来住的，不是用来炒的”的定位，继续实行差别化调控，抑制居民杠杆率，严控个人贷款违规流入房地产市场。继续遏制房地产泡沫化，严格查处违规房地产融资行为。中央强调强化金融监管，延续金融的去杠杆政策，货币政策保持稳健中性。而房地产市场融资采用银行开发贷、信托等非标融资、发行债等方式，随着当前政府严控资金流入房市，房地产企业的银行开发贷、非标融资均面临不同程度的监管趋严影响，而债券的发行主体仍是国企、上市房企，融资压力明显，这也是奉贤房地产项目面临的问题。

房地产行业具有小周期的特点，2015～2016年奉贤房地产经历一轮增长后，房地产市场总体下行。其中，投资需求受到货币政策、调控政策和市场总体下行的影响而被遏制，从而加剧了房市下行。在下行的趋势下，奉贤房地产市场优胜劣汰，具有多渠道融资方式、内控严格、注重品质的优秀房地产企业和项目将会在这个过程中脱颖而出，房地产分化显著，而融资压力大的房产小企业会在这轮竞争中受到较大影响。

### （三）房地产开发投资和经营稳步增长与商品房销售缩量的矛盾

奉贤房地产市场的开发投资和经营2017～2018年稳步增长，加之建设多主体供给、多渠道保障、租购并举的住房制度，奉贤的租房市场发展，可见奉贤全区房地产市场的供给量是充分的。

但随着中央的宏观调控和房地产市场周期性下行，房地产的需求端受到抑制，这给房地产企业的销售带来了压力，从而形成房地产开发投资和经营稳步增长与商品房销售缩量的矛盾。因此，如若无法提高销售量，则会造成房屋库存的增加。

## 六 奉贤区房地产市场发展的趋势判断

### （一）2018～2019年奉贤区房地产开发投资和经营建设稳步增长

2018 年下半年磐圣、磐臣、金闵（计划总投资均超过 30 亿元）等多家房地产公司的大型房地产项目纳入统计，预计带动投资 42 亿元，从而使得 2018 年至 2019 年的房地产投资稳步增长，这与 2017～2018 年房地产开发投资持续增长的趋势一致。

此外，截至 2018 年 10 月，奉贤区国有土地上房屋征收工作已启动项目 2 个（肖塘“城中村”和沪杭公路大修工程）；拆迁基地收尾项目 1 个（惠利空调）。2018 年的房屋征收工作稳步进行。

### （二）2018～2019年商品房销售有所增长

2018 年上半年，奉贤区新建商品房销售面积为 27.01 万平方米，比上年同期增长 12.4%。其中，住宅销售面积为 26.16 万平方米，同比增长 65.0%。其主要原因是上海励治房地产开发有限公司奉贤区南桥新城 16 单元 32－04 地块项目期房销售。2018 年上半年，奉贤区商品房待售面积为 90.30 万平方米，比上年同期增长 57.7%，增幅提高了 68.3 个百分点。其中，住宅待售面积为 47.20 万平方米，增长 96.1%。主要原因是上海金湾兆业房地产开发有限公司的佳兆业 8 号项目和上海新城创贤房地产有限公司的奉城镇 44－10 地块项目竣工。

与 2017～2018 年奉贤区房地产市场销售缩量的趋势不同，奉贤区房地产在经历 2017～2018 年宏观调控下房地产销售缩量后，出现一定程度的回暖是合理的。

### （三）2018～2019年奉贤区房地产融资环境持续收紧

2018 年上半年，奉贤区房地产项目国内贷款为 47.30 亿元，同比下降

3.6%；自筹资金为49.73亿元，同比下降34.6%，这与2017 ~2018 年国内贷款和自筹资金同比上升的趋势相反。奉贤区房地产融资特点同我国的房地产融资特点一样，融资主要依靠银行贷款和自筹资金，而银行贷款继续收紧会带来奉贤区房地产市场融资环境更加收紧的局面。

## 七 总结

2017 ~2018 年奉贤区房地产开发投资持续增长，房地产建设经营规模略有扩大；受限于2016 年商品房的较低的供给量和近两年房地产紧缩的政策环境，2017 年奉贤区商品房销售面积缩窄，商品房销售额缩量继续上涨，但是总体去化情况良好。随着2017 ~2018 年商品房建设投资的完成，奉贤区商品房供应有较大增长，未来销售面积和销售金额都有较大的提升空间；融资方面，奉贤区房地产市场融资环境继续缩紧，融资中的自筹资金占比最高，其次是国内贷款，这与国内房地产行业“去杠杆”的方向一致。可以预测，2019 年奉贤房地产市场在“控风险”的大环境下，房地产融资环境持续缩紧，商品房销售在一段时间的缩量后会有所增长，而房地产开发投资稳步增长，经营建设稳步扩大。从短期来看，奉贤区房地产市场仍处于一段理性调整期，但从长期来看，奉贤区的房地产市场总体上呈现增长的趋势。

**参考文献**

郭连强、刘力臻、祝国平：《我国房地产金融创新面临的突出问题与对策》，《经济纵横》2015 年第3 期。

许宪春、贾海、李皎、李俊波：《房地产经济对中国国民经济增长的作用研究》，《中国社会科学》2015 年第1 期。

张小宇、刘金全：《货币政策、产出冲击对房地产市场影响机制——基于经济发展新常态时期的分析》，《中国工业经济》2015 年第12 期。

何青、钱宗鑫、郭俊杰：《房地产驱动了中国经济周期吗?》，《经济研究》2015 年第 12 期。

陈诗一、王祥：《融资成本、房地产价格波动与货币政策传导》，《金融研究》2016 年第 3 期。

安辉、王瑞东：《我国房地产价格影响因素的实证分析——兼论当前房地产调控政策》，《财经科学》2013 年第 3 期。

# 专题研究篇

**Special Topics**

# B.10 奉贤中小企业科技创新活力区建设跟踪研究

王永水　杜学峰*

**摘　要：** 奉贤中小企业科技创新活力区建设是响应国家创新驱动发展战略、服务上海建设全球有影响力的科技创新中心的重要举措，是奉贤区积极主动对接、充分挖掘自身禀赋的选择，也是打造上海先进制造业的重要承载区的必然选择。为此，奉贤区出台了一系列政策，为中小企业科技创新活力区建设营造良好的创新氛围，也为未来中小企业科技创新活力区建设纵深发展提供坚实的制度保障。目前，中小企业科技创新活力区建设已经取得一定成效，

* 王永水，经济学博士、法学博士后，华东政法大学商学院讲师，上海社会科学院数量经济学科创新团队成员，上海市软科学研究基地——科技统计与分析研究中心研究人员，主要研究领域包括人力资本、科技进步与经济增长，科技政策分析与评价；杜学峰，上海市奉贤区委党校科研室主任，副教授，主要研究方向为城市化与基层社会治理。

高新技术企业、科技企业孵化器以及研发中心等的数量逐年增长，科技企业、科技人才逐渐集聚。当然，未来仍需要在已有基础上找准中小企业科技创新活力区建设的定位，进一步吸引科技人才，完善和优化现有科技创新制度环境。

**关键词：** 奉贤 中小企业 科技创新活力区

习近平总书记在党的十九大报告中指出，“我国经济已由高速增长阶段转向高质量发展阶段，正处在转变发展方式、优化经济结构、转换增长动力的攻关期，建设现代化经济体系是跨越关口的迫切要求和我国发展的战略目标。必须坚持质量第一、效益优先，以供给侧结构性改革为主线，推动经济发展质量变革、效率变革、动力变革，提高全要素生产率，着力加快建设实体经济、科技创新、现代金融、人力资源协同发展的产业体系，着力构建市场机制有效、微观主体有活力、宏观调控有度的经济体制，不断增强我国经济创新力和竞争力。”党的十九大还明确要“深化科技体制改革，建立以企业为主体、市场为导向、产学研深度融合的技术创新体系，加强对中小企业创新的支持，促进科技成果转化”①。

“全国改革开放排头兵、创新发展先行者”是十八大以来习近平总书记对上海一以贯之的要求。上海不仅面向世界，而且作为长三角地区一体化的领导者，在推动长江经济带发展进程中肩负着重任，其经济社会发展对于国家创新发展与改革具有重要作用。上海为响应中央对上海发展提出的新要求、新定位，继续当好改革开放排头兵、创新发展先行者，正着力建设具有全球影响力的科技创新中心。奉贤区根据自身中小企业富集的禀赋优势，积极进取、砥砺奋进，正竭力融入上海科创中心建设，着力打造中小企业科技

① 《决胜全面建成小康社会　夺取新时代中国特色社会主义伟大胜利——在中国共产党第十九次全国代表大会上的报告》。

创新活力区。下文将梳理奉贤区中小企业科技创新活力区的最新动态，结合中小企业科技创新活力区建设主要统计指标分析，尝试对中小企业科技创新活力区建设发展进行前瞻性探索研究。

## 一　中小企业科技创新活力区建设最新动态

奉贤区为认真贯彻执行中央关于加快实施创新驱动发展战略以及上海市政府颁布的《关于加快建设具有全球影响力的科技创新中心的意见》和《关于加强知识产权运用和保护支撑科技创新中心建设的实施意见》，出台了奉贤区《关于加快建设中小企业科技创新活力区的意见》。根据前述文件，奉贤区政府出台了支持中小企业科技创新活力区建设的指导性文件，其中包括产业政策引导文件《关于加快建设中小企业科技创新活力区的若干产业政策》（奉委办〔2016〕16 号）、人才激励政策文件《关于加快建设中小企业科技创新活力区的若干人才激励扶持政策》（奉委办〔2016〕17 号）、强化知识产权战略文件《关于加快建设中小企业科技创新活力区强化知识产权战略的实施办法》（沪奉府〔2017〕15 号）、推进科技企业孵化器发展的《关于加快建设中小企业科技创新活力区推进科技企业孵化器发展的实施办法》（沪奉府〔2017〕5 号）。此外，奉贤区为产业发展配合设立产业发展引导基金，并相应出台《奉贤区产业发展引导基金管理办法（试行）》（沪奉府〔2017〕10 号）。

奉贤区对中小企业科技创新活力区建设过程中的人才引进问题给予了高度重视，秉承着“栽下梧桐树，引得凤凰来”的原则，积极主动地为来奉人才解决可能面临的难题。为此，奉贤区人才办通过调研，结合区情实际研究制定了《上海市奉贤区人民政府关于印发〈奉贤区人才购房补贴实施办法〉的通知》，专门用以解决进驻奉贤的人才的“住房难”问题。[①] 除此以

① 《关于〈上海市奉贤区人民政府关于印发《奉贤区人才购房补贴实施办法》的通知〉的起草说明》，上海奉贤，http：//www. fengxian. gov. cn/shfx/Zfxxgk/20141222/005001_ 5c5f53e4 -3a26 -4041 -a651 -29ad4007e6bc. htm。

外，专门针对中小企业科技创新活力区建设的人才政策，充分考虑到中小企业人才可能面临的困境，在购房和租房方面分别制定了《奉贤区中小企业科创活力区建设人才购房优惠政策操作办法（试行）》[①]《奉贤区中小企业科创活力区建设人才租房补贴政策操作办法（试行）》[②]；优秀人才津贴方面，奉贤区政府出台并公布了《奉贤区中小企业科创活力区建设优秀人才津贴政策操作办法（试行）》[③]；考虑到科技型中小企业中的人才年轻化趋势日益明显，奉贤区针对中小企业科技人才子女受教育问题制定了《奉贤区中小企业科创活力区建设人才子女就学服务政策操作办法（试行）》[④]；医疗方面，出台了《奉贤区中小企业科创活力区建设人才医疗服务政策操作办法（试行）》[⑤]以解决进驻奉贤的中小企业科技创新活力区的建设人才的医疗服务难题。

奉贤区各个委办按照相应分工，通力合作，为中小企业科技创新活力区建设提供良好的政策支持和环境条件。其中，奉贤区科委作为主要推动力，在区内加快科技资源整合，与在沪尤其是在奉高校深入开展区校融合，力争将奉贤区打造成国家级中小企业科技创新活力区。[⑥]主要表现在以下几个方面。

---

① 《〈奉贤区中小企业科创活力区建设人才购房优惠政策操作办法（试行）〉政策解读》，上海奉贤，http://www.fengxian.gov.cn/shfx/Zfxxgk/20170701/005001_ae98a786-c244-4108-baf6-202029160a32.htm。

② 《〈奉贤区中小企业科创活力区建设人才租房补贴政策操作办法（试行）〉政策解读》，上海奉贤，http://www.fengxian.gov.cn/shfx/Zfxxgk/20170701/005001_6b0dae71-73e6-4bfd-a515-af5097f17576.htm。

③ 《〈奉贤区中小企业科创活力区建设优秀人才津贴政策操作办法（试行）〉政策解读》，上海奉贤，http://www.fengxian.gov.cn/shfx/Zfxxgk/20170701/005001_adc39977-135e-4ce9-8fa9-c12728b153c7.htm。

④ 《〈奉贤区中小企业科创活力区建设人才子女就学服务政策操作办法（试行）〉政策解读》，上海奉贤，http://www.fengxian.gov.cn/shfx/Zfxxgk/20170701/005001_a999aec8-f2e1-488a-b776-1906ccf4dad3.htm。

⑤ 《〈奉贤区中小企业科创活力区建设人才医疗服务政策操作办法（试行）〉政策解读》，上海奉贤，http://www.fengxian.gov.cn/shfx/Zfxxgk/20170701/005001_fdc2a3a1-2950-4e5b-9b08-5266d5ed0df4.htm。

⑥ 《奉贤区科委打造国家级中小企业科技创新活力区》，http://www.shanghai.gov.cn/nw2/nw2314/nw2315/nw15343/u21aw1279532.html。

（1）加快奉贤区的科技资源整合，积极推进提升中小微企业技术成果吸收和转化能力。为在奉贤区建设中小企业创新服务驱动中心，奉贤区科委收集整理了400余项上海市高校中的科技创新成果，为区内的科技型企业在技术创新等方面提供专业化的服务。奉贤区还承担了来自市科委“企业创新领导力培训基地”的建设任务，已经举办了五期科技创新总裁班，参加人数累计达到250人，这一专业培训目前仍然在持续地开展，为奉贤区企业创新提供新鲜血液。奉贤区还承办了第二届中国创新挑战赛（上海赛区），在区内实施“贤城众创”工程等，充分调动企业和大众的创新创业热情。在2017“创业在上海”国际创新创业大赛中，奉贤赛区吸引了区内的优秀科技创新项目91项，相比上一期的比赛增加12.3%，科技创新项目总数位列全市第六。奉贤区举办的物联网创新创业大赛，共吸引来自区内外60多个项目参与。截至2017年，奉贤区内的11家众创空间已经培育出企业302家，吸引入驻企业达158家。

（2）加强企业、高校和科研院所等方面的产学研合作，提升中小微企业的创新能力。通过与上海市科技促进会签订联盟计划合作备忘录，已经采集企业技术需求88项；此外，申报上海市科技促进会联盟计划51项，其中有25项获得了立项，立项总数在上海各区中居首位。2017年华东理工大学生物研究院奉贤基地为海利生物、智城分析仪器等区内外40余家企业提供了技术服务支持，上海交通大学促进中心也为区内28家企业提供技术服务，奉贤区科委还积极培育跟踪中国科学院、上海科学院、飞天众智3个平台项目以及其中的15个单体项目。此外，为了打造上海市大健康产业的核心承载区，奉贤区与上海应用技术大学合作共建东方美谷产业研究院，为东方美谷的研发创新能力提升提供有力支撑。

（3）强化知识产权的创造和维权，增强区内中小微企业的知识产权保护意识，为其提供法律及政策上的便利。比如，奉贤区出台政策，对在知识产权维权诉讼中胜诉的区内企业给予不超过其服务费50%的补贴。此外，奉贤区还成立了知识产权纠纷人民调解委员会以及东方美谷产业知识产权保护中心，为区内企业开辟了快速维权通道。在知识产权金融发展方面，截至2017年，已有36

家企业参与投保专利综合保险，涉及专利总数达433件，投保金额为37.24万元，保险总金额达到1083.7万元；还有4家企业通过专利质押融资获得贷款993万元。截至2017年11月，全区专利授权量为3647件，同比增长40%；其中有18家企业通过了国家贯标认证，总数位居全市前列。

尤其值得关注的是，奉贤区知识产权局正式开启专利优先审查办理通道，成为上海市内首个设立中国专利优先审查受理材料点的区，这相当于是对在奉贤区注册的企业以及拥有奉贤户籍的自然人在申请专利时的快速审查、快速复审、快速确权环节打开了一条绿色通道。[①] 从实施程序来看，申请人提交专利申请材料以后，奉贤区知识产权局就会对申请优先审查的材料进行提前预审，如果专利申请材料符合相应要求，那么奉贤区知识产权局将出具《奉贤区专利申请优先审查推荐函》，并提交给上海市知识产权局专利管理处审核。上海市知识产权局专利管理处审核后，会对符合条件的优先审查请求上报国家知识产权局，国家知识产权局对优先审查请求进行审核，向申请人发出是否予以优先审查通知书。由此可以看到，专利申请的流程被大幅缩短了。目前，按照《关于奉贤区知识产权局办理专利优先审查须知（试行）》的相关要求，可以请求优先审查的专利申请包括：涉及节能环保、新一代信息技术、生物、高端装备制造、新能源、新材料、新能源汽车、智能制造等国家重点发展产业；涉及奉贤区重点鼓励的产业：美容化妆品及日化产业、生物医药产业；涉及互联网、大数据、云计算等领域且技术或者产品更新速度快等。[②]

前述我们简单梳理了奉贤区中小企业科技创新活力区建设方面的部分配套政策，包含了产业支持政策、人才激励政策、强化知识产权保护及其便利政策以及推进科技企业孵化器发展等多方面的政策。可以看到，奉贤区在服

① 《专利优先审查通道开启：奉贤成全市首家设立中国专利优先审查受理材料点》，上海奉贤，http：//www.fengxian.gov.cn/shfx/subywzx/20180515/002002_5ecf8d2a-8619-4d23-a50f-09b81293fbed.htm。

② 《关于奉贤区知识产权局办理专利优先审查须知（试行）》，上海奉贤区企业服务信息互助平台，http：//www.67156715.gov.cn/index.php？m=content&c=index&a=show&catid=48&id=35574。

务上海建设全球有影响力的科技创新中心方面，以中小企业富集的优势积极对接，竭力打造上海先进制造业的重要承载区，并为此付出了诸多努力。下文我们将通过对奉贤区中小企业科技创新活力区建设中的一些重要指标进行统计分析，对奉贤区中小企业科技创新活力区建设所取得的成效进行跟踪研究。

## 二　中小企业科技创新活力区建设主要指标跟踪

中小企业科技创新活力区的建设是一个系统过程，是研发中心不断形成、人才和资金不断积聚、企业日趋富集的过程。根据奉贤区2018年的政府工作目标，奉贤区将依托“千人计划”创业园、上海交通大学国家大学科技园（南桥园区）等载体和平台，更好发挥区域内高校集中优势，加强与“双一流大学（学科）”对接，加速科技成果转化。按照专业化、国际化、品牌化要求，积极打造“众创空间”，孵化培育一批科技型、创新型企业，营造大众创业、万众创新的良好氛围。发挥中小企业科技创新驱动中心作用，引导企业加大技术改造和研发投入力度，不断增强企业自主创新能力。新增企业技术中心10家以上，新增高新技术企业、市级科技小巨人企业50家以上。强化知识产权保护和运用，万人发明专利拥有量达到15件以上。[①] 那么，近年来奉贤区中小企业科技创新活力区建设成效如何？要回答这一问题，有必要通过客观的统计数据进行跟踪分析。

图1展示了从2013年至2017年奉贤区高新技术企业、市级科技小巨人企业数量的变动情况。从趋势来看，奉贤区高新技术企业数量正在快速增加，五年之间高新技术企业从2013年的295家增长到2017年的530家。反映创新经济产出中企业创新的较高能级的市级科技小巨人企业也快速成长，市级科技小巨人企业的数量由2013年的51家提高到2017年的92家。

从中小科技企业孵化平台支持、技术研究支持以及高层次人才的工作平

① 《2018年上海市政府工作报告》，上海市奉贤区第五届人民代表大会第三次会议，2018年1月16日。

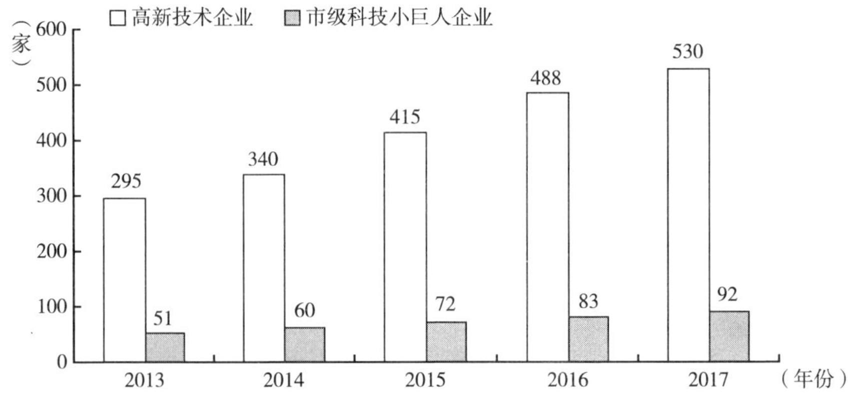


**图1　2013～2017年奉贤区高新技术企业及市级科技小巨人企业数量**

资料来源：奉贤区科委。

台支持来看（见图2），市级以上科技企业孵化器数量逐年增长，2017年达到了9个；市级工程技术研究中心数量也增加到9个，院士专家工作站达到27个。奉贤区引进的院士人数达到21人，引进高层次专家人才数量从2013年的15人快速增加到2017年的88人（见图3）。

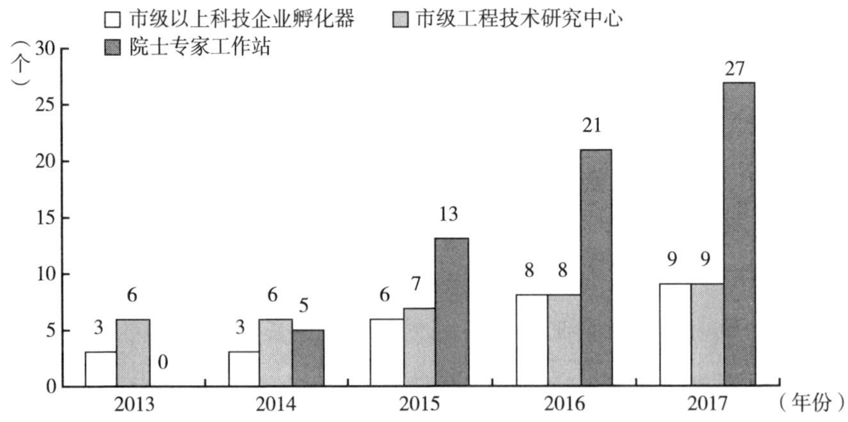


**图2　市级以上科技企业孵化器、市级工程技术研究中心及院士专家工作站数量**

资料来源：奉贤区科委。

产学研是科技创新的重要途径，企业与高校、科研院所的对接能够充分发挥高校、科研院所的研发能力，使用其研发资源，而企业端能够

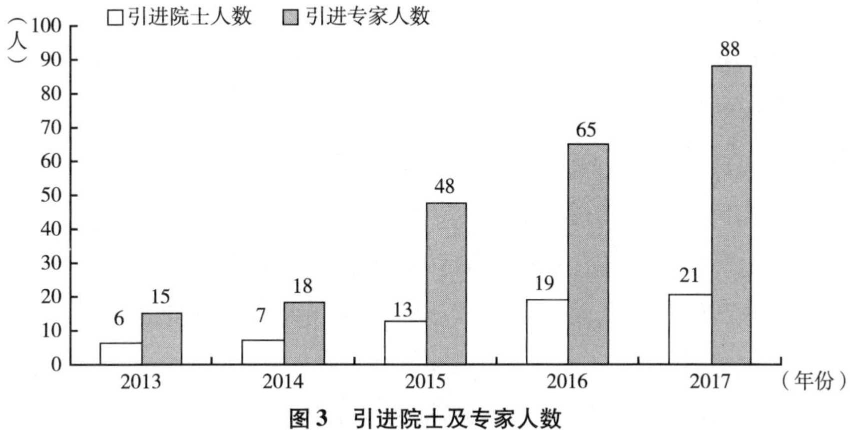


**图 3　引进院士及专家人数**

资料来源：奉贤区科委。

直接提供市场反馈的需求信息，从而使得科技创新成果能够更贴合市场需求。而每万人发明专利拥有量直接度量地区创新产出能力，专利可以简单分为发明、实用新型和外观设计，其中尤以发明最能够反映科技创新的能力水平。近年来，奉贤区联盟计划产学研项目数量不断增加，由 2014 年的 15 项迅速提升至 2017 年的 25 项；相应地，奉贤区每万人发明专利拥有量也在快速增加，2014 年仅为 7.85 项，到 2017 年已经上升到 14.3 项(见图 4)。

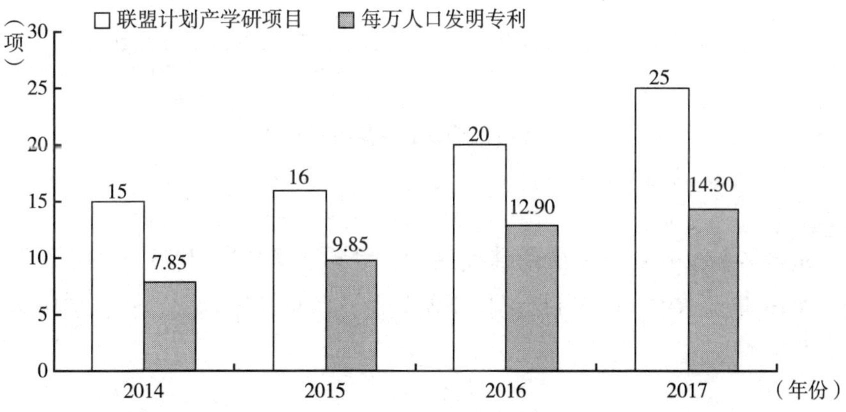


**图 4　联盟计划产学研项目和每万人发明专利拥有数量**

资料来源：奉贤区科委。

知识产权是国家发展的战略性资源和国际竞争力的核心要素，金融是现代经济的核心。加强知识产权金融服务，将知识产权与现代金融有机结合，是中国从知识产权大国走向知识产权强国的重要举措，这既有助于促进创新资源良性循环，又有助于建立基于知识产权价值实现的多元资本投入机制。知识产权可以通过增值的专业化金融服务扩散技术创新成果，全面促进知识产权转移转化；有助于引导金融资本向高新技术产业、战略性新兴产业倾斜转移，从而带动传统产业转型升级，进一步提升经济质量、提高经济效益。①

奉贤区自启动中小企业科技创新活力区建设以来，知识产权金融取得了快速发展，专利保险数量从2014年的180项迅速上升至2017年的443项，专利保险金额在四年间也实现翻倍（见图5）。

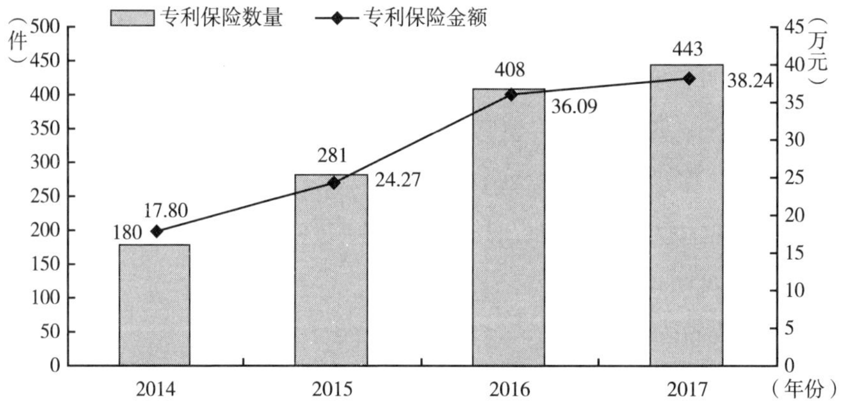


**图5　专利保险数量与专利保险金额**

资料来源：奉贤区科委。

奉贤区科技企业数量变动情况显示，经历了2014、2015年的沉淀期以后，2016年及2017年奉贤区科技企业数量开始呈现爆发式增长，2016年相

① 《国家知识产权局关于进一步推动知识产权金融服务工作的意见》，国家知识产权局，http：//www. sipo. gov. cn/ztzl/zlzyrzybx/zlzyrzybxzcwj/1109638. htm。

比 2015 年科技企业增加了 141 家，2017 年比 2016 年也增加了近 100 家科技企业。这说明奉贤区启动中小企业科技创新活力区建设后，科技企业在奉贤开始实现快速集聚。

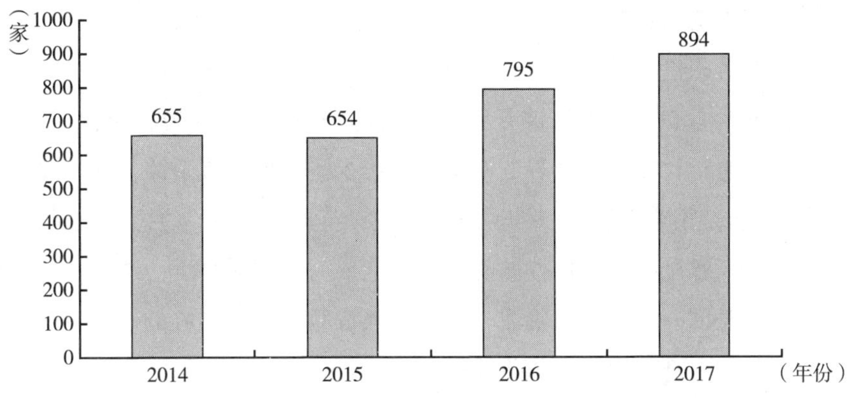


**图 6　科技企业数量**

资料来源：奉贤区科委。

## 三　中小企业科技创新活力区建设的经验探索与努力方向

为了加快贯彻落实《关于加快建设中小企业科技创新活力区的意见》，奉贤区制定了《奉贤区建设中小企业科技创新活力区三年行动计划（2018～2020 年）》，其目标是到 2020 年，中小企业科技创新活力区框架体系基本形成，为长远发展打下良好基础。科技型企业加速集聚，区域总体产业结构进一步优化，七大战略新兴产业产值比重保持 30% 以上，经认定的高新技术企业达到 660 家，市级科技小巨人（培育）企业达到 110 家；创新平台建设取得成效，国家级孵化器达到 2 家以上，市级以上企业技术中心和工程（技术）研究中心达到 45 家，每万人发明专利拥有量达到 20 件；人才、金融、中介服务等创新要素大量集聚，全区从业人员中的拥有大专以上学历人员总数达到 12 万人，全社会研发投入占地区生产总值的比重达到 2.8%；综合交通、文化体育等基础设施基本完善，创新创业条件更加优越，形成大众创业、万众创新的良好格局。

奉贤区中小企业科技创新活力区建设作为上海市建设全球有影响力的科技创新中心的一部分，其服务主体是企业，更确切地说是中小企业与初创公司。在全球主要的科技创新中心中，美国硅谷、日本筑波、中国台湾新竹、新加坡以及英国伦敦是比较具有代表性及借鉴意义的。美国硅谷是全球最著名的科技创新中心，日本筑波开创了以政府为主导的科技工业园区的新模式，中国台湾新竹在学习硅谷的基础上走出了不同的发展道路，新加坡进入21世纪以来成功向多元化的创新经济转型，英国伦敦作为主要的国际金融中心近4年来通过东伦敦科技城的建立逐渐成为欧洲最具活力的科技创新中心之一。在美国硅谷、英国伦敦与新加坡建设科技创新中心的过程中，中小企业与初创公司都发挥了极为重要的作用。

硅谷本身就是中小企业的集群。中小企业在硅谷聚集，形成了很强的产业一致性，相互协同、相互联系、相互依赖、共享知识和情报，能够有效降低成本、加速创新，因此有很强的科研实力，发挥“1+1>2”的作用。英国伦敦科技城的雏形是在2008年十几家小型科技初创公司自发聚集而形成的，而伦敦科技城在2010年正式成立之时，已有超过100家的中小企业与初创公司。所以伦敦科技城从建立之始目标就非常明确，即着眼于初创公司和中小企业的发展，鼓励其进行大胆的创新，设立不同的项目奖励对其研发方向进行引导。2014年，伦敦科技城内近80%的企业员工人数小于100人。英国政府投资2亿英镑建立数个技术创新中心，便于企业孵化与风险投资，并且拨款1500万英镑为初创公司的建立与市场拓展提供技术支持。同时，政府采购预算向中小型公司倾斜。伦敦科技城也邀请国际权威的咨询公司如麦肯锡、毕马威等，为中小企业与初创公司的发展提供建议。新加坡政府为了鼓励中小企业的技术创新，自2000年开始出台了一系列重大措施。针对技术密集型中小企业在发展过程中面临的关键问题，从金融服务、市场开发和组织运营指导等多方面提供全方位的政策支持，他们还为本土中小企业派遣技术顾问，并且整合和共享研发基础设施，有效提升本土中小企业的技术竞争力。

美国硅谷、英国伦敦与新加坡的成功经验证明，中小企业与初创公司在创新活动中有着先天优势，相比于大型的跨国公司与企业，它们的创新意愿更为强烈、组织架构更为灵活、企业文化更为激进，更重要的是它们能够充分发挥年轻人才的创新能力并且使资金的运用更为高效。在不同的科技创新中心的发展过程中，中小企业与初创公司的聚集效应对科技创新中心的发展起到了关键的作用。

综观全球有影响力的科技创新中心，他们都高度重视且将工作重心聚焦于中小企业的发展，同时也都具有高度开放的创新创业环境，也就是说要实现同时追求创新主体的数量和质量以及完善创新生态两方面目标。奉贤区在推动中小企业科技创新活力区建设过程中，需要高度重视中小企业与初创公司的发展，为它们提供良好的环境，从政策、资金、硬件设施及人才保障等各个方面为它们的成长提供便利。中小企业科技创新活力区的意义就在于：优化创新生态，从而增加创新主体的数量和质量，进而增加创新成功率和创新成功的绝对数，为上海建设具有全球影响力的科技创新中心做出贡献。因此有必要借鉴世界上最成功的创新中心的生态环境建设经验。

### （一）发展方向与战略定位

科技创新中心发展方向不仅指技术与产业的发展方向，还包括模式与业态的发展方向。根据政府与市场所扮演角色的不同，大致可以分为三类：以市场为主导；政策及项目引导与市场自主配置相结合；以政府为主导。这三类之间并没有明确的界限。

硅谷的发展方向是以市场为主导。从生产不同产品和服务的角度来看，硅谷可以分为四个发展阶段：国防产品的研发与生产阶段；集成电路的研发和生产阶段；个人电脑（PC）的研发和生产阶段；因特网的开发与服务阶段。硅谷坚持以新产品设计和前沿技术开发为取向，其计算机硬件和存储设备、生物制药、信息服务、多媒体、网络、商业服务等都处于世界领先地位。随着经济全球化的进一步推进，硅谷已突破了自我驱动的发展模式，吸引了全球优秀的人才，实现风险资本的集聚，同时又积极推动本身的技术及

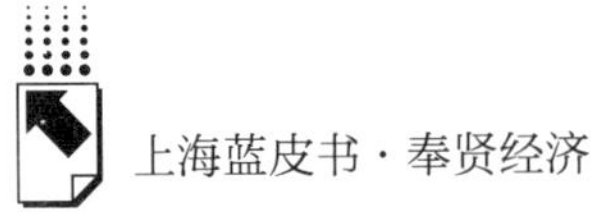


服务的出口，始终保持与全球经济的高度互动。

英国及伦敦政府充分借鉴了硅谷的成功经验。在东伦敦科技城的发展过程中，政府尽量减少直接干预，让东伦敦科技城尽可能自主发展。政府的作用在于提供优良的创新创业环境，搭建创新基础设施，如创新创业过程中投融资的便利化等。东伦敦科技城通过“产业集群联盟”、“Future Fifty”以及“物联网竞赛”等项目引导与鼓励行业的发展，东伦敦科技城依托伦敦国际金融中心地位以及良好的服务业态与商业环境，集中发展移动无线、电子商务以及金融软件技术。

中国台湾新竹依靠政府引导和市场自主配置相结合的良性互动互促体制取得了巨大的成功。台湾当局在新竹园区的开发与建设中起到巨大支持作用，其政策重点是放在改善基础建设而不是直接参与高科技研究，长期以来一直支持和鼓励企业进入任何技术领域发展，坚持竞争的多元化。中国台湾新竹实施产业错位发展战略，集中从事半导体芯片和电脑元件的制造与产业化，主动融入硅谷的跨国生产体系之中并成为其重要支撑点，两者分工协作、互为补充，但又不存在竞争关系。新竹科学工业园已成为全球最大的电子信息制造中心之一。

日本筑波科学城的建设与发展由国家行政管理机构、地方公共团体和其他有关执行单位共同实施，它也是由政府直接管理的。科学城的规划、审批、选址建设，乃至到后续的科研等均由政府决策主导，政府将科研机构和人员从东京搬到筑波科学城来，并且科研机构和人员分属于各个行政部门，各种设施都需经行政审批配备。由于筑波的研究与开发以基础科研与理论研究为主，与产业界联系不十分紧密，而且政府也没有关于成果的确切计划指标，因此新技术并没有得到有效的开发和应用。

我们可以看出美国硅谷和英国伦敦较为偏向以市场为主导，中国台湾新竹选择了政府和市场相结合，而日本筑波则完全以政府为主导。如果考虑到这些科技创新中心本身的经济制度与环境，那么它们的发展方向与战略定位均充分考虑了自身禀赋。美国和英国的市场经济制度非常完备，中国台湾在20世纪80年代与日本在20世纪70年代的市场经济体制尚未健全。值得注意的是，英国伦敦的科技城并不是单纯地依靠市场，政府在其中也发挥了积极的作用，这是更加成熟与务实的做法。在技术领域的选择上，美国硅谷坚持新产品设计与前沿技术开发，英国伦敦依托自身优势在移动无线、电子商务与金融软件技术上进行发展，中国台湾的错位发展战略使其在电子制造业取得了成功，日本由于政府的主导则较为重视基础科研与理论研究。

奉贤区在建设中小企业科技创新活力区的过程中，考虑到自身实际情况，现阶段还应该坚持政策引导与市场自主配置相结合，今后市场经济体制与环境的逐渐完备后再以市场为主导来进行发展。在技术领域的选择上，考虑到国家及上海的科技发展战略与奉贤自身的地位，新产品设计与某些领域的前沿技术探索是不可或缺的，同时可以参考伦敦的经验，并充分借助上海金融中心的地位发展奉贤优势产业。

### （二）人才培养与政策吸引

人才是科技创新中心最为核心的财富，一个科技创新中心发展的成败直接取决于它是否能培养和吸引高精尖人才。纵观全球主要的科技创新中心，每一个都是最先进人才的聚集地，它们的人才培养与吸引主要依靠当地的大学与研发机构、政府政策以及基础设施等硬件环境。

斯坦福、加州伯克利等一流大学为硅谷提供了人才培养和技术孵化的环境。当然，美国政府宽松的移民政策也为硅谷带来了大量国外的高科技人才。硅谷公园式的办公环境一直是其他科技创新中心学习与模仿的对象，大面积的绿地、随处可见的健身器械与娱乐设施营造出人性化的办公环境，处处体现硅谷尊重人才的特点。

伦敦是全世界拥有最多大学的城市之一，人才储备充足。伦敦大学学院、拉夫堡大学与奥林匹克遗产公司进行合作，密切学术与企业的联系，这些大学为企业持续提供全方位的人才支撑。巴克莱银行与雷文斯本学院之间的合作使雷文斯本的学生能够在科技园内利用其技术或设计进行创业。英国政府利用自身角色的优势，吸引世界各领域重要的公司如微软、高通、Facebook、英特尔、思科、IBM、三星等在科技城开设机构与研发中心，产生了聚集效应。英国政府改革签证政策，为伦敦科技城提供特殊才能签证，快速引进海外高精尖人才。英国政府更为注重培训本地人才的专业技能，推广学徒制，使人们得到提高技能的机会；设置专业机构为创业者提供培训以提高其领导力和管理能力，为员工提供独立的参考意见并帮助解决问题。英国政府在伦敦奥运会结束后，选择奥林匹克公园作为科技城的一部分，它可以为科技城提供近 10 万平方米的办公与研发场所，并附带有绿地公园和休闲运动设施。英国政府同时投资 5000 万英镑用于科技城内老街区的基础设施改造。英国电信公司为科技城提供超高速宽带，使科技城拥有全欧洲最快的网速。

新加坡国立大学、南洋理工大学、新加坡管理大学等公立大学为新加坡科技创新中心的建立提供了充足的人才保证。同时，新加坡“花园城市”的美誉也是新加坡吸引并留住人才的重要保证。而在中国台湾新竹，也集聚着台湾“清华大学”、台湾交通大学、工业技术研究院和“国科会”精密仪器发展中心等，这些高校与科研院所均与新竹科学园区有良性互动。此外，台湾当局鼓励海外台湾籍人才回乡创业，为回台创业的工程师等人才提供优良的保障，并着力解决人才子女就学等问题，让这些人才能够在台湾安居和工作，因此成功吸引了许多原先工作在硅谷的台湾工程师回到新竹创业。

通过上述对美国硅谷、英国伦敦、新加坡以及中国台湾新竹的分析，我们可以看出大学与研发机构对于人才的培养与吸引是不可或缺的，每个科技创新中心无不依托于当地的大学与研发机构。由此我们可以看出，上海拥有的大学与研发机构为奉贤区中小企业科技创新活力区建设奠定了良好的基础。在政府吸引人才政策方面，每个科技创新中心各有不同，美国和新加坡作为传统的移民国家，对于外来人才的引进较为积极，移民政策也较为宽松。英国对于外来人才的门槛较高，人才政策也倾向于对本地人才的培训。中国台湾则更倾向于吸引海归人才。结合奉贤的实际，中国台湾的人才政策更具借鉴意义。中国在海外拥有一批具有高水平的人才，如何制定相关政策吸引海外人才回流，是上海在建设科技创新中心的过程中需要重视的问题，也是奉贤在中小企业科技创新活力区建设中在吸引人才方面更值得探索的方向。在硬件等基础设施上，每个科技创新中心都指向人性化的办公与居住环境，完善的基础设施配套还包含了对人才子女入学等方面的关照，这一切都体现了对人才的尊重，这是奉贤在今后的城市规划与布局中应该充分学习和借鉴的地方。

### （三）创新环境与制度保障

在科技创新中心制度环境的建设中，投资、税收与知识产权保护是国际主要的科技创新中心在发展中最为重视的三个方面。投资与税收涉及资金的来源与流向问题，知识产权保护对于科技创新的重要性也是不言而喻的。

风险资本是硅谷资金的最主要来源。风险投资家对于硅谷高技术企业的发展起着关键的作用，一方面，他们发掘最优效率和最高价值的创新成果，为其提供稳定可靠的资金来源，帮助其商业化从而创造更大的价值；另一方面，风险资本还为企业提供管理、经营等增值服务，运用自有的经验、知识、信息和关系帮助高技术企业提高管理水平，开拓市场使其得到更大的发展和影响力。政府对风险投资的支持包括：一是税收优惠，二是允许养老基金能够作为风险投资，三是推动风险投资公司组织形式的改革，四是推行小企业投资发展计划——联邦政府不仅在资金计划上进行支持，还对高技术风险投资企业的亏损提供相应补贴。当然，尤其重要的是美国强有力的知识产权保护政策为风险投资的发展提供了强大保障，而其自身完善的资本市场为硅谷创业公司进行上市融资提供了极大便利。

英国政府在科技城的发展过程中不遗余力地提供融资与财务服务。通过企业融资指南与财务指南，介绍基本的融资种类与政府的财务服务，并提供专业的财务建议。英国政府同时提供了一揽子政府投资与税收减免计划，包括：（1）商业增长基金，为快速增长的企业提供长期的资金支持；（2）企业资本基金，为中小企业提供 200 万英镑以下的资本支持；（3）企业融资担保，为个人贷款的 75%（总额不超过 100 万英镑）提供担保；（4）研发税收抵免，中小企业合格的研发的支出的 10% 可用于抵免所得税；（5）专利盒子计划，若企业从自身的专利发明或其他的创新中获得收入，则该企业的所得税率将降低 10%；（6）种子企业投资计划，英国纳税人向合格的初创公司投资 10 万英镑以内时，将获得投资额 5 万英镑的个人所得税抵免；（7）企业投资计划，为个人和机构投资者提供其投资额 30% 的所得税抵免。同时，英国政府为了适应网络时代发展，改革知识产权保护法；为了使高增长型科技公司能够在英国更为便捷的上市，英国政府与伦敦证券交易所改革 IPO 规则，启动了 IPO 快速通道。

新加坡国家科技局先后设立了科技风险投资基金和政府投资基金。新加坡对风险投资的支持也首先体现在税收优惠方面，同时大力推动创意产业以及具有高附加值、技术密集型产业的知识产权保护，建立高效的专利注册以及管理系统。

通过以上分析可以看出资本投资在科技创新中心的建设与发展过程中是必不可少的，风险资本成为美国硅谷、英国伦敦与新加坡共同的选择，三者的税收优惠政策也都非常具有针对性。公共部门的投资对科技企业的发展起到了一定的辅助作用。与此同时，资本市场的发展也为风险资本的有序退出提供了渠道。对于知识产权保护三者的态度均非常鲜明，设立一整套完备的知识产权保护的法律，为科技创新中心的发展带来了积极的推动作用。通过涉及投资、税收以及知识产权保护的制度环境建设，这些科技创新中心形成了一个健康的生态环境。

奉贤区在制度环境建设方面仍然有巨大的提升潜力。奉贤区可以依托上海的金融优势，学习新加坡成立官方的风险投资公司，同时积极引进国际风险资本并培育本土的私人风险投资公司，使风险资本在科技创新中心的建设中发挥主力作用。资本市场的制度改革以及知识产权保护法等一系列政策规章制度，需要在国家层面进行调整，但上海可以利用改革开放排头兵的地位先行先试，努力在制度环境建设方面实现赶超，这也为奉贤区未来制度环境塑造提供良好的试验机会。

## 四　研究总结

奉贤区中小企业科技创新活力区建设是响应国家创新驱动发展战略、服务上海建设全球有影响力的科技创新中心的重要举措，是奉贤区积极主动对接、充分挖掘自身禀赋的选择，也是打造上海先进制造业的重要承载区的必然选择。奉贤区中小企业科技创新活力区建设作为上海市建设全球有影响力的科技创新中心的一部分，其服务主体是企业，更确切地说是中小企业与初创公司。为此，奉贤区出台了《关于加快建设中小企业科技创新活力区的意见》以及多方面保障性政策，涵盖了产业政策、人才政策、知识产权保障政策、科技企业孵化器等方面，并配合设立产业发展引导基金，这一系列举措为中小企业科技创新活力区建设营造良好的创新氛围，也为未来中小企业科技创新活力区建设纵深发展提供坚实的制度保障。目前，中小企业科技创新活力区建设已经取得一定成效，高新技术企业、科技企业孵化器以及研发中心等的数量逐年增长，科技企业、科技人才逐渐集聚。未来，奉贤区在推进中小企业科技创新活力区建设进程中，仍然应该充分挖掘已有优势，对标国际上成功经验，找准奉贤中小企业科技创新活力区建设的战略目标定位，进一步吸引国内外科技人才，完善和优化现有科技创新制度环境。

# B.11
# 奉贤美丽健康产业做大做强的思路和对策研究

朱嘉梅　华晓玲　李世奇*

**摘　要：** 党的十九大报告提出了“美丽中国”“健康中国”的理念，上海市政府将美丽健康产业写入全市“十三五”产业发展专项规划。奉贤区委、区政府充分贯彻落实党的十九大精神，积极响应市委、市政府号召，按照推进供给侧结构性改革要求，立足区域发展实际，放眼长远未来，科学提出以美丽健康产业为主的产业定位，全力打造东方美谷的决策部署。未来，东方美谷将是一个东方美丽健康产业的“硅谷”，也必将成为南上海产业经济的动脉，它将承载着中国美丽健康产业与奉贤创新转型发展的光荣与梦想，屹立在世界的东方。

**关键词：** 美丽健康产业　东方美谷　创新转型

美丽是人的向往，健康是人的追求，美丽健康产业是一个永恒的产业。党的十九大报告提出了“美丽中国”“健康中国”的理念，上海市政府将美

* 朱嘉梅，讲师，上海市奉贤区委党校教学部副主任，主要研究方向为区域经济和公共管理；华晓玲，奉贤区妇联办公室副主任，主要研究方向为区域经济和社会发展；李世奇，经济学博士，上海社会科学院数量经济研究中心助理研究员，主要研究方向为宏观经济增长与科技创新政策评估。

丽健康产业写入全市“十三五”产业发展专项规划。区委、区政府充分贯彻落实党的十九大精神，积极响应市委、市政府号召，按照推进供给侧结构性改革要求，立足奉贤区实际，放眼长远未来，将优越的自然禀赋与坚实的产业基础有机整合，科学提出以美丽健康产业为主的产业定位，全力打造东方美谷的决策部署。

具有高成长性、高品牌附加值、高创新创意等特性的美丽健康产业，不仅满足了人民日益增长的美好生活需求，还高度契合了上海国际化大都市的城市特质，是推动奉贤产业结构调整和转型升级、培育经济增长新动能的重要实践，对于奉贤区实现“奉贤美、奉贤强”战略目标以及上海更好地推进国际“设计之都、时尚之都、品牌之都”建设都具有重要的战略意义。由此可见，做大做强美丽健康产业，是奉贤区未来相当长一段时期内产业创新转型的主旋律，也是当前需要深入研究的重要课题。

## 一　美丽健康产业发展概况

### （一）国际、国内以及奉贤美丽健康产业发展形势

随着社会经济的快速发展以及人民生活水平的日益提高，民众健康意识不断增强，“健康”“美容”“时尚”逐步成为生活中不可缺少的元素，以外在的美丽和内在的健康为统一体的美丽健康新概念已经成为人们生活追求的新时尚、新目标，代表了未来消费升级的新方向，这也让美丽健康产业成为一个全球性的朝阳产业，发展前景不可估量。

1. 全球美丽健康产业发展势头良好

近十年来，全球美丽健康产业呈现快速、健康增长的良好态势，市场创新驱动特征明显，产业发展动能充足，年增长率高达20%～25%，是世界经济年均增长率的10倍。如化妆品行业在近十年，未有一年出现过停滞或负增长情形，即使在2008～2009年危机之年增速放缓，但很快在复苏中回到历史正常增长水平。据市场调查机构欧睿国际数据，2016年全球化妆品

市场规模为3649亿美元，较前一年增长4.8%，预计增长趋势将会持续，2021年有望达到4871亿美元。其中，亚太地区化妆品市场规模为1238亿美元，较前一年增长5.1%，增长速度最快；同时，值得关注的是，亚太市场已成为全球最大的化妆品消费市场，占全球同期总量的36.9%。

2. 国内美丽健康产业发展空间巨大

在发达国家，美丽健康产业增加值占GDP比重已超过15%，目前我国仅为4%~5%，可以说，我国的美丽健康产业具有巨大的市场潜力和发展空间。2016年，国务院发布的《"健康中国"2030规划纲要》提出"健康中国"战略，促进健康产业繁荣发展、推进健康中国建设，到2020年健康产业总规模达到8万亿元，2030年达到16万亿元，政策扶持也为美丽健康产业发展创造了良好的发展环境。同时，随着国内经济的稳步增长、居民收入水平的提升以及消费观念的转变，我国化妆品零售市场规模呈现持续稳定增长态势，国家统计局相关数据显示，我国化妆品零售市场规模从2010年的2045.33亿元增长到2016年的3360.61亿元，复合增长率为9.06%，成为仅次于美国的全球第二大化妆品消费国。预计到2025年，我国化妆品市场规模将达4352.36亿元，将超过美国成为全球最大的化妆品生产地和销售市场。我国具有巨大的产业规模扩展空间，美丽健康产业迎来前所未有的发展机遇。

3. 奉贤美丽健康产业发展基础坚实

长三角作为化妆品生产企业的主要集聚地之一，已形成了包括包装材料、原料生产与供应、产品研发、物流配送等一系列有关化妆品生产与销售的"立体市场网"，目前全国70%左右的民族化妆品品牌集聚于此。上海更是长三角发展的龙头，拥有长三角化妆品品牌企业的70%，化妆品销售额每年以两位数的速度增长，一线品牌销售额占市场份额的比重已达40%，而且有着明显上升的趋势。这些都为奉贤发展美丽健康产业提供了优渥的土壤。同时，奉贤本土也有着深厚的产业基础。20多年前，由奉贤生产的"东方美"品牌在上海家喻户晓，"赵小蝶"等品牌也红极一时。如今，奉贤拥有全上海1/4以上的化妆品企业，集聚了日用保健品直销企业如新公司，化妆品企业韩束、伽蓝，化妆品代工企业科丝美诗、莹特菲勒，国礼品牌百雀羚，意大利、法国、韩国等一批知名化妆品企业，以及凯宝、和黄、莱士等生物医药领域的杰出代表。

## （二）奉贤美丽健康产业发展现状

1. 发展历程

产业是区域发展的基石。奉贤地处远郊，经济基础相对薄弱，产业门类数量众多，面临着“低、小、散”的困局，但长期以来奉贤从未放弃对产业发展之路的探索。特别是近十余年来，奉贤在产业发展和集聚方面，积极尝试、勇于实践，经历了大浪淘沙、不断突破的艰辛历程。从“十二五”期间重点鼓励和扶持发展的“6+8”产业（6大战略性新兴产业和8大传统优势产业），逐渐聚焦“5+3”产业定位。2015年底，区委、区政府审时度势、顺势而为，在原有产业基础上，立足本土优势，梳理产业资源，进一步聚焦、整合和优化，正式提出在奉贤打造以美丽健康产业为核心的东方美谷战略部署，进一步明确了“1+1+X”的产业定位，基本形成了以美丽健康、新能源为主体的产业体系。

精确的目标定位，较好的产业基础，明晰的发展路径，加之独特的区域优势，使美丽健康产业一经提出便势如破竹，集聚效应日益显现，经济增长贡献率不断提高，不仅为奉贤经济发展实现加速度提供了强劲动力，也让东方美谷成为区域内最有特色的城市标识和上海产业发展的新名片。

2. 发展现状

经过近年来的发展，东方美谷作为美丽健康产业的核心承载区，初步形成了涵盖美容护肤品、香水、日化用品、保健品、生物医药等多个门类的美丽健康产业集群。目前，上海253家化妆品企业中，有73家在奉贤，奉贤拥有化妆品品牌达3000多个，产品门类基本实现全覆盖，销售产值规模占到全市化妆品行业40%以上。2017年，美丽健康产业完成产值221.9亿元，占规模工业总产值的14.2%，同比增长7.8%；实现税收33.9亿元，同比增长41.3%，高于整体规模以上工业税收增速20.9个百分点。围绕产业链服务的上海食药检所检测平台、中国香精香料研究所、华东理工大学检测中心、奉贤检测中心公共平台等知名生产性服务业机构云集。一条集创新、生产、销售、服务于一体的美丽大健康产业链已经基本成型。

奉贤美丽健康产业也受到了各方瞩目，在市级层面，市政府出台《关于推进上海美丽健康产业发展的若干意见》（又称“上海美丽健康产业13条”），支持把东方美谷作为上海大健康产业核心承载区先行先试，将东方美谷推进升级为“上海东方美谷”，可以说，这是给予奉贤的特强政策；在国家层面，东方美谷被中国轻工业联合会与中国香料香精化妆品工业协会授予“中国化妆品产业之都”称号，成为全国唯一获此殊荣的区域。

3. 主要举措

一是提升理念，以特色产业引领区域整体转型。通过构筑三维立体的美丽健康产业体系，标定产品轴、服务轴、产业轴三大坐标，打造一条集研发设计、检测认证、原料采购、生产制造、营销推广于一体的完整产业链。秉持“跨界以至无界”理念，把总部经济、文化创意、旅游休闲、电子商务、体育运动、金融服务、时尚产业、奢侈品等产业融入进来，形成以美丽健康产业为核心，多种产业分支相连接的美丽健康产业联盟。把东方美谷打造成奉贤全域的产业，并将产业与城市发展高度融合，让东方美谷成为集产业之美、城市之美、人文之美的全域之美，实现深度产城融合，打造“美丽健康生态圈”。

二是完善功能，以关键配套增强产业核心竞争力。聚焦产业发展的关键环节，完善产业集群、研发创新、服务配套、人才集聚“四大功能”，构建研发设计、制造、检测、展示、营销、体验、行业服务、专家指导“八大中心”，已成立东方美谷文化传媒、电子商务、检验检测、企业服务、人力资源等公司，不断增强区域发展的核心竞争力。

三是拓宽视野，以开放合作提升国际化水平。主动融入上海建设卓越全球城市大局，将国际大都市的摩登时尚与区域特有的“贤文化”相结合，通过放眼全球寻找合作伙伴、大力举办城市推介会、广泛参与展会和论坛、着力构建立体式宣传格局、积极开展精准招商等多项举措，不断扩大东方美谷的品牌影响力。

四是优化环境，以高效服务提供坚强保障。以企业需求为导向，突出服务理念，成立“一办一院一司一中心”（东方美谷产业推进办公室、东方美谷研究院、东方美谷企业集团股份有限公司、东方美谷产业促进中心），精准制定产业发展、市场监管、人才扶持等服务政策，推动设立美丽健康产业发展引导基金、风险投资基金、企业创投基金、融资担保基金等金融产品，全面优化产业发展环境。

## 二　推进奉贤美丽健康产业发展过程中的困难及原因

### （一）美丽健康产业链不够完善，产业集聚功能尚待提升

2018 年 1 ~9 月奉贤区东方美谷实现规模以上工业总产值 185.95 亿元，同比增长 20.0%，尽管在产值规模的增长上呈现良好的态势，但是与“上海美丽健康产业 13 条”中提到的东方美谷产业规模 2020 年达到 500 亿元、2025 年达到 1000 亿元的目标，还有相当大的差距。

1. 缺乏国际性、带有行业引领性的品牌项目

从横向来看，目前，奉贤区虽然拥有像莹特菲勒、科丝美诗等知名化妆品 ODM 企业，但是缺乏像法国欧莱雅、美国宝洁、美国安利、美丽雅诗兰黛、美国雅芳、日本资生堂、韩国爱茉莉、英国联合利华等国际一线品牌所属企业。国际一线品牌的缺失使得产业集聚所能够带来的滚雪球式效应未能充分发挥，目前已有企业不能对区域外企业形成很强烈的吸引，东方美谷新企业的快速衍生与成长存在一定的障碍。行业内世界 500 强企业基本上在 20 年前已经完成了全球布局，在目前的宏观经济形势下，吸引国际一线品牌入驻的难度较大。

2. 全产业链纵深布局不够完善

从纵向来看，经过几年的努力，东方美谷产业研究、传媒、检验检测、产品追溯等平台启动运营，产品展示中心正常运行，行政服务分中心对外服

务，品牌发展指导服务中心挂牌成立，东方美谷的上下游产业链逐步完善。但是，与产业集群内部所需要的能够推动区域创新和服务的配套机构种类和数量还具有一定的差距，缺乏大型的研发中心、物流仓储设施等。其中，部分机构未能充分彰显其功能和作用。例如，作为行业协会，产业促进中心由于受体制的约束，未能发挥应有的能量。同时，企业之间互动交流学习的平台和载体的缺失，导致企业仍然处于单打独斗的境地，在行业信息、市场信息、科研信息等方面并未成立一个相互学习的整体。这在一定程度上影响到产业集群内部的凝聚力和向心力，规模效应还不能充分显现。

## （二）综合服务能级不够强大，服务配套功能尚需深化

要做大做强美丽健康产业，必须对标国际、对标一流，瞄准高端化妆品品牌和世界一流企业。要吸引这样的企业，首先要具备服务东方美谷美丽健康产业国际化的氛围，即美丽健康产业服务领域的综合能级，这方面依然存在较大的差距。

1. 公共服务配套功能亟须提升

在基础设施方面，主要是道路交通，地铁 5 号线、虹梅路隧道等的贯通，虽然在一定程度上拉近了与市区的距离，但是区内交通尤其是产业园区内的公共交通是一个很大的短板。在社会性基础设施方面，主要是教育、医疗、体育、文化、餐饮、住宿、休闲娱乐等社会事业，在产业园区内还存在很大的空白。美丽健康产业核心承载区——生物科技园区，如同其他园区一样，由于历史原因，成立之初的规划建设缺乏前瞻性，基础设施配套非常薄弱，给企业工作人员的工作和日常生活带来诸多不便，这在很大程度上影响了人才的吸引和留住，更影响到产业集聚区整体的软环境。

2. 政策配套功能有待补充调整

土地政策方面，上海地区寸土寸金，奉贤也不例外。目前，奉贤区建设用地减量化工作推进难度不断增加，新增建设用地指标的供需矛盾又比较突出，导致发展美丽健康产业的空间遭到压缩。人才政策方面，梯次结构不明晰，导致无法为高层次人才提供个性化、真正具有吸引力的管理和服务。缺

少针对团队的人才政策，缺少高峰人才政策，对创新创业团队核心成员、中层骨干等“夹心层”的政策支持力度不大。因此始终在留住现有人才和吸引、增量人才方面存在巨大的困难，创新创业人才集聚程度较低，高端人才更是难以吸引。

## （三）招商引资方式不够灵活，营商环境有待持续优化

招商引资是经济增长“三驾马车”中投资的关键力量。特别是当前，随着结构性改革的深入推进，不少劣势企业被淘汰掉了，低端产能也去除了，而光靠现有的这些存量是不够的，加之东方美谷成立时间不长，需要通过招商引资注入新的活力。

1. 招商机制有待更新

目前，奉贤区美丽健康产业的招商任务集中在区投促局、东方美谷推进办、东方美谷集团公司，行政机构受体制约束较多，在招商平台、招商模式、招商效率、招商人员的专业度、激励机制等方面存在天然性短板。

2. 招商环境有待优化

一方面，招商人员的专业能力需进一步加强，项目资源的获取渠道有待拓宽，对项目价值以及创业团队综合竞争力研判的能力有待提升。区内目前缺少专业化的众创空间，难以为创业团队提供有效的创业指导服务。另一方面，项目评审机制有待改善，评审效率有待提高，这对于项目的引进和落地影响较大。

3. 招商政策有待完善

奉贤区目前仅有限于市局层面的《上海市鼓励跨国公司设立地区总部的规定》和区级层面的《奉贤区加快发展现代服务业实施细则》，已落后于其他已形成自身总部经济政策的区县，造成跨国公司总部落地困难。

## （四）科研项目导入不够有力，研发创新功能需要突破

1. 产学研合作质量不高

奉贤区毗邻上海交通大学、华东师范大学，区内还有华东理工大学、上

海应用技术大学、上海师范大学等，尽管目前有一定的产学研项目和平台，但是并未形成高质量的合作，经济效益还不显著。

2. 科研创新能力不强

目前，奉贤区的美丽健康产业中代工企业较多，这些企业创新的意愿和能力较低，所生产的产品附加值不高，发展潜力不足，这是制约奉贤区美丽健康产业做大做强的短板所在。亟须加强企业研发创新团队项目的引入，提升企业核心竞争力，增强东方美谷研发创新功能。

### （五）区域品牌建设不够成熟，品牌功能有待持续彰显

1. 品牌建设规划需要进一步完善

奉贤区提出了东方美谷全域之美的品牌发展战略规划，要将东方美谷打造成产业品牌、城市品牌、人文品牌、生态品牌，实现不可替代的竞争优势。但是，目前我们对品牌发展规划的研究不够系统全面，缺乏品牌运营的专业化机构和专业人才，对东方美谷品牌的内涵和外延挖掘还不够，造成品牌运营不够系统。

2. 品牌影响力需要进一步提升

经过三年多的努力，东方美谷尽管已从品牌无人知晓到如今被业内看好，影响力在不断扩大。但是，对标国际一流、品牌推广的力度需进一步加大，传播渠道需进一步拓宽，产品品质需进一步提升，品牌价值需进一步彰显，从而提高品牌认知度、美誉度和影响力。

## 三　推动奉贤美丽健康产业做大做强的思路和对策

### （一）进一步提升产业集聚效应

1. 筑巢引凤，吸引国际一线品牌进驻东方美谷

力争在三年内引入如雅诗兰黛、资生堂等跨国公司在东方美谷设立地区总部或研发总部。一是通过产业集聚提高区域生产效率。大量的优秀美丽

健康企业集聚在东方美谷，空间上的临近，可以为企业降低相关的业务成本、交通运输成本等，从而提高企业的生产效率。二是通过产业集聚吸引更多优秀企业入驻东方美谷。同时，吸引更多相应的研发机构、服务机构及专业人才来到东方美谷，使它们寻找到更多的商业合作、市场机遇及职业机会，形成产业内部自我强化的良性循环过程，如此产生产业集聚的滚雪球效应，推动区域经济快速增长。三是通过产业集聚为区域创新提供源源不断的动力。由于创新活动的复杂性，企业的创新活动往往需要多个相关企业及科研部门的共同参与才能取得成功。产业集聚后，容易形成专业知识、生产技能等方面的累积效应，加上交流平台的搭建，能够为企业的创新活动带来动力。

2. 以商引商，推动美丽健康全产业链发展

一方面，在产业体系上，构建“3 + X”产业体系。“3”指做大做全美容化妆品产业、打造美容化妆品产业全产业链，加快培育生物医药保健品及绿色食品产业，加快培育医疗器械及运动装备产业。“X”指与美丽健康产业价值链延伸相关的产业，如研发设计、智能制造、检验检测、展示体验、平台交易、物流仓储等。另一方面，引进美丽健康高端龙头企业。美丽产业方面，进一步引入国际品牌及创新性科研项目，加快落实与意大利莹特丽集团的合作协议，深化与法国化妆品谷的战略合作。健康产业方面，充分联动全市资源，依托张江“医谷”“药谷”等国家级健康产业基地研发资源，推进东方美谷与其形成“双谷联动”发展格局，推动生物医药、高端医疗器械等健康产业领域在东方美谷产业化，提升东方美谷研发服务能力。

### （二）进一步完善综合服务配套

1. 深化产业链服务配套功能

目前，东方美谷集团围绕企业发展的需求，积极搭建产业发展的“四大平台”“八大中心”，并通过平台化推进的产业支撑体系，推进美丽健康产业快速发展。我们要在这个基础上，进一步深化“四大平台”“八大中心”的自身建设，完善“四大平台”“八大中心”的服务功能，培育良好的

产业生态，让企业及企业工作人员感受到“店小二”式的政府服务。同时，要始终秉持体验式服务理念，提高服务的附加值。例如，已成立的东方美谷检验检测公司，要以市场化的手段为企业提供优质高效的公共服务；已建立的东方美谷电子商务公司，要形成“互联网+产品+服务”的电子商务发展模式，以此来催生与美丽健康产业相关的新产品、新模式、新技术、新业态“四新”经济组织。又如，探索设立东方美谷知识产权综合保护中心，推动专利申请审核、知识产权法律维权与行政执法等在东方美谷的集聚；支持有条件的市场主体积极参与质量技术基础公共服务平台建设，引进标准化技术组织深度参与各类标准制定，在美丽健康产业制造、进出口贸易发展中占据行业技术制高点；加快推进化妆品全产业链追溯系统建设和应用，建设防伪保真、诚信可靠的线上线下联动专业消费市场。

2. 提升公共服务配套功能

一方面，要提升产业园区规划。在理念上，要将产业园区向产业社区、产业城区转变，以生态环境为依托，以美丽健康产业体系为驱动，全面提升公共服务水平，实现产城融合。加强道路、水、电、煤、气等基础设施的建设，合理布局教育、医疗、文化、体育等公共服务设施，配套建设居住、商业、娱乐、休闲等设施，提升宜居宜业水平，加大对高端人才的吸引力。另一方面，要搭建人才互动平台。我们要满足创业团队对创业指导和服务的需求，把碎片化的政策串联起来，一对一精准施策。成立东方美谷人才互动平台，掌握创新、科研、管理、营销、设计等高端人才信息，把握人才动向。定期举行人才交流会，分享美丽健康产业发展形势、行业信息、市场信息、研发成果等。鼓励企业间人才合理流动，充分发挥高精技术人才在企业发展中的作用。

3. 完善配套政策及抓落实

一方面，《关于推进上海美丽健康产业发展的若干意见》可以说是为东方美谷“量身定制”的一个政策，支持力度非常大。我们要抓住机遇，借政策“东风”，着力优化东方美谷建设的政策环境。采取紧盯政策，强化市区协作能力。要进一步细化政策体系的各项目标任务，明确责任部门，研究制定具体可行的落实方案。同时，坚持以问题为导向，建立健全常态化督查机制，确保政策落地生根、开花结果。另一方面，在产业用地政策方面，要通过二次开发、腾笼换鸟等方法，有序稳妥淘汰低效产业用地企业，将工业用地减量化腾挪出的土地指标，对美丽健康企业用地需求给予重点倾斜，为发展美丽健康产业腾出空间。

### （三）进一步强化招商引资作用

1. 创新招商模式

围绕美丽健康产业发展，创新招商思路，依托上海美丽时尚品牌优势，关注产业要素招商，引入能够推动产业发展的关键性资源，如成立产业联盟、引入知名协会、搭建招商平台、联动全市资源、加大专业人才集聚等，通过资源要素集聚带动产业发展。可考虑成立若干个专业的招商公司，建立“行政 + 市场”的招商模式，充分调动市场要素的积极性，提高招商效率。

2. 切实转变政府职能

进一步建立规范高效的政府服务机制，政府从资源招商、政策招商向环境招商转变，当好企业的“服务员”，为企业提供高效、优质的服务，不断释放市场活力。深入推进“放管服”改革，优化审批流程，在保证产品质量安全的前提下，对市场的需求以及企业的诉求迅速做出反应。例如，缩短化妆品产品注册时间、放宽保健品市场的准入和批准标准等。

3. 完善招商政策体系

一方面，围绕企业最为关心的土地价格、税收奖励、研发创新补贴等核心问题出台东方美谷专项政策，提高吸引力。另一方面，加快推出东方美谷专属的人才引进和激励政策，加大对化妆品产业人才的扶持力度，为企业创新发展添加动力，对优质化妆品行业企业在人才购房补贴、租房补贴、高新产业人才奖励、人才医疗服务、人才子女就学服务等方面给予支持。

### （四）进一步提升创新研发能力

1. 加强产学研合作

围绕美丽健康产业，积极对接国际前沿发展理念和技术，引导高校和科研院所与企业进行紧密的产学研合作，特别是加大与华东理工大学、上海应用技术大学、上海师范大学等高校的联系合作，充分借助高校的科创优势和科研资源，与企业协同创新，提升企业技术创新和新产品研发能力，不断发挥科技创新对推动东方美谷建设的乘数效应。探索设立科技创新专项基金，鼓励和引导企业开展科技创新，不断提高企业核心竞争力。

2. 引进和培育创新研发项目

一要大量引进美丽健康产业创新团队。深化与法国化妆品谷的合作，占据研发领域的高地，从而吸引更多的科技创新要素集聚东方美谷。二要培育本土民族化妆品企业的创新能力。搭建企业与高校、科研院所之间沟通的桥梁，如上海应用技术大学注册的东方美谷产业研究院能够为莹特丽集团提供全产业链的服务，而莹特丽集团也主动牵手上海应用技术大学，助力其培养化妆品专业硕士人才，两者实现互惠互利、共建共享。三要不断汇集科研人员。质量提升的原动力在于科研，要激发科研人员的创新活力和创造潜能，加大具有工匠精神的技能型人才的引进及培养力度。

### （五）进一步扩大东方美谷品牌影响力

1. 夯实品牌发展规划并加快培育

一方面，要提高品牌运营和推广意识，加强与专业第三方机构合作，不断整合资源，树立东方美谷在全国美丽健康领域的质量标杆地位，推出一批美丽健康领域的品质认证产品和领跑标准。另一方面，要紧密结合上海打响“四大品牌”战略，做好东方美谷区域品牌发展规划。将东方美谷不仅作为产业品牌，还作为城市品牌、文化品牌，厘清东方美谷品牌的内涵、定位、方向、用途等。在打响服务品牌上注重提升能级、服务全国；在打响制造品牌上注重产品质量，人无我有，人有我优；在打响购物品牌上注重体验消费，立体多元，各供所需；在打响文化品牌上注重贤美文化有机融合，提升群众审美能力，激发创美热情。

2. 打通针对境外的宣传推介渠道

一方面，要积极对接市经信委、市商委，积极参与对外经贸合作交流，开展境外投资推介活动，努力在境外打响东方美谷品牌，不断扩大东方美谷知名度和影响力，吸引外资企业入驻。另一方面，要通过举办和参与国际性交流论坛、展览等活动，放大品牌效应。充分利用首届中国国际进口博览会契机，通过东方美谷主题论坛、走进奉贤、小规模对接会等各种活动和方式积极宣传奉贤东方美谷，借助世界化妆品大会等高端活动提高东方美谷品牌宣传能级，扩大品牌影响力。构建美丽健康产业联盟，增进与有关美丽健康产业的专业学会、协会、知名企业及专家的沟通与交流，利用协会资源吸引相关企业和机构。

东方美谷美丽健康产业已经成为奉贤独有的品牌，它植根于奉贤拥有千年底蕴的“贤文化”，体现了奉贤人民在21世纪立足上海、面向全国、放眼世界的雄心壮志和奋斗精神。未来，东方美谷将是一个东方美丽健康产业的“硅谷”，也必将成为南上海产业经济的动脉，它将承载中国美丽健康产业与奉贤创新转型发展的光荣与梦想，屹立在世界的东方。

## 参考文献

《决胜全面建成小康社会夺取新时代中国特色社会主义伟大胜利：在中国共产党第十九次全国代表大会上的报告》。

《“健康中国2030”规划纲要》。

《关于推进上海美丽健康产业发展的若干意见》。

上海市奉贤区人民政府：《上海市奉贤区国民经济和社会发展第十三个五年规划纲要》。

《关于聚焦比较优势打响“四大品牌”提升城市能级和核心竞争力的意见》，上海市奉贤区第四届委员会第五次全体会议，2018年7月5日

《上海市奉贤区政府工作情况报告》，上海市奉贤区第五届人民代表大会常务委员会

第十四次（扩大）会议，2018 年 7 月 18 日。

徐建龙、曹杰：《东方美谷打造上海产业高原上的新高峰》，《上海党史党建》2018 年第 9 期。

郭晓敏：《合肥市健康产业发展路径》，《中共合肥市委党校学报》2017 年第 11 期。

汤浒、苏红键：《我国健康产业发展现状、趋势与对策研究》，《城市经济》2016 年第 10 期。

薛霞、王建平：《上海健康产业发展态势及对策研究》，《中国卫生经济》2016 年第 3 期。

张瑜：《嘉兴市健康产业发展研究》，《嘉兴学院学报》2016 年第 3 期。

邵刚：《国外健康产业发展的研究进展》，《中国医药导报》2015 年第 6 期。

刘青松：《我国健康产业的可持续发展策略探索》，《改革与战略》2012 年第 4 期。

张俊祥：《我国健康产业发展面临态势和需求分析》，《中国科技论坛》2011 年第 2 期。

《印发〈关于推进上海美丽健康产业发展的若干意见〉的通知》，上海市人民政府网，http://www.shanghai.gov.cn/nw2/nw2314/nw2319/nw2404/nw42534/nw42535/u26aw53873.html，最后访问时间：2018 年 12 月 7 日。

朱嘉梅：《上海美丽健康产业发展态势及对策思考——基于上海市奉贤区的实证研究》，《上海农村经济研究》2018 年第 8 期。

奉贤区国有资产监督管理委员会：《奉贤勾勒东方美谷唯美线路图》，上海奉贤，http://www.fengxian.gov.cn/gzw/001/20180830/001002_7599b367-e115-4f06-aba0-93d93484f392.htm，最后访问时间：2018 年 12 月 7 日。

奉贤报社：《“东方美谷”未来空间诱人》，上海奉贤，http://www.fengxian.gov.cn/shfx/subywzx/20181023/002001_dd176524-247a-4ace-976b-fa76f436f95c.htm，最后访问时间：2018 年 12 月 7 日。

# B.12

# 奉贤经济园区转型路径的探索：以综合保税区为例

谢婼青　张 淼*

**摘　要：** 随着经济进入新常态，习近平总书记在十九大报告中强调加快建设制造强国，加快发展先进制造业，培育新增长点，形成新动能，支持传统产业优化升级，加快发展现代服务业。上海市奉贤区依托产业园区，培育有潜力的成长型企业，推动产业集聚，以生物科技园区为载体，重点发展生物医药、新能源产业；大力推动美丽健康产业，打造东方美谷；围绕上海工业综合开发区和江海经济园区的技术改造和产业升级，促进传统产业向战略性新兴产业和高新技术产业转型发展，为区内外先进制造业发展提供必要的支撑和配套服务。2018年4月18日，上海闵行出口加工区转型成为综合保税区，这满足了制造业转型升级和战略新兴产业的发展需求，也为奉贤区成为国际经济贸易的重要窗口、通道提供良好的支撑和平台。本文以综合保税区为例，探索奉贤经济园区的转型路径。

**关键词：** 经济园区　转型升级　综合保税区

* 谢婼青，上海社会科学院经济研究所西方经济学博士研究生，主要研究领域包括计量经济建模与经济决策分析、金融统计与风险管理、科技统计；张淼，上海奉贤区委党校区域与经济发展研究中心副主任，副教授，主要研究方向为区域经济学，金融学。

# 一 奉贤区经济园区的发展现状

奉贤区的工业用地分为三类：104 板块、195 板块和 198 板块。截至 2018 年 10 月，奉贤区内有 17 个隶属于 104 板块的工业园区。2017 年至 2018 年，奉贤区加快推进 104 工业区块优化和提升，逐步形成以上海市工业综合开发区、杭州湾经济技术开发区、生物科技园区（张江高新技术开发区奉贤园区）、临港奉贤园区和奉城工业区为主体的“4+1”先进制造业规划布局。根据《上海市奉贤区总体规划暨土地利用总体规划（2017—2035）》，已将西渡经济园区、上海闵行出口加工区、奉贤经济开发区（庄行）、杨王工业区、泰顺工业区、庄行欧洲工业园、星火开发区及南部地区 7 个产业园区划定为战略预留区。

## （一）经济园区总体概况

根据上海市开发区协会统计数据，2017 年奉贤 17 个工业园区合计营业收入为 2510.6 亿元人民币，规模以上工业企业工业总产值为 1152 亿元人民币，上缴税金 199.5 亿元人民币。根据全区 104 区块普查数据，全区 104 板块内地块共有 1617 个，占地总面积为 58676 亩，其中未开发面积为 3759 亩。

奉贤区订立“1+1+X”的经济园区转型基调，“1+1”指东方美谷美丽健康产业和新能源新材料产业，“X”指“四新”经济和战略性新兴产业。面临特斯拉发展的机遇，第二个“1”将面向新能源智能网联汽车配套产业发展。

经过开发区的产业调整和转型升级，2017 年至 2018 年规模以上工业企业工业总产值逐年增加（见表 1）。2017 年工业综合开发区、杭州湾开发区、东方美谷集团和临港（奉贤）开发区的规模以上工业企业工业总产值分别同比增加 2.8%、6.7%、7.3% 和 51.7%，可见临港（奉贤）开发区的工业总产值增加速度较快。2018 年 1 ~ 9 月临港（奉贤）经济园区规模以上工业企业工业总产值同比增长88.1%，发展较快，杭州湾开发区为20.7%。但是，海湾旅游区2017年规模以上工业企业工业总产值同比下降54.9%，2018年1~9月同比下降20.4%。

**表1　规模以上工业企业工业总产值**

单位：万元人民币，%

| | 2017年 | 2017年增长 | 2018年1~9月累计 | 2018年增长 |
|---|---|---|---|---|
| 海湾旅游区 | 29653 | -54.9 | 19526 | -20.4 |
| 工业综合开发区 | 3827182 | 2.8 | 2979505 | 7.8 |
| 杭州湾开发区 | 2131350 | 6.7 | 1858486 | 20.7 |
| 东方美谷集团 | 568080 | 7.3 | 444186 | 4.3 |
| 临港(奉贤)开发区 | 495124 | 51.7 | 693449 | 88.1 |

资料来源：奉贤区统计局统计年鉴和统计月报。

随着产业结构的调整，2017年开发区整体的综合能源消费量同比下降10.1%，其中，下降最快的是杭州湾开发区，同比下降11.8%，而临港（奉贤）开发区同比增长52.7%；万元产值能耗同比下降14.5%，其中杭州湾开发区下降最快，同比下降17.1%，而海湾旅游区同比增长103.3%（见表2）。综上所述，临港（奉贤）开发区的综合能源消费量随着工业总产值的增加而增加，而杭州湾开发区的综合能源消费量随着工业总产值的增加而下降最快，可见其节能减耗的成效最佳。

**表2　2017年规模以上工业开发区能源消费**

| | 综合能源消费量（吨标准煤） | 增长（%） | 万元产值能耗(吨标准煤/万元人民币) | 增长（%） |
|---|---|---|---|---|
| 工业综合开发区 | 144502 | -4.1 | 0.041 | -5.0 |
| 杭州湾开发区 | 843283 | -11.8 | 0.440 | -17.1 |
| 海湾旅游区 | 1048 | -8.4 | 0.035 | 103.3 |
| 东方美谷集团 | 52686 | -6.9 | 0.095 | -13.7 |
| 临港(奉贤)开发区 | 13430 | 52.7 | 0.027 | 0.6 |

资料来源：奉贤区统计局统计年鉴和统计月报。

表3是2018年开发区的能源消费情况，不同于2017年，2018年1～9月开发区的综合能源消费量同比增加17.6%，其中，临港（奉贤）开发区同比增长85.2%，杭州湾开发区同比增长19.3%。可知，2018年经济园区节能减耗工作压力较大，为推进绿色发展，建立健全绿色低碳循环发展的经济体系，奉贤区需要发展壮大节能环保产业、清洁生产产业、清洁能源产业，从而降低能源消耗。

**表3　2018年1～9月规模以上工业开发区能源消费**

单位：吨标准煤，%

| | 综合能源消费量 | 增长 |
|---|---|---|
| 海湾旅游区 | 872 | 8.5 |
| 工业综合开发区 | 111827 | 4.9 |
| 杭州湾开发区 | 744580 | 19.3 |
| 东方美谷集团 | 39875 | 4.7 |
| 临港(奉贤) | 21943 | 85.2 |

资料来源：奉贤区统计局统计年鉴和统计月报。

## （二）奉贤区经济园区转型的典型

在奉贤区104板块的17个工业园区中，除去7个产业园区被划定为战略预留区，另外有3个经济园区最早进入转型阶段。

一是南桥镇的江海经济园区，目前已基本完成转型工作，是奉贤区最早进入转型阶段的经济园区。江海经济园区依托紧邻地铁5号线、东方美谷大道（奉浦大道）西段贯穿园区的独特区位，加快园区从第二产业向生产性和生活性服务业转型，在与上海市规划和国土资源管理局的主动对接下，对转型区域进行重新调整控规，重点推进东方美谷大道（奉浦大道）两侧和已批控规（一期）内企业的动迁征收工作，并出台相关政策，保障转型资金。开展多平台招商，依托派米雷园区、交大科技园、上海现代服务业南桥科创园、悠口电子商务园等“园中园”平台，大力推进众创空间建设、科创公共服务平台建设。园区被上海市产调办列为市级重点转型园区，首期转型工作已经完成，以总部研发、销售运营为主的新兴产业集群正在形成中。

二是奉贤生物科技园区。生物科技园区从原来的现代农业园区转变为以高新技术产业为主的东方美谷核心区，崛起的东方美谷不断优化产业定位，调结构、转方式，园区逐步实现了两个转变：从农产品精深加工产业到生物医药产业和生产性服务业的转变；从经济效益偏低、技术含量不高、创新能力不强的农业产业园区转变为生物医药龙头企业和生产性服务业重点企业集聚的高新技术园区。先进制造业依托生物医药园区和工业园区，形成新能源、生物医药、新材料等支柱产业。园区将进一步发挥区区联动效应，实现张江和奉贤的联动；升级与临港集团的合作，建设临港东方美谷科技城，从产业规划、土地规划、招商引资、配套环境、企业服务等各方面进一步加大对美丽健康产业的推动力度，为“健康中国”理念的落地实施贡献园区的力量。主要从事动物疫苗生产的上市企业海利生物坐落于奉贤生物科技园区，是集研发、生产、销售、服务于一体的专业化兽用生物制品生产企业，是上海市高新技术企业、国家火炬计划重点高新技术企业，是生物科技园中从事先进制造业的典型企业。目前，该园区已被上海市产调办列为市级重点转型园区。

三是青港经济园区。青港经济园区紧邻奉贤新城，位于奉贤中部地区，是产城融合建设的重点园区。该园区以先进制造业和美丽健康产业为主，按照产业社区的发展方向，不断加快产业规划调整和园区控规调整；通过进一步升级主导产业、加快淘汰落后产能，提升经济密度、提高亩均产出，实现园区的转型升级。目前，该园区已被上海市产调办列为市级重点转型园区。

另外，奉贤区提出“东方美谷园中园”的概念，特指在符合城市规划和土地利用规划的产业园内，以促进奉贤区产业发展为导向，将具有运营、销售、人力、研发等功能的综合性总部作为主要招商对象，形成生产、生活、生态有机统一而又相对独立的空间布局。“东方美谷园中园”产业综合体是产城文生有机融合、土地复合高效利用的集聚集群型产业社区，顺应东方美谷全域之美的发展趋势，有利于打响东方美谷品牌，加快构筑差异化发展特色，促进美丽健康大产业的发展；有利于大力发展先进制造业、现代服务业、战略性新兴产业，打造奉贤区发展新的增长极，实现区域跨越式发展。

## 二 闵行出口加工区转型成为综合保税区的概况

### （一）闵行出口加工区转型的进程

2017 年初，国务院办公厅发文提出“促进海关特殊监管区域整合优化，将符合条件的出口加工区、保税港区等类型的海关特殊监管区域逐步整合为综合保税区”。3 月 8 日，上海闵行出口加工区管理委员会积极响应，向奉贤区人民政府递交上闵加委〔2017〕1 号文《关于“上海闵行出口加工区”转型为“上海奉贤综合保税区”的请示》，出口加工区“转型升级”的目标正式确定。5 月 10 日，奉贤区人民政府向上海市人民政府递交沪奉府〔2017〕67 号文《关于“上海闵行出口加工区”转型为“上海奉贤综合保税区”的请示》，“转型升级”工作全面启动。6 月 7 日，上海市政府向国务院提交转型升级报告；8 月 20 日至 12 月 8 日，历时三个多月，国家十部委局进行了三次会签。

直到 2018 年 4 月 18 日，国务院正式发文，批准上海闵行出口加工区整合优化为奉贤综合保税区。经过一年不懈的努力，上海闵行出口加工区排除万难，实现“弯道超车”，成为上海首批获批转型的出口加工区。此次转型不但实现了从“出口加工区”到“综合保税区”的跨越，更实现了从“闵行”到“奉贤”的历史性转变。从此，闵行出口加工区的使命得以完成。

### （二）闵行出口加工区转型的迫切性

上海闵行出口加工区于 2003 年 3 月经国务院批准设立，同年 11 月 23 日封关运作。2016 年根据海关总署《海关特殊监管区域退出管理办法（试行）》相关规定，核减后闵行出口加工区面积为 1.9 平方公里。在转型前，共有落户企业24家，其中，生产型企业15家，物流企业4家。2016年实现总产值61.1亿元人民币，税收为8290.6万元人民币，投资总额为5.22亿美元，注册资本为2.81亿美元，进出口总额为61.5亿元人民币（出口额为42.8亿元人民币，进口额为18.7亿元人民币），海关关税为6.31亿元人民币。

上海闵行出口加工区面临紧迫的转型升级压力，其原因有以下两点。

一是战略要求激增。从国家层面而言，2015年8月《国务院办公厅关于印发加快海关特殊监管区域整合优化方案》（国办发〔2015〕66号）提出"逐步将现有出口加工区、保税物流园区、跨境工业区、保税港区及符合条件的保税区整合为综合保税区"。2017年1月《国务院办公厅关于促进开发区改革和创新发展的若干意见》国办发〔2017〕7号文提出"促进海关特殊监管区域整合优化，将符合条件的出口加工区、保税港区等类型的海关特殊监管区域逐步整合为综合保税区"。对出口加工区逐步转型为综合保税区提出了明确要求。从市级层面而言，2016年1月上海市人民政府工作报告提出"推动一批出口加工区向综合保税区转型"。上海是国际贸易中心，需要依托综合保税区以提升其服务功能和国际化水平。从区级层面而言，闵行出口加工区坐落于奉贤区，作为国务院批准设立的特殊海关监管区域，具备复制推广上海自贸区经验的先天优势，区发改委提出闵行出口加工区的转型和发展是奉贤区改革事项工作的重中之重。

二是竞争压力凸显。在当前形势下，区内经济发展已经到了新的阶段，出口加工区现有功能已无法满足现代制造业和先进服务业发展的需求。在当前经济转型的大背景下，支持企业发展研发、检测、维修、展示等现代服务业，促进加工贸易增值链向两端延伸显得尤为重要。同时，在上海6家出口加工区中，已有青浦、松江2家逐步转型升级为综合保税区，其他加工区均着手准备，因此，上海闵行出口加工区面临紧迫的转型为综合保税区的要求，只有快速转型，才能为奉贤区成为国际经济贸易的重要窗口、通道提供更好的支撑和平台。

## 三　综合保税区转型的目标和具体措施

### （一）综合保税区转型的目标

奉贤综合保税区围绕奉贤区东方美谷战略，以整合优化为前提，努力建成首个以美丽健康为主导产业、拥有以“东方美谷城市产业”名片命名的专业跨境电商平台的特色综合保税区；用心打造集聚化妆品、珠宝等名品保税展示交易和全球检测维修等业务的示范综合保税区；发展建设集保税区、保税物流区、出口加工区等多种外向型功能于一体，会聚国际中转、国际配送、国际采购、转口贸易和出口加工、商品展示等业务的综合园区。

闵行出口加工区转型成为综合保税区需要实现以下五大功能。

一是保税加工。综合保税区内生产企业可从国外进口原材料保税加工后出口（或销往国内），或从国内采购原材料入区退税后加工出口。

二是保税物流。综合保税区可为区内外进出口企业在采购原材料、产品销售的过程中，提供货物保税状态下的仓储、配送、增值加工、国际中转、进口复出口等物流服务，利用最低的物流成本，实现企业的利润最大化。

三是保税贸易。综合保税区内允许注册贸易公司，区内各类企业均享有进出口经营权，可从事全球或地区性采购、分销、配送业务。

四是保税维修。企业在综合保税区内可开展保税维修业务，对来自境外、境内需进行维修处理的货物进行维修并复运出境、出区。

五是保税展示。企业在综合保税区内可开展进口商品展示活动，也可拓展到综合保税区外开展保税展示交易活动。

因此，闵行出口加工区转型成为综合保税区，使综合保税区能够成为推进奉贤区域经济发展的引领区和配套东方美谷产业发展的服务区。综合保税区相对于出口加工区，其功能更为全面，与上海自贸试验区相比，又存在较大的商务成本优势，因此，对先进制造业、战略性新兴产业和现代服务业在奉贤区的加快集聚集约具有很大推动作用。2015 年以来，奉贤区以建设东方美谷为产业导向，融合“产业集群、研发创新、服务配套、人才集聚”四大功能，涵盖“研发、设计、检测、展示、营销、体验、行业服务、专家指导”八大中心。综合保税区能够为东方美谷的企业提供园区内物流企业的密切合作平台，从而降低企业运营成本和周转时间，帮助企业更快发展。

### （二）转型的独特优势

综合保税区是设立在内陆地区的具有保税港区功能的海关特殊监管区域，是我国开放层次最高、优惠政策最多、功能最齐全、手续最简化的特殊开放区域，执行保税港区的税收和外汇政策。因此，闵行出口加工区转型成为综合保税区最大的优势便是政策优势。

在税收优惠方面，包括基建物资及设备进口免征进口关税和进口环节税；境内（指境内区外）货物入区视同出口实行出口退税；区内货物进入境内销售按货物进口的有关规定办理报关手续，并按货物实际报验状态征税（经批准或授权的除外）；区内企业之间货物交易免征增值税、消费税；经批准或授权可以享受以下税收政策：（1）选择性征收关税政策；（2）跨境电子商务零售进口税收政策；（3）赋予区内企业增值税一般纳税人资格政策。

在贸易管制方面，除法律、行政法规和规章另有规定外，与境外之间进出的货物，不实行进出口配额、许可证件的管理。

在保税监管方面，区内保税存储货物不设存储期限；进口货物入区保税；区内企业之间保税货物可以自由流转。

在外汇政策方面，进出区（境内区外）货物可用外币或人民币结算。

以上四方面的政策优势为企业落户综合保税区增加了吸引力，方便进出口企业的业务往来，为园区内企业提供了政策便利。

此外，原闵行出口加工区有一批美丽健康产业项目在奉贤集聚，以如新、科丝美诗、韩束、伽蓝、百雀羚为代表的国内外知名化妆品企业和以上海莱士、凯宝药业、亿康、云健康为代表的高科技医药类企业均已落户奉贤。而且，综合保税区目前与安利（中国）、美雅（惠州）、广州白云山制药、广州好迪、广东熊猫日化等公司进行项目洽谈，企业纷纷表现出对在综合保税区内建立维修检测中心、研发中心等相关业务的浓厚兴趣。这为综合保税区的建立和转型提供了企业和项目的基石。

## （三）具体措施

为转型成综合保税区，园区成立“一平台两中心”，即东方美谷专业跨境电商平台，东方美谷保税展示交易中心和保税检测维修中心。

根据综合保税区验收标准，上海闵行出口加工区完善基础设施改造：一是完成卡口的智能化改造，货物进出区实现自动验放、即到即放，提高物流效率；二是回购区内企业闲置厂房64331.06平方米，以不断满足金融机构、保税展示、贸易公司等办公场所需求；三是配备检验检疫化验室，为进一步拓展进出口贸易创造便利条件，先后完成围网修护、平台改造、卡口改造、监控设备更新、绿化补种等。

具体措施如下。

一是明确产业布局。重新规划区内产业布局，加工区南部集聚全球境内外检测维修及检验检测、认证等企业，重点培育技术密集型服务领域；中部对已有低端机械加工类企业进行腾笼换鸟，逐步引进符合发东方美谷概念的美丽健康产业；北部集聚保税及非保税物流业，特别是加强对东方美谷相关产业的深度配套，充分发挥区内外联动效应和规模效应。

二是提升产业能级。注重引进新一代信息技术、生物、高端装备制造、新能源、新材料等战略性新兴产业，实现由简单、低端的出口加工业向先进制造业转变；注重引进研发、实验、检验、检测、维修、认证等国际高端服务业，实现由生产型制造业向服务型制造业转变。

三是扩大功能试点。目前，加工区正积极申请跨境电商试点业务，同时，将进一步拓展保税展示交易、期货保税交割、融资租赁等功能，加大对现有物流企业的“仓储货物按状态分类监管”、生产企业的“委内加工”业务试点范围，吸引更多的配套企业和项目入驻。

## （四）转型成效

综合保税区自2018年4月18日国务院正式批准由上海闵行出口加工区整合优化后，大力提升和拓展综合保税区的功能定位，重点推进南上海国际进出口贸易和保税贸易的平台建设，带动区内外产业链的延伸提升，加快建设和招商引资工作，从而提升综合保税区的经济功能地位、调整升级全区产业结构，完善区内产业配套。至2018年10月，已经历5个多月，转型初见成效。

一是明确产业定位。联合外高桥企业发展中心制定完成奉贤综合保税区的功能定位和产业策划，确立了以“一平台两中心”（即东方美谷专业跨境电商平台、东方美谷保税展示交易中心和保税检测维修中心）为产业载体，以“品牌、高效、形象、生态”为综合保税区目标的发展思路，努力把奉贤综合保税区建成首个以美丽健康为主导产业、拥有以东方美谷城市产业名片命名的专业跨境电商平台的特色综保区，集聚化妆品、珠宝等名品保税展示交易和全球检测维修等业务的示范综合保税区，切实走出一条独具特色的综合保税区绿色发展道路。

二是招商效应显现。通过前期的宣传和招商力量的强化，前来奉贤综合保税区咨询洽谈的客商呈不断上升态势，截至2018年10月，共计洽谈项目15个，已签约项目有2个，继续跟踪的项目有7个。同时，奉贤综合保税区还受到中介机构的青睐，韩国瑞草论坛主动与奉贤综合保税区建立联系，并要求达成长期的交流机制，在化妆品、医疗器械等方面开展合作。

三是功能建设有进展。东方美谷专业跨境电商平台的搭建基本完成，包括查验平台的改造和查验用CT型行李/物品检查系统的到位，自主开发的“美谷美购”线上交易平台也已进入测试阶段，预计不久可上线；保税展示交易中心有项目落地，该中心选址凤创谷1号楼1~8层，其中，2层红酒展示区已对外营业，5、7、8层国际中老年智能用品及国际医美器械的保税展示区处在设计装修阶段，1 层化妆品展示区项目洽谈顺利，预计不久可签约入驻；奉贤综合保税区将保税展示交易中心拓展至外区，在浦江国际珠宝中心设立国际珠宝首饰保税展示交易区。

## 四　综合保税区转型过程中的困难和挑战

### （一）保税仓库严重不足

目前，奉贤区综合保税区的自有资产匮乏，尤其是标准保税仓库严重不足。现有 2.9 万平方千米的保税仓库已基本满租，若想打造国际贸易和海外营销促进平台，推动综合保税区的功能实现，那就需要引进物流企业，但是，保税仓库严重不足无法为物流企业入驻提供基础条件。园区只能通过改造现有闲置厂房来拓展仓库，但因涉及第三方业主，存在较多不确定因素，且谈判、改造需要较长的时间，见效缓慢。

### （二）园区规划矛盾

《上海市奉贤区总体规划暨土地利用总体规划（2017—2035）》已将上海闵行出口加工区等 7 个产业园区划定为战略预留区，建立空间留白机制，初衷是在资源环境约束背景下谋求城市的可持续发展。战略预留区在整体功能定位尚未明确时强化规划和土地预控管理，避免“二次拆迁”和“大拆大建”。战略预留区统一由上海市政府管理，强化市级相关部门组成的联席会议在战略预留区规划启动中的作用，区级政府履行的是监督管理责任。而目前，上海闵行出口加工区已转型成为综合保税区，需要发挥综合保税区的功能，这与奉贤区土地利用总体规划相悖，阻碍了产业发展和企业落地。

### （三）主导产业定位不清

综合保税区通常具有国际贸易、国际物流、仓储、加工、展示等多种功能，功能的综合提高了园区的运行效率和抗风险能力。在“十三五”期间，奉贤区以实现转型升级为综合保税区为契机，大力拓展综合保税区的功能，打造南上海国际进出口贸易的重要窗口，增强奉贤区在招商引资方面，特别是对东方美谷企业的吸引力。本质上，综合保税区依靠政策优势，吸引企业入驻，但对企业的类型和园区的集聚方面，主导产业定位不清，未来容易出现散而乱的现象。

## 五 政策建议和总结

### （一）政策建议

加大招商力度。积极跟进在谈项目，努力挖掘全新项目。根据综合保税区产业定位，借助进博会、“非特”落地等契机，在高附加值先进制造业、保税检测维修、保税服务贸易等行业进行突破。园区需改变以往仅以土地、税收优惠吸引企业的做法，更重要的是，要突出满足企业发展的需求特点，双管齐下，实现双赢。同时，将招商引资与项目的环保水平、产业层次、节约集约用地、税收、投资强度等紧密挂钩。由于招商引资的特殊性，政府发展方向应该与产业发展规律保持一致。

扩大物业自持量。一是自建仓库，在奉贤综合保税区北部区域规划建设高标准的物流仓库。二是以回购、整租等方式，将现有区内闲置厂房资源的掌控权转移到开发区，再进行统一规划布局和项目嫁接。

强化公共服务。园区企业对服务的要求早已不局限于低层次服务，而是要求全方位、高层次的“智慧化专业化”服务。公共服务平台的规划和建设相当重要，人才服务、创业培训、风险投资等平台越来越受到关注。同时，引进高端技术人才和管理人才，建立完备的人才库。进行资源共享，避免重复浪费，提升园区产业的竞争力。

完善基础环境。一个良好的产业集群区域需要完备的基础设施，为聚居于此的企业的建设发展提供完备的基础建设和环境。园区发展必须摈弃单纯工业化的发展思路，而应以城市开发的角度看待工业园区。园区－工业化－城市化是新形势下未来园区发展的基调和思路。基于这种判断，未来的园区必须将产业发展、生态保护、人居环境、人文生活等因素全盘考虑进来，融入园区和城市的整体空间规划。

## （二）总结

总之，综合保税区的转型和发展多是依靠政府的政策优势，这是不可持续的，需要明确政府职能在园区发展和产业集群中至关重要的作用，适度的政府支持是工业园区发展的催化剂，在依靠政府政策优惠的基础上，积极开拓市场的潜力，发展主导产业，科学规划，促进集群式发展，避免群而不聚的现象，实现资源的有效配置，为落地的企业创造自由选择、公平竞争的平台和环境，从而推动奉贤区经济园区的转型发展，发展先进制造业和现代服务业，从而加快建设现代化经济体系，打响“上海服务”、“上海制造”、“上海购物”和“上海文化”四大品牌。

## 参考文献

郭子成：《综合保税区的功能解析及空间组织模式》，《规划师》2012 年第 S1 期。

孙浩：《上海综合保税区转型为自由贸易园区建设研究》，《国际商务研究》2014 年第 1 期。

蒲晓晔、赵守国：《国外典型经济园区融资模式的启示》，《西北大学学报》（哲学社会科学版）2013 年第 5 期。

李鲁、赵方：《中国园区经济的国际认知与新使命》，《改革》2017 年第 7 期。

李秀华：《综合保税区在区域经济发展中的作用探讨》，《商业时代》2013 年第 19 期。

# B.13
# 奉贤十年城镇化发展历程与展望

奉贤区委党校课题组*

**摘　要：** 自2016年奉贤被列为第三批国家新型城镇化综合试点地区以来，城镇化建设步伐继续加快，城乡统筹水平进一步提升，以奉贤新城为核心的城镇化建设达到一个新的高度。奉贤新城自2008年建立至今，已经走过10个年头，建设发展十年以来，新城见证了奉贤新型城镇化发展的阶段和步伐。2018年1月，《上海市城市总体规划（2017—2035年）》将奉贤定位为上海南部中心城市和长三角城市群中具有辐射带动作用的综合性节点城市，[①] 对奉贤城镇化发展提出了更高的要求。在新型城镇化建设的新阶段，奉贤站在发展的新高度，面临新挑战、新要求，同时，也充满了新机遇、新动力，把握深化城乡统筹的步伐，有序推进城镇化建设计划，积极贯彻创新转型的重要路径，成为奉贤深入持续发展的新课题。

**关键词：** 奉贤新城　城镇化　城乡统筹

---

* 奉贤区委党校课题组作者包括：张淼，经济学硕士，中共上海奉贤区委党校区域与经济发展研究中心副主任，副教授，主要研究方向为区域经济学；张美星，上海社会科学院研究生院博士研究生，研究方向为金融计量经济学；朱嘉梅，法学学士，中共上海市奉贤区委党校教研室副主任，讲师，主要研究方向为区域经济和公共管理；陈继锋，中共上海市奉贤区委党校学员工作部，教育学硕士，讲师，研究方向为文化建设；吴康军，学士，中共上海市奉贤区委党校区域与经济发展研究中心主任，讲师，研究方向为区域经济。

① 《上海市城市总体规划（2017—2035年）》。

## 一 引言

习近平总书记在党的十九大报告提出："贯彻新发展理念，实施区域协调发展战略，以城市群为主体构建大中小城市和小城镇协调发展的城镇格局。"① 城市是经济社会发展的重要载体，其建设成效决定了经济社会发展的前景。新城建设作为提高城镇化水平、加快工业化进程的重要路径，已经成为城市建设的重点领域和学术研究的热点问题。

国外对于新城的研究最早体现在1919年的"田园城市"定义中，国内学术界在20世纪80年代开始对新城建设进行有益思考。20世纪50年代，上海开始初步探索建设郊区卫星城，90年代后"卫星城"逐渐被"新城"的概念取代。2011年上海市人民政府颁布的《关于本市加快新城发展的若干意见》明确指出："'十二五'时期，上海城市建设重心将向郊区转移。"从此，郊区成为拓展城市战略空间布局、调整优化制造业结构的主阵地，在城市发展中的功能作用不断凸显。全面贯彻落实区域协调发展战略，推动郊区新城发展，成为上海当前和今后一个时期举全市之力落实的一项重要工作。

奉贤新城位于上海杭州湾北岸地区中心区域，是国家沿海大通道和杭州湾环形通道的重要节点。"十一五"期间，南桥新城被确定为上海市"1966"城乡规划体系中的9个新城之一；"十二五"期间，南桥被列为上海市重点推进的三大新城之一；2017年，南桥新城正式更名为奉贤新城。在面临新型城镇化试点、上海2035规划、长三角城市群核心区建设和国家"一带一路"建设等前所未有的巨大发展机遇情况下，奉贤新城的建设与发展秉持着区域落实新发展理念，推进以人为本的新型城镇化建设的重大历史使命。可以预见，随着奉贤新城的不断建设和完善，在不久的将来，奉贤新

① 《决胜全面建成小康社会 夺取新时代中国特色社会主义伟大胜利——在中国共产党第十九次全国代表大会上的报告》。

城必将建设成为上海滨江沿海发展廊道上的节点城市，杭州湾北岸辐射、服务长三角地区的综合性服务型核心城市，具有独特生态禀赋、科技创新能力的智慧、宜居、低碳、健康城市。

## 二　奉贤新城十年城镇化建设历程回顾

### （一）基本情况

奉贤新城规划范围为北至大叶公路，东至浦星公路，南至G1501上海绕城高速，西至南竹港和沪杭公路，总规划面积71.39平方公里。① 奉贤新城将围绕“十字水街，田字绿廊，九宫格里看天下，一朝梦回五千年”的城市意象和愿景，依托自然禀赋，勾勒城市框架。2017年，新城进一步提升规划，优化公建项目、生态及交通布局，补充完善各宫格内资源配置。奉贤新城将传承历史文脉与江南水乡城市肌理，打造一座有文化、有温度、有情怀的城市。

经过近十年的发展，奉贤新城先后被国家住建部列为绿色生态示范城区和上海市首批低碳发展实践区，根据奉贤新城的发展目标及区域地位，其城市职能确定为充分发挥综合性节点城市在优化空间、集聚人口、带动发展中的作用，承载部分全球城市职能，培育区域辐射、服务功能，将新城培育为长三角城市群中具有辐射、服务作用的综合性节点城市。②

### （二）城镇化发展阶段

1. 初步探索期（2008~2009）

2008年，奉贤新城建设正式拉开帷幕。“十一五”期间，上海市提出了“1966”城镇规划体系以优化调整城市空间结构、促进郊区城镇化进程、缓解中心城区土地功能高度重叠等问题。2008年，作为9个新城之一的奉贤

① 张淼：《上海奉贤新城建设与发展回顾》，《传播力研究》2017年第10期，第235页。

② 《上海市城市总体规划（2015—2040）纲要》，http：//mp. weixin. qq。

新城（时名为“南桥新城”）正式启动城市建设。2008 年 2 月，新城组建了上海市奉贤区南桥新城开发建设管理委员会，成立了上海奉贤南桥新城建设发展有限公司。这一时期，新城中小企业商务区的建设全面展开，产业经济初绽头角，大型居住区建设如火如荼，服务配套和公共交通较为滞后。

2. 框架形成期（2010 ~2014）

2010 年，新城的城市框架逐步形成，新城进入优化提升期。2009 年，上海市“十二五”规划对郊区的发展提出了新思路，建设重心从中心城区向郊区转移，奉贤新城成为上海市重点推进的三大新城之一。“十二五”期间，奉贤新城着力打造蓝绿交融的城市印象，引导低碳的生产生活方式。2011 ~2014 年，新城先后被列为上海市首批低碳发展实践区、国家绿色生态示范城区。经过五年的建设，新城基础设施逐步完善，教育、医疗等公共服务逐渐完善、惠及民生、先进制造业、现代服务业等产业已成为新城特色产业，基本形成“一核连四片、一环串两带”的城市框架。总的来讲，经过几年的发展，新城的规划、思路、理念得到了新的提升，方向得到了进一步确定，一座独立、复合型城市的脉络与灵魂越发清晰，为后续城市功能建设奠定了扎实基础。

3. 功能建设期（2015年至今）

2015 年，奉贤新城进入了全面的功能建设期。根据上海市“十三五”规划、《上海市城市总体规划（2017—2035 年）》对新城提出的功能定位，奉贤新城紧紧围绕“奉贤美、奉贤强”的战略目标，坚持“保持发展加速度、增强群众获得感、彰显城市个性化、发展瞄准国际化”的工作要求，着重打造重点区域和重点项目，通过资源统筹提升城市开发品质等方式不断增强人民群众的获得感。在建设过程中，通过打造“九宫格”15 分钟生活圈深入推进城市功能类和公建类项目建设，通过环境工程建设和重大基础设施建设初步呈现“十字水街、田字绿廊”雏形；新城不断提升城市开发的品质与营运水准，施行“四名工程”①，打造城市品牌；以“贤文化”引领

① 四名工程：知名建筑师、知名开发商、知名施工企业、知名运营机构。

净化人文环境，启动了“南桥源”旧城更新计划，给都市人带来“一朝梦回五千年”的人文体验。2018 年，新城公司正式启动项目 52 个，其中，续建项目 22 个、新开工项目 30 个，2018 年要求完成约 29 亿元人民币投资额，其中，涉及城市功能、生态景观、住房保障、民生综合开发以及重大交通基础设施等各种类型。

## 三 奉贤新城城镇化建设现状

### （一）坚持两先行两同步，着力打造品质之城

1. 注重规划引领

（1）优化城市功能布局。按照新时代要求与“追求卓越的全球城市”目标，紧紧围绕“奉贤美，奉贤强”的战略目标，加快推进奉贤 2035 总体规划编制，提升完善宜居宜业的城市功能，构建错落有致的城市形态，按照“十字水街，田字绿廊，九宫格里看天下，一朝梦回五千年”的城市意象与愿景，启动浦南运河沿岸等重点区域城市建设，完成整体规划概念设计和重要节点公园国际方案征集。

（2）编制城市设计导则。坚持弘扬“工匠精神”，大力推行“四名工程”，奉浦大道基本完成沿线整体城市设计，并在此基础上组织开展重要节点总部商务区、文化核心区、健康核心区的深化研究。不断充实、完善国际国内建筑设计、景观设计机构的品牌库、专家库，要求落户开发商聘请一流建筑和景观设计师参与项目设计。中企联合大厦于 2017 年获得中国建筑最高奖——鲁班奖。“上海之鱼”景观绿化示范区荣获上海市“园林杯”优质工程。

2. 筑造新城品质

（1）坚持产城融合发展。秉持“智慧、宜居、低碳、健康”发展理念，坚持做精做细、提高质量与效益的基本原则，围绕“一湖、一园、一中心”，加强新城基础设施建设，构建既符合现代化国际大都市新城地位，又

体现新城特点的城市形象，形成以现代商业、高端商务和研发等生产性、生活性服务业为主的服务业体系，吸引人气、集聚人才，实现产城融合发展。

（2）推进老城更新换颜。有序推动老城有机更新和重点区域转型提升。完成“南桥源”项目整体城市设计和二号院一期改造工程立项，启动古华项目、鼎丰酱园地块招商。完善奉浦大道两侧整体城市设计和重点区域设计导则，实现腾地442亩。

（3）深化智慧管理。深化低碳发展示范区和生态城市建设，全面推进智慧城市建设三年行动计划和养老、医疗等十大智慧民生项目，让城市更有温度。聚焦“品质新城”建设要求，完善城市功能定位，规范土地出让标准，提高招商质量，引入优质商业商办项目，确保城市功能品质保证。全面加强城市精细化管理，完善新城管理体制，研究土地综合整治方案，加快完成城市家具的研究并开展部分实施。

3. 完善城市功能

（1）重大项目建设有序推进。牢固坚持“两优先、两同步”①，全区上下齐心协力，科学合理推动功能性项目建设，不断提升人民群众的获得感。年丰公园建成开园，区老年大学投入使用，九棵树（上海）未来艺术中心综合剧场主体结构封顶，城市博物馆钢结构封顶，金汇港半马步道（沿港河－南奉公路）、传悦坊、漕河泾二期等项目加快推进，漕河泾三期、上海之鱼三个主题公园等项目开工建设，国妇婴奉贤院区、东方美谷论坛酒店获批复，万达广场规划方案公示，市民活动中心项建书获批复，中央公园4000亩区域完成方案设计。

（2）重大基础设施全面建设。加快推进“1517”等重大基础设施建设，G228、闵浦三桥等工程实现开工。虹梅南路越江工程已建成开通，BRT快速公交正式运营，轨交5号线延伸段将于2019年末建成通车。在不久的将来，奉贤与上海主城区将形成半小时交通圈，与周边城市形成1.5小时经济圈。南港路金汇港大桥、运河北路－泽丰路下穿地道建成通车，昆阳路越江

① “两优先、两同步”：基础设施与环境工程先行，社会事业与产业发展同步。

通道、G228、大叶公路拓宽、金海中路、望园路南延伸等重大项目加快推进。

（3）城市承载能力逐年增强。2005 年以来新城城市建设水平总体上呈上升趋势。市政、交通等基础设施建设成绩显著，城市道路网密度、雨污管道长度、建成区绿化覆盖率等指标快速增长，城市承载能力不断强化。

4. 服务民生诉求

（1）着力推进教育现代化建设。全面推进区域教育综合改革，加快格致中学奉贤校区、汇贤中学、思言小学、上海外国语大学附属临港外国语学校、中粮幼儿园等一批新教育设施建设，打造“自然、活力、和润”的南上海品质教育区。教学质量持续提升，2017 年本科升学率比 2016 年提高 5 个百分点，创历史新高。奉贤学子在 DI 青少年创新思维大赛全球总决赛初、高中组勇夺双冠。

（2）有序推动卫生事业发展。加快推进硬件配套设施建设，探索建立柔性医疗专业技术人才引进机制，努力推动奉贤中心医院升级为三甲医院。试点“跨省异地就医住院费用直接结算”工作，已经覆盖区内所有 29 家定点医疗机构。推进全科医疗联合体建设，西渡社区卫生服务中心成为复旦大学上海医学院全科医学临床教学与培训基地。稳步推进家庭医生签约服务，“1 +1 +1”组合签约居民累计达到 23. 6 万人。

（3）加快住房保障体系建设。九华丽苑二期正在竣工验收阶段；金昊丽苑一期按计划正在进行立面实施施工；金水和璟园完成房屋实测报告初稿，竣工验收处于收尾阶段，争取 2018 年完成交付使用；金海苑与金水佳苑已在办理安置户小产证阶段；金水丽苑完成大产证办理，准备启动小产证办理工作；九华丽苑三期、树园新里已启动大产证办理工作；金昊雅苑南区完成销售方案，下阶段启动大产证办理工作。

## （二）广泛吸纳人才集聚，着力营造幸福之城

### 1. 广招贤才，优化人才队伍结构

奉贤新城现有建成区人口规模约 42 万人，其中，本地就业人口约

13.37万人，建成区总就业人口为40.11万人，职住平衡比达70%。随着新城实力的逐步增强，新城建设中高端就业岗位需求逐渐增加，制定出台产业人才集聚的户籍制度和完善相关配套政策，不断推进专业中高端人才向新城集聚。一方面，吸纳优秀人才落户奉贤。实施“滨海贤人”计划，与知名院校开展人才培养合作。加大区校融合发展，搭建科技创新平台，吸引人才落户，组建院士工作站等。另一方面，建设“千人计划”创业园。出台相关人才政策，营造“近悦远来、群贤毕至”氛围。

2. 完善配套，打造乐业宜居环境

在新城开发建设进程中，通过对道路、绿化、水体进行综合整治，打造具有江南水乡特色和历史文化底蕴的生产、生活、生态空间，以及完善的教育、医疗、文体、商业、交通配套设施，为新城的人才提供优质的创业环境，真正实现引人、留人、安人。提高城市公共服务的便利和能级。通过营造富有特色的景观环境和文化生活氛围，增强引进人才的融入感、归属感和幸福感，使他们成为真正的新城人。

3. 丰富内涵，彰显温馨和谐魅力

新城的开发建设，同样包含了对老城区的改造。“南桥源”城市更新计划正式启动，依托昔日江南水乡、古镇南桥的历史文脉，结合浦南运河水街，重构生态系统和生活系统，打造一片有历史传承、有城市温度的复合型社区，与新建设的区域共同形成一个城市和乡村交汇、传统和现代交融、紧张和恬静交错的生活空间，让每位怀抱不同理想和生活态度的人，都可以在“贤韵水乡”中找到属于自己的栖身之地和精神依归，真正实现人居环境和谐共生。

## 四　奉贤新城建设发展综合评价

### （一）奉贤新城建设成效

1. 新城规划科学严谨

新城自建成十年以来，规划建设者秉持“生态、智慧、健康、宜居”

的目标及理念，城市规划与建设已经基本成型，同时，在对城市的发展规模和发展方向进行科学论证的基础上，进行了多次城市规划编制修订。到目前为止，南桥新城 71.39 平方公里 22 个开发单元的控制性详细规划中已编制完善了 21 个；水电气、交通、水系、绿化、地下空间等 20 项专业专项规划中，除管线综合专业规划外，其余 19 项均已形成终期成果；先后邀请现代设计集团、同济、新加坡 CPG、陆家嘴等国内外知名规划设计机构，开展对南桥新城整体及重点区域的城市设计，并由现代设计集团统筹优化和深化；制定完善了《低碳生态城市指标体系及实施措施》，为破解上海新城建设的难题、达成环保低碳城市的建设目标，开展积极的实践探索。在科学规划、高水准设计的基础上，“南桥源”城市更新项目顺利进行，在旧城改造的同时大力开展新城的相关建设。

2. 特色产业基本形成

新城在建设过程中，着力发展重点产业，助力新城经济发展，其中，制造业及现代服务业均占据了重要的地位。在新城建设的新阶段，产业发展与新城建设如何高质量有机融合将是新城重点关注的课题。一是大力发展具有代表性的龙头产业，如生物医药、新能源及新材料企业等新兴产业，借力园区发展的集聚优势，引领新城产业整体向好发展。二是进一步鼓励生产性服务业迅速迈向成熟发展，近年来，在培育建设服务外包、研发外包及物联网等生产服务业的目标引导下，新城规划建设了南桥中小企业总部商务区，为进一步发展总部经济提供了强大的支撑。三是着力建设成熟的生活服务区，引进宝龙、苏宁、万达等龙头企业，丰富人民生活的同时，发展生活性服务业，商业服务配套逐步完善，一批地标性生活服务项目相继开始营业。

3. 公共资源有效配置

奉贤新城借建设功能性项目导入优质资源，实现了公共服务能力的持续提升。首先，实现“5 +3 +1”医院项目的运营和建设提速，上海交大附属第六人民医院的南院（即奉贤区中心医院）实现竣工并投入运营。其次，扩大素质教育资源的投射范围，提速构建教育人才的流动机制建设。吸引并确立了格致中学奉贤校区、崇实中学、恒贤小学、汇贤中学、毓美幼儿园等中小学校的建立。最后，不断提升文化体育的资源配置水平。本区的老年大学及区委党校等建设项目已经完成，与此同时，如火如荼开建的项目还包括九棵树艺术中心、奉浦街道文化活动中心、奉贤城市博物馆等建设项目。此外，市民活动中心也已正式开工建设。

4. 人文环境更加宜居

奉贤新城非常重视城市绿化，始终秉持“智慧、宜居、低碳、健康”的发展理念，为更加宜居的生活条件及产业发展创造良好的基础。在实现路径方面：首先，抓生态景观建设，通过商务区的中心绿地规划和上海之鱼项目的推广，营造有水有树、蓝绿融合的城市色彩感；其次，加强环境保护，主抓河道环境治理，营造清新宜居环境；最后，重点推进低碳化发展，加大公交覆盖力度，加强社会宣传，培养居民低碳出行的生活习惯和理念。2011～2014 年，新城先后被列为上海低碳发展实践区的试点和国家级低碳生态示范城区。

### （二）奉贤新城建设面临的挑战

1. 产业转移带来经济发展压力

“十三五”期间，劳动力、土地等成本很大可能会继续维持上升趋势，与此同时，在宏观经济调控上会更加注重促进产业升级、淘汰落后产能。奉贤作为上海高端制造业承载区，提出了“着力打造上海先进制造业重要承载区、上海大健康产业核心承载区、中小企业科技创新活力区”的发展目标。如何继续发挥奉贤制造业优势，探索制造业转型升级和智能制造发展之路，为奉贤打造上海先进制造业重要承载区提供支持，是奉贤新城在今后一段时间里必须面对的考题，打造先进制造业承载区的过程也不可避免地需要新城承担更多的经济发展责任。

2. 资源环境约束带来转型发展压力

上海市刚性的环保调控指标、建设用地零增长政策等对新城形成倒逼，使其建设必须注重内涵发展和弹性适应，走集约用地、可持续发展的转型之路，走资源环境紧约束下城市睿智发展的转型之路。在此过程中，如何合理分配各类城市发展战略资源，处理好引进新项目与建设用地指标之间的关系、淘汰落后产能与GDP增长之间的关系、腾笼换鸟与大成本投入及刚性政策间的关系、环境治理与投入保障间的关系等，都需要新城在开发建设过程中时刻关注。转型发展必将在现在及今后的一段时间里给新城带来阶段性的阵痛。

3. 区域竞争带来发展压力

一是上海中心城区的功能能级和资源集聚能力进一步提升，使其虹吸效应愈发明显，致使新城发展仍较大幅度地落后于中心城区；二是由于中心城区的拓展延伸，闵行、宝山等区域得益于近郊优势，在引进项目、资金以及人才等方面明显领先于新城。三是江苏、浙江等地区实现了较快的经济社会发展，特别是这些地区在转型发展中不约而同地选择了与新城基本趋同的模式，近年来，一些关键的经济、民生指标不少已超越新城，甚至还呈拉大趋势。可以预见，以上三个层面的区域性竞争今后还将继续，新城必须以更加积极的创新行动和政策力度抢抓机遇，从而应对新的竞争压力。

## （三）奉贤新城发展过程中的不足之处

1. 城市品质仍需提升

城市品质仍需提升。根据“上海2035”愿景调查，公众越来越强调对宜居环境的追求。奉贤新城始终坚持八字方针，但发展过程中仍有需要进一步完善之处。一是新城发展现状与新城定位尚有较大差距。二是新城积聚了全区大部分资源，在奉贤区内单核功能过强，对周边村镇辐射服务作用有限。三是新城总体服务能级偏低，部分功能仍然依赖中心城区。四是新城生态环境仍需进一步优化，水质、生态景观带需要加强维护，城区内绿地、广场等开放空间需要进一步开发。

2. 基础设施仍显不足

经近十年的建设，新城的基础设施虽得到了较大改观，但总的来说，与中心城区相比仍有较大差距。一是交通问题仍旧存在，新城与中心市区的轨交、BRT等快线尚未完全开通，同时，新城城区内交通矛盾日益突出，道路交通系统需要改善。二是现有的公共服务配套设施难以满足需求，社区级公共服务设施仍然缺乏，需进一步加以完善。文化、体育等公共服务功能建设相对不足，教育、卫生等社会事业资源供给仍存在缺口。

3. 社会治理仍需加强

随着城镇化建设不断推进，新城中的农村转移人口和外来人口明显增多，给社会管理带来较大压力，对交通、治安、工商以及人口管理等城市管理领域也提出更高要求。但因新城板块内涉及主体较多，既有以区和多个镇、社区为主的行政管理体系，也有新城公司、产业园区公司等多元开发主体，建设与治理不能有效融合，管理体制和管理水平不能有效匹配，城市精细化管理水平有待提升，智慧城市建设仍存在不足之处，新城涉及行政区划范围较多，需在宏观层面上进一步统筹整合。

## 五　奉贤新城未来城镇化展望

### （一）明确新城定位

《上海市城市总体规划（2017—2035年）》对包括奉贤新城在内的城市有了基本定位。要充分发挥新城优化空间、集聚人口、带动周边地区发展的作用，承载部分全球城市职能，培育区域辐射、服务功能。将位于重要区域廊道上、发展基础较好的嘉定、松江、青浦、奉贤、南汇等新城培育成为长三角城市群中具有辐射带动作用的综合性节点城市，并举全市之力推动各大新城发展，全面承接全球城市核心功能。奉贤新城的功能定位是滨江沿海发展廊道上的节点城市，杭州湾北岸辐射服务长三角的综合性服务型核心城市，具有独特生态禀赋、科技创新能力的智慧、宜居、低碳、健康城市。[①]

① 《上海市城市总体规划（2015—2040）》，http：//mp. weixin. qq。

## （二）瞩目远景规划

1. 城市发展指导思想

奉贤新城未来发展是以习近平新时代中国特色社会主义思想为指导，紧紧围绕“五位一体”总体布局和“四个全面”战略布局，深入贯彻新发展理念，以“两个一百年”为奋斗目标，始终坚持以人民为中心、坚持可持续发展、坚持人与自然和谐共生、坚持在发展中保障和改善民生，注重城乡统筹、远近结合，注重多规合一、减量集约，紧紧围绕区委、区政府提出的“奉贤美、奉贤强”战略，以品质为追求，加快建设一批影响未来的重大基础设施和重大文化设施，努力在上海“高原”上打造新城建设的奉贤“高峰”，紧紧围绕功能定位，把奉贤新城建设成为现代之城、幸福之城、艺术之城、生态之城和创新之城。

2. 城镇化发展理念

奉贤新城未来将紧紧围绕科学发展的战略核心，实现生产、生活、生态三者的融合，将“智慧、宜居、低碳、健康”的城市发展理念牢牢贯穿奉贤新城的建设，从而提升奉贤新城的能级。

## （三）构筑人文内核

构建人文品质，拓展文化形象功能，基本形成新兴的城市轮廓，不断推进具有南桥新城特有文化、特色风貌的城市形象和标志性项目建设。弘扬城市特色文化，营造艺术之城。深入挖掘、整合奉贤传统民俗与文化，将其与当代气质融合，赋予时代新的内涵，使南桥新城成为“贤文化”的承载地，同时，发扬全民健身与休闲娱乐的“贤文化”。开展相关活动，对内丰富南桥人民的文化休闲生活，对外打造南桥新城以及奉贤的文化名片。

1. 打造现代文艺和设计特色

积极吸引国内外城市规划与建筑设计业界的知名专家、学者、规划师、建筑师，搭建设计和建设平台，打造体现高品质、现代化、文艺范的特色建筑集群区。选择有条件的厂房或作坊，吸引各类艺术家定期聚会和长期创作，为艺术家提供创作的空间，打造设计艺术中心、文创产业园区。以设计贯穿新城建设的特色主线，将南桥传统文化和现代建筑设计相结合，设计南桥新城特有的建筑风貌和城市形象，邀请艺术家参与功能建设，在道路、绿地、公共艺术建设中更多地体现文化元素，让新城处处透显文化底蕴，打造统一、整体的城市特色。突出功能标的带动作用。围绕金海湖、中央公园、十字水系等新城标志性项目，推进文化、休闲、娱乐等公共服务设施集聚发展，提升对居民及周边地区的辐射力和吸引力。

2. 打造南桥独有休闲生活文化

提供休闲的公共空间。加强城市公共空间建设，做好城市公共空间的整体布局，通过新建和改造公园、广场、公共绿地、步行街、城市雕塑等，突出以人为本，发挥公共空间的休闲功能。借鉴伦敦海德公园建设经验，推进新城中央公园打造自然、文化相融合的公共开放空间。结合南桥新城特点，引进著名设计师和艺术家参与城市公共空间建设，利用文化设施、文化活动及建筑风格、环境风格来表现城市文化特色。推进传统非物质文化遗产设施建设。充分挖掘奉贤非物质文化遗产，以政府为主导，积极吸引社会力量，探索建立贤韵乡土文化中心、言子国学馆等体现奉贤特有文化底蕴的文化场馆，吸引区内外游客，打造特色文化旅游景点，传承奉贤传统乡土文化。积极引入新模式和新理念，签约入驻众多非物质文化遗产传承人，加快传统文化与设计院校合作，鼓励创意品牌厂商与其形成上下游产业链，结合南桥新城重点文化项目和旅游项目，开展多业态经营。加快体现“慢城慢生活”的休闲文化设施建设。慢行系统满足市民休闲漫步、健走的需求，建设和布局绿色生态景观和充足的休憩场所，让每一个南桥人都真正地乐享生活。

3. 吸引高端人才

积极构建与国际接轨、有利于新城发展的创新创业人才机制，包括建立人才引进目录，把以产业引才、以项目引才和以岗位引才相结合，加快集聚和培育一批国内外高层次科技人才、创业人才及创新团队。实施企业家竞争力提升计划，加快培育一批战略决策和资本运作领衔人才，掌握国际市场规律、勇于开拓创新的企业领军人物。采取“一人一策”方式，完善扶持高层次人才创业的落户、住房、配偶就业、子女教育、出入境、社会保险等营商环境方面的政策。特别是与奉贤新城发展密切相关的创新创业高端人才和符合产业导向的高级研发人员、高级技术工人等各类紧缺人才，支持优先申办居住证，享受子女就读、参加本市基本养老保险、医疗保险和缴纳住房公积金等待遇。建设一批面向南桥新城高端商务人群、优秀人才居住的人才公寓、酒店式公寓。

### （四）引领湾区发展

建设杭州湾湾区经济是深入贯彻落实习近平总书记提出的“关于促进长三角地区率先发展、一体化发展”的重要指示精神要求。杭州湾湾区经济建设的明确定位是承接国家战略、引领经济新常态的表现。环杭州湾经济区建设的总目标是积极承接实施国家战略，充分发挥“一带一路”倡议和长江经济带战略关键交汇点的区位优势，提高制度创新、科技创新、产业创新等全面创新能力，打造我国新一轮开放发展的引领示范区和极具国际竞争力的一流湾区和城市群。

1. 环杭州湾湾区是多重国家战略和规划的交汇点

环杭州湾经济区作为连通亚太经济圈与欧洲经济圈的交通战略支点，是“一带一路”倡议、长江经济带和长三角城市群等国家战略和规划实施的交汇点。以大湾区经济形态建设的环杭州湾经济区，能够从国际竞争合作策略、科学综合规划、跨区域资源整合和深度融合等方面促进多重国家战略和规划的有效整合实施，突破现有的行政、地理局限性，提升国际经济战略和规划地位，在国家战略和规划实施中更好地发挥排头兵和主力军作用；通过打造实施国家战略和规划的开放发展大平台，有利于深化沿海地区开放态势，能更好地服务于“一带一路”市场空间拓展、“一带一路”倡议与长江经济带战略大通道建设、长三角城市群跨区域深广度战略合作。

2. 环杭州湾湾区具有独特的区位优势

杭州湾地处长三角南翼黄金区域、钱塘江入口，是国内唯一河口性海湾，也是全球海岸、海岛资源最为丰富的湾区之一。环杭州湾海岸线近

7000公里，可建万吨级以上泊位深水岸线超过500公里，均居全国首位。跟目前世界主要湾区（东京湾区、纽约湾区、旧金山湾区）和粤港澳湾区总体经济状况比较，环杭州湾地区的集装箱吞吐量、机场旅客吞吐量等空海运输能力均超过国外三大湾区，具有较高的全球化能力，而且具有向腹地拓展的能力。

3. 奉贤主动发挥湾区引领作用

奉贤是杭州湾大湾区北岸重要节点城市，处于杭州湾大湾区的核心位置，拥有40多公里的海岸线，具有得天独厚的地理优势。奉贤要在市委、市政府的决策部署下，成为引领杭州湾向国际化新兴湾区转型的核心城市，杭州湾北岸城镇群发展的核心。以东方美谷美丽健康产业为引领，重点在化妆品和生物医药领域拓展。主动承接全球城市的衍生功能，承载战略新兴产业、生产性服务业和低碳化基础产业，推进海港、陆港、空港、信息港"四港"联动。深化科技合作和产业对接，促进各类要素自由流动和合理配置，大学园区、科技园区和居民社区三区有机融合，合力打造世界级产业集群。协同推进生态建设和环境保护，为广大群众创造良好生产生活环境。

## 参考文献

张淼：《上海奉贤新城建设与发展回顾》，《传播力研究》2017年第10期。

王振、戴伟娟、薛艳杰：《"十三五"期间郊区新城建设思路研究》，《上海农村经济》2016年第6期。

张玮：《从规划角度认识上海市城乡空间结构演变与教学启示》，《地理教学》2018年第8期。

《上海市城市总体规划（2015—2040）纲要概要》，上海市人民政府网站。

# B.14

# 奉贤区海湾镇运动休闲特色小镇创建与发展研究

吴康军　伏开宝*

**摘　要：**　本文结合多次实地走访与调研的结果，对海湾镇运动休闲小镇创建定位与发展规划、背景与资源基础、建设现状进行分析研究，并总结海湾镇运动休闲小镇建设存在的瓶颈因素，在此基础上，提出奉贤区海湾镇运动休闲特色小镇建设应该避免的问题、建设路径和对策建议。相信通过努力，能够将海湾镇打造成一个体育特征鲜明、文化气息浓厚、产业集聚融合、生态环境良好、惠及人民健康的运动休闲特色小镇，必将为新型城镇化增添多彩的一笔。

**关键词：**　特色小镇　海湾镇　休闲小镇

自2017年8月入选国家首批运动休闲特色小镇试点项目以后，海湾镇以党的十九大精神和习近平新时代中国特色社会主义思想为指引，按照国家体育总局和奉贤区委、区政府总体要求，围绕打造“运动休闲特色鲜明、多元产业融合发展、美丽绿色生态优化、健康养生活力宜居”的海湾特色小镇总目标，坚持“因地制宜、准确定位、突出特色、避免同质”的原则，

* 吴康军，中共上海市奉贤区委党校区域与经济发展研究中心主任，讲师，研究方向为区域经济、农村经济；伏开宝，经济学博士，上海发展战略研究所，研究方向为宏观经济理论、区域经济。

通过品牌化建设、项目化运作、精细化实施，建设“文、体、商、旅”有机融合的城镇空间与功能。以“特而强”的产业为基础，突出全域“运动+休闲+旅游+互联网”的鲜明产业形态，深入推进旅游产业集群、产镇景融合发展；以“小而美”的城镇形态为核心，建设和谐宜居的城镇环境；以“久而名”的城镇文化为亮点，保护和传承海湾镇农垦文化；以“聚而合”的城镇服务为保障，完善和提升基础设施和公共服务，提升城镇接待能力；以“活而新”的体质机制为突破，实现政府引导、企业主体、市场化运作；以“精而优”的重大项目为载体，夯实发展支撑。逐步培育1～2个具有国际影响力的体育品牌赛事活动，不断提高服务质量和管理水平，不断完善经营管理体制。通过三年时间，将海湾镇打造成一个体育特征鲜明、文化气息浓厚、产业集聚融合、生态环境良好、惠及人民健康的运动休闲特色小镇。

## 一　海湾镇运动休闲特色小镇创建的背景及资源基础

海湾建镇已有十二年，几轮镇党委政府以民生为根本，秉持“生态立镇、守土有责”的发展理念，抓基础建设，立生态环境，为海湾人民造福，公共运动场、健身苑（点）、健身步道、百姓健身房等体育设施不断完善，全民健身与健康事业蓬勃发展，体育产业发展，引导精品赛事层出不穷，为运动休闲特色小镇创建奠定了可持续发展的资源基础。

### （一）区位优势

海湾镇地处杭州湾北岸88公里海岸线的正中心，拥有25公里的连续生态岸线，是全市面朝大海最长的自然界面。镇域总面积为121.95平方公里，由星火、燎原、五四3个国有农场实行属地化管理后合并而成，星火开发区和海湾旅游区均在行政区域内。常住总人口为3.3万人。同时，海湾镇距上海市人民广场、芦潮港东海大桥以及杭州湾跨海大桥均为45公里左右，是杭州湾北岸融入大上海的门户节点，是大上海通江达海的桥头堡。

## （二）交通资源

以林海公路向南延伸、G228 国道拓宽、民乐路连通等工程建设为契机，重点构建“两横五纵”的区域交通网络。目前，贯穿东西向的道路“一横”为随塘河路（人民塘路）；对外联通的南北道路有八“纵”，分别是 S4 高速路、金海路（奉炮公路）、浦星公路、海农公路、燎钦公路、洪朱公路、瓦洪公路、五四公路，总里程为 30. 72 公里；镇域内乡村公路有 20 条（随塘河路、农工商路、五四大道等），总里程为 53. 186 公里。

## （三）旅游资源

海湾镇和海湾旅游区组成的“大海湾”，拥有海湾国家森林公园、都市菜园、碧海金沙、渔人码头 3 家国家 4A 级旅游景区，同时，拥有松声马术俱乐部、农垦博物馆、棕榈滩高尔夫俱乐部等一批特色旅游资源。尤其是“碧海金沙”，拥有 8 万平方米的沙滩，水域面积达到 65 万平方米，是我国目前最大的人造沙滩海滨浴场，也是上海唯一一处干净的蓝色海域。乐园内设有丰富的游艺项目：大海畅泳、水上自行车、水上乐园、儿童乐园、水上休闲船等。海湾森林公园是全市四大国家级森林公园之一，拥有 16000 亩的森林，是目前上海规模最大的人工“绿肺”，同时，拥有全市最大的人工湖“百鸟湖”与 13 个民间文化收藏馆，并成功打造了“四季花节”。

## （四）赛事资源

主动作为，打好“体育休闲”牌，凸显“森林与运动”主题，金秋运动季主题——海湾森林首届“三龙”大赛、海湾森林“为爱行走”公益徒步活动、西部马术绕桶赛等活动丰富多彩；上海国际马拉松系列赛中奉贤半程马拉松赛在奉贤海湾国家森林公园举办，半程马拉松和 5 公里健康跑人气斐然；“海峡杯”马术邀请赛和“松声杯”马术公开赛连续多年在海湾松声俱乐部举行，马背上的时尚运动成为迷人的海湾风景；并举办全国汽车场地越野锦标赛、障碍赛，全国汽车短道拉力锦标赛，各项赛事盛况空前；国象争锋成康乐盛事，“上海海湾杯”2017 年全国国际象棋新人王赛、“蓝箭培训杯”2016 中国国际象棋大师混双赛等多次高规格国际象棋赛事落定海湾镇，“中国国际象棋之乡”的命名指日可待。

### （五）人文资源

拥有华东理工大学、上海师范大学、上海应用技术大学等高校，学科类别完整，文、理、工科人才资源丰富；上海师范大学有在读全日制本科学生21000 多人，研究生 7000 多人，留学生 2100 多人，内设上海师范大学学校体育研究所；并且有上海市教育系统名师培养工程体育基地和上海市体育师资培训基地（初中、小学）、体育学院运动休闲培训中心、体育学院体质健康促进研究中心、一个体育综合实验室。开设有体育管理学、体育经济学、体育市场营销、体育比赛策划与组织等专业学科课程，聚集了大量体育运动及旅游等专业精英人才，为海湾镇农垦文化底蕴和运动休闲小镇建设理念、策划、创意等方面提供了坚实人才基础。

### （六）农业资源

海湾镇是上海市三大农场集聚区之一，不仅是拥有大片完整农田的景观风貌区，也是承载城市果蔬供给的资源区，拥有具有自主变更能力的国营土地，70% 的土地是农田林水，人均绿地面积为 604. 4 平方米，生态优势明显。拥有河道 84 条，其中，区级河道 8 条，水域面积为 4. 18 平方公里，水面率为 7. 34%。

## 二　海湾镇运动休闲小镇创建定位与发展规划

海湾镇运动休闲小镇创建首先要谋划，然后要有清晰的定位。小镇运动与“健康中国”国策结合，服务于全民健康；小镇生态资源与“生态 + 旅游”产业融合，服务于生态休闲旅游；小镇农垦历史与“农垦文化”结合，服务于有乡愁的人；小镇区位与城镇化建设接轨，服务于杭州湾北岸节点城市重要区域打造。在规划上，着力推进“3332”行动计划，实施3大工程，建设30多个重点项目，完成投资20亿元以上，初步建成运动休闲定位鲜明、小镇建设风格独特、生活环境整洁、生态环境优美、基础设施完善、主导产业成熟的海湾镇运动休闲特色小镇。

### （一）特色小镇要服务于“全民健康”

健康中国战略在党的十九大中被纳入国家发展的基本方略，运动休闲小镇的发展定位与健康中国国家战略相符。全民健身的目的除了“健体”之外，还有“健心”。海湾镇运动休闲小镇建设规划树立“健康中国”理念，打造集体育赛事与休闲娱乐项目于一体的“健康小镇”。海湾镇运动休闲小镇建设以半程马拉松、千人太极拳、全国国际象棋赛、三龙会师、全国大中学生海洋文化创意设计大赛、全国钓鱼大赛等竞技项目为基础，激发群众参与体育的兴趣和热情。开展面向普通游客的体验运动项目，吸引普通大众参与体验，着力打造集休闲旅游、健康医疗、生态养生于一体的休闲度假小镇。

### （二）特色小镇要植根在“生态资源”

海湾镇农地、林地和河流湖泊等生态资源丰富，在国际大都市上海市周边拥有如此齐全多样的资源属于“紧俏”。且上海人口众多，健康生活理念先进，回归自然意识强烈。发展休闲特色小镇既保护好农业、林地和河湖等生态原貌，又充分利用生态资源产生经济效益和服务高额附加收益。为此，通过合理开发利用土地资源，进一步完善交通、市政、酒店等基础设施，能较快地打造出集休闲养生、马术培训、农垦旅游、亲子度假等特色于一体的运动小镇。

### （三）特色小镇要突显“农垦底色”

文化是海湾镇的优势，是存在于海湾体内的基因，农垦文化就是海湾镇的底色，是海湾镇形成独特风采的根本。海湾镇在造梦、塑形的过程中注重保留原有文化气息。要闻得到乡土味，可以从土特产食物中体现，可以在城市色彩中体现，也可以在石、木、竹等建筑材质中体现。要摸得到乡趣，运动休闲不是个人的运动休闲，而是全家、全民的运动休闲，要把骑马、攀岩、射击、马拉松等运动和采摘、捕捞、种植等活动融合起来，使特色小镇成为大人、孩子们回归乡里、回归自然的平台。要记得住乡愁，要注重对优秀农垦文化传承人的培养和扶持，开辟或保留具有农垦特色的艺人工作室，包括书院、戏台等。

### （四）特色小镇要定位于杭州湾北岸节点城市重要区域

作为上海最南端的镇，杭州湾北岸节点城市的重要区域，海湾镇必须具备开放的胸怀，来吸引和服务国内外游客的驻足旅游。以开放包容的姿态开展运动休闲小镇的建设工作。海湾镇区位优势明显，要有魄力和信心将其打造成具有国际影响力的赛事主办地，凭借便利的交通，利用各种完善的赛事场地、场馆配套，以举办高质量、高标准的赛事来拉动人气，加速发展赛事经济。目前，海湾镇大型运动场馆、会展型企业、高端住宿旅游商业配套设施、大型停车设施及交通路网配套设施等基础建设尚未成型，无法举办高标准大型赛事。要打造赛事型特色小镇，前期需要争取大量的政策、资金、人才的支持和投入，要以编制总体规划为引领，分步开展建设发展。

### （五）特色小镇规划服务于小镇品质提升

首先，科学规划引领发展。规划核心区建设，建“一环一园三中心”综合体，即一个生态环，一个体育产业园，三个中心分别为体验中心、接待中心、培训中心。以“绿水青山为谷，农垦文化为魂”为核心，提出运动休闲特色小镇未来发展的指导思想，完善区域三大核心亮点：金汇港水口规划；桥文化、水文化、绿文化；核心镇区规划。打造镇区南部以文体为主的特色文化；建设海岸湿地公园和森林公园南部的户外运动公园。其次，提升城市景观品质。一是实施公益景点项目。海农路火车头广场、星天地改造，以“城市书屋+休闲”“培训+展示”、“文化+展陈”的公益项目为主，百姓参与，提升城市品位。二是推进海湾镇文化创意园的建设。吸引文创企业、文化名人入驻，搭建“互联网+”平台。三是提升星火公园能级。以星火公园为资源，提升羽毛球、网球、门球场项目的标准，使场地能够承接比赛项目，提高星火公园的利用率和受众度。四是建设湿地公园500亩，设立自行车赛道、百姓健身项目，建设集休闲、健身、观光于一体的养生地。

## 三　创建运动休闲特色小镇需要避免的问题

### （一）避免规划布局频繁变化

十九大报告要求我们坚持新发展理念。以发展的眼光进行统筹规划，不能只顾当代的利益。体育是一个长期累积的事业，是伴随人一生的事业。运动休闲特色小镇是以体育产业为基础的小镇，理应走科学的可持续发展道路。因此，对待规划要力戒“一任领导一任规划”，不做“推倒重来”的劳民伤财之事。

### （二）避免产业同质化、短链化

体育产业是运动休闲特色小镇建设中的中坚力量，但在建设过程中，由于建设经验缺乏，往往会对现有产业进行模仿学习，甚至整体模仿其他小镇的特色产业。最后，运动休闲特色小镇雷同现象严重，丧失竞争力，难以实现可持续发展。如果开发小镇建设的企业着眼于房地产，而忽视运动休闲特色小镇本身应该具有的旅游、休闲、健身等功能，则将会失去社会公众对小镇的认可，也很难焕发出运动休闲小镇本有的生机，吸引人们前来消费，也就无法通过体育产业获得可观的回报。海湾镇运动休闲特色小镇的建设，要使其与海湾镇的经济发展水平、与海湾镇农垦等人文历史资源相结合，打造主题鲜明、产业突出，具有历史文化底蕴的宜养宜居生活、生态、生产空间。海湾镇具有生态文化、农垦文化和体育休闲文化特色，有条件推动体育产业与科技、制造、旅游、金融、文化、教育、医疗、健康等深度融合。

### （三）避免布局缺少文化灵魂

从国内外运动休闲小镇发展来看，国外许多类似的运动休闲小镇，在于将当地的文化元素很好融入小镇建设，具有文化特色和文化内涵。国内正在兴起和已有运动休闲特色小镇建设，在规划建设过程中，注重的是空间、项目、资金、功能等层面，这些层面是需要考虑的，但如何将当地文化融入，涉及的就比较少。这样，以后的发展乃至打造运动休闲小镇品牌和知名度，难度很大，而且很难能够走好走远。因此，在借鉴国内外小镇做法的同时，一定要追求精神与文化。大海湾区域内拥有上海知青博物馆、光明集团农垦博物馆、镇级城市展示馆等场馆。根据奉贤农垦的历史，创作了《农垦礼赞》，由老农垦人引领年轻人传唱。以农垦为主题开展的时装秀活动，传承了农垦精神。这些海湾精神在运动休闲小镇规划中成了不可或缺的财富。

## 四　创建海湾镇运动休闲特色小镇的对策

### （一）坚持以特色为导向，发展相关体育休闲产业

国家体育总局在相关通知中提出，运动休闲特色小镇要形成特色，一是看运动休闲业态。重点在体育运动、休闲健康的主题，形成竞赛表演、休闲健身、传媒与信息服务、培训与教育等产业新形态。二是看体育文化氛围。开展具有特色的品牌全民健身赛事和活动，组织体育大赛，形成运动休闲特色名片。三是看产业融合程度。实现体育将旅游、会展、广告、影视、新传媒等相关业态融合发展，休闲与生态旅游、养老产业、健康医疗、宗教文化、农耕文化、海洋文化等业态融合发展，打造旅游品牌。培育和建设运动休闲特色小镇，要聚焦细分行业，挖掘运动项目和产业的功能，不断延长产业链，发挥叠加效应。运动休闲特色小镇聚焦细分产业，专而精，才能有个性、有故事。

## （二）利用体育旅游资源，形成紧密型产城融合

打响“体育+”的海湾品牌，就要有一个代表性的东西，可以是一个地标建筑，可以是一场大型赛事，可以是一个节庆活动，也可以是一条旅游线路等，总之，要有效提升这一品牌的竞争力、影响力、辐射力和带动力。比如，通过招投标方式，吸引企业在海湾农垦或者知青地的原址上如五七干校旧址上，建设一个休闲文化体验中心（也可以是露天的），将具有农垦色彩的体育项目（围垦、插秧、犁地等）融合于亲子活动中，以亲子垂钓、卡丁车、节目表演等各种体验式活动，达到寓教于乐的效果；比如，在体育文化体验中心定期举办亲子嘉年华活动（可以户外），提升人气；又比如，利用海湾镇的生态环境优势，因势利导，举办一年一度的“全国钓鱼大赛”，钓鱼属于体育活动，不仅符合海湾镇运动休闲特色小镇的定位，而且老少咸宜，受众面广。但要办得规范、办得高大上、办得有声有色，还是需要花大力气的。

## （三）运动与创意融合，拉长产业链

运动休闲特色小镇具有明确的体育产业定位，融合文化、健康、生态、科技、旅游，以运动项目为载体，打造运动休闲产业特色。到2020年，海湾镇运动休闲特色小镇以“陆海空”高端体育旅游产业为主，辅之以完善的全民健身体育公园设施和配套基础设施建设，包括房车露营地、汽车运动公园、自行车环湖漫道骑行、生态漫步跑道、水上运动体验区（休闲皮划艇赛道、水上滑行表演区等）、航空运动、户外运动、生态体育体验示范基地等项目。海湾镇运动休闲小镇建设与海湾国家森林公园、碧海金沙等景区融合，结合海湾镇的自然环境、农垦文化、知青记忆等优势，可以重点发展充满体育元素的文化旅游和艺术品交易产业。

## （四）打造体育品牌，提升赛事档次

一是引进高品质国际赛事。举办世界摩托锦标赛、国际象棋赛事、国际

马拉松赛以及索道滑水世界杯等国际体育赛事项目，为扩展海湾体育特色小镇集聚人气、孕育商气、提升文气，加大“高端时尚体育旅游+国际休闲运动城镇”的品牌宣传力度。二是举办各类国家级赛事。依托海湾国家森林公园、松声马术俱乐部等资源，举办半程马拉松赛、全国国际象棋赛、汽车拉力赛、三龙会师、全国大中学生海洋文化创意设计大赛、千人太极拳、全国钓鱼大赛、中国皮划艇赛、“松声杯”马术赛等活动。三是争取特色运动休闲项目。落实海湾特色小镇建设航空运动项目规划选址，支持和引进专业的航空运动俱乐部，配合做好项目筹划宣传推广工作，借助上海仅有的海湾空域可开放的优势，在运动休闲带内设置运动飞机场、三角翼、热气球等运动，并可与滩浒岛相结合，把航空运动和旅游观光融合。

### （五）突出人文特点，促进“体育+文化”消费

随着我国经济的快速发展，人们更注重精神消费、追求身心和感官等精神层面的获得感。以满足不断增长的多元化体育消费需求为出发点，推动体育公共空间和产业空间的互促完善，补齐小镇基础设施、公共服务、生态环境短板，完善小镇功能。在运动休闲特色小镇的建设过程中，挖掘文化资源，凸显文化价值。如海湾镇以农垦起家，挖掘农垦劳动精神，把军事化农垦劳动转化为大众体育项目。树立“文化+”融合发展理念，将文化元素注入建设的全程。如在演艺方面，海湾镇原本就作有歌曲《农垦礼赞》，也有关于农垦的时装表演，如果能请专家指导，有计划地包装打造，可以形成一场以农垦为主题的表演，打造出讴歌农垦精神、讴歌农垦知青的精品力作。届时，可以在奉贤各镇进行巡游，继而走出奉贤，将海湾镇的农垦精神传播到全国各地。

### （六）完善配套设施，打造宜居环境

一是完善公共交通配置。第一，完成民乐路路桥建设；开展“美丽街区、美丽家园”建设；打造海农路、海滨街特色文化。第二，开通市区至海湾区域的直通公交专线。第三，开通海湾镇境内的区域公交线路。第四，

开设短泊（海湾镇赛事场地和海湾镇酒店、停车场之间）的电瓶车和自行车的服务项目；免费提供停车场至赛事场地的电瓶车交通服务。第五，海农路至海湾路交通线路实现贯通。第六，G228 建设稳步推进。二是增加配套服务网点。第一，完善商业配套，增强商业业态功能，完善海滨街配套，加强小镇区域吃、住、行、游、购、娱配套服务。第二，提升小镇周边服务功能，加强对宾馆和旅馆业的管理。利用开发商商业用地资源，协商建设星级宾馆，提供公共配套服务场所，进一步整合镇域内餐饮、宾馆等资源。第三，依托海湾森林公园，按照国家五星级房车营地建设的目标，推进小木屋房车营地、森林公园房车营地建设，进一步增加服务配套设施。三是打造宜居生态环境。第一，改造老旧小区，完成天然气改造 13.5 万立方米，改善居住环境；实现二次供水改造 1043 户，不断提升宜居环境。第二，水系整治以整治引淡河、中心河为主，建设健身步道 2.5 公里、自行车赛道等设施。第三，公园建设以“1 +3 +12”公园体系建设为蓝本，建设星火、燎原、五四 3 个社区公园，以及火车头广场公园、星火公园及海滨新二村绿地、燎原悦心园等 12 个“口袋公园”。

### （七）创新宣传营销方式，抓好体育市场推广

发挥舆论导向作用，充分利用传统媒体和新媒体等多种形式，强化宣传引导，激发广大干部群众的积极性、创造性，让“海湾镇运动休闲特色小镇”理念深入人心，为打造特色小镇营造良好舆论氛围，不断提升特色小镇知名度和影响力，形成示范带动效应。公开征集形象标识和宣传口号，使海湾镇运动休闲特色小镇形象宣传更加生动而富有吸引力。同时，抓好市场推广基础建设，构建宣传推广网络。借助各种平台渠道大力做好前期规划和招商推介工作，边规划，边宣传，在政策激励机制上大胆创新，探索引入社会专业机构、投融资企业、赛事运营企业等参与和运行主体。

### （八）完善经营管理体制，提高服务管理水平

走体育产业振兴带动海湾镇经济社会发展的新路子，在海湾镇运动休闲

特色小镇区域中规划建设体育休闲运动产业园实体和与之系统配套的生活宜居的美丽家园项目，吸引更多的体育运动公司大赛组织活动项目、制造研发或咨询策划（高校体育院系培训体验课题等）中心、与体育产业相关联的配套服务业（包括有关联的企业机构）入驻，力争更多的“陆海空”体育运动、户外运动等 30 ~ 40 个项目尽早落户海湾镇，积极引进投资合作商，以此带动体育产业实体经济发展。在场地租赁、税收、项目补贴等方面给予政策扶持。

### （九）加大推进力度，形成考核保障机制

一是完善工作机制。成立“海湾镇运动休闲特色小镇工作推进委员会”，由政府主要领导牵头及相关主管部门负责人参与，会聚各方体育产业、旅游产业专家人才，引进投资建设企业等机构，建立常设工作机制，定期研究制订阶段工作目标计划，协调解决推进过程中存在的困难和问题。二是加大督查考核。建立运动休闲特色小镇发展目标责任考核制度，将特色小镇发展纳入各相关条线领导的任期责任目标，明确特色小镇责任考核标准、办法及奖惩措施。同时，健全完善特色小镇管理部门（或岗位），逐步引进专业人才，结合实际，挖掘优势，促进海湾镇运动休闲特色小镇建设。三是强化要素保障。协助特色小镇建设，研究国家、市、区特色小镇发展相关意见，灵活运用促进特色小镇发展的扶持政策，争取各类重大项目在财政、税收、金融、土地等方面的优惠政策。加大镇级财政支持力度，重点支持在重点领域、重大任务和重要创新等方面有成效或有突出贡献的基础性、公益性、功能性项目。对重大特色小镇投资项目，采用“一事一议”的办法，使重大特色小镇投资项目享受优惠政策。逐步完善社会资金的引入机制，鼓励和引导社会资本参与有一定投资回收能力的特色小镇项目建设。

## 五　结语

奉贤区内特色小镇发展潜力巨大，具有较大的“后发优势”，产业的培

育和功能的发挥不仅能创造更多的就业机会，而且能改善群众生活，进而大大增强小镇的发展后劲，从而提升整个区域经济的实力。“镇小能量大，创新故事多，镇小梦想大，引领新常态”，以智慧的“智”、资本的“资”积极投身特色小镇的发展，实现合作共赢，相信在不久的将来，奉贤区能够将海湾镇打造成一个体育特征鲜明、生态环境良好、产业集聚融合、文化气息浓厚、惠及更多人民健康的运动休闲特色小镇。

## 参考文献

周晓虹：《产业转型与文化再造：特色小镇的创建路径》，《南京社会科学》2017 年第 4 期。

罗翔、沈洁：《供给侧结构性改革视角下特色小镇规划建设思路与对策》，《规划师》2017 年第 6 期。

陈磊、陈元欣、张强：《国内外体育特色小镇建设启示——以湖北省为例》，《体育成人教育学刊》2017 年第 3 期。

路建楠：《上海推进特色小镇发展的政策思路及典型案例研究》，《科学发展》2017 年第 1 期。

吴一洲、陈前虎、郑晓虹：《特色小镇发展水平指标体系与评估方法》，《规划师》2016 年第 7 期。

沈克印、杨毅然：《体育特色小镇：供给侧改革背景下体育产业跨界融合的实践探索》，《武汉体育学院学报》2017 年第 6 期。

王振坡、薛珂、张颖等：《我国特色小镇发展进路探析》，《学习与实践》2017 年第 4 期。

曾江、慈锋：《新型城镇化背景下特色小镇建设》，《宏观经济管理》2016 年第 12 期。

张蔚文：《政府与创建特色小镇：定位、到位与补位》，《浙江社会科学》2016 年第 3 期。

# B.15
# 奉贤现代都市农业未来发展路径研究

张鹏飞　陈　蓉*

**摘　要：** 本文基于欧美日等发达地区都市农业的发展历程和经验，判断奉贤都市农业尚处于萌芽阶段，发展都市农业对于奉贤解决农业劳动力供给短缺问题、缓冲农地减少对农业的影响等层面具有重要作用。上海城镇居民人均收入水平提升、年龄结构等都为奉贤都市农业未来发展提供了广阔的市场空间。但是，奉贤都市农业在技术含量、专业化、品牌化等层面仍然处于弱势，需要加强政策引导、技术扶持和社会宣传等来促进奉贤都市农业不断发展，增强奉贤农业发展的活力。

**关键词：** 现代都市农业　品牌化　政策规划　人才培育

都市农业（agriculture in city countryside）是20世纪上半叶由美国、欧洲和日本一些经济学者提出的，它是指靠近都市，在城乡边界模糊地带发展起来的，可为都市居民提供优良农副产品和优美生态环境的高集约化、多功能的现代农业。在十九大报告中，实施乡村振兴战略是建设国家现代化经济体系的重要内容，需要加快推进农业农村现代化，构建现代农业产业体系、生产体系和经营体系等。奉贤区地理位置得天独厚，位于上海市南部，距离

* 张鹏飞，经济学博士，上海市人民政府发展研究中心、上海社会科学院世界经济研究所联合培养博士后，研究方向为区域经济学；陈蓉，中共上海市奉贤区委党校副教授，党建与文化研究中心主任，研究方向为两新组织党建。

上海这座国际化都市的核心区域仅40公里，发展现代都市农业不仅将是奉贤经济快速发展的新增长点，而且将服务于上海建设卓越全球城市的宏伟目标。

## 一 奉贤实施都市农业的意义

### （一）解决农村劳动力供给问题

近年来，随着我国城市化速度加快，大量年轻劳动力进入城市，农村出现劳动力供给短缺等现象，比如我们在调研奉贤农委时，发现奉贤目前从事农业的劳动力人口年龄都在60岁左右，一段时间后，奉贤农业将面临更加严峻的代际传承问题。出现这种现象的主要原因是传统农业种植不仅辛苦而且收入很低，容易受气候等因素的影响，很容易出现亏损，使大量年轻人不愿意从事粮食种植。而大力发展现代都市农业，不仅会大幅度提升农业附加值，而且会提升农业从业人员的收入水平，从而吸收大量外来人员或者本地年轻人加入奉贤农业生产行业，增加农业劳动力供给，促进奉贤农业的可持续发展。

### （二）减小农地不断减少的影响

近年来，随着城市规模扩张，城市周围的农业用地逐渐被工业用地挤占，尤其是在18亿耕地红线下，如何在既有农地上提升生产率和利用率是未来农村农业发展突破点。根据奉贤区统计局数据，目前，奉贤农业生产用地非常有限，通过发展现代都市农业，加快新科技和新技术在农业领域的应用，实现农业多元化生产，不断提升农业附加值，增加奉贤农业产值，减小农业用地逐年下降对奉贤农业经济的影响。

### （三）满足市区居民对农业的多元化消费需求

近年来，随着居民人均收入水平逐渐提高，城市居民对农产品质量的要求更高，更加注重农产品的时鲜性、绿色等方面。此外，城市居民对农场的观光休闲需求、交流体会需求等也在增加，对农业多元化经营提出更高的要求。而以种植业为主体的传统农业无法满足城镇居民的多元化需求，都市农业快速发展正当其时，能够有效地满足城镇居民对农业的多元化需求。对于奉贤而言，上海城市中心区域生活着大量的由公司白领、公务员等组成的中上等收入群体，他们对现代都市农业具有庞大的消费需求，使奉贤现代都市农业具有广阔的市场发展空间。

### （四）促进农业第一、第二、第三产业融合发展

相比传统农业，现代都市农业更加注重农业附加值的提升，需要更多高科技、资本等经济要素的投入，需要农业第二产业和第三产业协同发展，比如农产品的深度加工业、农村基础设施建设、农村产业金融完善，真正做到基于传统农业形成成熟的整个农业产业链条，构建一批现代农业生产体系、产业体系和经营体系，把农业更多的附加值留在农村，不断扩展农民收入的来源渠道，切实增加农业收入。

### （五）增强奉贤农业的核心竞争力

我国农业目前仍然处于以传统农业为主体的状态，对于奉贤地区，如果仍然基于传统农业来发展农村经济，很容易和上海周边其他地区农业相互竞争，尤其是交通基础设施完善、农业保鲜和冷冻等技术发展，会大幅度削弱奉贤区位给奉贤农业产品带来的竞争优势。而现代都市农业是针对特定城市居民的生活消费需求发展起来的，需要聚合当地的城市文化、居民消费习惯等，需要精细化经营，需要技术的支撑来发展本地的品牌农业，不断提升本地农业的竞争力。对于奉贤而言，因为上海要建成卓越的全球城市，因此奉贤农业品牌建设应该借助上海这个品牌，这样不仅有助于奉贤在上海本地竞争力的提升，而且将提升奉贤农业的区域竞争力和国际竞争力。

### （六）供应上海主城区的紧急粮食需求

根据纽约城市群等的建设经验，像上海这样的国际化大都市，完全不需要发展传统种植业。但是，上海人口密度大，依然保持一定比重的传统农业种植规模，主要是为了应对未来可能的自然灾害等。比如地震或者其他自然灾害造成的运输道路中断等情况发生，此时如何解决上海本地两千多万居民的基本粮食供给等问题。因此，适当保留必要的粮食生产能力是必须的，但是，应该是基于高科技的集约化的种植方式来维持一定的粮食生产能力，而不是传统的粗放式种植方式。

## 二　国外经典的现代都市农业发展的做法和经验

### （一）美国现代都市农业的发展经验

美国现代都市农业因为健康和环境效应良好，受到越来越多的关注。近年来，美国涌现社区农园、都市农场、教育农园等多种形式的现代都市农业，在经济效益、社会效益和生态效益层面都取得了非常明显的良好效果。

美国现代都市农业发展历程大概分为四个阶段。第一阶段是美国都市农业的萌芽阶段，从 19 世纪末期到 20 世纪初期这段时间，美国部分城市大力发展教育农园，主要是为了解决工业化带来的生态环境等问题，同时，也是为了保护城市中的传统文化。第二阶段是美国都市农业快速发展阶段，主要发生在两次世界大战和大萧条期间，主要是为了满足居民自用和战时需要，芝加哥、波特兰等城市先后出现了自由农园、救济农园和胜利农园 3 种形式的都市农业模式。第三阶段是美国都市农业的衰退期，主要发生在 20 世纪 50 到 70 年代，随着美国农业产业化水平不断提升，农产品数量充足甚至过剩，农园数量锐减，发展规模也逐渐变小，西雅图和芝加哥等城市的都市农业逐渐向居民休闲娱乐行业转型。第四阶段是美国都市农业的稳定发展期，随着城市化和工业化发展带来的环境生态等问题显现，城市居民开始怀念传统农村生活，社区农园逐渐成为美国都市农业的主要模式，此时，美国都市农业发展主要表现为农业总规模不断扩大，内涵不断丰富，集农业生产、休闲娱乐、示范教育、生态保护等于一身的多元化可持续农业产业模式逐渐成为都市农业的主流模式。

美国都市农业主要特征表现为以下几点。一是注重都市农业的经济属性。目前，市民农园和商业农场等模式基本上涵盖了农产品生产、农产品销售、农耕服务、农业休闲娱乐等涉及农业的一系列活动。这些农业活动能够有效地发挥市场配置资源功能，同时，激发都市农业的生产活力，还能够通过都市农业所提供的新型农业工作岗位来进一步解决就业问题。二是注重都市农业的社会属性。美国都市农业已经成为美国市民精神文化生活的重要组成部分，比如，社区园林、农业公园、市民农园等除了为城市居民提供休闲娱乐空间，还给城市居民提供体验农耕的机会，缓解城市居民平时的生活压力，增进亲属、邻里等之间的感情。三是注重都市农业的生态属性。都市农业能够很好地降低城市的热岛效应，缓解城市下水道排水压力，吸收有害气体，改善城市生态环境。四是注重都市农业的教育属性。美国都市农业通过展示动植物生活习性、耕作养殖技术、农业设施设备等内容，主要向生活在市区的学生传授有关自然规律、耕作环境等的农业知识，达到农业知识普及等目的。

### （二）日本现代都市农业的发展经验

日本现代都市农业出现较早，在1930年就已经出现了“都市农业”的说法，但是，直到20世纪60年代后期，“都市农业”才广泛流行，此时，真正日本现代都市农业尚处于萌芽阶段，1968年，日本政府通过《城市规划法》强行把大量农田划入城市范围，并且采取征收住宅用地税等措施来促进农地转化为住宅。1973年，国家正式制定《生产绿地法》，允许城市配置一定面积的农业生产绿地用于防灾。至此，日本都市农业获得了生存空间和机遇，开始快速发展起来。1975年，日本相关部门提出城市大规模成片开发，可以用30%的面积通过换地形式形成集中成片的第二种农业生产绿地。1980 年，日本建设省制定了《促进大城市区域城区内农地适当利用的特别措施法》，规定 3 公顷以上小规模的住宅开发区域也可以用 50% 的面积建设 1 公顷以上的集中经营农地。1983 年，城建部门承认了城市中农田和住宅可以长期共存的思想。1987 年，日本政府制定了《休闲地法》，各地农村兴起了发展农村休闲业的热潮。

到了 20 世纪 90 年代，日本现代都市农业逐渐克服了发展中的一些困难，进入发展和巩固阶段。随着日本三大都市圈兴起带来的城市化浪潮，为了解决大家在对都市农业未来发展讨论时遇到的问题，日本政府于 1991 年修订了《生产绿地法》，规定城区可以设立农业生产绿地，主要是为了防灾、农业生产和公共设施需要；对于面积在 500 平方米以上的生产绿地，必须耕种 30 年以上或者所有者死亡后才可以变更土地用途，变更时也是优先考虑农业经营，这样就通过法律形式保障了日本现代都市农业的存在和发展。到了 21 世纪以后，日本现代都市农业进入全面发展阶段，其 1999 年制定和颁布的新农业基本法，第一次以法律形式肯定了农业在供应粮食外的多功能作用，包括向城市供应新鲜安全农产品的生产功能，提供休闲的农业风景、农业体验场所、防灾空间和缓和城市热岛效应等多重功能。

日本现代都市农业的主要特征为以下几点。一是集约化程度非常高。日本都市农家十分重视引进先进科技，应用新品种种植，使现代都市农业的专业化和集约化程度比较高。二是农民收入以兼营业务为主。日本现代都市农家利用紧邻大城市、土地价格飞涨等优势，通过建造停车场、仓库，出租房屋、店铺来增加收入，目前，东京都和大阪府等地区平均每户农家的兼营业务收入占到农家总收入的八九成以上。三是农产品以蔬菜为主。由于蔬菜易变质，不耐运输和贮存，使现代都市农场具备了为市区供给新鲜蔬菜的区位优势。目前，日本的蔬菜种植已经是高度资本集约型的，一般采用温室栽培和无土栽培等来提升蔬菜的供给效率。四是注重设施投入。日本都市农业通过充分利用都市的资金、物资和科技优势加大对农业的投入，比如，种植甜椒、茄子和网纹甜瓜等经济价值较高的蔬菜、花卉和果树等，并且通过促成栽培，尽可能做到蔬菜、花卉和果树的周年生产和供应。五是注重与城市发

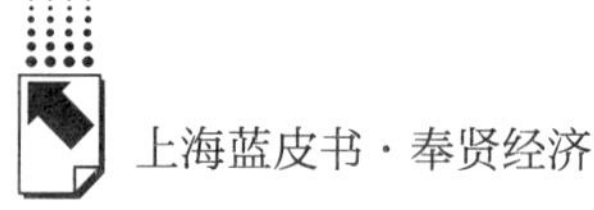


展同步。为了满足市民长期远离自然，需要亲近自然的迫切愿望，日本的观光农业比较盛行，比如，通过开办苗圃来为餐馆、办公室和商店提供花木盆景等。

### （三）欧洲现代都市农业的发展经验

第一，荷兰现代都市农业发展经验。早在20世纪初期，荷兰就及时调整农业结构，发展以花卉园艺和畜牧业为主的特色农业，并且呈现了国际化、专业化、优质化和高新技术等特征。到了20世纪末期，园艺业已经成为荷兰的主导产业。为了摆脱土地约束和天气等影响，温室园艺产业实现了规模化、工业化生产和管理。比如，荷兰的库肯霍夫郁金香公园，以郁金香闻名于世，是世界上最大的球茎花园，其每年吸引的游客数量在80万到90万人之间，近年来快速递增。此外，荷兰非常注重农民教育水平的提升，实施了“绿色证书”工程，还建立了国家农业科技推广体系等。

第二，法国现代都市农业发展经验。基于法国高度的城市化水平，其现代都市农业也非常发达，具有如下特征。（1）农业组织形式是以中型家庭农场为主，法国充分利用欧盟农业结构调整政策，扶持和发展各种农业协会组织，通过农场间合作来扩大土地作业规模。还通过向长期出租土地的农民提供一系列补助和减息贷款来扶持中等农场发展。（2）法国现代都市农业注重现代信息技术的应用，使信息了解和传播同步进行。（3）为了保护农业生态免受城市废弃物污染，制定了保护农业环境的政策，严格限制废料和垃圾未经处理就向农村排放。（4）法国现代都市农业通过在全国推行“绿色旅游”，带动法国农村家庭旅馆的快速发展，很好地增加了农民收入。

第三，德国现代都市农业发展经验。德国现代都市农业在19世纪初期就已经出现了，主要是以市民农园的形式出现，并在19世纪后半叶形成了“市民农园”体制，主要是为了给市民提供体验农家生活的机会和享受田园生活的美好时光。市民农园土地一部分来自县政府提供的公共土地，市民在与政府签署25~30年租赁使用合同后，可以随意种花、栽树、种菜等，只是这些农产品不能出售，如果不愿意租赁可以转租出去。此外，德国都市农业通过农业合作社来维护农民在经济、法律、税收政策等方面的利益，设立农业合作组织基金，保持与政府及其他国内农民合作组织之间的联系，使市民农园在产、供、销和技术等层面紧紧地联系在一起。

### （四）韩国现代都市农业发展经验

韩国在20世纪90年代才提出要发展都市农业，目前，韩国都市农业作为节约能源、减少温室气体排放、减缓城市热岛效应、解决就业的新动力，比较重视都市农业的多功能性，包括提供安全绿色农产品，提供学习农业或者生态知识的机会，有效地加强社区协作等。为了促进现代都市农业的发展，韩国政府还会提供与农业相关的综合服务。韩国现代都市农业功能主要体现在如下几个方面：一是提供新鲜安全的农产品和休憩、休闲、调节情绪的场所；二是提供农业体验机会，主要是为青少年提供学习机会；三是维持和继承与农业相关的传统文化，同时维护生物多样性；四是为人民提供更多的就业机会，并且能够有效地提高劳动力产出，增加农民收入。

## 三　奉贤现代都市农业发展的影响因素

根据现代都市农业的本质含义，奉贤现代都市农业未来发展主要取决于上海城市居民的收入水平、上海人口结构等对居民消费行为的影响，也需要结合奉贤自身经济条件走一条既满足上海居民对现代都市农业的生活需要，也能够具有奉贤特色的奉贤都市农业发展道路，不断提升奉贤农业发展质量，促进奉贤农民收入水平不断提高。

### （一）上海市居民对都市农业需求的影响因素分析

第一，上海人均收入水平对上海居民消费行为的影响。收入水平对居民消费行为会产生显著影响，主要是因为收入水平决定了居民的购买力。一般说来，收入水平越高，其消费可以选择的面就越广，更加注重生活质量的提升。根据上海市统计年鉴和世界银行数据，上海人均收入水平在2009年超过1万元，2016年为1.7万元，尽管相对国内平均水平，上海人均收入水平已经领跑全国，但是和西方发达国家相比，德国、法国、荷兰、美国、日本都在20世纪80年代就已经达到这个水平（见图1）。并且结合西方发达国家在20世纪80年代的现状，当时这些国家的现代都市农业正处于艰难的转型阶段，比如，解决劳动力供给短缺、土地价格上涨等带来的问题，这个和上海目前都市农业发展所处的阶段和面临的问题极为相似。这些分析表明，上海居民消费水平还有很大的提升空间，目前还处于快速提升阶段，当前也是奉贤现代都市农业转型的关键时期，对奉贤农业来讲，既是机遇也是挑战。

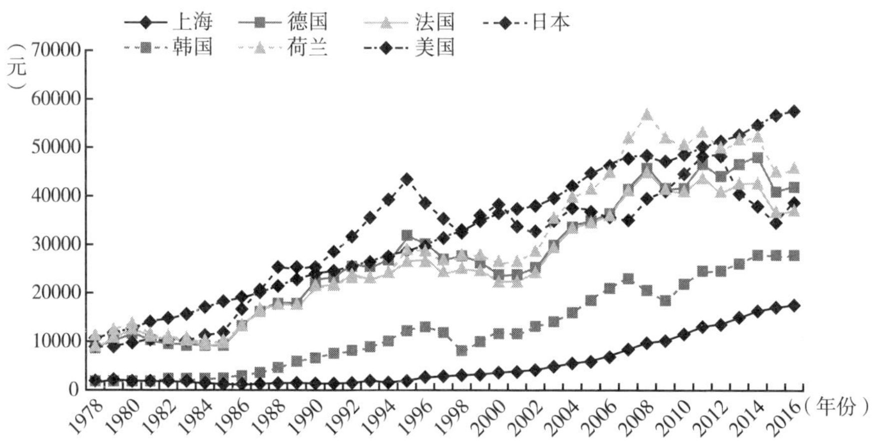


**图1　上海和主要发达国家人均收入比较**

资料来源：上海市统计年鉴、世界银行数据库。

第二，上海人口年龄结构对上海居民消费行为的影响。人口年龄作为居民自身特征，也会对居民消费行为产生深刻影响。根据上海市统计年鉴数据，2016年，上海60岁及以上人口所占比重为31.57%，表明上海目前是一个老龄化比较严重的城市（见图2），因为按照联合国传统标准，60岁及以上人口比重超过10%就是老龄化社会。由于老年人已经退休，没有收入来源，进入纯粹消费阶段，尤其是随着老年人身体机能的下降，加上空闲时间比较多，在医疗保健和文教娱乐上面的消费比重会大幅度提高。此时，现代都市农园带来的安静、舒适环境非常适合老年人养老。此外，上海人口年龄结构中 17 岁及以下占比为 11.61%，这部分人大部分是在城市中长大，需要通过农事体验来获得关于农业的知识，这有助于培养青少年热爱大自然的高尚情操，未来也会产生对学生型农园的巨大需求。

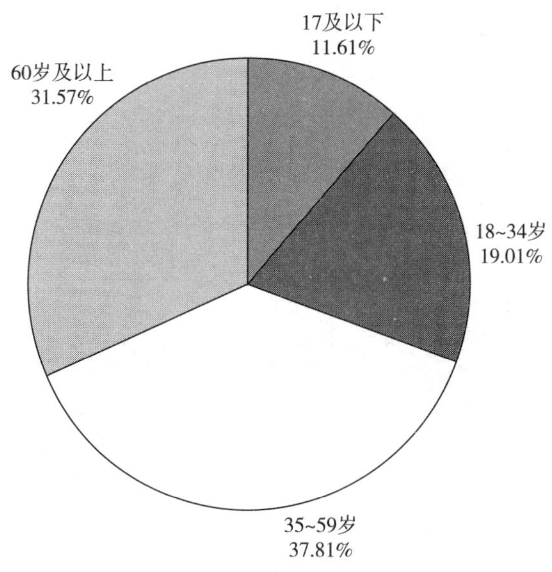


**图 2　2016 年上海人口的年龄结构**

资料来源：上海市统计年鉴、世界银行数据库。

第三，上海市城镇居民消费结构变化历程及未来趋势。根据上海市城镇居民的具体消费结构变化历程可以发现（见表 1），在上海城镇居民消费结构中，食品、衣着和家庭设备用品及服务所占比重总体呈下降趋势，主要是因为这些消费价格上涨速度远低于收入的增长速度，使其所占比重迅速下降。而交通和通信、教育文化娱乐服务是增长最快的两类，分别由 1980 年的 3.6% 和 8.9% 增长到了 2014 年的 16% 和 16.2%。结合前面的人均收入水平分析和人口结构变化分析，很明显，在未来上海市城镇居民消费支出结构中，在交通和通信将会趋于饱和的情况下，未来增长最快的将是用于教育文化娱乐服务的支出。这都进一步表明上海现代都市农业未来发展潜力巨大，应用前景广阔。

**表1　上海市城镇居民消费结构的变化历程**

单位：%

| 年份 | 食品 | 衣着 | 居住 | 家庭设备用品及服务 | 医疗保健 | 交通和通信 | 教育文化娱乐服务 | 其他商品和服务 |
|---|---|---|---|---|---|---|---|---|
| 1980年 | 56.0 | 14.3 | 4.7 | 9.0 | 1.3 | 3.6 | 8.9 | 2.2 |
| 1985年 | 52.1 | 14.9 | 4.4 | 13.2 | 0.5 | 3.0 | 9.2 | 2.7 |
| 1990年 | 56.5 | 10.7 | 4.7 | 10.1 | 0.6 | 3.0 | 11.9 | 2.5 |
| 1995年 | 53.4 | 9.6 | 6.8 | 10.8 | 1.9 | 5.5 | 8.7 | 3.3 |
| 1996年 | 50.7 | 8.7 | 6.2 | 9.1 | 2.2 | 7.3 | 12.2 | 3.6 |
| 1997年 | 51.7 | 8.1 | 8.9 | 7.7 | 2.9 | 5.8 | 12.1 | 2.8 |
| 1998年 | 50.6 | 6.9 | 9.8 | 6.6 | 3.8 | 5.9 | 13.0 | 3.4 |
| 1999年 | 45.2 | 6.7 | 10.2 | 9.3 | 4.2 | 7.1 | 13.3 | 4.0 |
| 2000年 | 44.5 | 6.4 | 9.0 | 7.7 | 5.6 | 8.6 | 14.5 | 3.7 |
| 2001年 | 43.4 | 6.2 | 8.5 | 6.2 | 6.0 | 10.3 | 15.2 | 4.2 |
| 2002年 | 39.4 | 5.9 | 11.4 | 6.2 | 7.0 | 10.7 | 15.9 | 3.5 |
| 2003年 | 37.2 | 6.8 | 11.6 | 7.2 | 5.4 | 11.4 | 16.6 | 3.8 |
| 2004年 | 36.4 | 6.3 | 10.5 | 6.2 | 6.0 | 13.5 | 17.4 | 3.7 |
| 2005年 | 35.9 | 6.8 | 10.2 | 5.8 | 5.8 | 14.4 | 16.5 | 4.6 |
| 2006年 | 35.6 | 6.9 | 9.7 | 5.9 | 5.2 | 15.8 | 16.5 | 4.4 |
| 2007年 | 35.5 | 7.7 | 8.2 | 5.5 | 5.0 | 18.3 | 15.4 | 4.4 |
| 2008年 | 36.6 | 7.9 | 8.5 | 6.1 | 3.9 | 17.4 | 14.8 | 4.8 |
| 2009年 | 35.0 | 7.6 | 9.1 | 6.5 | 4.8 | 16.7 | 14.9 | 5.4 |
| 2010年 | 33.5 | 7.7 | 9.3 | 7.8 | 4.3 | 17.6 | 14.5 | 5.3 |
| 2011年 | 35.5 | 8.2 | 8.9 | 7.3 | 4.5 | 15.2 | 14.9 | 5.5 |
| 2012年 | 36.8 | 8.0 | 6.8 | 7.3 | 3.9 | 17.4 | 14.2 | 5.6 |
| 2013年 | 34.9 | 7.2 | 10.1 | 6.1 | 4.8 | 16.8 | 14.6 | 5.5 |
| 2014年 | 35.0 | 6.7 | 9.9 | 5.8 | 4.7 | 16.0 | 16.2 | 5.7 |

资料来源：上海市统计年鉴。

## （二）奉贤都市农业发展现状、主要问题及相对优势

根据前文分析，现在是上海农业从传统模式向现代都市农业转型的最好时期，现代都市农业未来发展空间巨大，不仅能够满足城市居民的消费需求，而且将会成为农村农业增长的新动力。对于奉贤，如何利用自身优势，把握机遇，顺势而上，抓住上海农业转型关键期的机遇，做大做强奉贤农业

就显得尤为重要。现在我们来分析一下奉贤现代都市农业发展现状以及奉贤发展都市农业存在的主要问题和相对优势。

1. 奉贤现代都市农业的发展现状

从《上海市都市现代绿色农业发展三年行动计划（2018—2020年）》、《奉贤农业发展“十二五”规划》和《上海市奉贤区农业委员会关于下达2016—2017年度奉贤区都市现代农业发展专项（农业旅游）项目计划的批复》等资料可以看到，目前，奉贤现代都市农业建设主要聚焦于三个方面。

首先，优化调整农业产业结构，提高农村土地资源的利用效率。一是针对麦子生产存在高投入、高风险、低收益等弊端，减少对小麦种植的补贴。二是调整传统稻麦茬口模式，形成“稻+绿肥或者深晒垡”的种地养地相结合模式。三是加大对不规范畜禽养殖的整治，推进生态环境综合治理畜禽退养工作。

其次，加大对优质农产品认证力度，注重奉贤农业品牌建设。2016年，奉贤已有“三品一标”认证企业230家，861个认证农产品。其中，无公害认证企业有212家，认证农产品有755家；绿色食品认证企业有17家，认证农产品有25个；有机食品有69个；农业部农产品地理标志登记证书有2张，认证农产品有2个；上海市品牌产品达到10个。

最后，加强农产品安全监管，不断提升农产品的质量。一是规范区、镇、村、联户组安全监管体系，2016年，全区共发放安全生产告知书15133份，签订地产农产品安全承诺书10832份，签订安全生产责任书3310份，并完善信息员制度与农产品准出制度，有效发挥村级400名安全监管人员和65个检测点的作用。二是建立农业档案可追溯体系，全区建立生产档案12941个，档案记录面积为25.5万亩，农村档案追溯体系覆盖率达94.4%。三是加大执法监管力度，在种植、养殖、屠宰、生产、流通各个环节同步开展，严厉打击非法添加、使用非农产品原料，在饲料中添加使用违规物质，滥用农兽药和超范围、超限量使用农产品添加剂等违法行为，严厉整治带有行业共性的隐患和“潜规则”问题，2016年，立案查处15起，罚没款金额

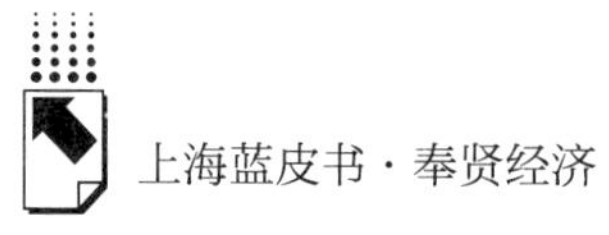


为44191元，没收假劣农药29.9公斤。

2. 奉贤现代都市农业建设中存在的主要问题

结合奉贤都市农业建设现状，和欧美日等发达地区现代都市农业相比，可以发现奉贤现代都市农业建设刚刚处于萌芽阶段，滞后于上海市城市发展水平，奉贤现代都市农业建设主要存在如下问题。

一是奉贤现代都市农业建设水平目前还处于低级阶段，其都市农业发展中传统种植业、畜禽养殖业等仍然占了很大比重，而休闲娱乐农业，比如，观光农业、园艺农业等实力不强，目前，还是以非常低级形式的农家乐为主，没有形成品牌效应，科技含量也不是很高，导致奉贤现代都市农业附加值很低，农民增收困难，使奉贤现代都市农业建设动力不是很强劲。

二是奉贤交通基础设施水平比较低。相比欧美日地区的现代都市农业融合在市区里面，奉贤距离上海市中心有40公里左右的距离，由于大量基础设施尚处于规划和建设阶段，目前从奉贤到上海核心城区的交通非常不便，尤其是目前轻轨、地铁等还没有直达奉贤核心区，不利于老年人等主要消费群体的出行，也抑制了奉贤都市农业的发展。

三是奉贤现代都市农业品牌效应不是很强。尽管奉贤有黄桃、对虾、食用菌，但是，目前其品牌效应不是很强，并且在品质、口感等方面和其他地区差别不是很大，使品牌辐射范围有限，最终使品牌效应带来的配套产业跟不上，比如，相应旅游观光没有发展起来等。

四是政策规划不是很到位，如在欧美日地区国家都会出台相关法律促进都市农业的发展，也会通过财政补贴等方式来激励都市农业的发展。目前尽管奉贤已经有相关规划，但是无论是规划的强度还是补贴力度都不够。

五是奉贤现代都市农业人才缺失。奉贤农业现在大部分从业者是低端的传统种植工人和养殖工人，并且存在严重的老龄化问题。像现代都市农业发展所需要的农业科技人才则严重不足，这将会使奉贤现代都市农业未来发展面临人才瓶颈，现代都市农业要真正地做好做大做强，真正做到专业化和精致化，则需要懂农业和热爱农业的农业专业从业人员。

3. 奉贤现代都市农业建设的相对优势

尽管奉贤都市农业建设存在上述问题，但是我们同时也应该看到奉贤现代都市农业发展所具有的相对优势。

一是奉贤的区位优势。上海不仅仅是一个地名，更是一张国际品牌，奉贤应该充分利用上海这个国际品牌，为自己的现代都市农业发展提供更加广阔的国际平台，上海市场空间巨大，会为奉贤现代都市农业发展提供所需的资金、人才和技术等经济要素。尽管奉贤和核心市区有一段距离，但是未来随着奉贤交通体系的不断完善，地理空间距离将会大大缩短，使奉贤现代都市农业区位优势逐渐显现。

二是奉贤具备了现代都市农业发展的基础。首先，已经形成了一些特色农业，比如特种水产、食用菊、特色花卉以及珍禽养殖，并且在上海市场占有一定的份额。其次，一些品牌农业产品受到了市场好评，比如玉穗葡萄、丰科食用菌、高榕无公害蔬菜等。最后，奉贤已经建成申隆生态园、都市菜园、森林公园、金色田园、百枣园等206个各具特色的农家乐，为奉贤现代都市农业的未来发展奠定了很好的基础。

三是奉贤的生态优势。奉贤和市中心有一段距离，尚处于开发阶段，使奉贤生态空间富余，尤其是近年来奉贤的国家生态园林城区建设不断推进，使奉贤城市绿化质量不断提升、绿化空间不断扩大，为未来奉贤现代都市农业，比如奉贤农艺公园等建设奠定了很好的生态基础。

四是奉贤的文化优势。奉贤的“贤文化”源远流长，以孔子弟子言子来奉贤讲学开化奉贤“百工”（盐工、渔民、匠工等）为开端，使奉贤现代都市农业建设更具有文化内涵，可以把奉贤现代都市农业建设与奉贤“贤文化”相结合，创造出具有奉贤自身特色和历史韵味的现代都市农业。

## 四　奉贤现代都市农业未来发展方向

结合奉贤本地特色、奉贤现代都市农业的发展基础和发展现状、奉贤都市农业建设的相对优势，本文提出奉贤现代都市农业未来发展的主要方向。

一是更加注重现代都市农业的科技含量和品牌化。现代都市农业的发展一定要摒弃过去的粗放发展模式，需要注重高科技的应用，一方面是为了提升现代都市农业的生产效率和质量，解决奉贤农地紧缺等问题；另一方面是通过高科技应用，建立奉贤农业品牌，比如正在规划的奉贤农艺公园等，通过奉贤农业附加值的不断提升，促使奉贤现代都市农业不断发展。

二是更加注重现代都市农业的专业化和精致化。尽管现代都市农业有多种功能，比如生产功能、休养交流功能、生态功能和教育功能等，但是由于奉贤现代都市农业尚处于萌芽阶段，应该集中有限资源用于奉贤现代都市农业的核心功能建设，解决奉贤现代都市农业建设面临的关键性问题，避免全面开花的局面，并且把几个核心功能做到极致，真正做到一枝独秀，比如借鉴荷兰世界闻名的库肯霍夫郁金香公园发展模式。

三是更加注重培育现代都市农业的产业链条。现代都市农业发展不仅是其某项功能的发挥，还会带动农村相应配套产业的发展，比如奉贤农艺公园建设，将会带动奉贤当地的餐饮、民宿、交通、停车场等领域的发展。因此，在发展奉贤现代都市农业的同时，也需要相关的配套服务同步发展，形成奉贤现代都市农业发展的产业链条。

## 五　奉贤现代都市农业建设的政策建议

一是加快完善奉贤基础设施网络。为了很好地服务于奉贤现代都市农业发展，一方面应该完善奉贤交通基础设施建设，尤其是轻轨、地铁建设等，缩短奉贤和市中心的空间距离，提升奉贤相对于金山等其他区县的区位优势，为更多居民选择奉贤作为休闲旅游的目的地提供便利；另一方面完善餐饮、民宿等配套社会化服务体系，促进第一、第二、第三产业融合发展。

二是加快完善现有的政策法规。根据前面的梳理，欧美日发达地区的现代都市农业在发展初期都得到了政府政策法规的规划引导，比如日本的《生产绿地法》和都市农业振兴方案等极大地鼓励了都市农业的发展。而我国尽管已经颁布了《农业法》和《农民专业合作社法》等法律，但是仍然缺少针对现代都市农业的专门法律条款，这个需要国家层面进行规范，比如规定最低粮食产量底线等，是否可以不全国“一刀切”，对奉贤这种以现代都市农业为主的地区进行放宽限制，同时奉贤地方也应该出台相关规范，进一步引导奉贤现代都市农业向高端化、品牌化和精致化发展，同时政府出面，引导更多的社会资本等经济要素流向奉贤现代都市农业。

三是提供专业的技术支持和指导。奉贤区政府可以联合科研院校、企业等设立现代都市农业技术支援中心，对奉贤现代都市农业在技术层面和经营层面上进行指导，及时解决奉贤现代都市农业发展中遇到的瓶颈问题。加快对新型农民的培育，包括通过举办各种相关讲座等形式，传授农民现代都市农业的相关理念和先进的种植、园艺等专业技术，提升农民的技能，向奉贤现代都市农业发展源源不断地输送专业人才，促使奉贤农业可持续发展。

四是调动城市居民参与现代都市农业建设的积极性。可以开展市民农业体验等免费公益活动，使市民走进农业，加强市民对农业的理解，不断展现奉贤现代都市农业的魅力。同时通过互联网、电视、报纸和书籍等形式加强对奉贤现代都市农业的宣传，吸引更多的社会群体积极参与到奉贤现代都市农业建设中来，不断增强奉贤农业的发展活力。

## 参考文献

沈辰：《美国都市农业发展模式》，《农村新技术》2018 年第 4 期。

吴建寨、李斐斐、杨海成、吴圣、沈辰：《美国都市农业发展及启示》，《世界农业》2017 年第 8 期。

方志权：《日本都市农业现状及对我国的启示》，《中国乡村发现》2017 年第 3 期。

李祇辉：《韩国都市农业发展与法律制度保障》，《世界农业》2016 年第 11 期。

汪霞、陈翔、段亚楠：《亚洲都市农业发展的实践经验与启示》，《江西建材》2016 年第 20 期。

《韩国都市农业》，《中国农业信息》2012 年第 17 期。

张子婴：《国外都市农业发展的经验与借鉴》，《宁夏农林科技》2012 年第 6 期。

周维宏：《论日本都市农业的概念变迁和发展状况》，《日本学刊》2009 年第 4 期。

# B.16 奉贤区生态建设发展研究

纪园园 梅 寒*

**摘 要：** 奉贤区政府全面贯彻党的十九大精神，以习近平新时代中国特色社会主义思想为指导，落实创新、协调、绿色、开放、共享五大发展理念，结合奉贤自身的环境优势，提升奉贤区的生态环境质量，为奉贤区打响生态品牌奠定了基础，实现新时代“奉贤美、奉贤强”的战略目标。近年来，奉贤区生态建设环境快速发展，推进“美丽街组、水天一色、和美宅基”等一系列建设，已经形成基本格局，取得较为显著的效果，着力加快全区的环境建设，为奉贤区的经济发展提供保障。

**关键词：** 生态环境 美丽街组 和美宅基 经济发展

党的十九大报告提出：“人与自然是生命共同体，人类必须尊重自然、顺应自然、保护自然。我们要建设的现代化是人与自然和谐共生的现代化，既要创造更多物质财富和精神财富以满足人民日益增长的美好生活需要，也要提供更多优质生态产品以满足人民日益增长的优美生态环境需要。”上海市十一次党代会报告也指出：“要加倍努力，把上海建设成为创新之城、人文之城和生态之

---

* 纪园园，经济学博士，上海社会科学院经济研究所、数量经济研究中心助理研究员，主要研究方向为计量经济学与大数据分析、计量经济理论；梅寒，硕士，中共上海市奉贤区委党校科研部教师，主要研究方向为社会治理。

城。要贯彻落实绿色发展理念，深入推进生态文明建设，拥有绿色、低碳、健康的生产方式和生活方式，人与自然更加和谐，生态环境更加怡人。”

为贯彻落实市委、市政府提出的关于全力打响“服务、制造、购物、文化”四大品牌重要部署，奉贤区提出了“再造生态优势、打响四大品牌”的工作要求。以实现“奉贤美、奉贤强”为战略目标，打造一流的生态环境，建设生态型宜居城市，促进奉贤区城乡政治、经济、文化、社会和生态协调发展。2017 年 2 月 3 日，奉贤区委、区政府召开创建国家生态园林城区誓师大会，创园工作正式启动。2017 年 7 月，区委制定下发了《关于创建国家生态园林城区打造一流生态环境的若干意见》，提出了优化生态空间布局、深化农村“三块地”改革、精心打造生态“微 +”项目、建立生态环境负面清单等十条意见，把生态环境建设摆在突出重要位置。

## 一　奉贤区生态建设发展现状

### （一）奉贤区“和美宅基”建设现状

奉贤区着力推进生态建设，积极创建无违建村居（街镇）、“生态村组 · 和美宅基”和“宜居小区 · 和美楼组”，推进乡村振兴战略，实施苗木配送，美化农村环境，构建“一村一园”“一村一景”的美丽乡村。

第一，奉贤区积极构建“生态村组 · 和美宅基”。在区委领导的带领下，奉贤区在各个街道积极推进生态街组建设，取得了一系列较好的成果，各个街道积极申报，并且大部分村组在审核中都达标。例如，西渡街道 2017 年达标村组为 8 个，2018 年上半年区验收小组实地复审 6 个，通过 5 个，关港 3 组未通过复验。2018 年上半年拟新增创建 26 个村组，经各村自审及街道预验收，最终申报 17 个村组，经区级第三方验收，北新村 3 个、关港村 4 个、南渡村 1 个、五宅村 4 个、益民村 3 个、灯塔村 1 个共计 16 个村组顺利通过验收，关港村 2 组验收未达标。

第二，奉贤区积极推进“宜居小区 · 和美楼组”建设。奉贤区在积极建设生态街组的同时，也大力推进小区建设，经过一系列的申报和审核，大部分楼组都达标。其中，西渡街道 2017 年达标楼组为 21 个，2018 上半年区验收小组实地复审 13 个，通过 9 个，鸿宝二居 1 个、鸿宝三居 1 个、浦江居委 2 个未通过复验。上半年拟新增创建 111 个楼组，经各居自审，最终申报 82 个楼组，经区级第三方验收，49 个楼组验收达标，分别为鸿宝二居 5 个、鸿宝三居 4 个、浦江居委 22 个、水岸居委 8 个、水闸居委 6 个、闸园居委 4 个。

目前，这两项建设取得了很大成效。首先，环境面貌明显改善。据不完全统计，在“和美宅基”创建过程中，累计拆除违建 103492 平方米，减少外来人口 561 人，整治河道 65 条，取缔违法经营小作坊 110 家，拆除旱厕 300 处、田间窝棚 17 处，新增绿化面积 51283 平方米；在“和美楼组”自治管理工作落实过程中，累计拆除违建 12136 平方米，封闭破墙开门 321 扇、破墙开窗 149 扇，清运垃圾 356 吨，关闭无证棋牌室 10 间，整治房屋改性使用 97 处，整治违法违规经营 38 处，综合改造车库 151 间，修理楼道公共设施 615 处，增配消防设施 34 处。其次，自治管理得到强化。两个“和美”创建，正进一步由“要我创建”向“我要创建”转变，各村组、楼组成立自治管理小组，维护创建成果的集体荣誉感得到强化，同时也涌现了一系列好的经验做法。如金港村创新“问题墙 + 回音壁”制度，在显著位置设立“问题墙 + 回音壁”，做到让问题亮出来；五宅村组织村里妇女同志开展“惊艳旧时光”活动，把宅基上闲置的旧物进行回收再利用，在宅基上形成了一道亮丽的风景线；关港村健全治理网络，第一网格由村民代表组成，第二网格由党员、村民小组长组成，第三网格由村委会人员组成。网格模式，采用“自下而上、上下联动”管理方式，极大提高问题发现与处置机制的运行效率，也为创建后的“和美宅基”的长效管理奠定坚实的后勤保障基石。

### （二）奉贤区“美丽街组”建设现状

奉贤区结合“百路整治”，积极推进“美丽街组”建设。截至目前，全区共拆除各类违规设置的户外招牌 5754 块、违章建筑 1377 处；整治破墙开门2158处、乱堆物1948处、乱停车3795辆、“五乱”广告2197处；清除违规水泥硬化面积11.9万平方米、覆土33.4万平方米，修复临街外立面5.9万平方米、补种绿化11.3万平方米、建设街景小品48处等。

为进一步补齐城市管理短板，消除空中坠物安全隐患，不断提升奉贤城市环境品质，保障城市运行安全，8月21日起，奉贤区积极落实市区两级进口博览会城市保障工作要求，结合“百路整治”（美丽街区）工作，在全区范围内开展户外招牌、雨篷、实物造型和相关悬挂物、张贴物等户外设施专项整治行动，加强户外设施管理。

第一，精准排摸，确保宣传告知无遗漏。结合奉贤区“百路整治”工作，绿化、城管部门及各属地政府开展户外广告、店招店牌的统计、巡查等工作，全覆盖发放《户外广告、店招店牌主体责任和安全管理告知书》，形成沿路户外招牌、空调外机、违章搭建、“五乱”广告、外凸式防盗栅栏、遮阳棚、防雨棚、鸽棚、卫星接收器、电子显示屏等各类违法违规行为数据库及“一户一档”。

第二，精准执法，坚决做到“六个必拆”。针对全区违法违规设置的户外设施繁杂凌乱、安全隐患凸显的现状，城管执法部门强势推进户外设施“六个必拆”执法整治：“一店多招”的必拆、严重破损的必拆、明显超高超大超宽的必拆、影响市容市貌的（包括颜色、字体等与建筑立面不协调的）必拆、设置在屋顶的必拆、存在安全隐患的必拆。同时，对不需要发挥作用或者没有使用功能的废弃建筑物外立面附加设施及时清除，对所有“牛皮癣”小广告予以彻底清除，不留痕迹。8月21日至今，全区共开展专项执法整治行动212次，拆除户外招牌2744块；2018年累计拆除户外招牌5754块，整治“五乱”广告2197处等。

第三，精准管控，开展街镇“备案登记”。根据《贯彻落实〈中共上海市委、上海市人民政府关于加强本市城市管理精第三，细化工作的实施意见〉的三年行动计划（2018—2020年）》（沪委发〔2018〕5号）关于“积极探索店招店牌管理新机制，加强街镇层面店招店牌管理”的文件精神，以及落实“放管服”要求，制定《关于加强本区户外设施和临街立面装饰管理的指导意见》，创新开展户外设施和临街立面“备案登记”工作，做到源头治理，堵塞管理漏洞，消除市容市貌管理中的盲点。

第四，精准提升，实行智能化长效管理。着手开发户外设施和临街立面装饰的管理软件，各街镇将经营业主备案登记时提供的设计方案、营业执照、产权证明、立面实景等信息以二维码形式设置在显著位置，以便于执法人员及时检查。区网格中心、区绿化市容局和区城管执法局等单位共享信息和数据，实行网格发现、行业管理、执法检查同步共享。

## （三）奉贤区“水天一色”工程现状

奉贤区积极推进“水天一色”工程，展开“碧水”攻坚战专项、“蓝天”保卫战专项、“净土”持久战专项、“清废”行动专项、“增绿”行动专项和“美丽”行动专项六个专项工程，为奉贤区生态建设贡献举足轻重的力量。

1. “碧水”攻坚战专项，改善环境质量

“碧水”攻坚战专项主要负责水环境保护工作的实施。全面落实“河长制”“湖长制”，注重水岸联动、治本治源，重点做好饮用水保护、黑臭水体整治、河湖治理修复，深化污水污泥治理，规范入河入海排污口整治，推进农村生活污水治理，实施农药化肥减施，加强水产养殖尾水和淤泥治理，畜禽养殖治理设施全面配套等，确保河道水质基本消除劣V类水体，水环境质量明显改善。

2. “蓝天”保卫战专项，改善空气质量

“蓝天”保卫战专项主要启动实施新一轮《上海市清洁空气行动计划（2018—2022年）》。聚焦工业、能源、交通、建设等领域，突出源头防治和精细治理，重点为全面整治“散乱污”、深化工业废气治理、升级改造燃油燃气锅炉、治理柴油车、推广新能源车、推进绿色建筑、绿色工地等，积极有效应对重污染天气，不断改善本区空气环境质量。

3. “净土”持久战专项，预防土壤污染

“净土”持久战专项主要负责实施战专项最严格的土地管理。重点为加强耕地土壤分类管理和保护，加快摸清底数，分类管理、分级管控；实施建设用地全生命周期管理，有序推进土壤治理修复；推进减量化复垦和加强田间窝棚整治，确保土壤安全利用；加强重点监管企业土壤及地下水环境监测，严格控制和预防土壤污染。

4.“清废”行动专项，建设清洁环境

“清废”行动专项主要负责推进固体废物处理和利用。重点为全面推进各类垃圾源头减量、全程分类；完善生活垃圾、建筑垃圾、一般工业垃圾的综合治理收集处置体系，提升资源化利用能力；推进工业园区危险废物收集平台建设，完善危险废物收运体系；加强对非法转移、非法倾倒固体废物的源头防范和联动监管。

5.“增绿”行动专项，建设生态园林

“增绿”行动专项主要负责推进国家生态园林城区建设和绿化建设。重点推进各类生态廊道、郊野公园和城市公园建设，提升区域生态环境质量，建设水绿交融、春景秋色、生态宜居的美好家园，再造奉贤生态优势，争取到 2020 年各项指标全面达到国家生态园林城区要求，打好创园申报基础。

6.“美丽”行动专项，建设绿色环境

“美丽”行动专项主要负责推进生态环境保护宣传教育、“美丽”“绿色”系列创建；建设智慧环保监管平台，开展铁腕执法等专项行动。通过一系列行动，充分发挥群团组织作用，壮大生态环保志愿者队伍，激发公众参与热情；构筑环保智能化监管体系，不断夯实和提升环保监管能力；强化环保执法力度，让各类环保违法行为无处遁形；推进“美丽街区”“美丽家园”“美丽乡村”“和美宅基”“和美楼组”“绿色产品”“绿色企业”“国际生态学校”“绿色学校”“环境教育基地”“循环化园区改造”等建设活动，改善人居环境质量，点亮“田园”底色、激活“家园”细胞、升级“产业园”能级、涵养“校园”阵地，营造全社会主动参与生态文明建设的良好氛围。

## 二　奉贤区生态建设发展存在问题分析

### （一）存在问题

习近平总书记在十九大报告中指出，经过长期努力，中国特色社会主义进入了新时代。新时代我国社会主要矛盾是人民日益增长的美好生活需要和不平衡不充分的发展之间的矛盾。对于奉贤而言，生态建设发展的主要矛盾表现为生态发展和管理水平跟不上经济社会发展和群众对优美生态环境的要求。

1. 生态建设工程数量逐年提升，但总量仍不足

奉贤区的生态建设目前正处于起步阶段，虽然生态建设工程数量逐年处于增长状态，但总量仍然不足。以奉贤区绿化建设为例，全区的绿地率、绿化覆盖率、人均公园绿地等基础指标与创建国家生态园林城区指标要求还存在较大差距。森林覆盖率和森林面积虽然逐年提升，但在上海郊区县中仍位列倒数第二。

2. 生态系统不完善，功能性较弱

奉贤区虽然积极推进生态建设，但整套系统尚未完善，并没有发挥其功能。例如，在绿化建设系统中，公园绿地总量偏少，人均公园绿地水平不高，扫盲绿地仍存在空缺，城镇公园绿地、防护绿地与生态廊道尚未形成有机网络体系。

3. 生态建设品质和功能有待提升

奉贤区的生态建设的品质和功能并不是很高，这主要是缘于前几年建成的绿地均存在游憩性和参与性较差、缺少文化内涵、服务功能较弱等问题。

## （二）原因分析

第一，生态建设发展与用地紧张的矛盾。城市建设用地、农业用地与绿化用地矛盾突出，制约城市绿化发展。上海市建设用地已触及天花板，只减不增；已有建设用地动迁难度大，费用高，公园绿地建设缺乏发展空间。以绿化建设为例，近两年奉贤区所建的镇、社区、村级公园大多在农用地上种绿化，部分项目还占用了基本农田，属于违规用地。由于土地未转性，地块内只能绿化和建设简单的园路，无法建设配套设施和活动场地，园林的品质和使用功能受到很大影响。

第二，生态建设规划落地空间拓展举步维艰。虽然奉贤区为生态建设制定了一系列的规划和工程项目，但由于受到基本农田保护和其他用地阶段性政策限制等瓶颈制约，林地规划落地举步维艰。

第三，生态建设奖补政策力度有待加强。实施生态廊道林地建设，奉贤

区在工矿仓储用地减量化、前期清障腾地等方面实施的财政奖补政策，与其他兄弟区县相比较，力度不够，导致各街镇造林积极性受到一定影响，奖补政策有待完善，力度有待加强。如奉贤建设用地减量化奖补 80 万/亩，兄弟区县有的奖补 120 万元/亩。另外，清障腾地的政策方面，奉贤给予生态廊道 2800 元/亩清障费，青浦区的政策是按照上海市 2017 年地上物及青苗补偿标准采取额定包干、按实结算，另外再给予 5000 元/亩的奖补。

第四，生态建设管理一体化与职能部门条块分割的矛盾。随着奉贤区绿化林业部门的整合，生态建设管理体制向前迈出了一大步。但在镇级层面，生态建设更是归口到规划建设、农业、网格化等多个部门，建设、管理、养护、信息统计等工作都受制于职责分工的樊篱，难以发挥合力，不能满足当前城市生态建设发展的客观需求。

第五，精细化管理要求和养护管理水平不足的矛盾。由于生态建设管理体制不健全，管理机构不完善，部门人员缺乏，专业能力不够，资金投入不足等原因，奉贤区整体生态建设水平不高，与城市专业化、精细化、规范化管理要求还有较大差距。

## （三）环境趋势分析

1. 十九大报告关于生态文明建设的迫切要求

党的十九大报告提出："人与自然是生命共同体，人类必须尊重自然、顺应自然、保护自然。我们要建设的现代化是人与自然和谐共生的现代化，既要创造更多物质财富和精神财富以满足人民日益增长的美好生活需要，也要提供更多优质生态产品以满足人民日益增长的优美生态环境需要。"

2. 上海建设卓越全球城市的必然选择

上海市十一次党代会报告指出："要加倍努力，把上海建设成为创新之城、人文之城和生态之城。要贯彻落实绿色发展理念，深入推进生态文明建设，拥有绿色、低碳、健康的生产方式和生活方式，人与自然更加和谐，生态环境更加怡人。"

3. 奉贤区打造生态名片的发展定位

为贯彻落实市委、市政府提出的关于全力打响“服务、制造、购物、文化”四大品牌重要部署，奉贤区提出了“再造生态优势、打响四大品牌”的工作要求。以实现“奉贤美、奉贤强”为战略目标，打造一流的生态环境，建设生态型宜居城市，促进奉贤区城乡政治、经济、文化、社会和生态协调发展。

## 三　生态建设发展思路、功能地位

### （一）实施美丽乡村提质扩面行动

第一，编制美丽乡村全域规划。编制完善市域村庄布局规划，优化空间布局和功能等级。编制完善村庄建设规划，顺应自然、尊重历史、突出乡土、体现文化，研究确定村庄类别、功能定位、发展方向，制定完善美丽乡村建设标准，塑造特色鲜明的美丽乡村。编制好农村住房改造建设规划，优化农村住房改建布局，形成错落有致、富有韵味、功能分区的浙派民居建设格局。编制完善市域历史文化村落保护利用规划，科学界定每个村落的特别保护价值，处理好古村落保护与开发利用的关系。

第二，推进美丽乡村连线成片。坚持“以点带面”，整乡整镇和点线面片相结合抓推进，以沿景区、沿山水线、沿人文古迹等为区域重点，在整体区域上全面改善和提升农村人居环境和群众生活品质，重点打造2号绿道白石段、雁楠公路雁荡和芙蓉段、旅游环线大荆和仙溪段、龙西沿龙溪段、虹桥环山段、智黄公路沿线、104国道清江至湖雾段等美丽乡村精品线，把盆景变成风景。按照“沿线美丽、面上洁净、村点出彩”的总体要求，以104国道、高速公路、动车线、中心大道、乐管运河沿线为重点，深入开展“四边三化”行动和“两路两侧”环境综合整治。把庭院建成精致小品，把村庄建成特色景点，把沿线建成风景长廊。

第三，培育好特色精品村。按照“生产空间集约高效、生活空间宜居适度、生态空间山清水秀”的要求，搞好精品村规划设计，统筹安排村庄生产、生活、生态空间，对村庄的建筑风格、乡土风情、村落风貌、田园风光、生活风俗、特色产业等进行个性化指引、旅游化改造。突出“一村一品”“一村一景”“一村一韵”的建设主题，从自然、人文、产业、建筑、风俗、饮食、特产等方面，多角度、全方位地发掘村庄的个性和特色，不断显现“产业、文化、旅游、社区”相互叠加的功能。到2018年，努力培育50个特色精品村，其中10个成为美丽乡村示范村。

第四，开展美丽乡村示范创建。创新发展理念，突出整乡整镇、连线成片建设和各级示范带动，联动推进生态人居、生态环境、生态经济、生态文化建设，持续提升美丽乡村品位，打造美丽乡村升级版。到2018年，6个乡镇和涉农街道建设成为美丽乡村示范乡镇（街道）。

### （二）实施人居环境全面提升行动

第一，完成农村生活污水治理。按照“村点覆盖全面、群众受益广泛、设施运行常态、治污效果良好”要求，采取截污纳管、农村独立式、散居分户式相结合，继续抓好管网建设工程、终端处理工程和接户工程等农村生活污水治理工程建设，认真做好运行维护管理。到2018年，实现农村生活污水应纳尽纳、应集尽集、应治尽治、达标排放。

第二，普及农村生活垃圾分类处理。完善农村生活垃圾“村收、镇运、分类处理”的运行模式，根据平原地区、丘陵山区、海岛渔区、城镇郊区等不同地区的实际，因村制宜，把垃圾收集处理体系落到实处。大力开展垃圾减量化、无害化、资源化处理，实现分类收集、定点投放、分拣清运、综合利用，2016年在淡溪镇、岭底乡、龙西乡率先开展整镇整乡试点，到2018年，农村生活垃圾分类处理覆盖50%建制村。

第三，全力打造生态人居环境。按照“彰显特色、传承文化、经济适用、符合民意”的要求，在“千百工程”基础上，制定新的村庄环境综合整治标准，以路天坑、不达标公厕、卫生死角、乱堆乱放、赤膊房和倒塌废弃民房等为重点内容，以“无违建乡村”创建为载体，深入推进农村“三改一拆”、平原绿化、“三河整治”，积极开展新一轮村庄环境综合整治行动，实现村庄生态化有机更新和改造提升。

第四，建立健全长效管护机制。按照“设施运行常态化、配套管理长效化”的要求，探索建立城乡一体的基础设施管护新机制，努力提高管理维护服务水平。深入实施“清洁乡村”行动，完善村庄常态保洁制度，增强广大群众的生态环保意识，巩固环境综合整治成果，形成人人注重环境卫生、崇尚生态文明的社会新风尚。

## （三）实施特色文化传承保护行动

第一，保护好历史文化村落。围绕“保护建筑、保持肌理、保存风貌、保全文化”的要求，严格保护村落的格局、风貌、田园景观以及存有环境的空间形态，既要保护好祠堂、牌坊等古老建筑，也要保护好有传统历史、有时代印记、有文化标志、有人文故事的乡土建筑。处理好古村落保护、村民生产生活和旅游开发的关系，避免无序建设和过度开发。要加强对全市历史文化村管理，编制规范古村名录，提升保护利用水平。继续抓好乐成街道黄檀硐村、淡溪镇黄塘村、仙溪镇南阁和下北阁村等一批重点历史文化村落保护开发利用，和王十朋、翁卷、章纶、朱镜宙等一批历史乡贤的故居修复工作。

第二，建设好“浙派民居”。要按照“彰显特色、凝固（传承）文化、经济适用、美观安全、符合民意”的要求，实施“浙派民居”改造工程，利用生态环境和自然山水的脉络，依山就势，沿水而居，以美丽乡村精品线、中心村、特色精品村为重点，推行现代建筑本土化、传统建筑现代化、建筑用材本地化，切实改变“千村一面、千户一面、千房一面”现象，体现人与自然相互协调的和谐美感。

第三，传承好“活态文化”。坚持乡村物质遗产与非物质遗产保护并重，传承一批具有乐清味道和地域特色的活态文化。开展“千村故事”编撰工作，全面挖掘、整理和记载历史文化村落里的生态人居、经济社会、制度习俗、传统工艺、人物传记等非物质文化遗存，记载和传承乐清乡村故事。开展“千村档案”建立工作，以翔实的档案全面盘点和全程记录历史文化村落的基本信息、村落选址、风貌格局、物质遗产、文化遗存、资料文献、保护利用等的文化基因和历史元素。加快建设覆盖全市的公共文化设施服务网络，把农村文化礼堂作为传承“活态文化”的重要场所，每年完成10个村的文化礼堂建设。

### （四）实施强镇强村创业富民行动

第一，大力发展新型业态。立足资源禀赋、生态条件和产业基础，推进第一、第二、第三产业融合发展。以农业“两区”为主平台，全面推进农业领域的“机器换人、电商换市、设施增地”计划，加快西北部现代农业功能区建设；深入实施农家乐休闲旅游业改造提升计划，融入休闲农庄、民宿度假和乡村旅游的理念，通过“吃、住、行、游、购、娱”六要素的合理集聚，集农业观光、农事体验、教育文化、生态休闲、养生养老等多种功能于一体，努力把甬台温铁路线以北的地区打造成为乡村旅游目的地和休闲旅游欢乐谷。到2018年，建成双峰铁皮石斛生物产业园和大荆石斛小镇、雁荡月光小镇等一批特色小镇。

第二，加快发展村级集体经济。围绕“建强中心村、发展中等村、扶持薄弱村”的目标和“加强资源开发、创新资产经营、规范资金管理”的思路，采取农业资源开发、低效土地利用，发展物业项目、乡村旅游、电子商务等措施，把培育美丽产业、发展美丽经济与发展壮大村级集体经济有机结合起来，大力探索“富民强村”新路子。到2018年，70%以上村集体年收入达到20万元以上，培育年收入超百万元村30个以上，集体经济薄弱村如期实现消除转化。

## 四　生态建设未来发展任务

全力落实生态红线保护，进一步优化区域生态网络体系，均衡区域、镇域绿地系统布局，最大化发挥生态服务功能，构建绿色、安全的城乡一体的生态空间网络。

### （一）实施生态保护红线

按照“面积不减少、性质不改变、功能不降低”的管控要求，实施生态保护红线空间管控。按照分类、分级的管控要求，划分一级管控区和二级管控区，实施不同的管控要求。按照市级部署，形成本区生态红线管理机制，建设区级综合协调平台，明确监管措施。红线区重点考核生态保护工作成效，不考核 GDP。制定红线区域的考核评估办法，明确考核结果与生态补偿资金分配相挂钩。

## （二）优化城区生态格局

基于城市生态安全格局的构建目标，逐步推进生态格局优化，努力构建完善廊道、绿道、城区立体绿化网、郊区农田林网、城市公园、郊野公园等“两道”“两网”“两园”生态网络体系，综合提升生态效益。全面建设以沿海防护林、通道防护林、污染隔离林等为主体的林业体系，形成多类型、多层次的综合防护林体系。实施河道两岸和道路两侧林带建设。构建“水-绿”生态廊道，推进金汇港、浦南运河等河道的绿色廊道建设。加快规划建设环镇区、环社区和高压线走廊林带，推进 S4、G1501、平庄公路、沪杭公路等公路两侧林带建设。形成 8 条总面积 200 公顷的“四横四纵”生态绿廊。形成南桥新城环新城，环上海之鱼和中央公园，沿金汇港、浦南运河等绿道网络 70 公里，初步形成“十字接两环”的绿道布局。加快推进生态公益林、经济林和“宅旁、村旁、路旁、水旁”等“四旁”绿化及农田防护林等建设，农田林网化率达到 5% ~10%。启动郊野公园建设，建设大型生态斑块，结合生态廊建设，使斑块之间相互连通。根据“198”地块复垦要求，逐步推进小型生态斑块的建设。

大力推进区域绿化建设。重点建设“上海之鱼”配套公园绿地，推进浦南运河十里水街及金汇港、浦南运河十字水街河滨公园绿地和大型居住区结构性公园绿地建设。改造提升中央生态公园，建设上海牡丹文化公园。建立镇、社区公园体系，以镇级公园建设为重点，建设柘林、庄行、金汇、青村等 5 公顷以上镇级公园 6 座，实现“一镇一园”全覆盖；积极完善和推进 1 公顷以上“一社区一公园”建设，建设 8 个社区公园，形成 25 个城市公园。健全 3000 平方米以上公共绿地 500 米服务半径体系，消除公共绿地服务盲区，新建公共绿地6块。结合黄浦江南岸综合开发，建设西渡口滨江绿地一期。加大林荫道路建设和改造提升力度，建设奉浦大道、南亭公路、海湾路等林荫道82公里，创建5条市级林荫道路。推进城区立体绿化建设，新建屋顶绿化1万平方米，垂直绿化2万平方米。到2020年，全区构筑一道结构稳定、功能齐全的生态屏障，实现区绿化覆盖率达32%以上，绿地率达30%以上，人均公共绿地面积达13.5平方米以上，森林覆盖率达到15%以上。

## 五　保障措施

### （一）加强领导，形成合力

奉贤区美丽乡村建设工作领导小组加强对美丽乡村建设工作的组织和领导。各有关职能部门既要发挥各自优势，各司其职、各负其责，又要密切配合、通力协作、形成合力，尤其是项目对口部门要加强指导和协调，加大项目整合力度，项目审批、监管部门要提升服务效率，依法监督管理。全区各镇、街道要积极发挥实施主体作用，制定相应的实施意见和推进方案，主动对接有关部门，组织具体实施工作。

### （二）注重宣传，营造氛围

由区宣传部门牵头，充分发挥广播、电视、报刊和网络等主流媒体作用，做好宣传发动工作，做到家喻户晓，营造良好氛围。各镇、街道及创建村要加强宣传发动，进行深入有效的宣传教育，让农民充分了解美丽乡村建设的重要意义，调动农民参与美丽乡村建设的积极性和主动性。

### （三）加强规划，分层推进

美丽乡村建设只有起点，没有终点，必须以规划为引领。区规土部门要指导各镇、街道做好示范村的选点以及村庄规划编制等工作，要根据已经出台的村庄规划编制导则，加强对各镇、街道编制村庄规划、相关专项规划以及创建村景观设计的指导，加强农村规划和土地管理，引导人口集中居住。在开展区级示范村建设的基础上，全力创建市级美丽乡村示范村。

### （四）明确目标，落实资金

要根据规划细化深化项目建设内容，加强项目对接，叠加好政策，统筹好资金。要严格按照区政府有关规定，抓好项目和资金的管理。区、镇两级政府要加大对美丽乡村建设资金的扶持力度，设立专项奖补资金，特别要落实常态化长效管理资金，巩固美丽乡村建设的建设成果。对成功创建区级美丽乡村示范村的，区财政给予一次性财政奖励 50 万元，对成功创建为市级示范村的，区财政在区级基础上再给予一次性奖励 50 万元，以充分调动基层创建积极性。

### （五）加强考核，完善制度

建立美丽乡村建设工作考核制度。积极发挥考核指挥棒的作用，将美丽乡村建设工作纳入对各镇、街道党政领导班子的年终考核。建立美丽乡村建设工作通报制度。区农委要加强对美丽乡村建设工作的监督和检查力度，定期通报项目建设进度，对推进不力、进度滞后的单位，视情况予以通报，增强美丽乡村建设的责任意识，促进各单位积极主动履职。

### （六）强化管理，建立长效

要坚持“整治、建设、管理”三管齐下，特别加强常态长效管理，确保美丽乡村建设的长久活力。由区农委牵头，科学制定奉贤区美丽乡村示范村建成后的长效管理办法，明确长效管理的责任主体、管理内容、目标任务、保障措施和考核办法等，并落实相关的长效管理资金，确保长效管理工作落实到位。

## 参考文献

奉贤区委党校课题组：《农村生态环境建设的新路径——以奉贤区“生态村组——和美宅基”创建为例》，《上海农村经济》2017 年第 8 期。

奉贤区委党校课题组：《奉贤区：“生态村组、和美宅基”》，《城乡建设》2017 年第 17 期。

乔勇进、张俊芳：《绿影花红美四季　风清水绿靓奉贤——记上海市奉贤区林业生态建设》，《防护林科技》2014 年第 8 期。

**B**.17

# 布局上海文化产业集群助力上海文化品牌建设

邵晓翀 朱嘉梅*

**摘 要：** 奉贤区于2017~2018年提出了《上海市奉贤区文化创意产业发展三年行动计划》《关于加快奉贤区文化创意产业创新发展的实施意见》等一系列文件。建设中的奉贤新城，以奉浦大道、田字绿廊、十字水街、上海之鱼、中央生态林地、“南桥源”城市更新、轨交站点开发七大区域为重点。2017年新城启动建设78个项目，其中重大项目20个，整个城市功能的能级在2017年有一个巨大的跨越和提升。伴随地铁通车，大量文化设施如九棵树未来艺术中心、奉贤博物馆以及产业振兴带来的人口导入，国际级城市规划初露端倪等多项利会聚于2018年，等待多年的转型升级战略机遇期正在拉开帷幕。值此之时，奉贤区委、区政府提出坚持文化强区，大力提升“贤文化”软实力，着力振兴南上海文化产业集群的战略目标。以奉贤区独有且深厚的江南文化底蕴，以及红色文化传承、海派文化新风积极助力上海“四个品牌”建设，特别是“文化品牌”建设，以期加快转变提升产业能级，提高奉贤综合实力。

**关键词：** 奉贤文化产业 文化软实力 文化品牌

---

* 邵晓翀，上海社会科学院研究生院博士研究生，研究方向为政治经济学；朱嘉梅，中共上海市奉贤区委党校教学部主任，讲师，主要研究区域经济发展。

奉贤区地处南上海腹地，历史悠久，文脉深厚。“敬奉贤人，见贤思齐”的“贤文化”精神，经过多年接续打造已经蔚然成风，深入奉贤区的各行各业。“贤文化”作为奉贤区靓丽的地方品牌在整个上海都具有强大知名度，也是上海文化品牌建设中不可或缺的组成部分。为了在新时代继续打造和发扬好“贤文化”品牌，助力上海“四个品牌”建设，特别是“文化品牌”的建设，奉贤区 2017 ~ 2018 年提出了《上海市奉贤区文化创意产业发展三年行动计划》《关于加快奉贤区文化创意产业创新发展的实施意见》等一系列文件。回顾历史、整合资源、梳理文脉、接续产业，深入贯彻落实党的十九大精神，落实《关于加快本市文化创意产业创新发展的若干意见》（简称“上海文创 50 条”），贯彻区委、区政府决策部署和《奉贤区“十三五”时期文化改革发展规划》，坚持文化强区，大力提升“贤文化”软实力，着力振兴南上海文化产业集群。

## 一　梳理文化资源，精准聚焦，有的放矢

奉贤区作为有 4000 多年文明历史和文化传承的地方，拥有深厚的文化历史积淀。红色文化、江南文化、海派文化这上海文化品牌的三大组成部分在奉贤也都拥有深厚的文化资源。奉贤区于 2017 年起精准定位“南上海文化创意产业集聚区”，以地方文化——“贤文化”为抓手，围绕上海文化品牌建设，梳理出在奉贤的红色文化、江南文化、海派文化资源，重点解决好“布点”以及重点形成“高点”，就能为接下来的工作起到指导作用，进一步体现“文化品牌”的标识度，做到有的放矢、精准聚焦。

### （一）奉贤红色文化资源脉络清晰

上海是红色文化的发源地，奉贤的红色文化也是其中重要的组成部分。第一次国内革命战争时期，奉贤人民声援“五卅”运动以及在奉贤党组织成立前开展农民运动；土地革命时期创立中共奉贤党组织以及发动庄行暴动；抗日战争时期恢复党组织以及党领导抗日游击战；解放战争时期党组织

领导人民开展武装斗争和地下斗争，迎接奉贤解放。奉贤的红色文化一路伴随着整个中国革命进程的发展。在新中国成立之后，奉贤地区对于上山下乡知青文化的记录、对于拓荒海滩农垦博物馆的见证都是一代人不可磨灭的红色记忆。特别是奉贤农垦文化背后的60多年围海造田、垦荒创业及改革开放的发展历程，孕育了历代农垦人“不畏艰难、艰苦创业、无私奉献、团结包容”极具自身特色和时代特征的农垦文化精神。

### （二）奉贤江南文化资源底蕴深厚

奉贤自身所拥有的深厚江南文化积淀，是整个上海江南文化的源头之一，其中奉贤特有的“贤文化”名片，更是独树一帜。此外还包括了良渚文化、海盐文化、桥乡文化等；奉贤区拥有国家级、市级、区级非物质文化遗产30余项，包括滚灯、华亭东石塘等。2017年住房和城乡建设部公布了第二批全国特色小镇名录，其中奉贤庄行镇主打“农艺小镇”特色，凭借千年江南鱼米之乡的农业禀赋和原生态、原风貌、原住民的田园风情脱颖而出，赫然在列。庄行镇早在宋时已成村落，元末明初建成集镇，明清两朝商业发达、街市繁荣，至今仍保留传统农耕文化的印记。当地农艺文化底蕴深厚，不仅有刻纸、农民诗歌、汉光瓷等极具地方特色的乡土艺术，“庄行土布染织技艺”、“羊肉烧酒时俗”和“青团制作技艺”还被列为上海市非物质文化遗产。此外，从文化名人的角度看，相传孔子的大弟子言偃（言子）晚年专门游学此地，宣传儒家思想。到清代雍正初奉贤立县时，“奉贤”因此得名。放眼整个奉贤的先贤群体，在清光绪《重修奉贤县志》的人物志中，人物有785人，其中绝大多数是奉贤历史上的君子和贤人。其中有10位著名的“大贤”，如清朝雍正时著名的藏书家、江南史志之父黄之隽；辅佐两代君王、斗倒严嵩、举荐张居正、营救海瑞、抵御蒙古骑兵的内阁首辅（即宰相）徐阶；曾任兵部侍郎“廉石还乡”，被誉为明代“吴中草圣”的著名书法家张弼；明文学家、藏书家、万历年间上海四大藏书家之一宋懋澄；明初诗人之冠袁凯；明代戏曲理论家何良俊；春秋时期与专诸、荆轲、聂政并列中国古代四大刺客之一的要离；等等。近代还有中国三大民间音乐家之一孙文明，他是中国现代二胡演奏技艺的杰出改良者，奉贤有“江南丝竹之乡”的美誉。由此可见，无论是历史悠久的市集城镇还是每一位大师大贤所留下的政绩、书卷、墨宝、诗词，亭台楼阁乃至传说都是奉贤“贤文化”的珍贵宝藏，更是上海江南文化的重要代表。

### （三）奉贤海派文化资源对标国际

海指上海，海派即上海流派。民国以来，海派书画、海派京剧、海派服饰、海派文人等闻名遐迩。寻根溯源，异彩纷呈的海派表象背后，却具有统一的精神内核，即商业、大众性、多变、开放。由此看来，奉贤的海派文化资源不乏特色与亮点。从历史上的名人名家看，出身于奉城镇高桥村的现代著名画家、雕塑家滕白也，早年留学法国、美国，获得哈佛大学博士学位，并独创用手指作画。在西方现代绘画史中，是“仅有的被提及的中国三个指画家之一”。1935 年冬作《孙中山演说像》并担任塑像指导，周恩来总理住所“西花厅”也曾悬挂有他的指画作品。近期，奉贤梳理出百家文化名人工作室，其中不仅有当红的影视明星还有文化名人、工艺美术大师，其背后所带来的丰富海派文化资源，为奉贤区打造文创产业载体提供了一个丰富的艺术宝库。从城市建设的角度看，当前奉贤新城的再出发，无论从规划还是执行，从项目的理念到项目的每一个细节，奉贤上下始终对标国际最高标准，邀请国际优秀知名设计师团队，结合本土团队一道提升奉贤的城市服务能级。上海奉贤区新城的核心景观湖，占地 8.74 平方公里的“上海之鱼”建成后将是上海面积最大的人工湖，该湖由国际规划设计大师、迪拜“棕榈岛”主创设计师拉瑞·奚伯斯设计，以大地雕塑的手法，开凿形成金鱼造型的人工湖。区域内共计 12 个城市功能项目，其中“中央公园”和“十字水街”由美国设计师设计，奉浦大道项目由澳大利亚设计师设计，“城市博物馆”则出自日本设计师藤本壮介之手，“九棵树（上海）未来艺术中心”将体现法国建筑师的智慧与审美。可以预见，奉贤新城对标国际最高标准，结合上海本土文化的海派风格必将成为上海各大新城版块中的又一亮点，体现奉贤当代的海派文化精神。

## 二　构建多样文化载体

任何文化的形式都有载体。小到一本书、一尊像，大到一座楼、一块地、一片区域，都是文化的实际载体，观赏亭台楼阁，参观博物馆、纪念馆，同欣赏一幅画、阅读一本书的体验角度是一样的，都是在用个人的审美和知识去体会载体所蕴含的文化。2017～2018 年奉贤的文化载体平台建设实现了跨越式的发展。目前，奉贤新城主要的生态项目“上海之鱼”主体工程已基本建设完成，九棵树（上海）未来艺术中心、奉贤城市博物馆、传悦坊等大型文化项目启动建设，美丽健康时尚产业加快推进，奉贤新城的都市业态开始呈现，聚焦演艺、时尚、设计产业发展，新城核心区域“一道（美谷大道）一轴（金海公路）一湖（金海湖）一园（中央生态公园）三基地（东方美谷产业基地、杨王文创产业园、‘南桥源’城市更新）”的格局已基本明晰。

### （一）奉贤红色文化载体成熟

以爱国主义教育基地为基础，奉贤的红色文化载体经过多年的打造已经有了稳定的参观人群，维持了良好的运营状况。其中比较著名的红色文化载体有中共南桥支部旧址、赵天鹏烈士纪念碑、奉贤区中国人民志愿军纪念馆、上海农垦博物馆、上海知青博物馆、预备役高炮五团长城园（浦南地区革命斗争史）、李主一烈士纪念碑、中共奉贤县委旧址、庄行暴动烈士纪念碑、奉贤烈士陵园、北宋抗日烈士纪念碑。

### （二）奉贤江南文化载体丰富

奉贤区拥有鲜明的历史文化烙印、丰厚的江南文化底蕴。例如，距今 4000 年的良渚文化遗址就位于今奉贤区柘林镇内。奉贤区有上海第一道古海岸线——华亭东石塘、列入国家级非物质文化遗产名录的传统艺术——奉贤滚灯，还有南宋年间的通津桥、上海市 007 号古银杏等 48 处保护文物。

奉贤西部庄行镇基于其传统江南文化风俗，每年坚持开展各类的文化节庆活动，如菜花节、伏羊节、新米节、民俗节作为活动载体活跃文化生活，吸引远近游客。奉贤中部打造的文化科技产业园，利用奉城木雕、青溪古镇、桃源村等人文、历史风貌保护区传统文化元素，用科技和创意更好地讲述“奉城老镇”“青溪古镇”的故事。此外，神仙酒文化展示、“贤文化”主题展示园（贤园）、奉城万佛阁与洪福寺的宗教文化开发等，都是奉贤悠久江南文化的各种载体形式，通过新的规划推动传统文化与现代生活的互动交融。

### （三）奉贤海派文化载体创新

近年来最能体现奉贤海派文化载体的就是致力于整个奉贤区城市能级提升的新城建设：谋划多年的“上海之鱼”沿岸，邀请国际知名团队，将建设高端住宅、高档商业、商务酒店、会展中心、开放式主题乐园等，形成集会展旅游、观光休闲、时尚消费等于一体的海派生态商务区；同时随着中央生态公园内“九棵树（上海）未来艺术中心”的建设，同时再规划建设类似集文化场馆、购物中心、休闲娱乐等于一体的中央活动区，奉贤区将营造出现代都市文化特色的海派意境。随着金汇港半马跑道及金汇港西侧（沿港路 - 大叶公路）、浦南运河（S4 - 金海路）北侧绿化景观工程建设，“十字水街、王字意象”的城市景观带愈发清晰，加上杨王文创产业园、“南桥源”、“博物馆群”、“百座公园”等项目的规划设计，皆是邀请国际著名设计师团队与本土优秀团队合作设计建造完成，这里将成为奉贤新城都市文化产业集聚区的中心，点亮“南上海的艺术名片”，真正诠释奉贤“美丽健康”的海派文化气质与精神内涵。

## 三　全力发展文化产业

文化得以延续必须要有产业的支撑，没有产业文化就会断裂。2017 年 1 月 8 日，沪奉府办 2017 年 1 号文发布《上海市奉贤区文化创意产业发展三年行动计划（2017—2019）》，正式提出了围绕一个“文创产业区域主题——美丽健康”，构建金汇港、浦南运河两条“人文廊道”，打造南桥新城都市文化产业集聚区、南部海湾文体旅产业集聚区、西部文化生态休闲集聚区三大“文创产业集聚区”，培育东方美谷产业基地、南桥杨王文化产业园、青村文化科技产业园、四团“醉美小镇”四个“特色文创产业园”，聚焦五个“主要目标”的文化创意产业规划构想，强力构建具有奉贤特色的文化创意产业品牌，并成立了南上海文化创意产业服务联盟（由区内外从事文化创意产业研究、生产、融资、服务的企事业单位自愿组成的开放型、非营利性、非注册型的社会组织）。目前正处在行动计划的启动阶段。作为开局之年，首要就是厘清文化产业与文化事业的边界。因为假如用办文化事业的理念和方式去指导文化产业发展，或者简单地把文化事业产业化，其结果都不会理想。文化产业和事业的发展需要培育多元化的文化主体。而且不同的文化主体培育的方式不完全一样，要注重客观上尊重文化事业、文化产业发展的规律。

### （一）提升文化能级，打造奉贤文化事业新开端

围绕着丰富群众艺术生活、提升奉贤城市艺术品位，奉贤区以新建的文化艺术场馆和平台为依托，精心布局，构建了五大文化事业平台：以奉贤城市博物馆为标志的文化展示平台，以九棵树（上海）未来艺术中心为主的演艺平台，以“文化三中心”为主的艺术教育平台，以十字水街沿线中小型文化设施为主的静态艺术展示平台，以城市更新“南桥源”为主的群众艺术和非遗活态展示平台。这五大文化事业平台在建成初期，主要带有完善文化事业功能布局、提升地区板块整体价值的功能。对于单个平台商业化赢利的诉求在短期内并非首要位置。而放在首位的就是通过政府对于文化事业的补贴，打响知名度，聚集人气，让群众实在受惠。例如，九棵树（上海）未来艺术中心这样具有国际一流设施的文化艺术场馆，如果可以通过政府补贴的文化事业运营理念，将市中心所举行和展出的优秀热门剧目在市中心谢幕之后，引导到九棵树（上海）未来艺术中心继续展演，以低票价吸引奉

贤本地乃至全市的剧目爱好者共同欣赏学习。相比市中心动辄五百上千的票价，如果能将票价通过政府补贴的形式控制在原价的三折到五折，就会具有强大的市场号召力，做到真正的文化普及宣传和提高人气，在大量市中心艺术爱好者驱车来到九棵树观演的同时，市民们也会去搜索附近的其他景点作为周末度假的附带游览项目。亲眼看到和亲身体验到奉贤的海派新气象、时尚新生活，一场演出、一顿晚餐甚至是留宿一晚的良好体验，对于提升“上海之鱼”周边规划的知名度，打响“奉贤强、奉贤美”理念具有极好的效果。所以，从长远看大量廉价亲民的音乐会、戏剧演出不仅仅是大大降低观赏门槛，只需要一两张电影票的价格，就能让群众欣赏到高水准的专业演出，真正地让艺术走进群众，有利于培养出更多的艺术人才。更多的是以一张电影票的价格，吸引人们来到奉贤游览、度假，回去之后口口相传，打响地区知名度。由此，文化事业不仅作为公益事业和公共服务设施为地区居民提供了公共产品，而且为整个奉贤文化产业的发展起到了推动的作用。

### （二）五大板块推动奉贤文化产业发展

根据规划，奉贤区结合自身情况规划出五大文化产业板块，布置以不同目标，分类指导精准施策，以期在未来三年内取得初步成效。

1. 东部文化装备板块

奉贤东部地区东邻临港产业区，南邻杭州湾北岸，北接浦东铁路中心站与 G1501、S2 等高速路出入口，具备航空、港口、铁路、公路、内河“五龙会聚”的区位优势。借此优越的地理环境，呼应临港文化装备制造产业定位，依托三一重工、徐工机械等企业空间，奉贤东部地区可重点发展智能装备、文化装备产业，发挥交通运输优势，为奉贤东部注入经济发展新动能。另外，依托上海唯一的大曲酒生产企业资源——上海神仙酒厂，对酒文化科普展示馆进行改建或扩建，通过引入全球各类名酒，打造“百酒庄园”，充分展示酒酿造、贮藏、包装等各类传统技艺，努力将酒文化科普展示馆打造成为华东地区知名的集会议会务、生产博览、传统民俗、酒文化体验等功能于一体的酒主题庄园集群。积极借助迪斯尼乐园辐射影响力，加大宣传力度，提高周边环境及旅游接待能力，争取与迪斯尼共享客源，共同发展，积极打造奉贤东部“工业旅游”线路。

2. 西部文化生态休闲板块

奉贤西部庄行镇积极开展各类文化节庆活动，如菜花节、伏羊节、新米节、民俗节等各类活动吸引了大量来自长三角的游客，逐步形成集田园风光欣赏、民俗文化展示、生态水乡观光、乡村休闲体验于一体的文化休闲体验。借浦江两岸开发之机，庄行、西渡将依托黄浦江自然生态水岸，在48平方公里空间区域内建造“农艺公园”，借助现有汉光陶瓷、紫顶艺术等大师平台，做实文化内容，同时吸引更多文化名人和活动载体，布局建设150个田园综合体项目，实现工业文明、城市文明、农耕文化和生态文明四维跨界联动，呈现“一个总部，一个庄园”的总部经济，打造出不一样的城市品质、不一样的城市感觉。以西部的田园自然美景、老街的古朴沧桑为背景，着力挖掘非遗项目资源，依托四季节庆活动，推进农业、生态、旅游、文化、科技相融合，实现农耕体验、田园观光、教育展示、文化传承的功能叠加，为城市居民提供休闲度假、具有乡村野趣的舒适环境以及陶冶情操、舒缓压力的闲暇空间。

3. 南部文旅体产业板块

奉贤南部拥有上海最大的人工森林（面积达15983.5亩）、最大的人造沙滩（面积达7万平方米），有闻名遐迩的“海湾国际风筝放飞场”、逶迤千米的滨海观光大道、一流的棕榈滩高尔夫球场、上海第一个滨海索道滑水世界杯竞赛场，以及上海最大的欧美风格海景别墅群，有唯一的国家级非物质文化遗产滚灯，目前为止保存最完整的“海国长城”——华亭东石塘。同时，莘莘学子集聚海湾大学城，人才荟萃，教育资源丰富，科研文化氛围浓厚。借此，可进一步引入优质项目，聚焦文旅体产业，推动“文化+体育”“文化+旅游”融合发展。利用海湾森林公园的大规模物理空间，策划打造影响力大、参与度高的国内国际精品赛事，如国际青年艺术节、国际象棋大师赛、国际马拉松赛等，不仅可以集聚人气，而且可提升奉贤海湾的知名度和影响力，打造赛事经济，带动配套服务业发展。在海湾旅游区范围内，可重点打造海佳路（以音乐欣赏、艺术展示交易为主的音乐小镇）、海湾路（以商业文化为主，打造文化休闲街）和海马路（以壹号营地为标志，形成海马路文化机构集聚地）三大街区，进行功能创新开发。借助海马路上的艺术画廊、名人工作室、音乐文化生活圈、文化艺术交流空间等，打造具有特色情调的主题咖啡、简餐厅、书吧、甜品店以及文化生活配套设施，构建具有文化特色的酒店与美食体验，从文化、时尚、体验等多个维度吸引消费者，打造文化、旅游、健康、生态相互融合的东方“圣塔莫尼卡”。柘林可利用良渚柘林遗址、华亭东石塘、古冈身以及华夏钱滩等元素，借华亭东石塘申请国家重点文物保护单位的契机，整体规划，整合挖掘，让传统自然人文与现代产业有机结合，塑造新时代的文旅品牌，与绿色智慧小镇相映生辉。柘林和海湾，古朴与现代，打造南上海特有的文旅体产业板块。

4. 北部数字出版板块

金汇位于黄浦江第一湾，是奉贤通江达海的北源头，毗邻浦东新区、闵行区。近两年，金汇地区经济社会快速发展，非遗陈列馆、元音公园、元音展览馆等一批文化设施投入运营，“东方美谷小镇”建设初具雏形。下阶段，可抓住上海出版印刷高等专科学校迁址金汇的有利契机，早谋划，早定位，利用版专学校艺术设计与影视动漫、印刷工程与包装设计、出版传播与文化管理等专业优势，借鉴“环上大”影视产业园、“环东华”时尚产业园、“环同济”设计产业园等成功经验，积极建设“上海出版传媒融合发展试验区”，全力打造国家级印刷出版园区“南上海出版园”。

5. 中部文化科技板块

中部奉城、青村拥有恒润科技、晨光文具等大型文创企业，可以在强化文化对产业发展的内容支撑和创意提升的同时，加强现代科技在文化创意领域的集成应用，促进文化、创意与科技之间的深度融合。可以借鉴宝山区上海动漫衍生产业园成功经验，以恒润科技（影视制作投资）、晨光文具（产品设计研发）等行业龙头企业为支柱，发挥龙头企业在其行业领域的引领作用，集聚一批产业链上下游企业，在奉贤中部打造文化科技产业园（影视产业城)。同时，利用奉城木雕、青溪古镇、桃源村等人文、历史风貌保护区传统文化元素，结合“文旅小镇”建设，推动文化创意与影视特效制作、动漫原创、虚拟现实体验等现代科技的深度融合，用科技和创意更好地讲述“奉城老镇”“青溪古镇”的故事，提升消费者的现实体验。

## （三）推进重点领域文化产业发展

在此次规划中，除去区域总体规划，具体产业细分领域也有专项发展计划。通过结合奉贤文创产业发展实际，优化文化创意产业结构布局，以重点领域的快速发展助推文化创意产业全面发展。目标打造南上海文化创意产业集聚区，发挥市场在文化资源配置中的积极作用，推动影视、演艺、出版、创意设计等重点领域健康快速发展，加快文化旅游、文化体育等延伸领域融合发展，形成一批主业突出、具有核心竞争力的骨干文化创意企业，推进一批创新示范、辐射带动能力强的文化创意重大项目，建成一批业态集聚、功能提升的文化创意园区，集聚一批创新引领、创意丰富的文化创意人才，构建要素集聚、竞争有序的现代文化市场体系，使文化创意产业成为本区构建新型产业体系的新的增长点、提升城市竞争力的重要增长极。

1. 影视领域

将影视产业作为奉贤文化创意产业发展的着力点，加大对产业载体建设、产业融合发展、产业技术研发创新的支持力度。重点聚焦青村、四团、海湾旅游区、南桥杨王等区域的影视园区建设，积极培育和引进若干技术领先的影视后期制作企业，支持参与国家高新技术企业认定。鼓励与大型影视传媒集团开展项目合作，发挥重大载体带动作用。支持建立影视名人工作室，支持开展影视类赛事、沙龙、论坛等活动，积极营造影视产业发展氛围。

2. 演艺领域

推动九棵树（上海）未来艺术中心建设，培育驻场团队，鼓励发展具有文化旅游特色的演艺产品，打造“南上海的艺术名片”。吸引专业运营团队、演出集团或演出经纪公司落户，支持跨国公司设立地区总部。鼓励签约国际国内艺术院团，支持国内外知名院团和艺术家将原创作品的首演地或交流演出地放在奉贤，为艺术人才提供创作交流平台。支持易安音乐社、来呀音乐等品牌企业发展，支持建立专项艺术门类培训基地，鼓励举办全国性艺术类赛事，吸引国际、国内艺术人才集聚奉贤，营造艺术氛围，扩大“言子杯”品牌赛事影响力，提升“贤文化”软实力。

3. 动漫游戏

培育引进晨之科等大型动漫游戏企业，推动产业链延伸，鼓励成立企业园区，建立动漫游戏平台。结合百联、宝龙、苏宁等大型商圈消费，深挖动漫游戏产业市场发展潜力，活跃动漫游戏及衍生产品消费。鼓励投资建设若干个电竞特色体验馆或国际顶级电竞赛事专业场馆，打造完整生态圈，为国内著名电竞企业落户扎根营造良好环境。

4. 网络文化

把网络文化产业作为驱动奉贤文化创意产业创新发展的新动能，培育新供给、促进新消费，带动传统产业转型升级。支持优秀健康原创网络剧、网络电影、网络音乐、网络演出、网络表演等在奉贤制作发行。鼓励网络文学、网络视听等优势领域企业落户奉贤，着力扶持恒润影视、猎鹰网络等企业发展，解决企业发展中遇到的难点和突出问题。

5. 创意设计

发挥创意设计贯穿于经济社会多行业多领域的特点，强化创意设计的引领和支撑作用，提高创意设计产业整体效益和竞争力，加快实现由“中国制造”向“中国创造”转变。依托晨光文具、水星家纺、邑通道具、恒润科技、易教信息、英科实业、和汇集团、左尚明舍、银桥装饰、美人鱼钓具等企业，做强工业设计，倡导“大工业设计”理念。聚焦东方文化特色的护肤、彩妆产品和环保可降解的护理、洗涤产品，大力发展符合东方文化特质的美丽产业，打造东方美谷美丽健康产业集群。

6. 出版事业

大力发展绿色印刷，加快传统出版印刷产业数字化、自动化转型发展步伐，全面提升出版、印刷整体水平。重点聚焦上海出版印刷高等专科学校迁址金汇，规划建设南上海出版园，积极打造出版传媒融合发展试验区，吸引国内外有影响力的出版传媒集团入驻园区。落实《关于上海市支持实体书店发展的实施意见》，推动本区高校校园实体书店全覆盖，融合大型商圈文化建设，以“嵌入”方式布局到街区、校区、园区、景区中，加快建立布局合理、结构优化、业态多元、充满活力的新型实体书店发展格局。

7. 艺术品

发挥艺术品产业在传承历史文化和推动业态创新中的带动作用，培育建设奉工源、海马路艺术街、南桥源等艺术类文化园区，鼓励汉光陶瓷、紫顶艺术、真境界、大伦实业等艺术品企业发展，支持知名机构、艺术家等携海内外艺术精品来奉办展。借助上海国际纸艺术双年展，打造中国顶级纸艺术作品展示交易平台。支持发展艺术品电子商务，重点培育在线艺术品展示、交易、拍卖、定制等新业态。借助工艺美术学院落户奉贤，建设综合服务于国内外知名工艺美术大师的创作基地，为工艺美术大师提供从设计、制作、开发、销售为一体的产业服务链条，建立起国内工艺美术大师与国际现当代艺术家沟通交流的平台。

8. 文化装备

将实施文化装备产业链布局作为发展先进制造业和新兴战略性产业的组成部分，促进科技在文化创意领域的应用和推广，有效提升文化创意领域技术装备国际化水平。打造晨光文具、恒润科技等企业设计中心，做强文化装备企业，发挥示范带动作用。鼓励邑通道具、沃马道具等企业发展，做大区内道具产业，成立道具行业协会，整合资源，形成产业集聚。

## 四　分类指导，积极培育各类文化主体

文化主体既有企业也有事业单位，既有国有企业也有民营企业，还有混合所有制企业乃至自由职业者。每一种主体的培育方式都不一样，需要分门别类，以不同的方式引导和培养。文化产业发展，离不开文化主体的培育，离不开厘清文化事业和文化产业的区别进行分类指导。奉贤区立足于培育多

元化的文化主体，且针对不同的文化主体给予不同的培育方式，切实做到尊重文化事业、文化产业发展的规律。

### （一）分类分级推进文化园区发展

目标到2020年新增3个以上市级文化创意产业园（楼宇、空间），成功打造8个以上区级文化创意产业园，积极建设培育N个主题突出、特色鲜明的文化创意特色园区。目前以东方美谷产业基地为主的时尚发布和设计展示平台、以杨王文创产业园为主的“影视+匠人”空间、以上海之鱼大酒店为主的会务平台、以传悦坊为主的文化消费平台，以及杨王经济园区、魏晋文创产业园、奉工源、海湾旅游区文创园等文创重点园区都已经逐步开展业务。其中，光线传媒与海湾旅游区签订战略合作协议，“来呀”音乐节在海湾旅游区成功举办，杨王园区启动建设综艺摄影棚。

### （二）加强文化企业培育引进

加强对文创企业的培育与引进，每年新增文创企业30~50家。重点关注业绩突出、成长性好、带动能力强、竞争优势明显的文化创意骨干企业以及大型文化项目，三年内引进骨干企业或上市公司3~5家。2018年已经评审认定上海邑通道具股份有限公司、龙利得包装印刷（上海）有限公司、上海森蜂园蜂业有限公司、上海恒润数字科技有限公司、伽蓝（集团）股份有限公司、上海易教信息科技有限公司、上海英科实业有限公司、上海猎鹰网络有限公司、上海斯尔丽服饰有限公司9家企业为奉贤区第一批文化创意重点企业，积极鼓励文化创意企业快速发展，努力发挥重点文创企业示范、辐射、带动作用。

### （三）推动高校事业单位合作

在国外，文化创意人才队伍建设经常依托当地的大学或相关职业学校进行。如澳大利亚依托昆士兰大学、南澳洲大学，建立了多个文化创意产业园区，从而吸引了一大批文化创意产业人才，有些大学开设的与文化创意产业相关的专业达80多种。这些专业化的人才培养系统成为建设文化创意产业人才队伍的重要支撑。奉贤拥有海湾大学城等丰富的高校合作资源，需要进一步加强区内文创企业、学校、科研机构之间的互动合作，发挥各自优势。鼓励并引导文创企业通过技术咨询与服务、合作开展科技攻关、共建经济实体、共享科技资源以及建立大学生实习基地等多种形式与科研机构、高等院校联合，推动产学研全方位、多层次合作。鼓励高校、科研机构利用学科、专业优势，建立面向行业的公共服务平台，为企业提供专业的共性技术服务。例如与上海应用技术大学人文学院签订《协同创新平台建设合作协议》，充分利用双方资源优势，切实加强区校联动，为文创产业发展提供智力支撑；与上海交通大学媒体与设计学院合作编写《奉贤区文化创意产业发展三年行动计划（2016—2018）》《奉贤区文化创意产业发展地图（2016—2017）》，为奉贤文创产业发展指明方向；与中国电影评论学会微电影研究会联合举办“中国首届公益微电影百校联席研讨会”，促进同高校之间的合作交流。

### （四）引进高层次文化人才

实施“文化创意专家建设工程”，鼓励企业引进、培养文化创意领军人物，鼓励名家、名人在奉贤成立文创机构和工作室。三年内引进具有国际知名度或在国内得到广泛认可的文化创意产业领军人才及文化大师20位。制定“文化基因”工程扶持资金实施意见，加大文化创意人才培育和引进力度，设立一批高层次文化艺术人才工作室和紧缺艺术人才工作室。对引进的高端文化创意人才在入户方面给予特殊支持。探索建立高端人才医疗保障机制，以购买服务形式指定若干家高水平医疗机构，提供便捷、舒适、高端的医疗服务。支持高等院校、科研院所和文化创意企业联合共建人才实训基地。鼓励社会力量参与，培育、引进知名文化创意人才培训机构。鼓励文化创意企业以知识产权、无形资产、技术要素入股等方式，加大对骨干人才的激励力度。推进用人制度改革，推进完善文化人才分类评价。

### （五）政策资金支持

确保财政资金支持，引导社会资本参与。强化政府的政策支持，确保文化创意产业的发展速度与规模。争取市级文创产业发展专项资金不低于1000万元/年，区、镇两级用于扶持文创产业发展的专项资金每年不低于2000万元。目标是确保产业发展规模及增长速度。紧跟上海文化创意产业的发展步伐，奉贤文化创意产业的增加值占奉贤区域GDP的比重呈逐年递增之势，实现奉贤产业结构和经济结构的进一步优化。

## 五　机遇与挑战

### （一）存在的问题

第一，对发展文创产业重要性认识不足。部分街镇对新型的文创产业概念不清，对发展文创产业重要性没有足够认识。不清楚文创是什么、做什么。文创产业和文化事业的分类指导概念还不清晰。

第二，文创专业人才短缺。没有文创人才，文化创意产业发展将成为无源之水。由于公建配套、子女教育、居住环境、政策引导等条件限制，部分企业在吸引文创类大学生就业、聘请设计大师、项目引进等方面缺乏有利条件，出现抢不到人才的困境。

第三，产业基础薄弱、集聚度不高。2006年上海市经委开始推动文化创意产业发展，至今分批为各区授牌“上海创意产业集聚区”共126家，奉贤被列入市级文创园仅有1家，占比为0.79%。仅有的一家市级文创园，目前运作状况也不理想。区级文创园也仅有4家，主要集中在南桥等西部地区，明显地呈现西强东弱的格局。龙头企业较少，业态布局散，导致文创产业发展重点不清晰。

第四，原创性成果少、知识产权保护不力。自创品牌在奉贤区文化创意产业集聚区极为稀缺。缺乏原创性是奉贤区文化创意产业集聚区建设的一大障碍，加之不同类型市场渠道对营销策略的要求不同，盗版和仿制等侵犯知识产权的行为普遍存在，阻碍了文化创意成果的转化、推广与价值实现。

### （二）发展的机遇

第一，融入长三角一体化发展的机遇。奉贤作为长三角一体化发展中重要一员，结合自身特色，立足上海南部中心城市的定位和地理优势，以更高站位、更宽视野，加快长三角产业联动，加强合作分工，形成产业集群和创新集群。利用奉贤民营企业集中度高、活力强的特点，从产业、城市、生态、人文方面，发挥文创产业最大效益，打造高含金量的南上海文创产业集聚区。

第二，打响四大品牌带来的机遇。文创产业与打响上海四大品牌密切相关。“上海文化”品牌重在展现标识度，激发上海文化的创新创造活力，提升文化原创力和影响力，整合文化活动资源形成集束效应，集聚一批文化领军人才，高水平、高标准规划建设好城市文化地标。奉贤充分用好贤文化、红色文化、江南文化、海洋文化等文化资源，以现有文创产业园等特色文创产业平台，做强做大文创产业，建设南上海文创产业高地，促进文创产业高质量发展。

第三，把握区位优势和产业结构调整转型发展的契机。随着奉贤新城深入发展，奉贤的区位优势逐渐显现，高速公路、BRT、越江隧道和轨道交通先后贯通，奉贤到市中心的路网连接日益紧密。国家沿海发展战略的进一步实施，奉贤作为沿海大通道组成部分的区位优势正进一步凸显。同时产业结构调整转型发展带来了机遇。大数据、人工智能等新一轮科技革命对文化创意产业将产生巨大影响。新技术为整个文化创意行业带来了不可想象的变化，达到前所未有的丰富性和多样性。

## 六 发展思考与建议

2017 年，奉贤区文化创意产业发展跨出了重要一步，特别是东方美谷建设得到了市委、市政府高度重视和大力支持，城市博物馆、九棵树（上海）未来艺术中心、“南桥源”等公文化设施项目启动建设，十字水街、田字绿廊、百座公园的城市生态布局有序推进，奉贤区美丽健康、智能装备、新能源、创意设计的产业定位愈发清晰，市级层面提出的《关于推进上海美丽健康产业发展的若干意见》《关于加快文化创意产业创新发展的若干意见》等重大政策文件陆续出台，也为奉贤文化创意产业迎来快速发展机遇期。酝酿多年打造的“上海之鱼”主题工程与系列配套工程，奉贤区整个城市功能的能级在2017年会有一个巨大的跨越和提升。伴随地铁通车，大量文化设施如九棵树（上海）未来艺术中心、奉贤城市博物馆以及美丽健康产业振兴带来的人口导入，国际级城市规划初露真容等多项利好汇聚于2018年，奉贤区筹备多年的转型升级战略机遇期正在逐次拉开帷幕，实现“跨越式”发展的目标指日可待。下一阶段要重点强化政策、平台和人才三个“支点”，区级层面加强文创政策统筹，打造一些专业的研究、设计和孵化机构，并依托市场化平台，积极引进专业化资源，招聘专业人士，会聚各方人才，组建并做强奉贤文化产业的专家人才队伍，提高文化产业招商引资和项目落地的能级水平。具体可以从以下三个方面着手。

### （一）进一步打造东方美谷文创产业基地

集聚美丽产业，依托东方美谷产业集聚优势，建设集“研发设计、智能制造、检验检测、展示体验、平台交易”于一体的美丽健康全产业链，并建立全国美容化妆品体验推广销售基地，打造“化妆品奥特莱斯”。以“文化共生”丰富美丽产业的内涵，进一步打造以美容、养生、设计、时尚等为重点的文创产业集聚区，使之成为最前沿的展示发布中心、最迅捷的营销体验中心、最权威的品牌集聚中心。将东方美谷文创产业基地周边及辐射范围内的环境设计成赏心悦目的花海、错落有致的园林、精致优雅的建筑群和雕塑群。

### （二）规划“九棵树（上海）未来艺术中心”文化演艺产业园

依托“九棵树（上海）未来艺术中心”的建设，结合奉贤新城核心区域功能设施配套，集聚以演艺产业为主的文创资源，进一步打造都市演艺产业集聚区。可通过引进国际知名演艺大师和团队，打造高端智能化的演艺视觉盛宴，满足高层次市民对高雅艺术产品和艺术娱乐欣赏消费的需求，提升现代都市品味。可借鉴迪斯尼《狮子王》舞台音乐剧或悉尼歌剧院驻场演出等形式，做大做强各具特色的驻场品牌，发挥名剧名篇独特优势，让上海乃至全国的百姓一提起这个品牌就想到奉贤、想到“九棵树”。借鉴国际著名歌剧院布局形式，将“九棵树（上海）未来艺术中心”打造成几个片区，规划不同定位的主厅、副厅、大中小型剧院、演出厅和附属设施等，通过举办多元素的艺术展演、会演、艺术品展览等，满足不同层次民众的文化欣赏和消费需求，增强文化产业发展源动力，向世人呈现奉贤元素、讲述奉贤故事。

### （三）规划开发“南桥源”

将“南桥源”打造成南桥老城区新中心，连线成片，即文化中心、邻里中心、生活中心，使文化创意生活化。打造文化中心，让市民百姓有文化体验点，可依托鼎丰酱园旧址等进行改造，梳理现存文脉（沈家花园、奉贤中学即“耀蝉学校”原址、南桥天主堂、卜罗德祠、佛阁老街等），联合浦南运河“十字水街”创意产业带，打造非遗文化展示、体验、互动、传承中心，并通过叠加创意元素，推进传统文化创意产业集聚。打造邻里中心，让市民百姓有生活服务点，把资源向基层聚集和配置，助推新老城区有机更新、联动发展，将原老年大学改建成为邻里中心，与周边社区事务受理中心、社区医疗卫生中心、新社区老年大学等进行资源联动，为市民百姓办事提供“一站式”连轴服务，同时融入区域特色文化元素，提供特色文化参观、文化展演交流、非遗动态展示等平台，增强市民百姓的获得感。打造生活中心，让市民百姓有文化娱乐点，结合周边解放路、人民路商业带、南桥电影院、原古华商城等配套设施，依托运河北路老厂房改建成为奉贤历史和民族文化展览展示中心，打造一片有历史传承、有城市温度、有商业活力的复合型人文社区，提升市民百姓享受美好生活的幸福感。

## 七 总结

2017 年是布局与开局之年，奉贤区聚焦比较优势，打响“四大品牌”，提升城市能级和核心竞争力无疑是具有远见卓识的区域发展定位。通过三年文创产业的行动，聚焦城市空间更新，打响特色品牌，进一步推动产业、城市、文化融合发展，打造区域文化品质新高地，凝聚全区之力完成以下四个主要任务。

### （一）推进城市空间更新

奉贤区具有独特的地理区位优势。充分发挥长三角沿海经济发展走廊关键节点的作用，主动服务长三角更高质量一体化发展的大局。立足奉贤特色，进一步完善“1 +4”产业园区布局。优化东方美谷核心区、工业综合开发区、临港奉贤园区、化工奉贤分区、奉城工业园区等的布局工作。提升东部地区城镇化水平，加大产业结构调整力度。提高土地利用效率，争创全国生态园林城区。

### （二）推动产业、城市、文化融合发展

基于南上海中心城市的定位，聚焦东方美谷的全域之美，高标准编制实施城市总体规划。构建“十字水街、田字绿廊，九宫格里看天下，一朝梦回五千年”的城市意象。提升城市服务水平，坚持以人民为中心，把群众的获得感、幸福感作为城市发展的根本追求。打响东方美谷品牌，建设东方美谷小镇、大道、核心区、产业园等，整合总部经济、文化、创意、旅游休闲、电子商务、奢侈品等跨界产业，将东方美谷打造成靓丽的城市名片、文化名片。

### （三）扎实推进中小企业科创区建设

主动承接张江、临港、漕河泾、市化工区等溢出效应，加快先进制造业重要承载区、上海大健康产业先行先试核心承载区、南上海文化创意产业集聚区建设，使奉贤区成为“上海制造”品牌产品的重要原产、品牌企业的集聚地、品牌保护的安全地、品牌价值的总量高地。

## （四）深入推进乡村振兴

立足乡村振兴主战场，注重规划为先，着力在“塑形”“铸魂”上做文章，精心设计一草一木，体现江南韵味、水乡特色。遵循乡村自身发展规律。打响一批名优特农产品品牌，变绿色为效益。加大退渔还水、轮作休耕力度，构建绿色循环发展的农业产业体系。力争三年内实现农民资产性收入翻番，成为全市农民增收最快、拥有资产最多的区之一。

## （五）打造区域文化品质新高地

坚持顶层设计，强化规划引领。统筹用好红色文化、江南文化、海派文化。梳理提炼历史文化遗存，讲好精彩故事和美丽传说。完善文化基础设施建设，建成九棵树（上海）未来艺术中心、城市博物馆等城市文化新地标。同时，促进文化产业高质量发展，加快建设南上海文化创意产业集聚区，积极培育文化创意产业园等特色文创产业平台。做强做大演艺产业，建设南上海演艺高地。开展全区域内的“美育”工程，加强美学教育和训练，激发全社会形成高品质审美氛围，推动区域文化软实力的提升。

## （六）总结

站在新时代的起点上，整个奉贤区迎来了一次提升城市能级、提升整体竞争力、“跨越式”发展的重大战略机遇期。大量对标国际一流的市政交通基础设施建设、社会公共服务设施建设、文化商业旅游配套设施建设多头并进，多箭齐发。在 2017 年和 2018 年已经初露端倪，一幅美好的画卷已经在逐次铺开。当此之时，奉贤区结合自身实际，提出以现有资源为背景的良好预期，做强做大文化产业，打造南上海文化产业新高地可以说恰逢其时。众多演艺明星纷纷在奉贤开设工作室，文化产业企业落户奉贤开展业务。我们有理由期待，伴随着工作的开展，2019 年整个奉贤的文化产业发展将会更加的健康、迅速、令人鼓舞。

# Abstract

2018 is the 40th anniversary of China's reform and opening, the first year for Shanghai to fully implement the spirit of the Nineteenth National Congress of the Party, the key year for the 13th Five-Year Plan to connect the past and the next, and the most complex and changeable year for the international political and economic situation. Under the background of Shanghai's full recommendation of "Four Brands" construction and the successful holding of the first China International Import Exposition, Fengxian adheres to the general tone of "striving for progress in stability", closely centers on the strategic objective of "the beautiful and powerful Fengxian", adheres to the new development concept, and achieves the goal of sustained high-quality economic development. In the first three quarters of 2018, Fengxian District's economic operation maintained an overall stable, stable and better development trend. This book deconstructs Fengxian's economy from the perspectives of agriculture, industry, service industry, fixed assets investment, consumer goods market, foreign economic situation, financial situation and real estate development situation. At the same time, it makes a detailed thematic analysis on the characteristic industries of Fengxian District, such as beautiful and healthy industry, modern urban agriculture, cultural industry, and the construction of Fengxian SMEs' science and technology innovation vitality zone, the transformation path of Fengxian Economic Park, and the development of Fengxian's urbanization in the past ten years. The whole book is divided into one general report, eight analysis, research and judgment, and eight thematic studies. It reviews and summarizes the economic operation of Fengxian District from different angles, and puts forward corresponding analysis and judgment.

Firstly, this report analyses the general situation of Fengxian District's economic operation in the first three quarters of 2018, and finds that there are three main characteristics of Fengxian's economic development in 2018: Sustained and steady economic growth and remarkable performance of industrial growth; Demand growth slows down and investment growth is full of momentum; Income level is rising steadily and people's livelihood is booming. According to the internal and external economic situation, it is predicted that the economic performance of Fengxian District will maintain medium and high growth rate in 2019, and the growth rate will be the same as that of the whole city. In the long run, with the gradual improvement of the trade environment, Fengxian District's economic growth is expected to achieve higher growth rate than that of the whole city.

Secondly, this report analyses and judges the economic development of Fengxian District from the angles of production, expenditure and income. The research shows that from the production point of view, the structure of the three industries in Fengxian District in 2018 is still dominated by industry, the volume and efficiency have been improved, and the momentum of industrial development is strong. Agricultural production structure has been continuously optimized, but the proportion of service industry has declined slightly due to the downturn of the real estate and financial markets in China this year; From the perspective of expenditure, the industrial structure of fixed assets investment is constantly optimized, the growth rate of consumer goods market is slowing down, the consumption structure is changing, the trade structure is continuously optimized, and the import growth is rapid; From the perspective of income, fiscal revenue and tax revenue have maintained a high growth rate, land financial dependence is more serious, financial expenditure is further inclined to the livelihood of the people, real estate investment is still vigorous, but the financing environment continues to shrink.

Thirdly, this report makes a detailed analysis and summary of the typical highlights of economic development in Fengxian District. Beautiful and healthy industry, one of the most distinctive industries in Fengxian District, plays a leading role in Fengxian's overall economy under the background of the improvement of residents' income level and the change of consumption concept, as well as the sustained and steady growth of cosmetics retail market in China. The construction of Haiwan Town in Fengxian District with sport and leisure characteristics and modern urban agriculture is in the process of rapid planning and creation. Fengxian Cultural Brand, which takes "virtuous culture" as its core, is gradually releasing its power to help Shanghai's cultural brand construction with the help of the construction of various large-scale cultural carriers in Fengxian New Town.

Finally, this report reviews and prospects some of Fengxian District's economic construction and industrial transformation. From the perspective of Fengxian small and medium-sized enterprises' construction of science and technology innovation vitality zone, at present, the construction of vitality zone has achieved certain results. Science and technology innovation resources are constantly gathering. But the future still needs to be precisely positioned, improve and optimize the existing system environment of science and technology innovation; From the perspective of Fengxian Economic Park's transformation, the pace of Fengxian Economic Park's transformation began to accelerate gradually with the opportunity of formal approval of comprehensive bonded zone and around the keynote of "1 + 1 + X" economic park's transformation. However, in the process of transformation, attention should be paid to respecting market rules and actively exploiting market potential. From the development course of Fengxian's urbanization in the past ten years, Fengxian's urbanization construction with Fengxian New Town as the core is accelerating. In 2018, the new positioning of "Shanghai Southern Central City" and "Comprehensive Node City with Radiation-driven Role in the Yangtze River Delta Urban Agglomeration" put forward higher requirements for Fengxian's urbanization development. From the ecological construction situation of Fengxian District, through a series of construction in recent years, such as "Beautiful Street Group, Uniform Water and Sky, and Beautiful House Foundation", the results are remarkable, which lays the foundation for Fengxian District to launch the ecological brand, and provides the guarantee for Fengxian District's economic development. In the future, we can further deepen the effect of Fengxian's ecological construction from the aspects of beautiful countryside construction and the implementation of action to inherit and protect characteristic culture.

**Keywords**: Fengxian Economic; High-quality development; Brand Building

# Contents

## I General Report

B. 1 Economy of Shanghai Fengxian: Analysis and Forecast (2019)

*Zhu Pingfang, Di Junpeng* / 001

**Abstract**: The economic development of Fengxian in 2018 generally presents three characteristics: the economy continues to grow steadily and industrial growth is very fast, demand growth shows slower and the power of investment growth is strong, income level increases steadily and people's livelihood improves greatly. Combined with the internal and external macroeconomic situation, it is expected to achieve a fast growth rate in 2019, and the rate is similar to that of total Shanghai. But in the long term, as the improvement gradually of trade environment, the economic growth of Fengxian is expected to achieve a higher rate than that of Shanghai. In the face of the complex and volatile international political and economic background, Fengxian needs to seize many opportunities such as industrial upgrading, agglomeration of scientific and technological innovation, renewal of urban space and development of cultural industry. At the same time, Fengxian guard against the escalation of Sino-US trade frictions, consumption upgrading and serious dependence on land finance. In order to achieve high-quality economic development, it is suggested that Fengxian could rely on "China International Import Expo" to broadcast "Oriental Beauty Valley" and "Xian Culture". What's more, Fengxian should better to follow the forefront of Science and Technology, and increase support for innovation. Lastly, it is very important to improve the business environment and promote the settlement of good quality projects.

**Keywords**: Fengxian Economy; Innovation and Development; Orential Beauty Valley

# Ⅱ Aanlytical Study

B. 2 Analysis and Judgement of Agricultural Economic Situation in Fengxian District in 2018 -2019 Years

*Zhang Pengfei*, *Chen Rong* / 018

**Abstract**: The issue of "agriculture, countryside and farmers" has always been the top priority of the Party's work, and the nineteenth National Congress report also clearly put forward the strategy of rural revitalization, combined with the strategic goal of "Fengxian Mei Fengxian Qiang" . Fengxian agricultural structure has been continuously optimized in recent years, with the green quality and benefit agriculture continuously developed. Farmers'income has increased steadily, and the income gap between urban and rural areas has been widened but the growth rate slowed down. The education level of rural labor force has been improved significantly on the whole, and the rural ecological construction and various reforms were progressing smoothly. In 2019, Fengxian will pay more attention to the completion of supporting measures for rural revitalization, the integration and development of rural primary, secondary and tertiary industries, the brand building of agricultural products, the further deepening of the "three-piece land" reform, the strengthening of rural collective "three-capital" management, the expansion and strengthening of the "100 villages" model, and the sustainable growth of farmers'income.

**Keywords**: Fengxian's Agricultural; Structure Optimization; Income Growth; Ecological Improvement

B. 3 Industrial Economy of Shanghai Fengxian: Analysis and Forecast (2018 -2019) *Wang Yongshui* / 032

**Abstract**: Fengxian district is aim to be the supporting zone of Shanghai advanced manufacturing industry. The industrial economy in Fengxian performs well as a number of structural indicators improve significantly. The output as well as added value in Fengxian industrial sector rising steadily. As the same time, the added-value tax and the rate of profit from main operation increase year by year, the industrial energy consumption also increase sharply. However we need to pay more attention on the energy consumption efficiency in Fengxian industrial sector. In addition, as the "Capital of Chinese Cosmetics" located in Fengxian, the industrial firm will benefit more from the Oriental Beauty Valley.

**Keywords**: Shanghai Fengxian; Industrial Economy; The Oriental Beauty Valley

B. 4 Service Industry of Shanghai Fengxian: Analysis and Forecast (2018 -2019) *Ji Yuanyuan*, *Mei Han* / 054

**Abstract**: In 2018, the added value of the service industry in Fengxian continued to increase, the economic volume increased rapidly, and the economic quality continued to improve, which promoted the economic to transform and upgrade. From January to June in 2018, the added value of the service industry is 18. 435 billion yuan, increase of 5. 5% by year over year, accounting for 44. 70% of the total industry, an increase of 0. 2 percentage points over 2017. From January to August, the tax revenue of service industry is 15. 448 billion yuan, an increase of 22. 5% by year over year, accounting for 41. 22% of the total industry, which was lower than last year. This was mainly due to the sharp decline of tax revenue in real estate. The investment in fixed assets of service industry was 19. 683 billion yuan, an increase of 14. 8% by year over year, accounting for more than 50% of the whole industry, up to 73.69%. From the perspective of segmentation industry, the wholesale and retail industry has grown steadily, the sales volume in the real estate market has shrunk dramatically, and the transaction volume in the securities market has fallen sharply. It is expected that in 2019, the trading market will continue to increase, the real estate market will gradually warm up after adjustment, and the financial market will continue to decline.

**Keywords**: Service Industry; Transformation and Upgrading; Wholesale and Retail; Real Estate Market; Financial Market

B.5 Analysis and Forecast of Fengxian's Fixed Assets Investment in 2018 -2019 *He Xiongjiu* / 079

**Abstract**: This report mainly researches on Fengxian's fixed assets investment, which analyzes its development history from the aspects of growth rate, structure change and differences with the other Shanghai suburbs during 2007 to 2017. It finds out that during this period, the structure of fixed assets investment in Fengxian was continuously optimized but still imperfect, also the investment was overly dependent on real estate. Further, this report discusses the situation of fixed assets investment in Fengxian District from January to September in 2018, using structural analysis and horizontal comparison as main methods. After comprehensive research, the article argues that based on the needs of economic structure optimization, as well as the strong support of the district's key projects, it is expected that the fixed assets investment in Fengxian will maintain steady growth, and the infrastructure level in the region will be further improved, which finally support the higher development quality of Fengxian's economy.

**Keywords**: Fixed Asset Investment; Industrial Structure; Major Project

## B. 6 Consumer Markets of Shanghai Fengxian: Analysis and Forecast (2018 -2019)

*Di Junpeng, Song Minlan* / 100

**Abstract**: Based on the analysis of historical data, market environment and relevant policies of consumer goods market in Fengxian District, we have made a quantitative analysis of the structure and growth rate of consumer goods market in Fengxian from 2018 to 2019, and made a qualitative analysis of the service and quality of consumer goods market. At the same time, we make a qualitative analysis of the service and quality of consumer goods market. In addition, we have analyzed the important development of emerging industries such as network sales, e-commerce platform and new consumption in Fengxian District. The results show that social consumption has the following characteristics: the retail industry is growing steadily, the e-commerce market has entered a period of adjustment, and the development speed of sales mode based on the network has decreased; the driving effect of automobile and petroleum products on consumption is significant; and the consumption structure of Fengxian District is changing from satisfying the basic needs of life to pursuing comfort and individualization.

**Keywords**: Consumer Goods Market; Consumption Structure; Period of Adjustment

## B. 7 External Economy of Shanghai Fengxian: Analysis and Forecast (2018 -2019)

*Li Shiqi, Zhu Jiamei* / 120

**Abstract**: In 2018, Fengxian has an outstanding performance in foreign trade, in the first eight months, the import and export value of Shanghai Fengxian was 58. 95 billion yuan which accounted for 2. 67% of the total value of Shanghai's foreign trade, with the export value of 32. 96 billion yuan, up 12. 4%, and the import value of 25. 99 billion yuan, up 34. 9%. However, Fengxian's performance in both attracting and implementing FDI is modest. In the first three quarters of 2018, the contract amount of FDI was $ 600 million, down 6.1%, the actual amount in place of FDI was $ 190 million, down 2.7%. Overall, the external economic situation of fengxian in 2018 is mixed. It is expected that the foreign economic development of Fengxian in 2019 still faces greater external uncertainties, but the deepening construction of Shanghai Oriental beauty valley and the successful holding of China International Import Expo will bring more opportunities.

**Keywords**: External Economy; Trade in Goods; Trade in Services; FDI

B.8 Government Finance of Shanghai Fengxian: Analysis and Forecast (2018 -2019) *Xie Junming* / 143

**Abstract**: Finance, as an important means for the government to allocate social resources and regulate economic activities, is the key guarantee for the smooth operation of government functions. It is also an important source of funds for the government to build public infrastructure, develop science, education, culture and health. It has a vital impact on promoting the improvement of people's living standards. After the rapid growth since the reform and opening up, China's economy gradually enters the "new normal". In addition, the trade war between China and USA will impact the whole economy, it will be hard for the enterprises to develop or even survive, the impact will certainly be transmitted to the government's fiscal revenue through tax, therefore, The amount and stability of the future financial revenue of fengxian will be impact. This paper will make a detailed analysis of the financial status and situation of fengxian district based on the financial data released by the bureau of statistics as of September 2018 and several field surveys, and then discuss the future fiscal reform measures and development direction of fengxian district.

**Keywords**: Fengxian; Financial Revenue; Financial Expenditure; Revenue Growth Point

B. 9 Real Estate of Shanghai Fengxian: Analysis and Forecast (2018 -2019) *Xie Ruoqing* / 163

**Abstract**: In 2018, Real estate market of Fengxian district insists that "the house is used to live, not to fry", and strictly implements macroeconomic regulation, and continues to accelerate the establishment of a housing system that includes multi-subject supply, multi-channel support and promoting renting and purchase simultaneously, which establish a long-term mechanism. During 2017 to 2018, Real estate development investment in Fengxian district continues to grow, and real estate construction operation scale slightly increased. But the sales area of commercial housing shrinks, and the contraction of commercial housing sales continues to expand, especially the non-ordinary housing. Financing environment of Fengxian real estate market continues to tighten, in which self-raised funds account for the largest proportion of financing, followed by domestic loans, and personal mortgage loans decline significantly. This paper can forecast that financing environment of Fengxian real estate market will tighten in 2019 under the theme of "control risk", and commercial housing sales will increase after a period of contraction. In the short term, the real estate market in Fengxian district is still in a period of rational adjustment. However, in the long run, the real estate market in Fengxian district shows an overall trend of growth.

**Keywords**: Real Estate Market; Macroeconomic Regulation; Housing System

## Ⅲ Special Topics

B. 10 A follow-up study on the Fengxian Technological Innovation Zone for Small and Medium-Sized Enterprises

*Wang Yongshui*, *Du Xuefeng* / 187

**Abstract**: The construction of Technological Innovation Zone for Small and

Medium-Sized Enterprises in Fengxian follows its own endowment in the Shanghai economy. This zone is aim to serve Shanghai for building the world influential technological innovation center, it is also a necessary choice of the supporting zone of advanced manufacturing in Shanghai. For the following purpose, a series of important policies was introduced in the recent years which create a good innovation environment for the technological innovation of small and Medium - Sized Enterprises. Up to now, it receives many achievements such as the number of high technology enterprise as well as technology business incubators increased year by year. Meanwhile the number of technology enterprises and the human resources gather gradually. In the future, Fengxian must continue to improve its own innovation environment for the technological innovation of small and Medium - Sized Enterprises and gather talents as far as possible.

**Keywords**: Fengxian; Small and Medium-Sized Enterprises; Technological Innovation Zone

B. 11 The Thought and Countermeasure Research of Fengxian Beauty and Health Industry to Become Bigger and Stronger

*Zhu Jiamei*, *Hua Xiaoling*, *Li Shiqi* / 206

**Abstract**: The concept of "beautiful China" and "healthy China" has been put forward in the 19th CPC national congress, and the beauty and health industry has been included in Shanghai's "13th five-year" industrial development special plan. The Fengxian district committee and district government has fully implemented the party's 19th congress spirit, actively responded to the appeal by the municipal party committee and municipal government, in accordance with the requirements for advancing supply side structural reform, based on regional development practice, taken a long view in the future, put forward the beautiful and health industry as the key industry to build the "Oriental beauty valley" . In the future, "Oriental beauty valley" will be the "silicon valley" of the Oriental beauty and health industry, and will also become the artery of South Shanghai industry. Standing in the east of the world, it will bear the glory and dreams of China's beautiful health industry and Fengxian innovative and transformational development.

**Keywords**: Beautiful and Health Industry; Oriental Beauty Valley; Innovation Transformation

B. 12 Exploration on Transformational Development of Shanghai Fengxian Economic Zone: Take Comprehensive Free Trade Zone as an Example *Xie Ruoqing*, *Zhang Miao* / 221

**Abstract**: With the economy entering a new normal, Secretary-general Xi Jinping stressed in the report of the 19th National Congress of the Communist Party of China on accelerating the development of advanced manufacturing, cultivating new growth points, forming new driving forces, supporting the optimization and upgrading of traditional industries and accelerating the development of modern service industry. Based on the economic zones, Fengxian district of Shanghai cultivates potential growth enterprises, promotes industrial concentration, takes the biological technological zone as the carrier, and focuses on the development of biological medicine and new energy industry. Fengxian vigorously promotes the beauty and health industry and create the "Oriental Beauty Valley" . Centering on the technological transformation and industrial upgrading of Shanghai industrial comprehensive development zone and Jianghai economic zone, Fengxian district promotes the transformation of traditional industries to strategic emerging industries and high-tech industries, and provides necessary support and supporting services for the development of advanced manufacturing industries within and outside the region. On April 18th 2018, Shanghai Minhang Export Processing Zone transfers to the Comprehensive Free Trade Zone, which meets the needs of the transformation and upgrading of the manufacturing industry and the development of strategic emerging industries, and also provides good support and platform for fengxian district to become an important window and channel for international economic and trade. This paper takes Comprehensive Free Trade Zone as an example, to explore the transformation path of Shanghai Fengxian economic zone.

**Keywords**: Economic Zone; Transformation and Upgrading; Comprehensive Free Trade Zone

## B. 13 Ten Years Urbanization Development and Prospect of Fengxian New City

*Fengxian District Party School Research Group* / 235

**Abstract**: Since Fengxian was listed as the third batch of national new-type urbanization comprehensive trial area in 2016, the pace of urbanization construction continued to accelerate, and the level of urban-rural coordination has been further improved. The urbanization centered on Fengxian New City has reached a new height. Established in 2008, Fengxian New City has gone through 10 years, and witnessed the stage and pace of the development of Fengxian's new-type urbanization. In January 2018, "Shanghai Master Plan (2017 – 2035)" positioned Fengxian as a central city in southern Shanghai and a comprehensive service-oriented core city on the north bank of Hangzhou Bay, which put forward higher requirements for the development of Fengxian urbanization. In the new stage of new-type urbanization, Fengxian stands at a new height of development, facing new challenges and new requirements. At the same time, full of new opportunities and impetus exist, grasping the pace of deepening urban-rural coordination, orderly promoting the urbanization construction plan and actively implementing the important path of innovative transformation have become new topics of Fengxian's deep and sustainable development.

**Keywords**: Fengxian New City; Urbanization; Urban-Rural Coordination

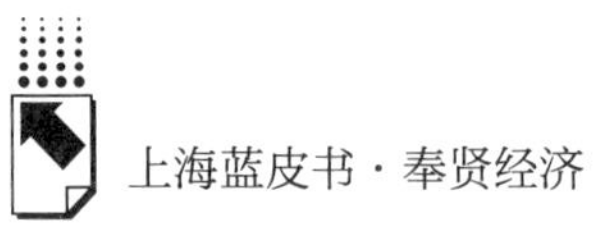


## B. 14　Research on the Establishment and Development of Sports and Leisure Town in Haiwan Town, Fengxian District

*Wu Kangjun*, *Fu Kaibao* / 251

**Abstract**: Based on the results of many field visits and investigations, this paper makes an analysis and study on the establishment orientation and development planning, background and resource base, construction status quo of the Gulf Sports and Leisure Town, and summarizes the bottleneck factors in the construction of the Gulf Sports and Leisure Town. On this basis, it puts forward the problems that should be avoided, the construction paths and countermeasures in the construction of small towns with sports and leisure characteristics in Haiwan Town of Fengxian District. It is believed that through hard work, the town of Bay Town can be transformed into a sports and leisure town with distinctive sports characteristics, strong cultural atmosphere, industrial agglomeration, good ecological environment and benefiting people's health. It will definitely add a colorful touch to the new urbanization.

**Keywords**: Characteristic Town; Haiwan Town; Sports and Leisure Town

## B. 15　The Future Development Path of Modern Urban Agriculture in Fengxian

*Zhang Pengfei*, *Chen Rong* / 264

**Abstract**: Based on the development histories and experiences of urban agriculture in developed countries such as Europe, America and Japan, this paper judges that Fengxian's urban agriculture is still in its infancy, and the development of urban agriculture plays an important role in solving the problem of shortage of agricultural labor supply and buffering the impact of agricultural land reduction on agriculture. The rising of per capita income level and age structure of urban residents in Shanghai have provided a broad market space for the future development of urban agriculture in Fengxian. However, Fengxian urban agriculture is still in a weak position in terms of technology content, specialization and brand. It is necessary to strengthen policy guidance, technical support and social propaganda to promote the continuous development of Fengxian urban agriculture and enhance the vitality of Fengxian agricultural development.

**Keywords**: Modern Urban Agriculture; Brand; Talent Cultivation

B. 16 Research on the Development of Ecological Construction in Fengxian *Ji Yuanyuan*, *Mei Han* / 280

**Abstract**: The Fengxian Government fully implements the spirit of the 19th National Congress of the Communist Party of China, and implements the five major development concepts of Xi Jinping's new era of socialism with Chinese characteristics, that is innovation, coordination, greenness, openness, and sharing, to enhance Fengxian's own environmental advantages. The quality of the ecological environment laid the foundation for the Fengxian to launch an eco-brand, and achieved the strategic goal of "Beautiful Fengxian, Strong Fengxian" in the new era. In recent years, Fengxian's ecological construction environment has developed rapidly, and a series of constructions such as "Beautiful Street Group, Water and Sky, and Beautiful Homestead" have been formed. The basic pattern has been formed, and have been achieved remarkable results, which has accelerated the environmental construction of the whole district. It provides guarantee for the economic development of Fengxian.

**Keywords**: Ecological Environment; Beautiful Street Group; Beautiful Homestead; Economic Development

## B. 17 Layout of Southern Shanghai Cultural Industry Cluster to Developing Shanghai Cultural Brand

*Shao Xiaochong, Zhu Jiamei* / 296

**Abstract**: Fengxian District put forward a series of documents, such as the Three-year Plan of Action for Cultural and Creative Industries in Fengxian District of Shanghai, and the Opinions on Accelerating the Innovative Development of Cultural and Creative Industries in Fengxian District in 2017 –2018. The Fengxian New Town under construction focuses on seven major areas: Fengpu Avenue, Tianzi Green Corridor, Cross Water Street, Shanghai Fish, Central Ecological Forest Land, Urban Renewal of Nan Qiaoyuan and Development of Rail Transit Station. In 2017, the new town will start 78 projects, 20 of which are major projects. The energy level of the whole city will have a huge leap forward and upgrade from 2017. With the opening of the subway, a large number of cultural facilities such as the Jiukeshu Future Art Center, the Fengxian Museum, the introduction of the population brought about by the revitalization of the industry, and the emergence of international urban planning, the strategic opportunity period of transformation and upgrading waiting for many years is beginning. At this time, the Fengxian District Committee and the district government put forward the strategic goal of adhering to the strong cultural zone, vigorously promoting the soft power of "virtuous culture" and striving to revitalize the cultural industry cluster in South Shanghai. With the unique and profound cultural background of Jiangnan in Fengxian District, as well as the inheritance of red culture and the new style of Shanghai-style culture, Shanghai actively contributes to the construction of "four brands" in Shanghai, especially the construction of "cultural brands", with a view to speeding up the transformation and upgrading of the industrial level and enhancing the comprehensive strength of Fengxian,

**Keywords**: Fengxian Culture Industry; Culture Soft Power; Cultural Brand

## ✤ 皮书起源 ✤

“皮书”起源于十七、十八世纪的英国，主要指官方或社会组织正式发表的重要文件或报告，多以“白皮书”命名。在中国，“皮书”这一概念被社会广泛接受，并被成功运作、发展成为一种全新的出版形态，则源于中国社会科学院社会科学文献出版社。

## ✤ 皮书定义 ✤

皮书是对中国与世界发展状况和热点问题进行年度监测，以专业的角度、专家的视野和实证研究方法，针对某一领域或区域现状与发展态势展开分析和预测，具备原创性、实证性、专业性、连续性、前沿性、时效性等特点的公开出版物，由一系列权威研究报告组成。

## ✤ 皮书作者 ✤

皮书系列的作者以中国社会科学院、著名高校、地方社会科学院的研究人员为主，多为国内一流研究机构的权威专家学者，他们的看法和观点代表了学界对中国与世界的现实和未来最高水平的解读与分析。

## ✤ 皮书荣誉 ✤

皮书系列已成为社会科学文献出版社的著名图书品牌和中国社会科学院的知名学术品牌。2016 年，皮书系列正式列入“十三五”国家重点出版规划项目；2013~2019 年，重点皮书列入中国社会科学院承担的国家哲学社会科学创新工程项目；2019 年，64 种院外皮书使用“中国社会科学院创新工程学术出版项目”标识。

# 中国皮书网

（网址：www.pishu.cn）

发布皮书研创资讯，传播皮书精彩内容

引领皮书出版潮流，打造皮书服务平台

## 栏目设置

关于皮书：何谓皮书、皮书分类、皮书大事记、皮书荣誉、皮书出版第一人、皮书编辑部

最新资讯：通知公告、新闻动态、媒体聚焦、网站专题、视频直播、下载专区

皮书研创：皮书规范、皮书选题、皮书出版、皮书研究、研创团队

皮书评奖评价：指标体系、皮书评价、皮书评奖

互动专区：皮书说、社科数托邦、皮书微博、留言板

## 所获荣誉

2008 年、2011 年，中国皮书网均在全国新闻出版业网站荣誉评选中获得“最具商业价值网站”称号；

2012 年，获得“出版业网站百强”称号。

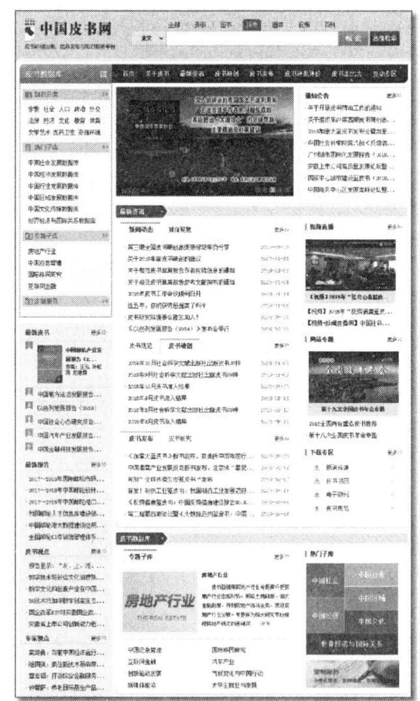


## 网库合一

2014 年，中国皮书网与皮书数据库端口合一，实现资源共享。

## 中国社会发展数据库（下设 12 个子库）

全面整合国内外中国社会发展研究成果，汇聚独家统计数据、深度分析报告，涉及社会、人口、政治、教育、法律等 12 个领域，为了解中国社会发展动态、跟踪社会核心热点、分析社会发展趋势提供一站式资源搜索和数据分析与挖掘服务。

## 中国经济发展数据库（下设 12 个子库）

基于"皮书系列"中涉及中国经济发展的研究资料构建，内容涵盖宏观经济、农业经济、工业经济、产业经济等 12 个重点经济领域，为实时掌控经济运行态势、把握经济发展规律、洞察经济形势、进行经济决策提供参考和依据。

## 中国行业发展数据库（下设 17 个子库）

以中国国民经济行业分类为依据，覆盖金融业、旅游、医疗卫生、交通运输、能源矿产等 100 多个行业，跟踪分析国民经济相关行业市场运行状况和政策导向，汇集行业发展前沿资讯，为投资、从业及各种经济决策提供理论基础和实践指导。

## 中国区域发展数据库（下设 6 个子库）

对中国特定区域内的经济、社会、文化等领域现状与发展情况进行深度分析和预测，研究层级至县及县以下行政区，涉及地区、区域经济体、城市、农村等不同维度。为地方经济社会宏观态势研究、发展经验研究、案例分析提供数据服务。

## 中国文化传媒数据库（下设 18 个子库）

汇聚文化传媒领域专家观点、热点资讯，梳理国内外中国文化发展相关学术研究成果、一手统计数据，涵盖文化产业、新闻传播、电影娱乐、文学艺术、群众文化等 18 个重点研究领域。为文化传媒研究提供相关数据、研究报告和综合分析服务。

## 世界经济与国际关系数据库（下设 6 个子库）

立足"皮书系列"世界经济、国际关系相关学术资源，整合世界经济、国际政治、世界文化与科技、全球性问题、国际组织与国际法、区域研究 6 大领域研究成果，为世界经济与国际关系研究提供全方位数据分析，为决策和形势研判提供参考。

# 法律声明

“皮书系列”（含蓝皮书、绿皮书、黄皮书）之品牌由社会科学文献出版社最早使用并持续至今，现已被中国图书市场所熟知。“皮书系列”的相关商标已在中华人民共和国国家工商行政管理总局商标局注册，如LOGO（）、皮书、Pishu、经济蓝皮书、社会蓝皮书等。“皮书系列”图书的注册商标专用权及封面设计、版式设计的著作权均为社会科学文献出版社所有。未经社会科学文献出版社书面授权许可，任何使用与“皮书系列”图书注册商标、封面设计、版式设计相同或者近似的文字、图形或其组合的行为均系侵权行为。

经作者授权，本书的专有出版权及信息网络传播权等为社会科学文献出版社享有。未经社会科学文献出版社书面授权许可，任何就本书内容的复制、发行或以数字形式进行网络传播的行为均系侵权行为。

社会科学文献出版社将通过法律途径追究上述侵权行为的法律责任，维护自身合法权益。

欢迎社会各界人士对侵犯社会科学文献出版社上述权利的侵权行为进行举报。电话：010-59367121，电子邮箱：fawubu@ssap.cn。

社会科学文献出版社